텅 빈 지옥 가득한 천국

HELL EMPTY HEAVEN FULL
Copyright ⓒ E-R Productions LLC 2006
All rights reserved.
Originally Published by E-R Productions
Korean translation Copyright ⓒ 2009 by Seorosarang Publishing

텅 빈 지옥 가득한 천국

1판 1쇄 발행 _ 2009년 10월 13일

지은이 _ 라인하르트 본케
옮긴이 _ 김광석

펴낸이 _ 이상준
펴낸곳 _ 서로사랑(알파코리아 출판 사역기관)

편집 _ 이소연, 박미선
영업 _ 장완철
이메일 _ publication@alphakorea.org

사역/행정 _ 이정자, 윤종화, 주민순, 손지혜나, 엄지일
이메일 _ sarang@alphakorea.org

등록번호 _ 제21-657-1
등록일자 _ 1994년 10월 31일

주소 _ 서울시 서초구 방배1동 918-3 완원빌딩 1층
전화 _ (02)586-9211~4 팩스 _ (02)586-9215
홈페이지 _ www.alphakorea.org

ⓒ서로사랑 2009
ISBN _ 978-89-8471-237-9 03230

* 이 책은 서로사랑이 저작권자와의 계약에 따라 발행한 것이므로
  본사의 허락 없이는 어떠한 형태나 수단으로도 이 책의 내용을 이용하지 못합니다.
* 잘못된 책은 바꿔 드립니다.
* 가격은 뒤표지에 있습니다.

텅 빈 지옥 가득한 천국

HELL EMPTY HEAVEN FULL

라인하르트 본케 지음 / 김광석 옮김

서로사랑

차례

서문
들어가는 말

제1부

1. 출애굽기에서 빠진 것_ 19
2. 한계를 넘으신 예수_ 30
3. 언제나 내일_ 44
4. 주님을 섬긴다고요?_ 58
5. 그건 하나님의 일이지_ 72
6. 유행이요?_ 86
7. 그들은 어떻게 시작했는가?_ 98
8. 예수의 사례집_ 112
9. 구원 자물쇠를 여는 암호_ 128
10. 가라_ 144
11. '더 큰 일' 이라고요?_ 154
12. 하나님의 선하심_ 178
13. 우리가 알아야 할 것_ 192
14. 성령의 비밀들_ 204
15. 하나님이 아무 일도 하지 않으실 때_ 217

제2부

16. 슈퍼맨?_ 245

17. 미션 임파서블_ 260

18. 사도들의 순항_ 271

19. 로마인이 굴복했을 때_ 282

20. 혁명의 대리인_ 296

21. 스타가 무슨 소용인가?_ 307

22. 사람들은 인간이다_ 318

23. 초인적인 선한 사람 되기_ 348

24. 저주받은 모압_ 368

25. 축복받은 베두인_ 382

26. 새로운 성육신?_ 396

27. 누룩과 진주와 물고기_ 407

28. 신분_ 420

29. 건강!_ 434

30. 은사 받은 자_ 444

31. 엘 올람(El Olam)_ 458

에필로그

서문

전도

"그러나 우리에게는 한 하나님 곧 아버지가 계시니 만물이 그에게서 났고 우리도 그를 위하며 또한 한 주 예수 그리스도께서 계시니 만물이 그로 말미암고 우리도 그로 말미암았느니라"(고전 8:6).

과학과 그 경이로운 장치들을 통해 우리는 하늘을 살피고 끝없이 펼쳐진 시공간에 다가갈 수 있게 되었다. 이제 우리는 저 너머의 무한한 세계를 들여다볼 수 있게 되었다. 수많은 은하계로 빛나는 융단과 같은 어두운 저 하늘을 말이다. 우리가 사는 세상은 현기증 나는 이 무한한 세계 가운데서도 여전히 생존하고 있다. 우리는 머리 위에 있는 궁창을 본다. 그리고 그 광경에 우리의 마음과 영혼은 압도되고 만다.

비단결처럼 펼쳐진 은하계와 성운 그리고 우주 진운(dust clouds)과 집어삼킬 듯한 소용돌이와 같은 수많은 세계 가운데 우리란 존재는 과연 의미가 있는가? 이 무한한 우주에서 십자가를 선포하는 우리의 연약한 목소리가 의미가 있는가? 이처럼 광대한 우주의 활동에 비춰 볼 때에 우리의 복음의 메시지는 무슨 소용이 있는가?

이에 대하여 오직 한 가지 해답만이 존재한다: "이 모두는 하나님의 것이다." 하나님만이 이 모든 것에 대한 완벽한 설명이 되신다. 창조 세계는 전능자의 인장(印章)이다. 그분은 자신을 위하여 모든 보이지 않는 것들을 조성하셨다. 우리는 너무나 작고 유한한 존재여서 이처럼 무한한 영광을 감당하지 못한다. 그러나 창조주 하나님은 너무나 크신 분이시기에 이 모든 것이 작을 뿐이다. 하늘의 영광은 단지 그분의 영광의 희미한 그림자에 불과하다. 타오르는 성운들은 그분이 지나가실 때에 그분의 옷자락에서 떨어져 흩어진 보석일 뿐이다. 은하수는 그분의 새끼 손가락에 낀 반지에 지나지 않는다. 욥은 "그의 입김으로 하늘을 맑게 하시며 하늘은 그 손으로 지으신 의복의 끝자락에 지나지 않도다"라고 말한다(욥 26:13, 우리말 성경에는 "그 신으로 하늘을 단장하시고 손으로 날랜 뱀을 찌르시나니"라고 되어 있다-역주).

하나님은 만물을 창조하시고 우리에게 그 이유를 말씀하셨다. 그분은 우리에게 추측을 허락하지 않으셨다. 그분의 말씀은 창조 세계보다 더 크다. 그분은 이 땅에 있는 우리에게 말씀을 주셨으며, 그 말씀을 위해 살도록 하셨다. 현기증이 날 정도로 너무나 많긴 하지만 생각이 없는 별들 가운데 지성이 있는 피조물로서 말이다.

> "또 보니 다른 천사가 공중에 날아가는데 땅에 거주하는 자들 곧 모든 민족과 종족과 방언과 백성에게 전할 영원한 복음을 가졌더라"(계 14:6).

창조 세계는 오직 창조주와 상관이 있다. 그 어느 것도 스스로 존재하지 못한다. 어느 누구도 다른 이들과 고립되어 존재하지 못한다. 그러나 죄인들은 그렇지 않다. 그래서 그들은 자신의 유일한 근거가 되시는 하나님을 잃고 말았다. 우리는 스스로 의미를 갖지 못하기에 하나님이 없으면 우리는 상관성을 상실하고 만다. 하나님이 없는 우리의 세상, 상업, 근면, 정부 그리고 조직은 공허와 영혼의 고통일 뿐이며 임의대로 부는 바람처럼 목적도 없다(전도서 1장 6절을 보라).

> "우리 주 하나님이여 영광과 존귀와 능력을 받으시는 것이 합당하오니 주께서 만물을 지으신지라 만물이 주의 뜻대로 있었고 또 지으심을 받았나이다 하더라" (계 4:11).

하늘은 하나님의 영광을 선포하고, 주의 말씀은 그 영광을 분명히 말한다. 그것은 우리가 선포하는 말씀이며, 우리가 나누는 복음이다. 다른 말씀은 없으며, 존재에 오직 한 가지 이유와 의미만이 있듯이 진리의 말씀은 오직 하나일 수밖에 없다. 변치 않는 진리는 이것이다. 즉 세상이 복음과 관련을 맺지 않는다면 그것은 아무런 의미가 없다는 것이다. 세상이 예수 그리스도의 교회와 상관이 없다면 그것은 아무것도 아니며 쓸모가 없다.

복음만이 이 모든 것을 설명해 주며 다른 어떤 것도 이를 설명하지 못한다. 복음을 부인해 보라. 그러면 어둠이 몰려온다. 세상이 어떤 것인지 우리에게 말해 주는 다른 음성은 없으며, 이 땅에 우리가 존재하는 신비를 밝혀 줄 다른 빛도 없다.

우리의 메시지는 죄 사함과 천국보다 훨씬 더 크다. 우리의 부르심은 세상의 어깨에 다정하게 손을 얹고 그를 돌이켜 하나님을 보도록 하는 것이다. 주님은 구세주이시다. 주님은 우리를 위해 존재하지 않으신다. 우리가 그분을 위해 존재한다. 주님은 자신과 자신의 영광을 위해 우리를 구원하신다. 우리의 전도는 사람에서 끝나지 않고 하나님에서 끝난다. 그분은 우리를 위해 행하신 일들을 기뻐하신다. 사랑할 때에 주님은 기뻐하시기 때문에 그분은 사랑하신다. 주님은 인간의 애정을 다 합친 것보다 더 사랑하시고, 십자가의 공격조차도 자기의 사랑을 표현하는 수단으로 삼으신다. 그분의 고통이 이를 웅변적으로 말해 준다. 주님은 자신을 우리에게 부어 주시고, 우리에게 이적을 베푸시며, 구속받은 자들에게 기쁨의 동산을 선물하시고 거기서 함께 거니실 때에 만족해 하신다.

　복음을 선포한다는 것은 주님을 위해 움직이고 그분과 함께 행동하며, 그분 안에서 사랑하고 그분의 기쁨으로 즐거워하는 것을 특권으로 삼고 이를 인생의 모든 의미와 목적으로 삼는 것을 말한다. 처음부터 끝까지 이 책을 통하여 우리는 우리 자신의 영감(靈感)을 당신과 나누고 그분의 백성들로 주님의 일에 동참토록 동원하며 그분의 영광스런 이름을 영화롭게 하길 원한다. 하나님은 구원의 하나님이시다. 그것은 우리가 아는 지식의 처음과 나중이다.

들어가는 말

"나의 하나님이여 내가 주의 뜻 행하기를 즐기오니 주의 법이 나의 심중에 있나이다 하였나이다 내가 대회 중에서 의의 기쁜 소식을 전하였나이다 여호와여 내가 내 입술을 닫지 아니할 줄을 주께서 아시나이다 내가 주의 의를 내 심중에 숨기지 아니하고 주의 성실과 구원을 선포하였으며 내가 주의 인자와 진리를 대회 중에서 은휘치 아니하였나이다"(시 40:8~10).

하나님께서는 이전에 보지 못했던 커다란 복음의 군대를 일으키셨다. 이러한 역사는 전(全) 교회사에 걸쳐 유례가 없던 성취였다. 예수께서 재림하시기 전인 마지막 때에 이런 능력은 깊은 의미를 지닌다. 21세기에 사는 나는 비상(飛上)을 위해 준비하는 우리의 모습을 그려 본다. 일단 이처럼 거대한 군대가 소집되면 전 세계에 복음이 미칠 영향력을 상상하기란 어렵지 않다. 교회는 하나님의 팔이며 이 땅에서 선(善)을 위해 존재하는 가장 효율적인 힘이다.

이 책의 목적은 주님의 군대를 동원하는 것이며, 그것은 하나님의 책인 성경이 우리와 함께하는 목적이기도 하다. 복음 선포는 이생이 제공할 수 있는 가장 훌륭한 모험이다.

하나님께서는 우리가 그분의 사업에 동업자로 참여하도록 제안하신다. 그리고 그분의 사업은 구원 사업이다. 이 책은 드라마틱한 예화나 '이야기 신학'을 다루고 있지 않다. 오히려 이 책은 온전히 하나님의 말씀에 집중하여, 주님의 구원 목적을 따라 그분을 따를 수 있도록 우리를 준비시킨다. 오늘날 기독교 문서에서 그리스도인의 삶과 필요를 다루는 것이 유행이다. 이에 대한 논란의 여지는 없으나, 최우선의 필요는 잃어버린 40억의 영혼들이다. 하나님의 말씀은 우리가 그들을 돕기 위해 존재한다.

우리는 복음의 동역자요, 투자자요, 구원의 대리자이다: "여러 사람에게 내가 여러 모양이 된 것은 아무쪼록 몇몇 사람들을 구원코자 함이니"(고전 9:22).

우리에게는 자원, 시스템, 계획, 조직 그리고 장비가 있어야만 한다. 그러나 우리에게는 제품보다는 기계에 더 관심을 갖는 위험성이 있다. 기계가 필요하긴 하지만 이는 단지 일을 지속하기 위한 것뿐이다. 조직은 결코 영혼을 구원하지 못한다. 오직 사람만이 이 일을 할 수 있다. 우리가 어떤 계획을 채택한다 할지라도 여전히 우리는 '현장'에서 일해야만 한다. 그리고 이는 곧 사람을 의미한다. 조직이 우리를 대신해서 이 일을 해 주지는 않는다.

새로운 전도 방법들에 대하여 교회는 계속해서 흥분하곤 한다. 이런 저런 방법을 행하고 최신의 기술을 채택하여 새로운 공식을 따르기만 한다면 수천 명의 사람들이 교회에 곧 나타날 것이라는 생각에 소망이 솟구친다. 누군가가 새로운 방법에 영감을 받았을 때에 그가 이를 사용하면 효과를 볼 수 있다. 다른 이들도 이 방법을 채택했을 때에 효과를 볼지도 모른다. 이는 그 방법 배후에 역사하는 열정 때문이다. 어떤 계획에 담겨 있는 힘은 오직 추진력뿐이다. 그 추진 모터는 바로 우리이다. 하나님은 방법을 사용하지 않으신다. 그분은 방법을 지닌 사람을 사용하시며, 아무 생각이 없는 사람의 노력을 사용하지 않으신다. 순전한 교회 성장의 성공과 실제 회심은 90퍼센트의 열정과 10퍼센트의 방법으로 되어 있다.

한 지역에서 이식된 방법과 시스템은 다른 토양과 다른 문화적 환경에서 자라게 된다. 플로리다 산(産) 오렌지 재배법은 독일 산(産) 감자를 재배할 때에는 아무런 소용이 없다. 어떤 전도 전략도 보편성을 가지고 적용되는 것은 없다. 다른 정원을 가꾸려면 그 지역의 다른 조건들 때문에 다른 방법이 필요하다. 씨앗은 항상 동일하나 토양은 그렇지 않다.

하나님의 말씀, 즉 반석과 같은 성경을 아는 것은 절대적으로 중요하다. 성경은 숫돌과 같아서 우리는 이를 가지고 우리의 추수 연장을 날카롭게 한다. 지금은 곡식을 창고에 들일 때이며, 축제의 때이고, 하나님의 밝은 기쁨 가운데 천사들로 춤추게 할 때이다.

우리의 비전은 세상을 구원한다는 거룩한 목표이다. 우리는 하나님께서 인도하시는 대로 모든 방법을 통하여 이 비전을 성취하기 시작했다. 오늘날 회심자의 수는 수천만 명에 달한다. 태어나는 사람보다 훨씬 더 많은 사람들이 거듭나고 있다. 사람이신 그리스도 예수는 현대의 거장이며, 온 대륙 위에 우뚝 서 계시다. 그와 경쟁할 자가 없으며 어느 인생도 그분을 흉내 낼 수 없다. 옛 찬송의 가사처럼 "그분께서는 바다를 발등상 삼으시고 폭풍을 타고 오신다".

공산주의는 하나님을 매장하려 했으나 하나님께서는 공산주의를 매장하셨다. 공산주의자들은 그리스도의 무덤을 토닥거렸지만 주님은 그들 뒤에서 그들의 어깨를 토닥거리셨다. 그리스도를 사랑하는 수천만이 그분의 원수들의 수보다 많아졌고, 그들보다 뛰어나며, 그들보다 더 오래갔다. 최근에 한 유명 가수가 자신의 밴드가 예수 그리스도보다 더 인기가 좋다고 자랑했다. 하지만 그의 주장은 오히려 공허해 보였다. 왜냐하면 신문들은 그들의 해체를 보도했고 그들의 앨범은 거의 방송되지 않았기 때문이다. 무명의 남녀들이라 할지라도 그리스도를 아는 자들은 보다 고상한 인생을 살며, 그들은 아무리 부자이고 유명하다 할지라도 주님을 모르는 자들보다 훨씬 더 중요한 존재이다.

지금도 그리스도인들은 투옥과 고문과 살해를 당하고 있다. 그리스도를 아는 자들은 그분 없이 사느니 차라리 고난을 택하려 한다. 일단 그리스도를 알게 되면 당신은 그분에 관해 이야기할 수밖에 없다. 예수를 고백하는 자들과 순교자들이야말로 진정한 귀족이며, 세상은 그들을 감당할 수가 없다. 우리의 잃어진 세상을 구원하는 것은 창조주 하나님께서 만드신 별들보다 훨씬 더 중요하다. 별들은 희미해지지만 "지혜 있는 자는 궁창의 빛과 같이 빛날 것이요 많은 사람을 옳은데로 돌아오게 한 자는 별과 같이 영원토록 비취리라"(단 12:3). "오직 하나님의 뜻을 행하는 이는 영원히 거하느니라"(요일 2:17).

이 세상에는 거짓 기준과 거짓 가치관, 거짓 신, 거짓 영웅들이 있다. 세상의 명예는 시드는 꽃과 같다. 진정한 위대함은 큰 일과 영적 탁월함에 있지 않으며 하나님의 뜻을 행하는 데 있다. 이 말이 무슨 의미인지를 설명하기 위해 그리고 이처럼 행할 수 있도록 독려하고자 하는 것이 바로 이 책의 목적이다. 이는 새 힘과 에너지와 정력을 가져다주는 '신선한 떡'과 같으며, 이 책의 내용은 다양한 경험과 생각, 묵상, 연구 그리고 성령의 인도함에서 나왔다.

전도에 관한 3부작 중 첫 번째 책인 「불의 전도」(Evangelism by Fire)는 50개 국의 언어로 출판되었으며 현재 400만 명의 독자들 손에 들려 있다. 두 번째 책인 「11시 59분 시간이 다가오고 있다」(Time is Running Out)는 1999년에 처음 출간되었다. 이 두 책과 또 다른 두 권의 책―「강력한 성령의 나타나심」(Mighty Manifestations)과 「하나님의 능력과 연결되는 믿음(Faith)」―은 온라인 강좌의 필독도서이다. 몇 해 동안 우리는 '충만한 불꽃 영화 사역'(Full Flame Films)이라는 거대한 프로젝트를 진행해 왔다. 전도에 관한 세 번째 책인 이 책은 특별히 이 프로젝트와 연계하여 쓰여졌다. 우리의 모든 책들과 영화들은 동일한 목적을 가진다. 즉 전 세계 신자들로 하여금 그리스도의 능한 증인이 되도록 영감을 불어넣는 것이다.

우리에게는 우리 세대에게 다가갈 수 있는 단 한 번의 인생만이 있을 뿐이다. 다른 이에게 다가가는 신자 각 사람이 바로 하나님 나라 확장의 비밀이며, 이는 언제나 그래 왔다. "여러 사람에게 내가 여러 모양이 된 것은 아무쪼록 몇몇 사람들을 구원코자 함이니."

전도자 라인하르트 본케

제1부

HELL EMPTY HEAVEN FULL

"일어나 네 발로 서라 내가 네게 나타난 것은 곧 네가 나를 본 일과 장차 내가 네게 나타날 일에 너로 사환과 증인을 삼으려 함이니 이스라엘과 이방인들에게서 내가 너를 구원하여 저희에게 보내어 그 눈을 뜨게 하여 어두움에서 빛으로, 사단의 권세에서 하나님께로 돌아가게 하고 죄 사함과 나를 믿어 거룩케 된 무리 가운데서 기업을 얻게 하리라 하더이다"(행 26:16~18).

1 출애굽기에서 빠진 것

"내 백성을 보내라"(출 5:1).

나는 성경의 첫 번째 책인 창세기를 읽고 있었다. 다음 책인 출애굽기로 옮겨 가면서 나는 무언가가 빠졌다는 것을 알았다. 창세기는 창조주 하나님을 말하기에 나는 창조주라는 주제가 출애굽기에서도 계속되리라 기대했다. 하지만 그렇지 않았다. 왜 그럴까?

나는 그 이유를 곧 알았다. 이제 잠시 후 당신에게 그것을 말해 주겠다. 하지만 먼저 알아야 할 진리는 하나님은 창조주만이 아니라는 사실이다. 그분이 지으신 우주 자체는 우리에게 그분에 관하여 엄청나게 많은 것들을 말해 주지만, 우주 창조가 그분이 하신 유일한 일은 아니다. 계속 읽어 나가면서 나는 곧 너무나 중요한 장인 출애굽기 3장에 도달했다. 거기서 우리는 모세가 하나님 앞에 서서 비밀들을 받는 것을 본다. 그것들은 인류가 탄생한 이래로 계속 감춰져 왔던 놀라운 것들로서 하나님 자신에 관한 것들이었다.

비밀들을 받다

하나님께서 우리에게 말씀해 주지 않으시면 우리는 그분에 관하여 아무것도 알 수 없다는 것은 자명하다. 인간의 이성과 추리력을 사용하여 그분의 정체성을 밝히려는 노력은 어둠 속에서 성냥불을 켜는 것과 다를 바 없다. 하나님은 빛이시다. 따라서 어둠 속에서 그분을 찾는다는 것은 아무런 소용이 없다. "빛이 어두움에 비취되 어두움이 깨닫지 못하더라"(요 1:5). 인간의 지혜로 하나님을 찾는 것은 촛불을 들고 태양을 쳐다보는 것과 같다.

사실 이 책을 기록한 이유가 바로 이 때문이다. 나는 모든 이들이 주님을 알기를 원하며, 주님의 계획 중에 우리가 차지하는 역할이 무엇인지를 알길 원한다. 출애굽기에서 주님은 여섯 번이나 "(내가) 여호와인 줄을 네가 알게 될 것이라"고 약속하신다. 에스겔서에서 주님은 동일한 약속을 43번이나 하셨고, 주님을 알라는 언급이 에스겔서 한 책에서만 70회 이상 등장한다. 나아가 출애굽기는 주님께서 또한 자기의 원수들(애굽 사람들)에게 그분이 누구신지를 알려 주려고 하셨다는 것을 보여 준다! 이는 주님께서 사람들이 자기를 알길 원하신다는 증거처럼 보인다.

아브라함은 하나님을 알되 그가 진정으로 신뢰할 수 있는 친구로 알았다. 아브라함은 그분을 전능자(the Almighty) 혹은 지극히 높으신 하나님(Most High God)으로 알았지만 그분이 진정으로 어떠한 분인지는 알지 못했다. 아브라함과 이삭과 야곱은 결코 모세처럼 하나님을 알지 못했다. 그들은 가장 중요한 하나님의 이름을 몰랐다.

무엇보다도 먼저 우리는 '신'(god)이 고유명사 아니라 어떤 특정한 존재를 나타낼 때에 사용되는 보통명사임을 알아야만 한다. "많은 신과 많은 주가 있으나"(고전 8:5). 사도 바울이 주후 51년에 아테네를 방문했을 때 그는 '알지 못하는 신에게' 드려진 신전—그 신전은 이름도 없고 정체불명이었다—을 발견했다. 이 일이 있기 오래전인 약 4,000년 전에 하나님은 오직 아브라함과 연관 지어 아브라함의 하나님으로 정체를 드러내셨다. 그런 뒤에 이삭과 야곱의 하나님으로서 자신의 정체를 드러내셨다. 어려움에 직면한 야곱은 만일 여행 중에 자신과 함께하신다면 그는 하나님을 자신의 하나님으로 선택하겠다고 말씀드린다. 이 얼마나 생색을 내는 흥정인가! 그럼에도 불구하고 하나님께서는 이를 이해하셨다. 야곱의 생각은 매우 신학적이지 못했다. 그는 이방인이 자신들의 신에 대해 생각하는 것처럼 하나님을 가족 신(family God), 즉 한 종족의 신으로 생각했다. 그러나 그분은 모든 신 중에 '가장 높은' 분이었다.

하나님께서 이런 자유를 허용하셨다는 것은 놀랍다. 사람들은 아브라함이 판단한 근거에 따라 하나님이 어떠한 분이신지를 판단했으며, 족장들의 행동이 언제나 하나님을 반영한 것은 아니었다. 사람은 그가 사귀는 친구를 보면 알 수 있다고 말한다. 만일 하나님이 우리와 사귀신다면 사람들은 하나님을 어떻게 생각하겠는가? 사람들이 우리를 볼 때에 우리 하나님이신 우리 주 예수 그리스도에 대하여 어떻게 생각하겠는가?

아브라함의 손자인 야곱은 하나님의 이름을—그분이 정말 어떤 분이신지를—알고 싶어 했다. 수많은 신들에게는 이름이 있다. 야곱의 아내 라헬에게도 신들로 가득한 가방이 있었다. 그녀는 자신의 안장 가방에 그 우상들을 가지고 다녔다. 그러던 어느 날 야곱은 광야를 여행하다가 돌베개를 하고 잠이 들었는데, 적막한 어둠 속에서 야곱은 신비한 존재를 만난다. 야곱은 "당신의 이름을 고하소서"라고 말한다. 그가 들은 대답은 단지 "어찌 내 이름을 묻느냐"는 것이었다(창 32:29). 하나님의 이름은 여전히 비밀이었다.

400년 후에 출애굽기에서 이 문제가 다시 제기되고 비밀이 풀린다. 하나님께서는 불꽃 가운데 모세에게 자신을 계시하시면서 그분의 기질을 보이신다: "하나님은 소멸하는 불이심이니라"(히 12:29). 모세는 가시떨기 나무 가운데 타오르는 하나님의 불꽃을 보았다. 하나님께서는 자신에게 개인적인 이름을 붙이셨으며 자신을 모든 다른 신들과 구분하셨다.

"내가 아브라함과 이삭과 야곱에게 전능의 하나님으로 나타났으나 나의 이름을 여호와로는 그들에게 알리지 아니하였고"라고 그분은 말씀하셨다(출 6:3). 영어 성경은 보통 히브리 단어 YHWH를 대문자 LORD로 번역한다(읽기는 야훼(Yahweh/Yahveh) 혹은 여호와(Jehovah)로 읽는다).

이는 하나님의 개인적인 이름으로서 그분은 자신을 살아 역사하고 말씀하는 하나님으로 규명하신다. 하나님께서는 일단 자신의 이름을 알리신 후에 이에 따라 행동하셨다. 그분께서는 환상과 꿈과 말씀으로 계시하신 것을 행동으로 확증하셨다. 어느 다른 '신들'도 실제 행동으로 보여 주진 못했다.

그렇다면 창세기에서는 발견됐지만 출애굽기에서 빠진 개념은 어떻게 된 것인가? 하나님께서 모세에게 말씀하셨을 때에 그분께서는 창조주라는 사실에 대하여 일체 언급하지 않으셨다. 사람들은 하나님 하면 자연스럽게 창조주를 생각한다. 잠시 멈춰 서서 이를 생각해 보면 그분께서는 모세에게 자신을 이미 알려진 하나님의 개념으로 소개하지 않으신 것이 매우 이상하게 보인다. 그 이유는 하나님에게는 너무나 많은 면들이 있기 때문이다. 하나님께서는 세월이 지나면서 점진적으로 자신이 누구인지를 인류에게 한 번에 한 가지씩 가르쳐 주셨다. 하나님은 모세에게 처음으로 가르치기 시작하셨다. 오늘을 사는 우리는 매우 큰 특권을 누리며 산다. 오랜 세월이 지나면서 하나님에 관해 너무나 많은 것들을 우리는 이미 알게 되었기 때문이다. 모세는 하나님에 관하여 몇 가지 기본적인 사실들을 알게 되었다. 하나님은 모세에게 "내가 내려와서 그들을 애굽인의 손에서 건져내고"라고 말씀하셨다(출 3:8).

하나님께서는 자신의 정체를 새로운 각도에서 보여 주셨다. 그것은 구원자 이상의 것이었다. 그분께서는 요청을 받아야만 구원하시는 분이 아니셨다. 애굽에서 이스라엘은 구원해 달라고 요청한 적이 없었다. 그들은 다른 신들을 섬겼고, 탈출할 계획도 없었다. 모세조차도 이와 같은 모험을 시도할 용기가 없었다. 이스라엘 백성들은 협조적이지 않았으며 바로(Pharaoh)는 백성들을 보낼 의사가 전혀 없었지만, 하나님은 자신의 뜻에 따라 이스라엘을 구원하셨다. 이러한 사실은 그분께서 언제나 구세주가 되시며, 하나님은 압제를 미워하시고 우리를 구원하길 원하시는 살아 계신 하나님이라는 사실에 대한 증거였다.

하나님의 관심은 사람에게 있지 행성이나 태양에 있지 않다. 조만간 우리 모두는 도움이 필요하다는 사실, 즉 구속하시는 도움이 필요하다는 사실을 깨닫게 될 것이다. 우리는 다른 이의 도움이 필요하다. 하지만 다른 이들이 할 수 없는 것이 있다. 구원은 예수께서 하신다. 다른 어떤 이도 구원할 수 없다.

구원이란 무엇인가?

구약성경에서 하나님께서는 자기의 택하신 백성들과 언약을 맺으셨다. 그 언약은 그들이 하는 모든 일에 함께하시겠다는 것이었으며, 하나님께서는 이 약속을 한 번도 어기지 않으셨다. 초기 이스라엘 백성들은 하늘이나 죄에 대한 개념이 거의 없었으며 이는 현대인과 공통 분모이다. 구원이란 질병과 원수 그리고 재앙과 가뭄에서의 구조(deliverance)를 의미했으며, 또한 그들이 손으로 하는 일이나 그들의 가정과 가족에 대한 하나님의 축복의 약속을 의미했다.

> 그리스도인의 언약은 죄의 용서와 하나님과 함께한다는 미래에 대한 약속으로 되어 있으며, 이는 영적인 언약이다.

그리스도인의 언약은 죄의 용서와 하나님과 함께한다는 미래에 대한 약속으로 되어 있으며, 이는 영적인 언약이다. 그러나 하나님의 첫 구원 약속은 취소되지 않았다. 사도 바울은 신약성경이 없었고 오직 구약성경만 있었던 고린도 교인들에게 다음과 같이 말했다: "하나님의 약속은 얼마든지 그리스도 안에서 예가 되니" (고후 1:20). 하나님께서는 백성들과 그들의 일상의 삶을 돌보신다. 그분께서는 언제나 그렇게 하셨으며 앞으로도 그렇게 하실 것이다. 그분께서 돌보시기 때문에 그분께서는 절망의 상황에서 백성을 구원하시고 죄를 용서하시며 죄인들을 초청하사 자기와 동행케 하신다.

헬라어 성경에서 '구원하다'라는 단어는 또한 '치유하다'라는 의미를 지닌다. 하나님의 언약은 영혼과 육체 모두와 관련이 있으며, 이는 은사주의 부흥의 핵심적 계시이기도 하다. 오순절은 신체적 치유와 영적 치유의 경험을 담고 있다. 그들은 성경에 나오는 모든 교리를 높이고 인간의 영, 혼, 육의 모든 필요를 수용한다. 하나님께서는 영혼만을 사랑하시는 것이 아니라 살아 있는 사람을 사랑하신다. 그분께서는 이스라엘의 노예 상태를 미워하셨던 것처럼 어떤 형태로든 마귀와 죄에 사로잡혀 있는 모든 자들의 노예 상태를 미워하신다.

하나님은 이와 같으시다. 그분은 언제나 이와 같으시고 앞으로도 언제나 그러실 것이다. 아담과 하와가 죄를 범했을 때에 그들의 위경을 보시고 하나님께서는 그들에게 다가가셨다. 이는 단순히 그들을 도우려 하심이 아니요, 그들이 이 세상에 가져온 것, 즉 판도라의 상자를 연 것과 같은 재앙을 처리하시기 위함이었다. 주님께서는 그들을 찾으셨다. 주님은 "(아담아) 네가 어디 있느냐"라고 부르셨다(창 3:9). 아담과 그의 아내는 벌거벗은 채로 두려워 떨었으며, 수치심 가운데 필사적으로 숨으려 했다. 하나님께서는 그들을 회복시키셨으며, 그들에게 하신 약속은 육체적인 것과 영적인 것을 모두 포함했다.

죄인은 죄인을 구원할 수 없다. 우리 모두는 수렁의 바닥에 갇혔으며 우리 중 어느 누구도 다른 이를 수렁 밖으로 끌어낼 수 없다. 기술은 인간의 마음의 필요를 해결해 줄 수 없다. 오직 전능자만이 우리에게 다가오셔서 우리의 가장 큰 갈망을 채우실 수 있다. 하나님께서는 이 일을 다른 이에게 위임하실 수 없다. 심지어 미가엘, 가브리엘 혹은 하늘의 가장 위대한 천사라도 이 일을 감당할 수 없다. 인간의 노예 상태는 오직 하나님만 푸실 수 있는 문제이다. 하나님께서는 "나 곧 나는 여호와라 나 외에 구원자가 없느니라"고 말씀하셨다(사 43:11).

오직 하나님만 구원하실 수 있다. 그러나 그분은 결코 이 일을 혼자 하지 않으신다. 그분께서는 모세를 택하셔서 이스라엘을 해방하는 엄청난 과업을 행하셨다. 우리가 성경을 읽어 보면 어떤 한 가지 패턴이 계속 반복되는 것을 보게 된다. 하나님께서는 자신의 목적을 성취하기 위해 그분과 일할 사람들을 선택하신다. 이 책이 다루고 있는 바가 바로 세상을 구원한다는 목표를 가지고 하나님이 인간과 동역하는 파트너십(partnership)에 관한 것이다. 주님께서는 우리에게 자기와 동역하자고 손짓하신다. 주님께서는 우리의 도움 없이 자신의 전능한 손으로 세상과 별과 은하계를 지으셨지만 모세에게 다음과 같은 과업을 위임하셨다: "가서 내 백성을 구하라." 우리는 다른 이들과 동역할 뿐만 아니라 주님과 함께 동역한다.

모세는 단순히 방관자가 아니라 여호와의 능력 가운데 일하는 참여자였다.

> "여호와는 나의 반석이시요 나의 요새시요 나를 건지시는 자시요 나의 하나님이시요 나의 피할 바위시요 나의 방패시요 나의 구원의 뿔이시요 나의 산성이시로다 내가 찬송 받으실 여호와께 아뢰리니 내 원수들에게서 구원을 얻으리로다"(시 18:2~3).

모세는 80세의 은퇴자의 나이에 목자로서의 조용한 삶을 영위하고 있었다. 그러나 하나님께서는 안락한 생활에서 그를 끄집어내어 모든 모험 중에 가장 위대한 모험인 애굽을 뒤흔드는 모험에 참여토록 하셨다. 모세는 에너지와 도전의 새로운 일을 시작했다. 주님과 함께한다는 것은 주일 오후의 한가로움이 아니다. 하나님을 섬길 때에 우리는 성경이 말하는 한 가지, 즉 구원의 역사에 동역자가 된다. 예수는 "내 아버지께서 이제까지 일하시니 나도 일한다"고 말씀하셨다(요 5:17).

주님을 알길 원한다면 우리는 우리가 다루고 있는 분이 누구인지를 알아야만 한다. 그리스도께서 어부들을 불러서 자신을 따르도록 하셨을 때 그들은 주님께서 그들을 어디로 인도하실지 결코 추측할 수 없었을 것이다. 그들은 주님과 함께 시간을 보내면서 그분을 알게 되었고, 그런 뒤에 주님께서는 그들을 땅 끝까지 보내셨다. 하나님께 배운다는 것은 언제나 사역을 경험하는 것이다. 우리는 주님께서는 잃어버린 자들을 구원하는 일을 방해하는 그 어떤 것도 소멸하는 영이심을 알고 있다. 우리와 하나님의 관계는 할리우드의 감정이 아니다. 그것은 구원자와 함께 동역하는 파트너십이다.

하나님께서는 불꽃 가운데 모세에게 나타나셨지만 그것은 모세에게 흥분되는 경험을 주기 위한 것만은 아니었다. 기독교는 단지 종교적 감정이 아니다. 그것은 종교적 감정만 일으킨다면 모든 종교는 똑같다는 오늘날의 사이비 중 하나이다. 주님께는 긴박하게 해야 할 일이 있으시다. 그것은 너무나 중요해서 하나님께서는 모세를 보내시는 것으로 끝내지 않으셨다. 그분께서는 자기 아들을 보내셨고, 성령님을 보내셨으며, 최종적으로 우리를 보내신다.

모세의 시대에 땅의 열방은 노예의 노역에 의존했다. 그러나 열방이 추구했던 정책과 경제와 상관없이 주님께서는 구원자이시다. 주님께서는 처음으로 애굽의 강제 노역에서 벗어난 자유로운 국가를 창조하셨다. 노예들은 일주일 내내 일했지만 주님께서는 다른 규칙을 가지고 계셨다: "엿새 동안은 힘써 네 모든 일을 행할 것이나"(출 20:9). 주님의 백성은 말처럼 일하는 저임 노동자가 아니었다. 그분께서는 심지어 제사장들에게 제단에서 섬길 때에 땀냄새 맡는 것을 금하셨다.

우리는 사람들에게 자유를 주기 위해 하나님과 동역하고 있다. 프랑스 철학자 루소는 공산주의 슬로건을 만들어 냈다: "인간은 자유로운 존재로 태어나지만 어느 곳에서나 사슬에 매여 있다." 개인의 뜻을 전체의 뜻에 복종할 것을 주장한 공산주의 가르침은 완전한 실패였다. 이로 인해 사람들은 자유가 아닌 정치적 노예를 경험했다. 사람들에게는 많은 문제와 속박이 있다. 이러한 문제와 속박에는 약함, 죄, 방종, 죄의식, 불신, 두려움, 불확실이 들어 있다. 이로 인해 여러 이단들과 더불어 심리학자, 상담가, 치료 전문가들은 바쁜 나날을 보내고 있다. 우리는 문제의 근원으로 가야만 한다. 인간의 속박의 근원은 오직 하나이다. 그것은 죄이다. 그리고 오직 죄에서 구원할 구세주는 예수 한 분이시다.

우리 모두가 인정해야 할 냉혹한 진실은 우리에게 죄라는 핸디캡이 있다는 것이다. 하나님께서는 이에 대하여 관심을 가지고 계시다. 정부와 법률은 인간의 실패에 대하여 형벌을 가할 수 있으나 그 원인을 치료할 수는 없다. 예수께서만이 우리 성품의 깊은 근원을 만지신다. 어느 누구도 "네 죄 사함을 받았느니라 하는 말과 일어나 네 상을 가지고 걸어가라"고 말한 자는 없다(막 2:9). 어느 누구도 "또 가라사대 너희는 온 천하에 다니며 만민에게 복음을 전파하라 믿고 세례를 받는 사람은 구원을 얻을 것이요 믿지 않는 사람은 정죄를 받으리라"고 말한 자는 없다(막 16:15~16). 구원의 복음 이외의 다른 복음은 없다.

하나님의 정체성은 이사야서 43장 3절의 말씀에 압축되어 있다: "대저 나는 여호와 네 하나님이요 이스라엘의 거룩한 자요." 이와 유사한 말씀이 우리 주 예수를 소개할 때에 사용되었다: "아들을 낳으리니 이름을 예수라 하라 이는 그가 자기 백성을 저희 죄에서 구원할 자이심이라"(마 1:21). 신약성경에서 예수는 수십 번에 걸쳐 '구세주'로 불리며 매 페이지마다 그분께서는 우리의 정복자로 나타나신다. 산을 지으신 전능자의 손이 이제는 우리를 구원하기 위해 다가오신다.

> 우리가 전도에 관심을 갖는 순간 하나님께서는 우리에게 관심을 가지신다.

우리가 전도에 관심을 갖는 순간 하나님

께서는 우리에게 관심을 가지신다. 우리는 그분의 마음에 합한 자가 된다. 하나님께서는 산과 별들을 지으셨지만 그분에게는 이보다 더 중요한 것이 있다. 그분에게 가장 중요한 것은 사람이다. 주님께서는 구원의 목적을 가지고 전 우주를 다스리신다. 우리의 문제로 괴로워하시며 우리를 부르셔서 자신의 관심사를 우리와 나누신다. 그분의 관심사는 우리에게 주신 지상 명령이다. 다음 장들은 오늘날 하늘과 땅에서 일어나고 있는 가장 위대한 일에 당신도 참여하도록 영감을 불어넣고 격려하기 위하여 기록되었다.

— 질문 —

이제 이 장을 읽었으니 다음 질문에 대한 답을 생각해 보라. 이 작업은 몇 가지 중요한 진리들을 당신의 영혼에 아로새겨 줄 것이다.

1. 아브라함의 하나님은 모세의 하나님이 되셨다. 그 차이점은 무엇인가?
2. 하나님은 우리의 도움 없이 세상을 창조하셨다. 하지만 구원을 위해서 그분은 우리의 도움을 구하신다. 당신은 어떻게 도울 수 있겠는가?
3. 예수께서는 영혼과 육체를 구원하신다. 이에 대하여 당신이 생각할 수 있는 성경적 증거는 무엇인가?

2 한계를 넘으신 예수

"나를 보내신 이의 일을 우리가 하여야 하리라"(요 9:4).

예수께서는 한 여인을 만나러 가셨다. 그런데 그 여인은 너무나 놀라운 여인이었다! 우리는 그 이야기를 요한복음 4장에서 발견한다.

전원 냄새가 물씬 풍기는 어느 날, 태양은 따사롭게 빛난다. 한 젊은 동방의 여인이 화려한 옷 차림새로 어깨에 물동이를 메고 우물가로 다가온다. 그녀의 집 근처의 더 가까운 우물에 갔더라면 먼지 나는 길을 걷지 않아도 되었지만 그리로 가면 남의 말하기 좋아하는 동네 아낙네들의 구설수에 올랐을 수도 있기에, 그녀는 이를 피하고 싶었다.

일반적으로 남자는 물을 길러 우물가로 오지 않는다. 하지만 오늘은 한 남자가 거기에 있었고 그는 그늘 밑에 조용히 앉아 있었다. 흥미로운 장면이 아닌가! 하지만 그는 유대인 복장을 하고 있다. 그 여인은 망설였다. '남자가 있네… 그런데 유대인인가?' 여인은 자신의 베일을 가다듬고 멀리서 남자를 찬찬히 살펴보았다. '이 남자는 왜 이곳에 왔지? 정말로 이 사람이 유대로부터 왔다면 하루 이틀을 걸어왔을 텐데.'

그녀는 그가 떠날 때까지 기다리려 했다. '아니야.' 그런데 그 남자는 자기를 쳐다보더니—정말 그러면 안 되는데—자기를 부르는 것이 아닌가! 유대인 남자가 사마리아 여인을 부르고 있는 것이다. '뭘 원하는 거지?' 그 남자는 그녀를 보고 미소를 지었다. 그녀는 안심하고 담대하게 그를 향해 갔다.

"물을 좀 달라"며 그가 물었다. 그녀는 그를 뚫어지게 쳐다보았다. '저 사람에게 물을 줘야 하나?' 여행객들은 항상 가죽으로 된 컵을 허리띠에 차고 다녔다. 하지만 그에겐 그 컵이 없다는 것을 그녀는 알아차렸다. '저 사람은 내 컵을 사용하려는 건가?' 그녀는 그를 마음속으로 저울질해 보았다. 그 남자는 그리 해로워 보이지 않았으며 그 목소리는 사랑스러워 보였다. 용기를 내어 한두 발 더 가까이 다가가서 그녀는 물동이를 내려놓고 자신의 허리에 두 손을 올려놓은 후 요염한 자세로 물었다: "당신은 유대인인데 왜 나에게 말을 거나요? 뭘 원하시죠?"

그녀는 알지 못했지만 그 순간 세상이 변하였다. 그분은 큰 망치를 휘두르며 유대인과 이방인 사이에 존재하는 오래된 적대감의 벽을 사정없이 무너뜨리는 갈릴리 출신의 예수였다. 그녀는 놀라서, 아니 너무나 놀라서 그분에게 물을 줄 수가 없었다. 그는 그녀의 생각 속으로 바로 뛰어들었다: "네가 만일 하나님의 선물과 또 네게 물좀 달라 하는 이가 누구인줄 알았더면 네가 그에게 구하였을 것이요 그가 생수를 네게 주었으리라."

'이 사람이 무슨 말을 하는 거지? 자기가 내게 물을 준다고? 물동이는 차치하고라도 물컵도 없는 주제에 어떻게 물을 준단 말인가?' 그녀는 우물가를 바라다 보았다. 그 우물은 눈에 들어온 유일한 물이었다. '이 사람이 제정신인가?' 그는 그녀가 이전에 만난 유대인과 달리 매력적으로 보였다. 하지만 그의 종교와 자신의 종교는 달랐으며 특히 우물 문제에 있어서는 더더욱 그랬다. 야곱은 이 우물을 자신들에게 주었고 이 우물의 물을 마신다는 것은 사마리아인들에게는 일종의 종교적 의식과도 같았다.

그 여인은 날마다 그 우물가로 왔다. 예수께서도 이를 아셨다. 주님께서는 또한 이 우물물이 그녀의 영혼의 갈증을 없애 주지 못했다는 것을 아셨다. 거룩한 물이나 성적(性的) 모험 그 어느 것도 그녀에게 만족을 줄 수 없었다. 주님께서는 그녀에게 제안을 하셨다: "내가 주는 물을 먹는 자는 영원히 목마르지 아니하리니 나의 주는 물은 그 속에서 영생하도록 솟아나는 샘물이 되리라."

그 남자는 수수께끼 같은 말을 했다. 우물에서 생수를 준다고? 그런 물을 없었다. 우물물은 지하수에서 흘러나온 것이다. 생수는 산에서 나오는 물로서 신선하고 상쾌하다. 그녀는 그의 말에 장단을 맞췄다: "그렇다면 당신이 우리 조상 야곱보다 크단 말입니까? 이 우물을 우리에게 준 야곱보다 크단 말이죠? 좋습니다. 그렇다면 그런 물을 내게 줘서 여기 물 길으러 오지도 않게 해 주세요." 예수께서는 미소를 지으셨고 그녀는 그가 자신을 찬찬히 들여다보고 있음을 알았다. 그런데 그가 약속한 물은 어디 있단 말인가? 대신에 그가 말했다: "가서 네 남편을 불러 오라." 놀란 표정으로 그녀가 말했다: "남편이라고요? 전 남편이 없어요!" 그의 대답에 그녀는 하늘이 무너지는 것 같았다: "네가 남편이 없다 하는 말이 옳도다 네가 남편 다섯이 있었으나 지금 있는 자는 네 남편이 아니니 네 말이 참되도다."

화살이 그녀의 마음을 관통했다. 그녀는 놀라서 그를 쳐다보았다. 이 사람이 어떻게 나를 알지? 이 낯선 사람은 선지자임에 틀림없어. 이런 사람에게 뭐라 말을 해야지? 그녀는 다른 사람들처럼 그와 논쟁할 그런 사상가가 아니었다. 그런데 갑자기 한 생각이 떠올랐다. 그것은 그리심 산에서 예배하는 사마리아인들과 예루살렘에서 예배하는 유대인들이 오랫동안 논쟁하던 내용이었다. 그녀는 사마리아인이었고 그는 유대인이었다. 그렇다면 누가 옳단 말인가? 그 논쟁은 이 낯선 남자의 날카로운 예지에 대해 변명하기에 안성맞춤이었다.

인간의 본성은 결코 변하지 않는다. 이 여인과 동류의 사람들이 오늘날에도 우리 주변에 여전히 존재한다. 그들은 늘 비판하는 자들이며, 영적 현실과 진짜 이슈를 피하기 위해 구태의연한 질문들을 한다. 어느 종교가 옳은지에 대해 묻는 그녀의 질문도 오늘날 여전히 회피와 변명거리가 되고 있다. 표면적으로 이 질문은 정당하게 보인다. 그러나 어느 누구도 실제로는 정답을 원하지 않는다. 사람들은 어느 것이 진정한 종교이든지 혹은 심지어 진정한 종교가 존재한다 할지라도 이에 개의치 않는다. 그들은 단지 이를 통해 그리스도의 진실에 직면해야 하는 도전을 피하고, 대신 믿음을 논쟁거리고 만들 수 있기 때문에 이를 문제 삼는다.

예수께서는 그녀가 무슨 생각을 하는지 아셨고 그녀의 영혼을 위해 단도직입적으로 말씀하셨다. 믿음은 논쟁의 대상이 아니라 죽고 사는 문제이다. 이를 논쟁거리로 삼는 자는 아무것도 증명할 수 없다. 그런 자는 단지 자신의 성격만 드러낼 뿐이다. 세상은 그리스도인의 입을 막기 위해 곤란한 질문들을 만들어 낸다. 이런 질문들을 가지고 그들은 우리를 점수 올리는 다트(dart) 과녁으로 취급한다. 그러나 이 여인은 종교가 아니라 예수 자신을 다뤄야만 했다. 오늘날에도 여전히 예수가 문제이다. 그리고 주님께서는 "나에게 너의 의견이 아니라 네 마음을 다오"라고 말씀하신다. 주님께서는 오늘날에도 여전히 논쟁을 초월하는 진리를 가지고 우리와 대면하신다. 그분은 진리이지 논쟁의 대상이 아니다. 우

> 예수께서는 오늘날에도 여전히 논쟁을 초월하는 진리를 가지고 우리와 대면하신다. 그분은 진리이지 논쟁의 대상이 아니다. 우리는 진리를 판단할 수 없다. 진리가 우리를 판단할 뿐이다.

리는 진리를 판단할 수 없다. 진리가 우리를 판단할 뿐이다.

예수의 대답은 사마리아 여인의 의표를 찔렀다. 주님께서는 참된 예배자에게는 예루살렘도 그리심 산도 모두 필요치 않다고 말씀하셨다. 하나님에게는 성전이 없다. 그건 종교이다. 그분께서는 영으로 진리와 함께하신다. 솔로몬 왕이 모든 예배를 예루살렘에서 드려야 한다고 명령하기 전에 예배자들은 자신들이 사는 곳에 제단을 만들었다. 그들은 예배를 위해 예루살렘으로 여행을 해야만 했다. 오늘날, 주님은 결코 우리를 홀로 버려 두지 않으시겠다고 약속하신다. 그분께 가기 위해 직항노선을 탈 공항이 없어도 된다. 그분을 만나기 위해 장거리를 여행하지 않아도 된다. 그분은 운명(destiny)도 아니고 성배(Holy Grail)도 아니며 미래의 목표도 아니다. 그분은 지금 역사하시는 하나님이시다. 사실 우리는 그분을 피할 수 없다. 우리는 단지 그분에게 등을 돌리든지 아니면 그분과 직면하든지 둘 중 하나밖에 선택할 수 없다. 한 길은 완전한 어둠이요 다른 한 길은 빛으로 충만하다.

모세는 오래전에 이스라엘에게 다음과 같이 말했다: "이것이 바다 밖에 있는 것이 아니니 … 오직 그 말씀이 네게 심히 가까워서 네 입에 있으며 네 마음에 있은즉 네가 이를 행할 수 있느니라"(신 30:13~14). 예배를 드리는 데에 잘못된 곳은 없다. 잘못된 장소나 잘못된 시간도 없다. 단지 사람이 잘못되고 잘못된 영으로 행할 뿐이다. 사도의 말을 들어 보자: "그러므로 각처에서 남자들이 분노와 다툼이 없이 거룩한 손을 들어 기도하기를 원하노라"(딤전 2:8). 에스겔 선지자는 사마리아 조상들에게 예언하면서 하나님의 한 이름을 주었다. 그 이름은 우리에게 동일한 메시지를 말해 준다: "여호와 삼마", "여호와가 거기 계시다". 하나님께서는 교회 예배가 시작되길 기다리시지 않는다. 그분께서는 우리가 있는 곳에 함께 계신다. 우리는 단지 이 사실을 명심하고 깨어 있어야만 한다.

하나님은 언제나 우리가 있는 곳에 함께하신다

하나님께서 계시지 않는 곳을 우리는 결코 찾지 못할 것이다. 왜냐하면 우리가 어느 곳에 가든지 그분께서는 그곳에 계실 것이기 때문이다: "내가 새벽 날개를 치며 바다 끝에 가서 거할찌라도 곧 거기서도 주의 손이 나를 인도하시며 주의 오른손이 나를 붙드시리이다"(시 139:9~10). 하나님께서는 우리에게서 당신의 눈을 떼지 않으시며, 우리를 시야에서 놓치길 원치 않으신다. 예수께서는 우리에 대한 하나님의 사랑을 돌아온 탕자의 비유에서 생생하게 묘사하신다. 아버지는 탕자를 만나기 위해 거리로 뛰어간다. 우리가 우리 하늘 아버지 집의 문을 두드리면 하나님께서 친히 문을 열어 주신다. 주님께서는 우리가 있는 곳에 언제나 함께하신다. 많은 사람들은 하나님이 특정 장소나 교회, 거룩한 성지, 성전, 우물, 거룩한 유적이나 성당과 같은 곳 위에 맴돌고 있다고 생각하는 것 같다. 그것은 기독교가 생기기 이전의 미신이다.

부흥사들이 사용하는 언어가 그릇된 신학이 될 수 있다. 그들은 하나님께서 특정 시간에 특정 장소를 방문하시며 어떤 장소가 다른 장소에 비해 하나님의 임재가 더 강하고, 다른 곳보다 어떤 곳에서 더 큰 능력이 역사하는 것처럼 말한다. 그러나 이런 견해는 성경에 나오는 하나님에 대한 이해를 흐리게 만든다. 성경에 나오는 하나님은 언제나 최고의 상태에 계시며 결코 다운되거나 뒤로 빼시는 경우가 없다. 그분께서는 특정 장소에 애착을 갖지 않으신다: "제자들이 나가 두루(everywhere) 전파할쌔 주께서 함께 역사하사"(막 16:20). 예수께서는 "볼찌어다 내가 세상 끝날까지 너희와 항상 함께 있으리라" 말씀하신다(마 28:20).

프랑스어 성경은 시편 111편 3절을 "주님께서는 언제나 자신에게 신실하시다"라고 말한다["Il est pour toujours fidèle à lui-même"(La Bible en français courant)]. 하나님은 언제나 온전한 하나님이시며, 언제, 어느 곳에든지 계신다. 그분은 그분의 영광을 그곳이 어디이든지 기회만 제공된다면 언제든 드러내신다. 그분의 목적과 약속은 변함이 없으며, 시간과 장소에 구애를 받지 않으시고 결코 간헐적으로 나타나거나 변덕스럽지 않다. 하나님께서는 휴가도 없으시고 특별히 바쁜 날도 없으시다. 그분의 활동은 변하지만 그분은 변치 않으신다. 가장 위대한 선을 위한 그분의 갈망으로 인해 그분께서는 상황과 조건을 처리하시기 위해 행동을 취하신다.

사마리아 여인은 신학을 전혀 알지 못했지만 그녀는 주님께서 말씀하신 대로 자신에게 생수를 달라고 도전했다. 우리는 언제 어떻게 주셨는지 모르지만 주님께서는 그녀에게 생수를 주셨다. 누구든지 구하기만 하면 얻는다. 이 여인은 영혼의 어둔 밤을 지나지도 않았고 양심의 고통도 느끼지 않았으며, 눈물도 흘리지 않았고, 발작도 일으키지 않았으며, 죄인의 기도도 드리지 않았고, 어떤 기도도 하지 않았으며, 결코 회개의 표시도 드러내지 않았고, 초자연적인 현상도 보이지 않았다. 하지만 예수께서는 그녀를 구원하셨다. 길을 가다가 그랬든지 동네로 가거나 돌아오다가 그랬든지 간에, 그녀는 풀이 자라는 것처럼 조용하게 영원한 생명을 받았고, 하나님의 자비의 깊은 우물에서 생수를 마셨다.

구원의 순간이 언제나 분명한 것은 아니지만 예수께서는 구원하신다. 이 글을 쓰는 기간 동안에 백만 명이 넘는 나이지리아 사람들이 5일간의 집회를 통해 예수를 만났고 구원을 경험했다. 열대 소나기가 목욕탕의 샤워기처럼 몇 시간 동안 계속 쏟아져 그들을 적셨지만 그들의 기쁨은 비에 젖지 않았으며 그것은 그들을 방해하지 못했다. 그들 모두는 그리스도를 간증했으며, 그들의 이름과 주소를 적어 냈다.

감정주의(emotionalism) 대 복음의 감정(emotion)

사마리아 여인은 많은 남자를 알았지만 예수를 만나고서야 그녀의 영혼은 만족을 느꼈다. 그녀는 이상한 반응으로 전율을 느꼈다. 그녀는 동네 시장을 바쁘게 다니면서 한 남자에 관해 이야기했다. 그러나 그는 그녀의 삶에서 친밀하게 알았던 여섯 명의 남자 중 그 어느 누구도 아니었다. 너무나 흥분한 나머지 그녀는 모든 사람에게 "와서 이 남자를 보세요"(우리말 성경에는 "이 사람"으로 되어 있음-역주)라고 재촉했다. 분명히 어떤 이들은 '또 다른 남자가 생겼나?'라고 생각했을 것이다. 그러나 그녀는 주님을 필요로 하는 모든 남자들이 그들 스스로 가서 예수를 보도록 설득했다. 그녀는 그들로 주님을 방문하도록 하였고, 그것에 성공했으며, 그것은 역사적 특권이었다.

예수께서는 이상한 상황 속에서 그 여인을 구원하셨으며 그녀는 구도자도 아니었다. 그분께서는 구도자가 아닌 자도 찾으신다. 사람들에게 복음을 가져가 보라. 그러면 복음은 그들을 설득하여 자신들에게 언제나 복음이 필요하다는 사실을 확신시켜 준다. 저들이 그리스도에 관해 전혀 들어 본 적이 없다 할지라도 저들은 그리스도가 필요하고, 복음이 그들에게 이르렀을 때에 이 사실을 안다. 복음은 복음에 관심을 보이거나 종교적 성향이 있는 사람들을 위해 외치는 보편적인 메시지가 아니다. 성경은 믿음이 없는 자들을 위한 것이고, 그들에게 믿음을 주기 위한 것이다. 50년 전에 핸드폰을 원하는 사람은 아무도 없었다. 지금 모든 사람들은 핸드폰이 필요하다고 느낀다. 그리스도의 복음을 전하면 구원의 시장(market)이 형성되고 예수는 '온전히' 구원하신다(히 7:25). 그리스도께서는 구원의 공식이나 교리를 좇지 않으신다. 그분에게는 특별한 분위기나 종교적 환경이 필요 없다. 어떤 이들은 자신들이 복음을 듣고 결신을 하지 않았지만 깨끗해지고 달라졌다는 느낌을 받았으며 끊을 수 없는 습관으로부터 자유롭게 되었다고 증거한다. 복음을 전파하기 위한 선행작업(pre-evangelism)은 필수사항이 아니다. 복음은 스스로 성공을 창출하고 분위기를 만들어 낸다. 우리는 사람들을 독려할 수 있다. 하지만 복음은 사람들 **속에서**(in) 역사한다. 말씀을 통해 기쁨이 생겨나고 사람들은 풍성함 가운데 예배한다. 예수께서는 찬송과 춤이 없어도 구원하시며, 우리로 찬송하게 하고 춤추게 하신다. 그리스도인의 삶은 평범해 보인다. 그러나 그것은 전깃줄을 만지기 전에 평범한 느낌이 드는 것과 같다.

   예수께서는 이 여인을 종교적 기인으로 만들지 않으셨다. 그리스도가 그녀에게 '남편'을 데려오라 하자 그녀는 즉시 갔다. 그녀가 자기 동거자를 데려왔는지 우리는 모르지만 그녀는 자신의 몫을 초과하여 다른 사람들의 남편들을 데려왔다. 이를 통해 일전에 성(性)에 사로잡혔던 한 여인은 세계 최초의 복음 전도자가 되었다. 그녀가 가졌던 유일한 메시지는 예수였다. 그녀는 하나님에 관하여 논쟁할 능력이 없었으며, 하나님에 관하여 아는 것이 없었다. 논쟁은 우리의 사명이 아니다. 우리는 종교 주창자나 교회 홍보가 혹은 영적 보험 판매원이 아니다. 복음은 끈질기게 팔아야 할 상품이 아니다. 복음은 단지 예수 그리스도에 관한 기쁜 소식이며, 그분에 대하여 열광하는 자가 전하는 것이다.

> 논쟁은 우리의 사명이 아니다. 우리는 종교 주창자가 아니다. 복음은 단지 예수 그리스도에 관한 기쁜 소식이며, 그분에 대해 열광하는 자가 전하는 것이다.

그 여인의 영혼에 불이 붙었다. 그 동일한 불이 사도들에게도 붙었다. 그들은 타오르는 횃불처럼 어두운 세상을 밝혔으며 예수의 사랑으로 불 탔다: "믿는 너희에게는 보배이나"(벧전 2:7). 그리스도는 죽으시고 부활하셔서 승천하셨으며, 제자들은 그분을 전파하였다. 처음에 고위 당국자들은 예수의 이름을 언급하면 가만두지 않겠다고 제자들을 협박하였고, 그들에게 치욕스러운 채찍질을 함으로 분명한 메시지를 보냈다. 다음 날 아침 제자들은 당국자들 코앞에서 예수를 전했고, "저희가 날마다 성전에 있든지 집에 있든지 예수는 그리스도라 가르치기와 전도하기를 쉬지 아니하"였다(행 5:42). 복음 전파는 어떤 위협보다 중요했다. 사도 바울은 이를 다음과 같이 표현했다: "만일 복음을 전하지 아니하면 내게 화가 있을 것임이로라"(고전 9:16). 이런 삶의 목표는 생명을 구원하는 것이다.

권세 아래에서

요한복음의 이야기는 다음과 같이 시작한다: "(예수께서) 사마리아로 통행하여야 하겠는지라"(요 4:4). 유대인들은 할 수만 있다면, 그리고 그곳에 가야 할 이유가 금전이나 사업상의 이유가 아니면 사마리아 지방을 피하여 다녔다. 그러나 예수께서는 사마리아를 '통행하여야'만 하셨다. 그리고 주님은 금전 문제 때문에 그곳에 가시려 했던 것이 아니었다.

복음서에서 '하여야만' 이란 말[헬라어로는 데오(deo)]은 언제나 내적 긴박성이나 개인적인 후회를 암시한다. 예수께서는 하나님의 뜻을 행하기 위해 야곱의 우물가로 오셨으며, 언제나 그랬듯이 그것이 그분을 위해 예비된 정확한 때와 장소였음을 아셨다. 예수께서 가시는 곳마다 그분의 움직임은 결코 우연이 아니었다. 주님께서는 그 우물가에 조용히 홀로 쉬고 계셨으며, 그곳은 하나님께서 원하시는 곳이었다. 얼마 후 제자들이 음식을 가지고 왔을 때, 그들은 주님께서 공개적으로 한 여인과 친밀한 만남을 가지고 계신 것을 보고 충격을 받았다. 그들은 아무 말도 하지 않으려 했다. 그들은 주님께 주님이 가서 사 오라고 말씀하신 음식을 드렸다. 그러나 예수의 마음은 다른 것에 있었다: "나의 양식은 나를 보내신 이의 뜻을 행하며 그의 일을 온전히 이루는 이것이니라"(요 4:34).

요한복음 네 곳에서 우리는 예수께서 위의 명령에 감동하셨음을 읽게 된다. 주님께서는 두 번씩이나 "인자도 들려야 하리니"라고 말씀하셨다(요 3:14, 12:34). 그분의 인생의 목적에 대하여 그분은 분명했다. 주님께서는 "나를 보내신 이의 일을 우리가 하여야 하리라"고 말씀하셨고(요 9:4), "다른 양들이 내게 있어 내가 인도하여야 할터이니"(요 10:16)라고 말씀하셨다.

누가복음은 예수를 이끌어 갔던 것이 무엇인지 더 많이 보여 준다: "내가 내 아버지 집에 있어야 될 줄을 알지 못하셨나이까", "하나님의 나라 복음을 전하여야 하리니"(눅 2:49, 4:43). 예수께서는 이것이 그에게 어떤 희생을 요구하는지 분명하게 아셨다: "인자가 많은 고난을 받고"

(눅 9:22, 17:25). 주님께서는 "그러나 오늘과 내일과 모레는 내가 갈 길을 가야 하리니 선지자가 예루살렘 밖에서는 죽는 법이 없느니라"고 말씀하셨다(눅 13:33). 그분은 청중에게 선지자들이 미리 말한 것을 상기시키셨다: "그리스도가 이런 고난을 받고 자기의 영광에 들어가야 할 것이 아니냐"(눅 24:26). 동일한 헬라어가 상기 구절들에서 사용되었다. 모든 경우에 사용된 'must'(해야만 한다)란 단어는 구원과 관련이 있다.

한 로마 백부장이 예수에게 중풍병에 걸린 자기 하인을 고쳐 달라고 부탁했다: "다만 말씀으로만 하옵소서 그러면 내 하인이 낫겠삽나이다"(마 8:8). 예수께서는 그의 믿음을 보고 놀라셨다. 하지만 백부장은 다음과 같은 설명을 했다: "나도 남의 수하에 있는 사람이요 내 아래도 군사가 있으니 이더러 가라 하면 가고 저더러 오라 하면 오고 내 종더러 이것을 하라 하면 하나이다." 백부장은 자신이 권세 아래 있었기 때문에 권세를 가지고 있었다. 그는 명령에 복종했기 때문에 명령할 수 있었다. 이 로마 병사는 믿음 이상의 것을 가지고 있었다. 그는 예수께서 하나님의 '권세 아래에서' 움직이신다는 것을 깨달았다. 그것은 주님께 병을 명하여 떠나라고 하면 병이 떠나는 권세가 있음을 의미했다.

예수는 무엇을 하든지 '권세 아래에서' 행하셨다. 주님께서는 아버지 하나님의 뜻을 행하셔야만 했다. 우리의 구원이 바로 여기에 달려 있다. 주님의 구원의 역사는 아무렇게나 이뤄진 것이 아니었으며, 부수적인 것도 아니었다. 비록 하나님께서 "빛이 있으라" 하고 단지 말씀으로만 세상을 창조하셨지만, 이 문제에 있어서 창조도 마찬가지이다. 그러나 구원은 훨씬 더 다른 문제이다. 예수께서 마리아와 요셉에게 "내가 내 아버지 일을 해야만 한다"(눅 2:49, NKJV)고 말씀하셨을 때에 그는 구원에 관해 말씀하신 것이었다. 성자(聖子)가 태어나서 구원을 자신의 가장 중요한 사업으로 삼는 것은 아버지의 일이었다. 주님께서는 이 땅에 오셔서 우리의 구주가 되셨다. 그분은 창조 때에 **말씀하셨던** 바로 그 말씀이셨지만 그 말씀은 구원을 위해 **오셨다**. 그분의 오심은 일생 동안 한결같은 희생이었으며, 그 희생은 가장 무서운 죽음에서 그 절정을 이뤘다. 그것은 궁극적인 사랑의 표현이었다.

구원은 주님께서 받으신 가장 큰 명령이었다. 우리는 우리에게 주신 명령을 마가복음 13장 10절에서 발견한다: "또 복음이 먼저 만국에 전파되어야 할것이니라." 전도는 저절로 일어나지 않는다. 누군가가 그 일을 해야만 한다. 그것은 갈릴리에서 우리를 부르는 부르심이며, 마케도니아에서 우리를 부르는 부르심이다. 구원은 오직 그리스도께서 아버지 하나님께 순종하심으로써 성취될 수 있었으며, 또한 우리에게 그리스도의 명령에 순종할 것을 요구한다: "너희는 온 천하에 다니며 만민에게 복음을 전파하라"(막 16:15).

이 문제에 대하여 생각해 보라!

— 질문 —

1. 예수께서 우물가의 여인에게 말을 걸지 마셨어야 했던 세 가지 이유와 왜 주님께서 그렇게 하셨는지 세 가지 이유를 말해 보라.
2. 어떤 메시지가 유대인이 아닌 세계 최초의 복음 전도자를 만들어 냈는가?
3. 왜 예수께서는 사마리아를 통과하셔야만 했는가?

"이제 우리가 믿는 것은 네 말을 인함이 아니니 이는 우리가
친히 듣고 그가 참으로 세상의 구주신줄 앎이니라 하였더라"
(요 4:42).

3 언제나 내일

"보라 지금은 은혜 받을만한 때요"(고후 6:2).

전도에 관해 배울 수 있는 최상의 방법은 이제껏 살았던 자 중에 가장 위대한 전도자가 이를 어떻게 행했는지를 살펴보는 것이다.

예수께서는 사마리아 여인과 친구가 되셨으며 그녀에게 구원을 보이셨다. 그때에 제자들이 나타났다. 주님께서는 이 상황을 전도와 밭에서 추수하는 일꾼들에 관해 가르치는 기회로 삼으셨다. 분명히 그분이 말씀해야 했던 것은 그리스도 예수를 위해 수고하는 모든 사람들에게 너무 중요하다.

주님께서는 여인에게 집에 가서 남편을 데려오라고 하셨다. 그녀는 주님을 떠나 갔으며 이제 그녀는 다시 돌아오고 있었다. 주님께서는 제자들에게 보라고 말씀하시면서 "눈을 뜨라"(Open your eyes!)고 외치셨다 (우리말 성경에는 "눈을 들어"라고 되어 있다-역주). 그들이 본 장면에 그들은 소스라치게 놀랐다. 그것은 상당히 법석거렸다. 그 여인이 한 무리의 남자들을 데리고 오고 있었다. 동네 남자 중에서 어느 누구도 그녀와 이야기하는 모습을 본 사람은 없었을 것이다. 그녀는 자기 남편을 찾기 위해 갔었고, 우물가의 한 낯선 남자에 대해 흥분한 그녀 때문에 동네 모든 여인들의 남편들이 그녀와 함께 기꺼이 가려 했다.

제자들은 이제 두 번째 놀랐다. 첫 번째는 예수가 낯선 여인과 이야기하는 모습을 볼 때였다. 당시 어떤 남자도 그런 일을 행할 것을 꿈꾸지 않았을 것이다. 그들은 보통 집 밖에서 심지어 자기 아내와도 이야기하려고 하지 않았을 것이다. 만일 랍비가 이처럼 전적이 의심스러운 여인과 공개적으로 대화를 나눈다면 그것은 사회적, 문화적, 심지어 종교적 규율을 어기는 것이었다. 예수는 이에 대해 아무렇지도 않았단 말인가?

예수의 명성은 어떻게 되는가? 실제로 예수에게 명성은 아무런 의미가 없었다. 주님께서는 복음을 가지고 사람들에게 다가가는 것이 더 중요했다. 바울은 빌립보 교인에게 "주님은 스스로 무명의 존재가 되셨고"(빌 2:7, NKJV)라고 말했다. 주님께서는 이 여인, 그리고 문제 있는 다른 사람들과 사귀시면서 자신의 명성을 버리셨다. 그분은 우리와 사귀실 때에도, 사람과 교제하기로 결심하셨을 때에도 그리 하셨다. 주님께서는 동네나 마을에서 아무도 거들떠보지 않는 그런 자들을 사랑하셨다. 실제로 그분께서는 이를 자신의 업으로 삼으셨다. 여러 번 결혼한 사마리아 여인이 그 전형적인 예였다. 그분께서는 그녀가 죄인임을 아셨다. 그럼에도 불구하고 그녀를 소중하게 대하셨으며 우리에게 은혜와 열린 마음에 대하여 분명한 모범을 보여 주셨다.

하나님의 행동 패턴

사람은 같은 부류끼리 모인다고 말한다. 예수는 우리와 같은 부류가 아니시지만 우리와 섞이길 망설이지 않으셨다. 그리스도는 죄인을 영접하신다. 우리는 이 사실에 담긴 엄청난 의미를 이해해야만 한다. 그분은 우리처럼 사람을 사귀셨지만 그분의 경우에 그것은 거룩한 전략 중 하나이다. 주님께서는 제자들에게 이 점을 가르쳐 주셨으며, 이 여인과 대화한 것도 하나님께서 그를 보내셔서 '그를 보내신 이의 뜻을 행하며 그분의 일을 온전히 이루도록' 하시기 위함이었다는 것을 그들에게 설명해 주셨다(요 4:34). 예수에게 그것은 "너희가 알지 못하는 먹을 양식"이었다. 사마리아 여인은 주님이 부탁한 물을 주님께 드리지 않았다. 주님께서는 제자들이 가져온 음식을 원하지 않으셨지만 이 사마리아 여인과 대화하신 것으로 인하여 하나님과 함께 일했다는 깊은 만족감을 얻으셨다. 주님께서는 이 여인을 만나시기 위해 이틀을 걸어오셨다. 주님은 이 여인을 만날 것을 알고 가셨다. 왜냐하면 "아들이 아버지의 하시는 일을 보지 않고는 아무 것도 스스로 할 수 없나니 아버지께서 행하시는 그것을 아들도 그와 같이 행하"기 때문이다(요 5:19). 다른 말로 하면, 우물가의 의심스러운 영혼에게 걸어서 가도록 자기 아들을 보내신 이는 하나님 자신이셨다.

예수의 전(全) 생애를 통해 그분께서는 한 패턴을 따르셨는데 그것은 구약성경에 나타난 하나님의 행동 패턴이었다. 신약성경의 그리스도는 구약성경에 나타난 하나님의 복사판이었다(예를 들어, 빌립보서 2장과 히브리서 1장을 읽어 보라). 하나님께서는 오래전에 이 여인과 같은 백성들을 구원하셨다. 성자 하나님께서는 성부 하나님께서 사랑받을 수 없는 자들을 회복시키시고 그들에게 사랑과 자비를 보이시는 것을 지켜보셨다. 그것은 아담과 그의 아내 하와로부터 시작되었다. 다윗 왕의 무서운 죄를 용서하심으로써 그에게 보이신 그분의 자비는 잊을 수가 없었다. 우리는 다윗이 자신을 용서했는지 알 수 없지만 그는 하나님께서 여전히 자신을 관대하게 대하신다는 사실을 깨닫고 펜을 들어 성경에서 가장 가슴 미어지는 시를 쓸 수 있었다. 이 시는 시편 중에 가장 탁월한 시이며, 하나님의 마음에 대하여 기독교 이전 시대의 모든 사람보다 앞서는 놀라운 통찰력을 보여 준다: "나로 즐겁고 기쁜 소리를 듣게 하사 … 주의 얼굴을 내 죄에서 돌이키시고 내 모든 죄악을 도말하소서 … 그러하면 내가 범죄자에게 주의 도를 가르치니 죄인들이 주께 돌아오리이다"(시 51:8~13).

성자께서는 하나님께서 다윗 왕을 다루시는 모습을 보았고 이제 아버지가 행하신 것을 행하셨으며, 과거의 자비를 재현하셨고 이 죄 많은 여인을 마치 전혀 죄를 짓지 않은 것처럼 대하셨다. 비록 이 여인이 죄인이었지만 주님께서는 그녀를 정죄하는 말은 한마디도 하지 않으셨다. 주님께서는 언제나 그러셨다. 그분께서는 자신이 구원한 모든 자들을 이와 같이 대하셨다. 하나님께서 용서하시는 방법은 언제나 이랬다. 사마리아의 그날도 예수의 행동으로 한 도시의 구원이 시작되었다. 오늘날에도 주님께서는 여전히 이처럼 일하시고 앞으로도 언제나 그러실 것이다. 사도행전 1장 1절에서 누가가 설명한 대로 복음의 내용은 '예수께서 행하시며 가르치시기를 시작한 모든 것'이다. 하나님은 과거의 하나님이 아니고, 사화산이 아니며, 주무시지도 않는다: "이스라엘을 지키시는 자는 졸지도 아니하고 주무시지도 아니하시리로다"(시 121:4).

가장 중요한 것은 다음과 같다. 즉 우리가 구원의 사명을 받고 나아갈 때에 우리는 하나님께서 이전에 명령하신 것과 그분이 지금 행하시는 것을 정확히 이행하기만 하면 된다. 전도는 그리스도의 기쁨이었으며 또한 그리스도인의 기쁨이다. 여기에 가장 숭고한 인생의 길이 있다.

그것은 계속되는 영원한 구원의 장엄함에 참여하는 것이다. 하나님께서는 일하시되 우리와 함께 일하신다. 그것은 힘든 과업이 아니라 즐거운 것이다. 다윗이 말한 것처럼 기쁨은 복음 메시지의 한 부분이다: "주의 구원의 즐거움을 내게 회복시키시고 자원하는 심령을 주사 나를 붙드소서 그러하면 내가 범죄자에게 주의 도를 가르치리니 죄인들이 주께 돌아오리이다"(시 51:12~13). 우리는 섬기기 위해 구원받았고 또한 구원하기 위해 구원받았다.

> 우리는 섬기기 위해 구원받았고 또한 구원하기 위해 구원받았다.

타이밍

수가성에서 배울 수 있는 다음 교훈은 타이밍에 관한 것이다. 예수께서는 "내가 너희에게 이르노니 눈을 들어 밭을 보라 희어져 추수하게 되었도다"라고 말씀하셨다(요 4:35). 주님께서 우물가에서 기다리시는 동안 일단의 무리들이 동네에서 나왔다. 모두 남자들인데 그들은 한여름의 열기를 피하고 시원하게 하기 위해 흰 옷을 입었다. 그들은 다 익은 추수밭처럼 보였으며 산들바람에 흔들리는 곡식단과 같았다. 자신의 복음서에서 요한은 일상적인 상황에 보다 깊은 의미를 부여한다. 흰 옷은 추수밭을 암시했으며, 이는 영적인 것이었다.

예수께서는 제자들에게 말씀하시면서 "넉 달이 지나야 추수할 때가 이른다"라는 잘 알려진 속담을 사용하셨다. 이 속담은 서두를 필요가 없다는 것을 의미했다. 우리에게도 비슷한 속담이 있다. "로마는 하루아침에 세워지지 않았다", "급할수록 돌아가라" 혹은 스페인 사람이 하는 말인 "내일 봐"(mañana)가 그렇다. 내일은 언제나 있기 마련이다. 삶의 속도가 느린 동방에서 이는 전형적인 삶의 모습이었다. 예수께서는 당시의 속담을 예로 들어 이를 반대로 말씀하셨다: "너희가 넉 달이 지나야 추수할 때가 이르겠다 하지 아니하느냐 내가 너희에게 이르노니 눈을 들어 밭을 보라 희어져 추수하게 되었도다." 주님에게는 낭비할 시간이 없었다!

우물가의 여인은 주님의 의도하신 바를 잘 보여 준다. 그녀는 추수하러 갔다. 참으로 그녀는 추수를 위해 갔다. 그녀는 폭탄과도 같았다! 그녀에게 있어서 타이밍은 바로 즉시였다. 예수께서는 그녀가 화급을 다툰다는 것을 아시고 "뿌리는 자와 거두는 자가 함께 즐거워하게 하려 함이니라"고 말씀하셨다(요 4:36). 아모스 선지자도 "보라 날이 이를찌라 그 때에 밭 가는 자가 곡식 베는 자의 뒤를 이으며 포도를 밟는 자가 씨 뿌리는 자의 뒤를 이으며"라고 예언했다(암 9:13).

오늘날도 밭은 희어져 추수를 기다리고 있다. 실제로 전도하기 가장 나쁜 시기가 가장 좋은 시기이다. 왜냐하면 전도는 만사를 변화시키기 때문이다. 복음만이 삶을 변화시키는 유일한 능력이다. 경찰력이나 사법권보다는 회심이 훨씬 더 낫다: "보라 지금은 구원의 날이로다"(고후 6:2). 오늘이 구원의 날이며, 성령님은 쉬지 않으신다. 사마리아 여인은 타이밍이 맞는지 아닌지 걱정하지 않았다. 그녀는 나가서 거리의 남자들을 붙들고 이야기했다. 불신자와 인본주의자들의 정책은 국가적인 문제만 야기시키고 그들은 자신들의 실수를 교정하기 위해 잔혹하고 통제적인 법률을 수단

> 오늘날도 밭은 희어져 추수를 기다리고 있다. 실제로 전도하기 가장 나쁜 시기가 가장 좋은 시기이다. 왜냐하면 전도는 만사를 변화시키기 때문이다.

으로 사용한다.

　이 무명의 여인은 성경이 보여 주는 모델이다. 그녀는 준비하고 배우고 또 배우는 데 반평생을 보내지 않았다. 이런 자는 결국 언제나 학생으로 배우다 끝나고 만다. 예수께서는 전도의 일을 하고 싶어 하는 영혼의 구령자들을 원하신다. 우리가 학자이든 일자무식쟁이이든 간에 세상을 구원하는 것은 우리의 과업이다. 어떤 이들은 자격을 취득하고 학위를 따기 위해 가지만 이들보다 못한 자들이 추수를 거둔다.

　예를 들어, 음악, 목수일, 미술, 수영처럼 우리는 많은 것들을 실제 연습을 통해 배운다. 전도를 배우는 것도 이와 같다. 예수는 준비할 시간도 주지 않고 제자들을 실제로 사역 현장에 보내셨으며 그들은 원고나 지팡이나 돈이나 갈아입을 옷도 없이 나아갔다. 그래도 그들은 아무것도 부족하지 않았으며 귀신들은 그들에게 복종했다. 그들은 경험을 통해 배웠다. 컨퍼런스, 세미나, 오랜 시간 동안 기도하는 것도 중요하긴 하지만, 목적은 사람들을 무장시켜 하나님의 일을 하도록 하는 것이며, 그 일은 구원이다.

복음의 개척자

　우리가 주최하는 CfaN(Christ for all Nations) 프로그램에서 우리는 수많은 그리스도인 사역자들을 대상으로 전도에 대하여 가르친다. 우리는 이 모임을 '불의 집회'라고 부른다. 배울 때가 있는가 하면 일할 때가 있다. 마음속으로 생각만 하면 밭을 갈 수가 없다. 예수는 급하긴 하셨지만 항상 서두르지 않으셨다. 주님은 '낮 동안' 복음을 전하라고 가르치신다. 왜냐하면 내일 밤에 무대의 막이 내릴지도 몰랐기 때문이다. 전시(戰時)에 전투기 조종사들은 임무에 관해 브리핑을 받고 질문을 한다. 그런 뒤에 지휘관은 단지 "제군들, 출격하라!"고 말한다.

사마리아 여인은 세계 최초의 복음 전도자였다. 그녀는 "와 보라!"는 단순한 초청을 통해 사람들을 예수에게로 이끌었다. 그녀는 성경의 배경지식도 없었지만 예수를 만나자마자 복음 전도자가 되었다. 예수께서는 후에 제자들에게 "예루살렘과 온 유대와 사마리아와 땅 끝까지 이르러 내 증인이 되리라"고 말씀하셨다(행 1:8). 사마리아는 예수가 제자들에게 가라고 한 최초의 장소이자 제자들도 가길 원했던 마지막 장소였다. 사실 그들은 그곳에 가지 않았다. 사마리아는 나중에 온 사람들에게 맡겨졌다. 첫 제자들이 예수와 함께 사마리아를 통과했을 때에 그들은 그곳에서 복음을 전하기보다는 하늘에서 불을 내려 그곳을 멸망시켰다면 더욱 기뻐했을 자들이었다.

결국 사마리아는 그리스도의 지상 명령을 직접 듣지 못한 헬라어를 말하는 빌립이란 사람에 의해 복음화되었다. 사도들은 과부들의 식탁을 돌보도록 하기 위해 빌립을 임명하였다. 그러나 사마리아 여인처럼 그는 영혼의 감동을 받고 '일어나 갔다'. 그는 살그머니 빠져나왔기에 수많은 사람들이 세례를 받았다는 소식을 듣기까지 사도들은 이 사실에 대하여 몰랐다. 그리고 그들 중에는 에티오피아의 고위 관료도 들어 있었다. 우물가의 여인처럼 빌립의 배후에는 후원자도 없었고 단체도 없었다. 우물가의 여인처럼 빌립은 복음의 개척자였다. 그들 모두에게는 둘로 구성된 위원회만 있었다. 그것은 그들과 성령님이었다.

나도 비슷한 경험을 했다. 첫 아프리카 선교 사역을 끝냈을 때에 우리를 후원해 주거나 경제적으로 지원할 사람이 전혀 없었다. 나는 혼자였기에 성령님께서 나의 유일한 의지가 되셔야만 했다. 그 후에 나는 결코 다른 방식으로 일해서는 안 된다는 것을 경험으로 알게 되었다.

그리스도의 대리인

그러나 요한복음 4장으로 돌아오면 우리는 예수께서 전도에 관해 가르치신 다음 교훈을 읽을 수 있다. 주님께서는 이렇게 말씀하셨다: "그런즉 한 사람이 심고 다른 사람이 거둔다 하는 말이 옳도다 내가 너희로 노력지 아니한 것을 거두러 보내었노니 다른 사람들은 노력하였고 너희는 그들의 노력한 것에 참예하였느니라"(요 4:37~38). 그때까지 제자들은 많은 일을 하지 않았다. 그래서 예수께서는 장차 일어날 역사를 기대하고 계셨다. 내가 강조하고 싶은 점이 바로 이것이다. 전도의 황무지에서조차도 우리를 위해 모든 것이 준비되어 있다. 사마리아 여인은 수가성에서 예수를 위한 사전준비 작업을 했으며, 예수는 초청을 받고 사마리아인들과 이틀을 유하셨다. 수가성 사람들은 그 여인에게 말했다: "이제 우리가 믿는 것은 네 말을 인함이 아니니 이는 우리가 친히 듣고 그가 참으로 세상의 구주신줄 앎이니라"(요 4:42). 이 말은 좋은 말이지만 거기에는 약간의 가시가 있다. 남자들은 여자의 말을 듣지 않았다. 당시에 사람들은 여자들을 아무것도 아니라고 생각했다. 그러나 한 가지 사실은 변치 않는다. 그들이 이 일에 있어서 그녀의 역할을 인정하지 않았다 할지라도 남자들이 그리스도를 알게 된 것은 그녀를 통해서였다. 남자들의 태도가 어떠했든지 간에 그녀는 그리스도의 대리자였다.

빌립은 예수께서 사마리아를 방문한 지 약 2년 후에 사마리아로 가서 예수께서 놓으신 기초 위에 사역을 했고, "그 성에 큰 기쁨이" 있었다(행 8:8). 전도는 결코 한 사람의 힘으로 이뤄지지 않는다. 성령님께서 함께하시는 것처럼 주인 되신 주님이 우리와 함께하시고, 우리가 알거나 알지 못하는 다른 연합군이 우리와 함께하며, 거기에는 천사들도 포함된다. 하나님께서는 오래전에 사람들이 드렸던 기도를 기억하시고, 우리가 사역할 때에 이 기도에 응답하신다. 하나님은 결코 우리의 기도를 잊지 않으신다. 그분께서는 우리가 그분을 신뢰하길 원하신다. 우리의 기도가 상달되었음을 알려 주는 하늘에서 온 우편엽서 따위는 필요치 않다. 우리가 드리는 기도는 안전하게 하늘에 도달하며, 어떤 마귀도 우리가 예수 이름으로 드리는 기도를 감히 방해할 수 없다.

그물 비유(13장)에서 예수는 우리의 전도를 물 위에 던지는 그물로 설명하신다. 그물은 물에 머무르고, 파도에 따라 딸깍딸깍 움직이며 어떤 표징도 보이지 않지만 물고기들이 들어간다. 그물이 가득 차면 어부는 그물을 육지로 끌고 가서 잡힌 고기를 좋은 고기와 나쁜 고기로 분류한다. 우리가 '사람을 낚으러' 갈 때에 아무 일도 일어나지 않는 것처럼 보일지 모른다. 하지만 성령께서는 눈에 보이는 증거가 없어도 역사하신다. 단지 어떤 일이 일어나는 것을 볼 수 없다고 해서 전도를 연기해서는 안 된다.

초기 선교사들은 잃어버린 종족들을 전도하기 위하여 아프리카의 밀림을 뚫고 들어갔지만 거의 성공을 거두지 못했다. 그때 이후로 역사적 영향을 받으면서 수많은 변화들이 일어났다. 오늘날 수많은 사람들이 미래에 대해 염려하지만 분명하게 유일한 해결책은 복음에만 있다. 수많은 무리들이 집회에 모이고 있으며—아마도 이는 지금까지 알려진 군중 중에 가장 많은 군중일 것이다—그들 모두는 하나님의 말씀에 굶주

> 빌립, 바울, 베드로 그리고 모든 경이로운 사람들이 자신들이 그만두었던 바로 그곳에서 우리가 계속해서 그 일을 수행할 것을 믿었다고 생각하면 거의 전율과 흥분을 느끼게 된다.

려 있다. 그들은 이미 종교를 알고 있었다. 그러나 이 종교는 많은 것을 요구하지만 아무것도 제공해 주지 못하고 오히려 공포와 압제가 함께하는 그런 종류의 것이었다. 복음은 이와 달리 우리에게 기쁨, 자유, 평강 그리고 소망을 가져다준다. 우리는 현재 바울 시대의 로마 전체 인구보다 더 많은 사람들이 하루 만에 그리스도를 영접하는 것을 목격하고 있다. 그러나 지난 150년 이상 동안 사람들의 희생과 헌신이 없었다면 오늘날 이렇게 많은 역사가 일어났을지 의심스럽다. 다른 사람들이 눈물로 수고한 곳에서 우리는 기쁨으로 단을 거두고 있다.

빌립, 바울, 베드로 그리고 모든 경이로운 사람들이 자신들이 그만두었던 바로 그곳에서 우리가 계속해서 그 일을 수행할 것을 믿었다고 생각하면 거의 전율과 흥분을 느끼게 된다. 그들의 짐이 우리 어깨로 옮겨졌다. 하지만 감사하게도 그들의 능력의 겉옷까지 옮겨졌다.

삯

계속해서 예수께서는 삯에 대해 말씀하셨다: "거두는 자가 이미 삯도 받고 영생에 이르는 열매를"(요 4:36). 우리는 주님을 위해 일하고 고군분투하는 자들을 돕지만 "일꾼이 그 삯을 받는 것이 마땅하다"(딤전 5:18). 우리는 주 예수 그리스도를 섬긴다. 주님은 아주 관대한 고용주이시다. 누군가 돈을 위해 일한다면 그들은 돈을 얻겠지만 그리스도께서는 연봉에 관해 말씀하지 않으셨다. 예수를 위해 한 영혼을 얻는 기쁨과 감격은 그런 일을 경험하기 전까지 아무도 알 수 없는 것이다. 어떤 상품의 물건도, 어떤 공장의 제품도, 그리고 은행 계좌에 들어 있는 어떤 금액의 돈도 누군가를 그리스도에게로 인도하는 것과 같은 만족을 줄 수 없다. 우리는 사람들의 이름을 방명록에 더하는 것에 관심이 없다. 대신 우리는 그들의 이름이 영원의 바위에 새겨지는 것에 관심이 있다. 천사가 아닌 인간에게 복음을 맡기셨다는 것은 너무나 놀라운 일이다.

예수께서는 값싼 노동력을 구하지 않으신다. 그분께서는 덤핑가로 어떤 것을 얻는 데 관심이 없으시다: "잘 다스리는 장로들을 배나 존경할 자로 알되"(딤전 5:17). 여기서 헬라어로 때(time)란 말이 나오는데, 이 단어는 신약성경에서 41번 사용되었으며 보통 '존경'(honor)이란 말로 번역된다. 하지만 이 단어는 9회에 걸쳐 '가격'(price)이란 말로 번역되었으며 여기서도 그렇게 번역하여 '배나 삯을 줄 자로' 번역할 수 있다. 삯의 본래 단어는 미스토스(misthos)이다. 하지만 '배나 존경할 자' 란 말이 언제나 가난한 사역자에게는 어떤 의미인가? 말라기 3장 5절은 우리에게 하나님의 관점을 말해 준다: "내가 … 품꾼의 삯에 대하여 (억울한 자들에게) 속히 증거하리라."

예수께서는 '삯' 이란 단어를 피하지 않으셨다. 주님은 "거두는 자가 이미 삯도 받고"라고 말씀하셨다(요 4:36). 하나님의 손은 크고 풍성하시다: "울며 씨를 뿌리러 나가는 자는 정녕 기쁨으로 그 단을 가지고 돌아오리로다"(시 126:6). 사람들에게 예수를 소개하고, 그들을 축복하며, 그들을 하나님의 가족의 사랑 가운데로 데려가고, 그들을 우리의 친구로 만드는 그런 부르심이 있다는 것은 얼마나 놀라운 일인가!

예수께서는 희생이 있는 곳마다 백 배의 보상이 있을 것이라 말씀하셨다(막 10:30). 아시시의 성 프란시스는 가난한 삶으로 사람들을 초청하였다. 그러나 예수께서는 결코 그렇게 하지 않으셨다. 그분은 제자들을 보내시면서 그들에게 여행 중에 부족한 것이 없었는지 물으셨다. 그리고 제자들은 "아니요"라고 말했다. 그분은 가장 관대한 주인이시며 왕이시기에 왕처럼 주신다.

— 질문 —

1. 전도는 전도만이 줄 수 있는 보상을 가져다준다. 하지만 전도를 통해 주머니에 돈이 생긴다면 당신은 더 열심히 일하겠는가?
2. 전도할 때에 당신을 돕는 연합군은 누구인가?

"이제부터는 너희를 종이라 하지 아니하리니 종은 주인의 하는 것을 알지 못함이라 너희를 친구라 하였노니 내가 내 아버지께 들은 것을 다 너희에게 알게 하였음이니라"(요 15:15).

4 주님을 섬긴다고요?

"이제부터는 너희를 종이라 하지 아니하리니 …
너희를 친구라 하였노니"(요 15:15).

우리는 추가로 요구되는 사항들을 짊어짐으로써 그리스도인이 되지 않았다. 그리스도는 짐을 지는 자이지 짐을 지우는 자가 아니시다: "수고하고 무거운 짐진 자들아 다 내게로 오라 내가 너희를 쉬게 하리라"(마 11:28). 무엇이든 주님을 기쁘시게 해 드리기 위해서 우리가 하는 일이 만일 짐이 된다면 그것은 헛되다.

> 우리는 추가로 요구되는 사항들을 짊어짐으로써 그리스도인이 되지 않았다. 그리스도는 짐을 지는 자이지 짐을 지우는 자가 아니시다.

그리스도를 위한 증거는 우리의 경건을 증거하는 것이 아니며, 해야 할 것과 하지 말아야 할 것으로 이뤄진 삶을 증거하는 것도 아니다. 그것은 사람들이 그리스도에게로 다가갈 때에 넘어야 할 담장을 쌓는 것과도 같다. 성경은 그리스도인의 삶을 경주로 설명하지 암벽 등반이나 탐험으로 설명하지 않는다. 구원을 전하는 것은 성결을 위한 프로그램을 전파하는 것이 아니다.

우리 모두는 우리의 단점을 잘 알고 있지만 어떤 이들은 걱정 근심을 하며 심지어 하나님께 변명을 한다. 이들이 그리스도인으로서 경험하는 것은 언제나 무겁다. 그들은 엄격하고 비판적이며, 그들의 약점과 결함 때문에 그들이 하는 일을 마지못해 축복하는 그런 주님을 섬기는 듯하다. 그들은 자신들이 하나님을 슬프게 하거나 어떤 식으로든 그분의 뜻을 놓쳤을까 염려한다.

주님이 이처럼 신경질적으로 불가능한 것을 요구하는 그런 분이실까? 내 주님은 그렇지 않다. 우리는 '담대하게' —변명을 하는 것이 아니라—그분께 나아가고, 주님의 따스한 환영을 기대하며 찬양과 기쁨으로 그분의 궁정에 들어가라는 말씀을 듣는다. 우리의 노래는 슬픈 곡이 아니다. 우리는 우리 집으로 갈 때의 리듬으로 두근거려야만 한다. 지금 그 집에는 아버지 하나님께서 친히 문 앞에 서서 우리를 기다리고 계신다. 그분 앞에는 온전한 기쁨이 있다. 그 기쁨은 우리와 그분을 위한 것이다. "우리 형제들을 참소하던 자"인 사단은 우리를 위협하고 우리와 하나님과의 관계에 있어서 거짓 그림을 그리길 좋아한다. 하나님의 눈은 거룩하시지만 그리스도는 "우리에게 지혜와 의로움과 거룩함과 구속함이 되셨"다(고전 1:30). 우리는 비굴한 태도를 취할 필요가 없으며, 정복당한 포로처럼 스스로를 비하할 필요도 없고, 비천한 이름을 취할 필요도 없고, 우리 자신을 '악한 죄인' 혹은 '먼지보다 못한 존재'라고 부를 필요도 없다. 나는 "나는 은혜로 구원받은 죄인일 뿐일세"(I'm only a sinner saved by grace)라는 찬양을 부르지 않는다. 나는 더 이상 죄인이 아니다. 나는 마치 보석으로 풀려난 죄인처럼 이전에 죄인이었다는 사실을 기억함으로써 죄의식 가운데 절절매지 않는다. 나는 은혜로 의롭다 하심을 받았고, 전혀 죄를 짓지 않고 새로 태어난 택하심을 입은 소중한 하나님의 자

녀로 취급을 받는다: "누가 정죄하리요"(롬 8:34).

하나님께서 우리의 목소리를 들으실지 전혀 염려하지 말고 그분이 지금 말씀하시는 음성에 귀 기울여야만 한다. 그분은 우리가 그분 곁에서 일하도록 부르신다. 그리스도께서는 우리에게 고된 노동과 둔함(dullness)이 아니라 귀족의 특권과 같은 섬김을 베푸신다. 그분은 우리의 모델이시다. 주님께서는 말씀하셨다: "내 아버지께서 이제까지 일하시니 나도 일한다"(요 5:17, 마 20:28). 일은 신성하며, 삶의 의무들은 완전한 사랑의 행위가 되지 않으면 안 된다. 하나님은 우리의 고용주가 아니시며, 우리는 직원이나 부하나 유급 노동자가 아니다. 우리는 가족의 일원으로 사업에 동참한다. 예수께서는 "나는 내 아버지의 일을 해야만 합니다"라고 말씀하셨다(눅 2:49, NKJV).

섬김의 기초인 사랑

요한복음 15장 9~17절은 섬김에 관한 그리스도의 가르침을 잘 설명해 준다. 주님이 하신 첫 번째 말씀은 사랑에 대해 그분이 전형적으로 강조하시던 말씀이다: "아버지께서 나를 사랑하신 것 같이 나도 너희를 사랑하였으니 … 내 계명은 곧 내가 너희를 사랑한 것 같이 너희도 서로 사랑하라 하는 이것이니라"(9, 12절).

성경은 섬김의 기초로서 사랑을 강조한다. 이에 대한 첫 예를 우리는 구약성경에서 들 수 있다. 창세기에서 야곱은 아름다운 라헬을 사랑하여 7년을 봉사한다. 출애굽기 21장 2~6절에서 하나님께서는 십계명의 율법을 세우신 후에 곧바로 사랑에 근거한 새로운 율법을 주신다. 이 율법은 사랑이 율법의 완성이라는 것을 보여 준다. 출애굽기에 나오는 그림은 빚을 갚기 위해 자기 채무자를 위해 일하는 한 남자에 대한 것이다. 그는 6년 이상을 일하지 못하도록 되어 있었으며, 그 기간 동안에 그는 자유롭게 결혼하고 아이도 낳을 수 있었다. 그러나 그의 가족은 법적으로 그가 섬기는 주인의 것이었다. 7년이 되는 해에 그는 자유의 몸이 되지만 자기 가족을 데려갈 수는 없었다. 만일 그가 자기 가족을 사랑하고 그들과 함께 머물고 싶으면 그는 평생 주인의 종이 되어야만 했다. 그는 자기 아내와 가족을 사랑하기 **위하여** 자기 주인**에게** 자신을 드리려 했다.

모세의 이 율법은 그리스도의 그림자이다. 출애굽기의 율법에서 평생 섬기고 싶어 하는 사람은 문설주 앞으로 가서 그것에다가 송곳으로 귀를 뚫어 영원한 상처를 남겼다. 이는 모든 사람들로 하여금 그가 자기 아내와 가족을 사랑함으로 종이 되었다는 것을 알게 하려 함이었다. 그리스도께서도 우리를 **위하여** 하나님**에게** 영원히 자신을 드리셨다. 그리스도께서도 우리를 위하여 창에 찔리셨다. 요한계시록에서 주님은 우리를 위해 고난 받으신 상처를 가지고 나타나신다. 사랑이 없으면 명령에 순종하는 것은 정말로 지루한 의무가 된다. 사랑은 섬김을 기쁨으로 만든다. 수고는 포옹처럼 사랑스러워진다.

예수의 친구

예수께서는 설교 중에 이 문제를 더 깊이 다루신다: "사람이 친구를 위하여 자기 목숨을 버리면 이에서 더 큰 사랑이 없나니"(요 15:13). 이 말씀은 전쟁 기념비와 전 세계의 전몰자 기념비에 새겨져 있다.

왜 예수께서는 '친구'라는 말씀을 하셨을까? 원수를 위해 죽는 것이 가장 큰 사랑이지 않겠는가? 그 답은 예수가 '친구'란 말을 가지고 의미하신 바에 있다. 이 말은 한 친구와의 평범한 우정 이상의 의미를 지닌다. 헬라어로 친구는 필로스(philos)이다. 예수께서 체포되실 때에 주님은 유다를 '친구'라고 부르셨지만 이는 필로스가 아니라 헤타이로스(hetairos, 친족 중 한 사람)다. 예수께서는 역설적인 어조로 이 말을 사용하셨다. 주님께서는 유다가 종종 성경이 말하는 그런 종류의 친한 친구가 아님을 분명히 언급하신 것이다. 예수의 필로스는 특별히 구별된 사람들이며, 특별한 능력을 지닌 사람들이었다.

구약성경은 특별한 지위를 지닌 친구들의 예를 몇 가지를 담고 있다: "나단의 아들 사붓은 대신이니 왕의 벗이요"[왕상 4:5, NIV 성경은 개인 상담역(personal adviser)이라 표현하고 있다], "암논에게 요나답이라 하는 친구가 … 심히 간교한 자라"(삼하 13:3), "다윗의 친구 아렉 사람 후새"(삼하 16:16). 이들은 왕족은 아니었지만 통치자와 가까이 지내는 상담가였고 택함을 입은 공식적인 '친구'였다. 예수께서는 제자들에게 "내가 너희를 택하여 세웠나니"라고 말씀하셨다(요 15:16). 즉 주님께서는 그들을 자기 '친구'로 택하신 것이다. 이 성경 구절은 구원받기로 택함을 입는 것과는 전혀 상관이 없으며, 특별한 능력을 가지고 섬기는 친구로서 택함을 받은 것과 상관이 있다. 오랜 옛날, 통치자는 때로 어린 남자 아이를 선택하여 왕자인 자기 아들과 함께 성장하도록 했으며 그 아이들은 친밀함 가운데 함께 성장하였다. 그는 어린 왕자의 문제와 비밀과 생각을 함께 나누도록 선택을 받았으며, 특히 아들이 아버지의 왕좌를 물려받았을 때에 그러했다. 그는 왕자의 개인 상담역이었고, 그를 온전히 알았으며, 국가의 비밀과 정사를 알았고, 언제나 왕 가까이에 있는 보좌 배후의 실

세웠다.

예수께서 "이제부터는 너희를 종이라 하지 아니하리니 … 너희를 친구라 하였노니"라고 말씀하셨을 때에 이는 주님이 말씀하시던 그런 종류의 친구였다. 아브라함은 하나님에게 이와 같은 친구였으며(역대하 20장 7절을 보라), 하나님께서는 자신이 하고자 하시는 것을 이 족장과 의논하셨다: "여호와께서 가라사대 나의 하려는 것을 아브라함에게 숨기겠느냐"(창 18:17). 하나님께서는 400년 후에 또 다른 친구를 얻으셨다. 그는 모세였다: "사람이 그 친구와 이야기함 같이 여호와께서는 모세와 대면하여 말씀하시며"(출 33:11), "그 행위를 모세에게 … 알리셨도다"(시 103:7). 하나님의 친구라는 주제는 성경 전체에 걸쳐 흐르고 있다. 선지자들도 하나님의 친구였다: "주 여호와께서는 자기의 비밀을 그 종 선지자들에게 보이지 아니하시고는 결코 행하심이 없으시리라"(암 3:7).

지금도 예수는 동일하게 인간에게 자기의 비밀을 알리신다. 그분은 제자들에게 영적 비밀들을 공개하시면서 다음과 같이 말씀하셨다: "이제부터는 너희를 종이라 하지 아니하리니 종은 주인의 하는 것을 알지 못함이라 너희를 친구라 하였노니 내가 내 아버지께 들은 것을 다 너희에게 알게 하였음이니라"(요 15:15). 사실 주님은 여인들에게도 자신에 관한 비밀을 드러내셨다. 당시에 여인들은 이와 같은 신뢰의 대상이 결코 아니었다.

영혼을 구원하는 자들은 "그리스도의 마음을" 가지고 있다(고전 2:16). 우리의 부르심은 하나님의 마음을 알아서 하나님의 대사로 이를 전하는 것이다. 우리는 단지 메시지를 전달할 뿐이다. 그것은 우리 자신의 메시지가 아니라 하나님의 사랑의 부르심이다. 바울은 하나님께서 자기에게 복음을 맡기셨으며, 하나님의 메시지를 열방에 전할 때까지 자신은 열방에 빚진 자라고 했다. 하나님의 말씀은 우리의 지성을 밝혀 주며, 성령님께서는 우리 영혼에 불과 같은 말씀을 새기시고 우리에게 이를 말할 수 있는 권세를 주신다. 이 말씀을 변개하거나 희석하면 그것은 재가 되고 만다.

하나님의 마음을 안다는 것은 단순히 이해를 위해 사실을 수집하는 정보 수집이 아니다. 하나님께서는 자신의 목적을 성취하기 위해 말씀을 보내시며, 이는 매우 효과적이며 살아 있는 힘이다. 성경과 같은 책은 없다. 지금까지 기록된 책 중에 내재된 힘을 가지고 우리에게 영향을 미치는 책은 없다. 이 말씀은 먼저 메신저에게 영향을 미치고, 그런 뒤에 그 메신저의 청중에게 영향을 미치며, 그 메시지에 청중을 동화시킨다. 성경은 스스로를 변호한다. 성경은 비판자들을 개의치 않는다. 왜냐하면 성경이 그들을 비판하기 때문이다. 예수께서는 "너희도 내 계명(서로 사랑하라는 계명)을 지키면 내 사랑 안에 거하리라"(요 15:10)고 말씀하셨다. 이는 주님의 약속이다. 그분께서는 "내가 너희에게 이른 말이 영이요 생명이라"고 말씀하셨다(요 6:63). 그분은 사랑을 말씀하시고 그분의 말씀은 사랑을 만들어 낸다. 주님께서는 영원한 사랑의 베틀로 짠 옷을 우리에게 입혀 주신다.

종을 위해 죽은 왕

"사람이 친구를 위하여 자기 목숨을 버리면 이에서 더 큰 사랑이 없나니"라고 말했을 때에 예수는 놀라운 말씀을 하신 것이었다. 왕의 친구는 왕을 위해 자기 목숨을 걸어야만 한다. 성경은 우리에게 다윗의 친구이자 모사였던 후새의 예를 보여 준다. 압살롬이 반역하여 아버지로부터 왕위를 찬탈하려 했을 때에 그는 압살롬의 비위를 맞춰 그의 전쟁 참모가 된다. 그는 압살롬의 계획과 전략을 알아내어 입에서 입으로 내부 정보를 다윗에게 전했다. 그것은 매우 위험한 일이었다. 전령 중에 한 사람이 거의 잡힐 뻔했다. 당시에 다윗은 다른 친구들도 있었지만 후새는 이 특별한 임무를 수행하면서 자신의 생명을 위태롭게 만들었다.

후새뿐만 아니라 이스라엘 전체 군대도 다윗을 위하여 죽기까지 싸울 준비가 되어 있었다. 그는 군사들과 함께하여 그들을 영솔하려 했지만 그들이 안 된다고 하였다: "왕은 나가지 마소서 … 왕은 우리 만명보다 중하시오니"(삼하 18:3). 이스라엘의 수많은 군대는 다윗 왕을 위해 목숨을 버릴 준비를 했고 다윗으로 하여금 그들을 위해 목숨을 버리도록 허락하지 않았다. 그것은 상상할 수도 없는 일이었다.

예수께서는 우리의 다윗이시다. 그분만이 우리가 위해 살고 죽을 가치가 있는 분이시다. 수백만의 사람들이 증인으로, 고백자(confessors)로, 순교자로 그렇게 했고 지금도 여전히 그렇게 하고 있다. 그건 너무나 당연한 것이다. 많은 사람들이 다윗을 위해 죽었고, 많은 사람들이 다윗보다 크신 그의 아들 그리스도를 위하여 죽었다.

정말 황당한 것은 왕이 군대를 위해 죽거나 경호원을 위해 몸을 날려 죽음의 일격을 대신 막아 내는 것일 것이다. 우리는 놀라운 복음의 진리를 깊이 이해하기 위해 우리의 생각을 조정할 필요가 있다. 그리스도께서는 자기 친구들인 우리를 위해 목숨을 버리셨다. 우리가 그분을 위해 우리 목숨을 버려야만 하는데도 말이다. "의인을 위하여 죽는 자가 쉽지 않고 선인을 위하여 용감히 죽는 자가 혹 있거니와 우리가 아직 죄인 되었을 때에 그리스도께서 우리를 위하여 죽으심으로 하나님께서 우리에게 대한 자기의 사랑을 확증하셨느니라"(롬 5:7~8).

갈보리에서 들려오는 하나님의 마음의 외침

갈보리의 십자가는 오늘날 팽배한 종교적 신조를 우매한 것으로 만들어 버린다. 그들은 "선을 행하고 친절히 대하라"고 말한다. 결국 모든 종교의 종착역은 같다는 것이다. 그렇다면 그리스도의 위치는 어디인가? 그리스도께서 이 땅에 오셔서 우리를 위하여 자기 목숨을 버리셨다는 이 엄청난 사실은 뭐란 말인가? 우리가 단지 친절하고 선해야만 한다면 그런 희생을 하실 이유가 무엇인가? 비극적인 실수였단 말인가? 이 얼마나 주제넘은 생각인가! 지난 2,000년 동안 수많은 사람들의 믿음의 핵심이었던 이 복음을 아무런 생각이 없는 범인들은 무시했다. 십자가는 하나님의 말씀의 핵심이다. 우리 자신의 생각과 하나님의 말씀은 비교가 되지 않는다. 역사적으로 복음의 진리가 우리에게 드러났다. 복음은 결코 흔들리지 않는 반석이다. 갈보리는 하나님의 음성이고 전도는 갈보리에서 들려오는 하나님의 마음의 외침이다.

> 복음은 결코 흔들리지 않는 반석이다. 갈보리는 하나님의 음성이고 전도는 갈보리에서 들려오는 하나님의 마음의 외침이다.

우리는 예수를 위해 살지만 예수께서는 우리를 위해 사신다. 그분은 '훌륭한 명분'이 아니시다. 우리가 그 명분이다. 우리는 그분을 돕는 것을 생각하지만 그분께서 우리를 도우신다. 우리는 주님을 변호하지만 주님께서 우리를 변호하신다. 우리가 그분을 도우러 온 것이 아니라 그분께서 우리를 도우러 오셨다: "너희가 나를 택한 것이 아니요 내가 너희를 택하여 세웠나니"(요 15:16). 우리는 주님께 만왕의 왕으로서의 면류관을 드리지 못하지만, 그분은 충성된 자들을 위해 의의 면류관을 준비해 놓으셨다.

주님께서는 우리가 그분께 드릴 수 있는 그 어떤 것보다 더 좋은 것을 받으시기에 합당하시다. 우리가 모든 것을 했다 할지라도 그것은 단지 우리가 할 수 있는 것을 했을 뿐이다. 주님께서 우리를 위해 이루신 것을 생각할 때에 우리가 이룬 것은 아무것도 아니다. 멍에도 주님의 멍에요, 무거운 짐도 주님이 지신다. 우리는 그분의 원수였지만 그분께서는 우리를 '친구'라 부르신다. 그분에게 있어서 섬김이란 십자가에서 죽은 것을 의미했다.

주님과 함께하는 일꾼들

예수께서는 전 인구의 절반이 노예였던 시대에 섬기셨고, 섬기라고 가르치셨다. 로마는 노예 중심의 경제였다. 시중을 드는 노예의 숫자에 따라 위대함이 결정되었다. 이처럼 큰 자는 로마인의 기준으로 볼 때에 좋은 것이었다. 모든 일은 노예가 했고, 그들은 여러 나라 언어를 배우고, 여러 가지 기술들을 사용했다. 군대 국가였던 스파르타는 농부를 거의 바퀴벌레처럼 취급했다. 사랑을 근거로 섬기라는 예수의 가르침은 일대 혁명이었다.

그리스가 생겨나기 천 년 전에 하나님께서는 이스라엘에게 "엿새 동안은 힘써 네 모든 일을 행"하라고 명령하셨다(출 20:9). 이방인들은 7일 내내 일했지만 이스라엘에는 휴일이 있었다. 이스라엘은 세계 최고의 자유국가였다. 그러나 하나님께서는 이스라엘이 자신을 섬기길 원하셨고 나태하거나 포로로 잡혀 온 노예들의 시중을 받길 원치 않으셨다. 하나님께서도 친히 일하셨으며 우리도 그분과 같길 원하셨다. 모든 유대인들은 직업을 가지고 있었고 어떤 형태로든 놀지 않았다. 바울과 아굴라도 천막을 만드는 자였고, 예수께서도 테크톤(tekton), 즉 목수이거나 아니면 아마도 건축 업자였을 것이다. 성경은 주님에 관해 다음과 같이 기록하였다: "그 때에 내가 말하기를 내가 왔나이다 나를 가리켜 기록한 것이 두루마리 책에 있나이다 나의 하나님이여 내가 주의 뜻 행하기를 즐기오니 주의 법이 나의 심중에 있나이다"(시 40:7~8). 이러한 순종은 30년 동안 목수로 일했으며 3년 동안 공생애를 살다가 구속의 죽음을 죽으시는 것을 의미했다. 그분은 종들의 종이 되셨다.

예수께서는 섬기기 위해 사셨다. 얻는다는 관점에서 본다면 주님은 이 땅에 오셔서 아무것도 얻지 못하셨다: "인자가 온것은 섬김을 받으려 함이 아니라 도리어 섬기려 하고 자기 목숨을 많은 사람의 대속물로 주려 함이니라"(마 20:28). '섬긴다' 는 말은 일을 의미한다. 여기서 사용된 헬라어 단어는 디아코네오(diakoneo), 즉 '다른 사람을 위해 일하다' 란 뜻이다. 예수께서는 '섬기는 자' (deacon, 이는 헬라어 디아코네오에서 나온 말로서 성경에서는 "집사"로 번역되었다-역주)이시다. 그분은 아무것도 얻지 못하셨지만 우리는 모든 것을 얻었다. 예수께서는 우리를 위해 태어나셨고, 우리를 위해 사셨으며, 우리를 위해 가르치셨고, 우리를 위해 고치셨으며, 우리를 위해 죽으셨고, 우리를 위해 부활하셨으며, 우리를 위해 다시 오실 것이다. 그분은 아무것도 취하지 않으시고 모든 것을 주셨으며, 보상으로 상처 이외에 아무것도 받지 않으셨다. 하나님께서 주님을 높이셨지만 그것은 이전에 계셨던 곳으로 다시 돌려놓은 것일 뿐이었다.

사람들은 그리스도의 수난(passion)과 그분께서 견디셨던 무시무시한 폭력에 관해 말한다. 하지만 주님께서는 다른 것에 열정을 가지고(passionate) 계시다. 그것은 잃어버린 세상이 겪는 곤경(plight)이다. 그분은 섬겼지만 사례를 받지 않았고 그 섬김은 무한히 값진 것이었다: "그가 자기 영혼을 버려 사망에 이르게 하며"(사 53:12). 만일 섬김에 아무런 희생이 없다면 무슨 가치가 있는가? 만일 섬김이 난롯가 의자에 앉아 있는 것처럼 쉽다면 거기에 진정한 가치가 있겠는가? 다윗은 "값 없이는 내 하나님 여호와께 번제를 드리지 아니하리라"고 말했다(삼하 24:24). 바울은 "만일 너희 믿음의 제물과 봉사 위에 내가 나를 관제로 드릴찌라도 나는 기뻐하고 너희 무리와 함께 기뻐하리니"라고 말했다(빌 2:17). 바울이 초대 교회 성도들을 위해 자신을 '관제로 드린다'고 한 것은 우리에게 도전이 된다. 그는 "자기를 비어"(빌 2:7) 종의 형체를 가지신 자기 주인의 모범을 따랐다. 그분은 "우리를 위하여 자신을 버리사 향기로운 제물과 생축으로 하나님께" 드리셨다(엡 5:2). 십자가의 참상은 시편 22편 14절에서 울려 퍼진다: "나는 물같이 쏟아졌으며." 우리는 찬양의 제사(sacrifice)에 대해 노래한다. 하지만 그 희생이 얼마나 보잘것없는가!

우리는 일에 대한 새로운 태도를 사도행전 28장 3절에서 찾을 수 있다. 여기서 왕들 사이에 알려진 바울이 불을 피우기 위해 나뭇가지를 줍는다. 당시 이런 일은 오직 여인들이나 하는 일이었다. 이런 일은 막일이었다. 그리스도께서 이를 바꿔 놓으셨다. 여자와 남자 모두는 예수를 위하여 일을 한다.

사랑은 선하다. 사랑은 모든 일의 궁극적 동기이다. 사랑은 기쁨이며, 가장 작은 섬김을 드리기 위해 예수의 발 앞에 엎드리는 특권이다. 그분은 우리가 드릴 수 있는 그 어떤 것보다 더 좋은 것을 받으시기에 합당하신 분이시다. 우리는 우리가 할 수 있는 모든 것을 하지만 소중하다고 하기엔 너무 작다. 그럼에도 불구하고 우리는 우리가 할 수 있는 것을 해야만 한다. 그분의 위대함을 생각할 때에 우리가 이룬 것은 아무것도 아니다. 믿을 수 없는 우리의 특권은 이것이다. 즉 주님께서는 우리를 자기 곁에 부르셔서 그분의 십자가 메는 일을 돕도록 하신다. 그리고 그분은 우리를 '친구'라 부르신다.

— **질문** —

1. 유대교와 기독교의 노동 윤리는 무엇인가?
2. 일에 대한 우리의 태도는 어떠해야만 하는가?

"우리 주 하나님이여 영광과 존귀와 능력을 받으시는 것이 합당하오니 주께서 만물을 지으신지라 만물이 주의 뜻대로 있었고 또 지으심을 받았나이다 하더라"(계 4:11).

5 그건 하나님의 일이지

"나는 내 아버지의 일을 해야만 합니다"(눅 2:49, NKJV).

복음 증거와 전도는 일평생 동안의 약속(appointment)이다. 우리는 더 나은 일이 없어서 하나님께 고용된 임시 노동자가 아니다. 우리가 하는 일은 우연이 아니라 '거룩한 부르심'이다.

예수께서 열두 살이셨을 때에 그분은 예루살렘을 방문했다가 순례 일행에서 사라졌다. 그의 모친 마리아는 그를 찾은 뒤에 말했다: "보라 네 아버지와 내가 근심하여 너를 찾았노라"(눅 2:48). 예수께서는 "나는 내 아버지의 일을 해야만 합니다"라고 대답하신 후에 집으로 돌아와 보통 목수로 번역되는 테크톤(tekton)으로서 요셉의 일을 하셨다. 그분은 18년 동안 천한 노동자로 일하셨고, 그리스도께서 사역을 시작하셨을 때에 하나님께서는 그분을 기뻐하셨다: "이는 내 사랑하는 아들이요 내 기뻐하는 자라"(마 3:17). 주님께서는 요셉의 일을 할 때에도 언제나 '하늘 아버지의 일'을 생각하셨다. 바울은 종들에게 "너희는 주 그리스도를 섬기느니라"고 말했다(골 3:24). 우리가 생계를 위해 무엇을 하든 간에 우리의 진정한 직업은 우리 하늘 아버지의 일을 하는 것이다.

하나님께서는 일을 하신다. 이 세상은 그분의 구원 작전을 펴시는 현장이다. 하지만 우리는 하나님께서 이 세상에 대해 가지고 계신 관심사를 나누고 이를 이루도록 부르심을 받았다. 그분의 관심사의 측면에서 보았을 때에 우리의 활동은 어떻게 보이는가? 그분은 주시고 또 주신다. 그러나 세상은 가지려 하고 또 가지려 한다.

하나님께서는 우리가 그분의 전차에 승차하여 그분의 군사가 되어 마귀를 전차 바퀴 아래 짓밟길 원하신다. 우리는 더 이상 인생의 의미를 찾을 필요가 없다. 이 세대에게 구원을 전해 주는 것보다 더 만족스러운 것은 없다. 이를 통해 세상은 더 나은 곳이 되겠지만, 이는 영원한 결과를 가져다주는 진정한 구원의 역사의 부산물에 불과하다.

> 이 세대에게 구원을 전해 주는 것보다 더 만족스러운 것은 없다.

지금 나는 취미생활에 관해 말하고 있지 않다. 우리는 복음 엔터테이너나 쇼맨이 아니다. 불행하게도 교회에서 설교의 질은 종종 사람들이 이를 좋아하는지 아닌지에 따라 판단된다. 그러나 여기에는 허점이 있다. 선포된 메시지의 유효성에 대한 진정한 시험 기준은 진실성과 그것이 사람들의 삶에 미치는 영향력이다. 하나님께서는 에스겔의 예언을 통해 불편한 심기를 표하셨다: "그들이 너를 음악을 잘하며 고운 음성으로 사랑의 노래를 하는 자 같이 여겼나니 네 말을 듣고도 준행치 아니하거니와"(겔 33:32). 우리가 잘 알듯이 이러는 동안에 열 지파의 운명은 그들이 하나님의 말씀에 관심을 기울이느냐 기울이지 않느냐에 달려 있었다. 우리는 우리가 전하는 메시지의 중요성을 인식해야만 한다. 중요한 것은 우리의 생각과 아이디어가 아니라 모든 사람을 진리로 이끄시는 하나님이시다. 하나님의 말씀은 얼마 못 가서 경건치 못한 세상과 충돌하게 되어 있다.

일상생활에서 우리는 연예인과 재능과 능력, 용기 있는 스포츠인들, 음악, 드라마, 유머, 연기의 천재들을 소중하게 여긴다. 그러나 맛있는 요리처럼 쇼는 끝나고 아무것도 달라진 것이 없다. 진통제인 아스피린처럼 쾌락은 일시적으로 고통을 줄여 주지만, 긍정적인 면에서 광고 멘트처럼 '마음에 영향을 주지는 못' 한다. 그리스도의 증거는 신선한 물줄기처럼 세상을 관통하면서 닿는 곳마다 모든 것—사람, 세상, 미래, 심지어 천국—을 새롭게 변화시키며 세상을 구속받은 자들로 채운다.

메시지는 메신저가 측정하지 않는다

복음의 지혜는 이를 전하는 자의 지혜가 아니다. 그것은 하나님의 지혜다. 우리는 바울이 고린도에서 그랬던 것처럼 두렵고 떨림으로 이 일을 해야 하지만 말씀은 바위를 깨부수는 망치와 같다. 예수께서는 시편 8편 2절을 인용하셨다: "어린 아이와 젖먹이의 입으로 말미암아 권능을 세우심이." 누구든지 하나님의 말씀을 듣고 이를 말하는 자는 진리의 수호자이다. 모세는 사람들이 자기가 말한 것을 행하기는커녕 자기의 말을 듣지 않을 것이라 확신했지만, 결국에는 강력한 바다도 그의 음성에 반응했고, 그가 하나님의 권세로 말했을 때에 물이 물러갔다.

앞 장에서 우리는 모세를 언급했으며, 하나님께서 애굽의 종들을 해방시키시면서 그가 세운 공적을 말했다. 놀라운 사실은 하나님께서 모세를 지도자로 사용하려 하셨다는 것이다. 애굽의 왕가에서 자라난 그는 여러 기회들을 망쳤고, 사람을 죽이고서 황급히 도망쳐야만 했다. 40

년 동안 그의 생각은 목동의 마음으로 쪼그라들었고, 그 일은 소년도 할 수 있는 것이었다. 그러다가 하나님께서 그를 부르셔서 역사적인 일을 시작시키는 날이 도래했다.

모세는 하나님께서 사용하시는 사람의 전형적인 모습이다. 성경 전체에 걸쳐 볼 때에 적절치 못한 사람들이 하나님의 놀라운 종이 되었다. 지금 이 자리에서 하나님께서 4,000년 동안 크게 사용하신 별 볼일 없는 사람들의 목록을 보여 줄 수는 없다. 한번 생각해 보라. 하나님의 과업에 적합한 사람이 과연 누구인지 말이다.

자신이 충분히 성장하고 신뢰를 쌓고 충분한 영성을 갖췄다고 느낄 때까지 기다리는 사람들이 많다. 어떤 이들은 '빈 그릇'이 되려고 노력하지만 어떻게 해야 할지 모르거나 심지어 '빈 그릇'이 무슨 뜻인지도 모른다. 그러나 하나님은 우리를 비우시는 것이 아니라 채우시겠다고 약속하신다. 종종 우리는 다음과 같은 찬양을 부른다: "저를 부수소서, 녹이소서, 빚으소서, 채우소서." 채움의 경험을 한 뒤에 어쩌란 말인가? 다시 채움을 받도록 기도하겠다는 말인가? 필요한 것이 이런 것인가? 시간이 없다. 그리고 한 순간도 놓쳐서는 안 된다.

우리의 영적 상태를 시험하거나 측정할 방법은 없다. 우리가 성장하면 우리는 일을 시작할 수 있다. 하나님께서 다윗을 사용하여 전쟁을 승리로 이끌 돌을 던지게 하셨을 때에 그는 미성숙하고 성급한 청소년이었다. 우리가 주의하지 않으면 경건은 자신에 대한 관심사로 전락하고 말며, 우리로 하여금 자신의 영혼 구원에만 초점을 맞추게 한다. 영성은 믿음 충만한 행동으로 옮기라는 하나님의 부르심과 언제나 보조를 맞추지는 않는다. 우리 자신의 '완벽'에 집중하면 우리는 자신을 남과 비교하게 된다. 종종 어떤 이들이 하나님을 위해 무언가를 추진해 나아갈 때에 그들은 우리의 비난의 대상이 된다. 이는 자기 만족에 빠진 영성이 가진 단점의 극명한 예이다.

거룩함의 보상은 거룩함이지 능력이 아니다. 우리가 가진 능력의 정도는 우리의 덕과 아무런 상관이 없다. 능력은 보상이 아니라 성령님께서 거저 주시는 은혜의 선물이다. 우리는 믿음으로 성령을 받으며, 우리의 행위로 얻는 것이 아니다(갈라디아서 3장 2절을 보라). 만일 하나님의 능력이 완벽과 비례하여 주어진다면 누가 감히 이에 대한 소유를 주장하겠는가?

모세의 연약함에도 불구하고 그가 이룩한 일로 인해 세상은 바뀌었다. 참으로 놀랍다. 그는 많은 면에서 하나님을 섬겼다. 아마도 이는 하나님이 사용할 만한 다른 사람이 없어서였을지도 모른다. 예를 들어, 노예를 해방시킨 것 이외에도 그는 처음으로 주의 이름의 능력을 보여 준 사람이었다. 모세는 하나님의 이름, 즉 천국의 로고가 새겨진 깃발을 높이 올렸다. 모세가 행한 예언 사역의 부르심은 오늘날 거듭난 모든 신자들의 부르심이기도 하다. 또한 그는 주님께서 억압받는 자들의 친구시며 옹호자이시고 독재자의 원수가 되신 것을 입증하였다. 오늘날 우리는 모세의 반열에 섰고 동일하게 이를 입증하기 위해 세상으로 보내심을 받았다.

신자들이 전도 사역에 무심한 이유는 일반적으로 이것이 중요하지 않다고 생각하거나 아니면 자신들에게는 '이에 대한 책임이 없다'고 생각하기 때문이다. 그들은 하나님께서 전능하신 분이기에 혼자서도 이 모든 것을 하실 수 있다고 느낀다. 그분께 우리는 필요가 없다는 뜻이다. 믿기 힘들겠지만 하나님께서는 그렇게 일하고 싶어 하지 않으신다. 그분께서는 이 땅에서 우리가 그분의 조력자가 되도록 우리를 창조하셨다. 하나님께서 일하긴 하시지만 복음을 세상에 전하는 것은 전적으로 우리에게 맡기셨다. 우리가 실패하면 하나님도 '다른 대안'이 없으시다. 이 모든 것은 우리에게 달려 있다.

하나님께서는 질서를 세우셨다. 그리고 그 질서 안에서 자신의 계획이 열매 맺도록 하기 위해 우리를 세우셨다. 만일 어떤 사역이 이뤄진다면 그것은 우리를 통해서 이뤄지든가 아니면 전적으로 이뤄지지 않는다. 여기에는 이유가 있다. 하나님께서는 경건치 않은 자들이 그분께 돌아올 때에 특히 기뻐하시며, 또한 우리를 사랑하시기 때문에 그분의 목표는 하나님과 동일한 수준의 기쁨으로 우리를 축복하시는 것이다. 그분은 "네 주인의 즐거움에 참예할찌어다" 하고 우리를 초청하신다(마 25:21, 23). 주님께서는 우리가 성공하길 원하시고 이를 즐거워하길 원하신다.

한 친구가 자신이 네 살 때의 이야기를 해 주었다. 그의 아버지는 목수였는데 두 발 달린 손수레를 사용하여 목재와 연장을 날랐다. 가끔 아버지는 그 어린 꼬마를 손수레에 태워 현장에 데려갔다. 어느 날 내 친구는 그 손수레 미는 걸 도와주고 싶어 했다. 그래서 그들이 현장에 도착했을 때 그의 아버지는 그를 내리고는 그의 작은 손으로 손수레를 잡으라고 한 후 그에게 손수레 미는 것을 도와주겠다고 말했다. 건축 현장의 사람들은 그들이 도착하는 모습을 지켜보았는데 그의 아버지는 그들에게 자기 아들이 자기를 어떻게 '도와주었는지'를 자랑스럽게 말했다. 네 살짜리 꼬마는 빨리 걷지도 못했고 무거운 손수레를 밀 힘도 없었다. 아들이 없었다면 그 아버지는 더 빨리 훌륭하게 이를 처리할 수 있었을 것이다. 그러나 한 가지 원리가 있었다. 내 친구의 아버지는 자기 아들이 기뻐하는 모습을 보고 만족하는 것이 일의 속도보다 더 중요했다.

전능하신 하나님도 우리가 손수레를 밀길 원하신다. 모세는 애굽의 재앙을 만들어 낼 수는 없었지만 재앙을 불러 내렸다. 그는 바람과 바다를 다스릴 능력이 없었지만 그가 명령하자 바다가 갈라졌다. 모세 한 사람의 힘으로는 애굽의 군대를 물리칠 수 없었지만 하나님께서는 그렇게 하셨다. 목동이었던 그에게는 참으로 큰 변화가 아닐 수 없다. "구원은 여호와께로서 말미암나이다"(욘 2:9). 주님께서는 결코 홀로 일하지 않으신다. 그분은 자기와 일할 지원자들을 선택하신다. 하나님께서는 그분이 구원할 수 있다는 것을 아는 자들만 구원하신다. 그러나 우리가 그들에게 이야기하기 전에는 그 어느 누구도 이를 알지 못한다(롬 10:14). 우리가 할 수 있는 일을 한다면 주님께서는 우리가 할 수 없는 일을 하실 것이다. 가능한 일을 행하라. 그리하면 주님께서 불가능한 일을 행하신다.

> 하나님께서는 그분이 구원할 수 있다는 것을 아는 자들만 구원하신다. 그러나 우리가 그들에게 이야기하기 전에는 그 어느 누구도 이를 알지 못한다(롬 10:14). 우리가 할 수 있는 일을 한다면 주님께서는 우리가 할 수 없는 일을 하실 것이다. 가능한 일을 행하라. 그리하면 주님께서 불가능한 일을 행하신다.

두려움 없는 담대함

성경에 나오는 하나님의 위대한 종인 모세를 다시 살펴보자. 그는 지면 위에서 가장 온유한 사람이었지만 가장 용감한 사람은 분명 아니었다. 그에게는 군대도 없었고 이스라엘은 아직 오합지졸이었다. 그럼에도 불구하고 모세는 바로의 목전에서 그의 모든 노예들과 가축들을 빼

앗았으며, '한 마리의 가축도 남기지 않았다'(출 10:26). 이처럼 하나님의 힘에 합류한 모세는 두려움 없는 담대함과 추진력을 보여 주었다. 하나님께서는 모세에게서 토끼와 같은 마음을 없애고 대신 사자의 마음을 주셨다.

모세는 너무나 평온하고 감각 있게 이 일을 수행했기 때문에 그것은 세계적인 뉴스가 되었다. 그의 손에는 아직 지팡이가 들려 있었으며, 그는 목동이 입는 더러운 옷을 입고 있었다. 그는 양을 키우던 들에서 바로의 보좌로 곧바로 직행했다. 그는 경비가 철저한 문들과 징이 박힌 궁중의 문들을 여러 번 지난 뒤에 마침내 바로의 빛나는 영광 앞에 도달했다. 모세는 무명의 인물이었지만 하나님은 "내 백성을 보내라!"라는 단호하고 비타협적인 메시지를 가지고 그를 중요한 인물로 만드셨다. 바로와 그의 대신들은 분명 외교관이 아니었던 이 무모한 자를 쳐다보았다. 나는 그들이 비웃었으리라 생각한다. 그러나 하나님께서 출정하셨기에 지상에서 가장 강력한 통치자도 모세와 하나님에게 대항할 수 없었다.

구원의 하나님은 모세를 보내셨고 지금도 "내 백성을 보내라!"는 동일한 메시지를 가지고 우리를 보내신다. 우리의 증거와 전도를 세상은 무시하고 모른 척하려 한다. 하지만 우리는 하나님의 지원을 받는다. 바울은 자신이 "무명한 자 같으나 유명한 자"라고 말했다(고후 6:9). 그는 아그립바 왕에게 자신의 행한 것이 "한편 구석에서 행한" 것이 아니라고 말할 수 있었다(행 26:26). 우리가 하나님을 위해 일어선 것을 세상은 알지만 세상은 이를 귀찮게 여긴다. 세상은 이에 주목하지 않으려 애쓰지만 주목한다.

> 구원의 하나님은 모세를 보내셨고 지금도 "내 백성을 보내라!"는 동일한 메시지를 가지고 우리를 보내신다.

영국 여왕은 웨슬리나 휘트필드 혹은 유명한 복음 전도자들에게 기사 작위를 수여하지 않았지만, 훨씬 더 중요하신 분, 즉 주님께서 그들에게 관심을 보이셨다. 한번은 누군가가 미국 대통령이 출석하는 교회에 전화를 해서 대통령이 그날 아침 예배에 참여하는지를 물었다. 그들은 대통령이 참석할지 안 할지 모르겠다고 대답했다. 하지만 그들은 하나님께서 참석하시리라 기대했으며, 전화를 건 사람도 이를 훨씬 더 중요하게 생각했을지 모른다.

교회의 활동 스케일은 세계적이다. 우리가 전혀 보지 못한 신자들은 우리의 동맹군이다. 여러 대륙의 하층민들을 교회가 구원하고 있으며, 어떤 다른 단체도 이들을 만족시키지 못한다. 모든 사람들은 구원받을 만하다. 왜냐하면 하나님께서는 그들로 구원을 받도록 지으셨기 때문이다. 복음은 지상의 모든 자들을 위한 하나님의 계획이다. 가장 극악한 범죄자라 할지라도 소망이 거부되지 않는다. 지옥은 군중을 위해 고안된 것이 아니다. 천국은 그들이 오기를 고대하고 있다. 어느 누구도 지옥 불에 타도록 고안되지 않았다.

우리는 구원의 첫 대리자인 모세로부터 더 많은 격려를 얻을 수 있다. 그는 자신이 완전히 무능하다고 느꼈다. 그는 이스라엘 지도자들이 자기 말을 듣지 않는다고 생각했다. 실제로 그들이 그의 말을 들어야 할 이유가 있었는가? 그들이 볼 때 모세는 무명의 노인이었으며, 하나님께서 모든 애굽을 거슬러 바로의 모든 노예들을 젖과 꿀이 흐르는 땅으로 데리고 가기 위해 자기를 보내셨다는 환각으로 고통 받는 정신병자처럼 보였을 것이다. 그를 보낸 하나님도 그들이 알지 못하는 신으로, 분명히 애굽의 유명한 신들 중 하나가 아니었다.

그러나 주님께서는 확실한 증거로 모세를 무장시키셨다. 그는 이스라엘 백성의 의심을 극복했고, 모든 히브리 노예들은 그를 좇아 애굽을 탈출했다. 그들은 개화가 덜 되고, 실제로 난폭했으며, 우상을 숭배했고, 포악한 성품으로 흥분을 잘했지만, 모세의 환상적인 약속 때문에 억지로 애굽을 빠져나왔다. 불행하게도 하나님께서는 그들의 비난을 들으셨고, 그들이 결코 가나안 땅을 보지 못할 것이라고 믿은 대로 그들에게 갚아 주셨다. 그들 모두는 가나안 근처에 다 와서 죽고 말았다. 승리의 함성을 외치며 가나안에 입성한 것은 다음 세대였다.

하나님께서는 모세를 보내신 것처럼 오늘날 마귀에게 포로 된 자들을 풀어 주기 위해 우리를 보내신다. 우리는 열등감을 느끼며 "우리가 누구관대 자격이 있겠는가?"라고 물을지 모른다. 모세도 아무것도 없었기 때문에 "내가 누구관대"라는 동일한 질문을 던졌다.

하나님께서는 중요한 것은 모세가 누구인가에 있지 않고 하나님이 누구인가에 있다고 대답하셨다. 하나님은 그곳에 함께하실 예정이셨다(출 3:11~12). 우리는 그저 평범한 자에 지나지 않을지 모른다. 텔레비전은 코미디 프로에서 우리를 조롱하고, 우리를 열심 있는 '종교 강요자'로 대서특필한다. 신문은 교회에서 일어나는 스캔들을 잉크를 아끼지 않고 보도한다. 범죄자는 뉴스거리지만 그들이 그리스도인이 될 때에는 뉴스가 되지 않는다. 그러나 그것이 뭐 그리 중요하단 말인가? 하나님은 텔레비전도 신문도 보지 않으신다.

오늘날 교회는 하나님의 모세이다. 성령께서는 교회를 무장시키고 신용장을 주시며 세상과 그의 방식에 도전장을 내도록 우리를 보내신다. 하나님께서는 사람들이 자기 말을 듣지 않을 것을 아셨지만 이사야와 같은 선지자들을 보내셨다. 들으려 하지 않는 사람들에게 말할 때에 우리는 이사야처럼 느낄지 모른다. 그러나 지금은 성령의 시대이다. 우리는 그리스도의 명령을 가지고 나아가며 죄인들이 회개하는 모습을 보고 기뻐한다. 하나님께서 말씀하신 것을 행하라. 그리하면 그분께서 우리가 말하는 바를 행하실 것이다. 하나님께서 가라고 말씀하실 때에 그분께서는 우리에게 갈 수 있는 힘을 주신다. 말씀을 거절하는 자들은 결국 디자이너 작업실 바닥에 널려 있는 넝마 조각처럼 되고 말 것이다.

주인의 행복에 동참하라

요한계시록의 환상 중에서 요한은 하늘 문이 열리고 놀라운 영광의 장면이 등장하는 것을 보았다. 4장에서 그는 미지의 영광의 존재들인 이십사 장로가 장엄한 보좌 앞에 도열하여 앉아 있었다고 말한다. 위대한 불멸의 영인 네 '생물'이 그들과 함께했으며, 그들은 천사들의 초월적 세계에서 온 존재였다. 그들 모두는 하나님을 경배했다. 먼저 그들은 하나님을 창조주로 경배했다: "우리 주 하나님이여 영광과 존귀와 능력을 받으시는 것이 합당하오니 주께서 만물을 지으신지라 만물이 주의 뜻대로 있었고 또 지으심을 받았나이다 하더라"(계 4:11). 그리고 5장에서 요한은 수많은 무리와 함께한 화려한 찬양대를 보았다: "내가 또 보고 들으매 보좌와 생물들과 장로들을 둘러 선 많은 천사의 음성이 있으니 그 수가 만만이요 천천이라 큰 음성으로 가로되 죽임을 당하신 어린 양이 능력과 부와 지혜와 힘과 존귀와 영광과 찬송을 받으시기에 합당하도다 하더라 내가 또 들으니 하늘 위에와 땅 위에와 땅 아래와 바다 위에와 또 그 가운데 모든 만물이 가로되 보좌에 앉으신 이와 어린 양에게 찬송과 존귀와 영광과 능력을 세세토록 돌릴찌어다 하니"(계 5:11~13). 창조주에 대한 경배는 죄로 말미암아 원수 되었을 때에 우리를 구속하신 구속자 어린 양에 대한 경배로 바뀌었다. 그분은 자기 자신의 생명의 피를 쏟으심으로 우리를 대속하셨다.

이러한 예배 장면은 우리에게 열정을 불어넣고 격려하기 위함이다. 이들 장면은 진정한 종국의 모습이 어떤지를 보여 주며, 우리의 증거의 결과가 무엇인지를 미리 보여 준다. 구속받은 무리들이 하나님의 도성의 거리를 메우며, 천사들은 한쪽에 도열해 있다. 우리가 어린 양을 따른다면 당신과 나도 그곳에 있을 것이다. 우리는 요한이 본 바로 그 군중과 함께할 것이며, 오순절에 처음으로 복음을 전했던 베드로와 처음으로 이방인의 땅으로 가서 예수를 전했던 빌립과 사도 바울, 루터, 웨슬리, 많은 선교사와 복음 전도자, 목사와 학자들, 어머니와 아버지, 작곡가와 예수와 그분의 사랑 이야기를 전했던 모든 자들과 함께할 것이다. 이들은 소중한 하나님의 영웅들이며, 그들의 목소리는 하나가 되어 많은 물소리와 소망의 시내와 같을 것이다. 어느 누구도 잊을 수 없다. 사랑의 수고는 결코 헛되지 않다. 낙원은 다시 회복된다. 높은 파도 물결과 같은 기쁨이 광활한 하늘에 울려 퍼지고 창조 세계의 끝까지 울린다. 성가대와 오케스트라 그리고 강력한 오르간이 하나로 어우러져 우리 구세주가 되시는 어린 양을 기뻐한다!

어린 양께서 "나를 따라 오너라 내가 너희로 사람을 낚는 어부가 되게 하리라"고 말씀하셨다(마 4:19). 우리의 길이 이 길과 합쳐지지 않는다면 그건 아무런 소용이 없다.

구원은 주님께 속한 것이며 왕들의 도움은 소용이 없다. 그럼에도 불구하고 주님께서는 우리를 부르셔서 세상을 구원하는 일에 관여하길 원하시며 그분의 즐거움에 동참하길 원하신다: "네 주인의 즐거움에 참예할찌어다." 나는 이보다 더 위대한 일을 생각할 수 없다. 어떤 특권도 이를 능가하지 못한다.

— 질문 —

1. 본 장에서 모세는 하나님의 특별한 대리인으로 언급되고 있다. 하나님의 대리자였던 성경의 다른 인물들의 이름을 들 수 있는가?
2. 왜 하나님께서는 우리의 도움을 요청하시는가?

❋

"여호와께서 자기에게 속한바 기름 부음 받은 자를 구원하시는줄 이제 내가 아노니 그 오른손에 구원하는 힘으로 그 거룩한 하늘에서 저에게 응락하시리로다"(시편 20:6).

❋

6 유행이요?

"아무쪼록 몇몇 사람들을 구원코자 함이니"(고전 9:22).

유럽에 처음 복음이 전파된 것은 강가의 여인들의 기도회에서였다. 그리고 이어지는 장면에서 복음 전도자들은 감옥에 갇힌다. 바울과 실라는 이런 식으로 회심자들을 얻었지만 꼭 이렇게 어려울 필요는 없다.

이방인으로 가득한 유럽에서 최초의 전도자들은 영혼들을 얻기 위해 어떻게 다녀야 할지 알았겠는가? 예수께서는 "가라"고 말씀하셨지만 더 이상의 지시는 하지 않으셨다. 사도행전은 놀랄 만한 전략과 성령의 인도하심을 보여 준다. 하지만 사도들은 그들 스스로 접근 방법을 찾아야만 했다.

사도행전 16장 11~15절은 이들이 처음에 시리아의 안디옥에서 어떻게 나아갔는지를 설명해 준다. 이는 바울의 2차 전도여행이었지만 이번에 그는 동쪽에서 서쪽으로, 아시아에서 유럽으로 여행했으며, 드로아에서 마게도냐로 갈 때에 에게해를 이틀 동안 항해했다. 바울과 일행은 마게도냐의 로마 식민지였던 빌립보로 갔으며, 이 도시를 알아보기 위해 며칠간 그곳에 머물렀다. 그들은 유대인 여인들이 강가에서 기도회로 만난다는 것을 알아내었고, 안식일에 도시 성문을 통과하여 그곳으로 갔다.

당시에 이 지역에는 유대인들이 거의 살고 있지 않았다. 열 사람의 남자가 모이면 회당을 만들 수 있지만 여성들에게는 이것이 금해져 있었다. 그러나 여성들은 어디서든지 기도는 할 수 있었다. 제자들은 강가에서 여인들과 함께 앉아 예수에 관해 이야기했다. 그날 그들은 유럽에서 최초의 그리스도인을 얻었다. 루디아라는 비즈니스 우먼이었다. 그녀와 온 가족은 세례를 받았고, 사도들에게 잠시 그녀의 집에 머물도록 청했다. 바울은 계속해서 강가 기도처로 갔다. 그러던 어느 날 그는 한 점치는 자를 만난다. 그는 사도들을 쫓아다니며 그들이 어떤 사람들인지 소리쳐 말했다. 그녀는 점치는 귀신에 들렸는데 바울이 그 귀신을 쫓아내 주었다. 이로 인해 바울과 실라는 감옥에 갇히게 된다. 그런 뒤에 지진과 이로 인해 간수가 회심하는 유명한 이야기가 나온다.

서유럽은 이처럼 하나님께 돌아오기 시작했다. 최초의 전도자들은 하나님을 위해 아주 미약한 기회를 찾자 이를 붙들었다. 당시에 두 남자가 강가에 앉아서 여자들과 이야기한다는 것은 거의 있을 수 없는 일이었다. 그리고 한밤중에 감옥에서 하나님을 찬양하는 것도 그랬다. 어둠 속에서 복음을 외치는 것도 새로운 아이디어였다. 이처럼 담대한 복음의 개척자들은 관습이나 교회 전통에 대해 염려하지 않았다. 어느 곳에서든지 기회만 있으면 되었다. 개척자 정신과 담대한 상상력을 통해 그들은 고대의 미신으로 가득한 이방 세계를 뚫고 들어갔다.

현대의 삶과 문화는 많이 기독교화 되었으며, 그때와는 완전히 다르다. 교회 생활은 전 세계적으로 잘 알려져 있다. 일반적으로 교회의 사역이 곧 하나님의 역사처럼 보이고, 어떤 장소를 복음 센터로 유지한다. 이는 사역을 위한 최선의 방편처럼 보이긴 하지만, 그렇다고 반드시 이것만이 유일한 방법은 아니다.

교회의 관습에 따라 우리는 '복음적 예배'를 유일한 방법으로 만들어, 심지어 매 주일 오후 6시 30분을 예배 시간으로 정한다. 마치 시내산에서 받은 율법의 일부처럼 말이다. 이런 예배는 기존 신자에게 복음을 전하는 경우가 많고, 회심 가능성은 부엌 싱크대에서 고기를 잡는 것과도 같다. 이런 예배로 인해 그런 교회를 복음적이라고 할 수는 있지만 어떤 사도도 예배당에서 복음을 전한 적이 없다는 사실과는 극명한 대조를 이룬다.

나는 어떤 방법도 무시하고 싶지 않다. 내가 지적하고 싶은 것은 바울과 실라가 빌립보에서 한 모험적인 행동을 모범과 도전으로 삼아야 한다는 것이다. 바울, 베드로, 실라, 바나바와 같은 위대한 역사적 영웅들은, 자신들이 무시당할 수 있다는 것을 알면서도 예수를 말하기 위해 다양한 곳으로 찾아가는 위험을 감수했다. 실제로 바울은 회당에 속한 유대인들의 폭동과 또한 그들의 부흥을 날마다 경험했던 것처럼 보인다. 당시 세상은 예수와 그분의 위대한 구원 역사에 관해 아는 바가 전혀 없었기 때문에 초대 교인들은 가는 곳마다 이에 관해 말했다. 그들은 가는 곳마다 그곳에 유용한 모든 방편과 수단을 다 사용했다. 복음은 새로운 소식이었고, 제자들은 복음으로 충만했으며, 그들의 눈은 빛나고 열정적이었다.

사람들은 하나님께서 사람을 사용하시지 방법을 사용하지 않으신다고 자주 이야기한다. 이것은 반쪽자리 진리이다. 하나님께서는 방법을 가진 사람을 사용하신다. 방법이 없으면 아무것도 이룰 수가 없다. 우리는 이 둘 모두를 다 사용하여 복음을 전해야만 한다.

창의적 사고를 위해 우리는 혁신적 사고를 해야만 하며 전문가들도 그렇게 하라고 말한다. 복음을 위한 사고는 창의적이어야 한다: "네 마음을 다하여 주 너희 하나님을 사랑하라"(마 22:37). 전도는 하나님 나라 경제에 있어서 매우 중요한 사업이며 그 방법과 모양새는 다양하다. 교회 전도 프로그램에서 각 사람에게는 고유의 역할이 주어지며, 우리는 매일의 삶의 문제들로 동분서주할 때에도 홀로 처리한다. 이보다 더 나은 방법이 없을까?

우리가 일어나 손에 성경을 들고 우리의 모든 말씀을 놓치지 않으려는 수많은 군중에게 복음을 전하는 것도 전도의 한 방법일 수 있다. 그러나 이런 야심 찬 계획을 실행하는 사람이 거의 없다는 것을 우리는 알고 있다. 하지만 복음을 가지고 열린 모든 기회들을 최대한 이용한다면 그 중 많은 기회들을 전도에 활용할 수 있다. 우리는 우리의 모든 것을 하나님을 섬기는 데 사용할 수 있다. 우리의 창의적인 생각, 상상력, 열정, 이 모든 것이 이에 속한다. 변화를 일으키고 방법을 짜 내기 위해 꼭 목사, 지도자, 혹은 교회 위원회의 위원일 필요는 없다. 교회에는 재능 있는 남녀들이 많이 있다. 그들은 자기 분야에서 성공한 자들이며, 전도에 있어서 교회의 방향을 잡는 데 그들의 노하우와 재능을 통하여 도움을 받을 수 있다.

교회와 교회 관련 단체들이 광고회사가 만들어 낸 전략을 채택하는 경우가 가끔 있다. 그러나 여기에는 약점이 있는데, 세상의 홍보 전략은 복음과 같은 '상품'을 '팔아 본' 적이 없다는 것이다. 그들이 취급하는 일반 제품은 사람들이 원하는 것이지만 복음은 판매 저항 이상의 장애를 극복해야만 하며, 거기에는 때로 노골적인 적대감도 들어 있다. 이런 때의 그리스도인의 최상의 접근법은 사랑의 영을 가지고 그들을 대하는 것이다.

때때로 새로운 전도 방법이 유행하기도 한다. 만일 그것이 적용 가능하다면 사용해도 무방하다. 그러나 한 지역이나 어떤 지도력 하에서 성공했다 하더라도 다른 상황에서는 적절하지 않을 수 있다. 복음을 전파한다는 면에서 성공적인 방법은 시도할 만한 가치가 있다. 이미 오래전부터 열매 맺지 못함에도 불구하고 계속 유지하기로 결단하고 강요함으로써 교회의 관습이 신성불가침의 전통이 되는 경우가 많다. 그리고 사람들은 이를 '충성되다' 고 정당화한다. 그러나 우리는 틀에 박힌 형식에만 충성될지 모른다.

계절이 변하는 것처럼 복음적인 교회들도 전략과 기술을 쫓아갔다. 사람들은 여기에 '유행'(fads)이란 꼬리표를 붙였다. 이런 유행은 처음에는 역사하시는 성령님과 열정적인 사역자들이 제시한 새로운 아이디어로 시작된다. 그러나 바통(baton)을 이어받은 자들에게 필요한 것은 동일한 추진력과 열정이다. 방법에는 사람이 필요하며, 방법을 통해 사람들이 영적 감동을 받을 때에만 그 효과를 나타낸다. 방법은 기계처럼 저절로 역사하지 않는다.

물론 새로운 모든 아이디어가 다 옳은 것은 아니다. 어떤 것들은 성경에서 임의로 뽑은 구절들을 개인적으로 해석한 결과의 산물일 수 있다. 내 친구 중 하나는 일련의 편지를 받은 적이 있다. 그 편지는 오늘날 교회가 '실패' 한 이유는 여자들이 그들의 머리카락을 자르거나 혹은 예배 시간에 모자를 쓰지 않았기 때문이라고 말한다. 이는 여자 성도들이 미장원에 가기 때문에 하나님께서 영혼들을 멸망시키실 것이라는 아이디어이다. 예수께서는 제자들을 이리로 가득한 세상으로 보내시기 때문에 그들에게 뱀 같은 지혜가 필요하다고 말씀하셨다.

이 외에 하나님과 개인적으로 직통 전화를 가지고 있는 '선지자들'이 있다. 그들은 마치 위대한 비밀을 계시받은 것처럼 "이는 주께서 교회에게 말씀하시는 것입니다"라고 말하길 좋아한다. 그리고 "이를 행하라. 그리하면 부흥이 올 것이며, 예배당이 군중으로 가득 찰 것이다"라고 예언한다. 하나님께서 자기들에게 자기들의 방식이 참된 것임을 보여 주셨다고 주장하는 무리들은 교회의 관습과 구조에 대해 분열을 일으켰으며 연합하여 증거하는 힘을 약화시켰다. 이것이 오류임을 너무 늦게 알게 되기 때문에 당파적인 분열은 계속된다.

교회는 오래된 전통을 보존하는 단체가 아니다. 우리는 하나님을 위해 일하지 시스템을 위해 일하지 않는다. 우리는 기계를 보살피는 보조원이 아니다. 새로운 방법이 단지 새롭다는 이유만으로 잘못된 것은 아니다. 상황과 문화와 패션의 변화로 인해 그리스도인들도 이들의 필요를 채우기 위해 계속해서 생각을 바꿔야만 한다. 어떤 이들은 기대한 결과가 나오지 않았다고 해서 새로운 방법을 시도하길 포기한다. 이런 방법들은 너무나 많은 약속을 했을 수 있지만 그래도 이들은 여전히 유용하다. 너무 큰 수고에도 불구하고 돌아온 대가가 너무 적은 전통을 고수하기보다는 차라리 새로운 것을 시도하는 편이 낫다. 우리는 우리의 마음을 사용해야만 하고 모든 것을 실험해 봐야 한다.

문제의 핵심은 다음과 같다. 사람들은 추수와 전도 사역을 더 쉽게 해 주는 적절하고 훌륭한 방법과 수단이 존재한다고 생각한다. 어떤 이들은 기도가 그 해답이라고 믿으면서 소위 부흥의 개념을 도입했다. 어떤 이들은 찬양이 열쇠라고 생각한다. 어떤 이들은 예배 때에 서서 경배할 것을 주장한다 … 아니면 새로운 찬양을 사용하거나 새로운 교회 구조와 새로운 조직 혹은 새로운 성경의 가르침을 도입할 것을 주장한다.

엄청난 군중을 교회의 울타리로 몰아오는 어떤 위대한 비밀이 있음에 틀림없다고 그들은 생각한다. 이는 완전히 이론에 불과하다. 하지만 어떤 이들은 이를 너무나 확신하여 이런 기술이나 공식을 설명해 줄 성경 구절을 찾다가 자신의 견해를 지지해 주는 무언가를 만나면 "유레카"라고 소리친다. 그러나 성경은 이와 같은 만병통치약이 존재한다고 결코 말하지 않는다. 성경은 한 가지 고정된 방법을 모든 상황에 적용하여 보편적인 성공을 거둘 수 있다는 생각을 권하지 않는다.

실제로 그리스도를 위해 세상을 공짜로 얻을 수 있는 시스템이나 조직은 결코 존재하지 않는다. 회심하지 않은 세상은 로또에 당첨되는 것만큼 그리스도인의 활동에 대해 흥분하지 않는다. 왜냐하면 교회는 세상과 다른 방식으로 일하기 때문이다. 대부분의 사람들은 교회 안에서 진행되는 일에 대해 관심이 없다. 구원받지 못한 자들이 교회의 뒷좌석에 슬그머니 들어와 앉는다 할지라도 그들은 교회의 관습을 전혀 이해하지 못한다. 성령께서 그들의 마음을 바르게 다듬기 전에는 간단한 복음의 가르침도 그들은 전혀 이해하지 못한다.

상식은 우리가 하나님께로부터 받은 달란트 중 하나이다. 그러기에 우리는 달란트에 투자를 해야만 한다. 만일 우리가 단지 한 달란트―심지어 반 달란트―를 받아 우리 자신을 소중한 자로 여기지 않는다 할지라도 우리는 여전히 우리가 가진 적은 것을 나눠 줘야만 한다. 우리의 모든 것은 하나님에게 필요하다. 우리는 이 세상에서 가장 중요한 사업을 하고 있다. 세상은 자신의 지성을 사용한다. 우리 신자들도 그래야만 한다. 세상에는 중요한 우선순위와 관심사가 있으며, 신자들도 이에 따라야 하는 압박감을 날마다 받고 있다. 세상처럼 생각하고 세상의 우선순위를 따르는 것은 그리 어렵지 않을 것이다.

그러나 복음의 빛이 없으면 밤이 오고 세상은 야만적인 이방 세계로 전락할 것이며, 미신적 두려움과 도덕적 혼란에 빠질 것이다. 품위 있는 행동과 남을 배려하며 부패와 두려움이 없는 친절함을 지닌 자유롭고 행복한 사람들이 있다면 그것은 기독교, 즉 예수에게서 왔다고 확신할 수 있다.

그리스도는 우리에게 생명과 썩지 아니할 것을 주셨다. 열방을 고양시킨 가치가 있다면 그것은 모두가 그리스도와 함께 이 세상에 주어진 것이다. 그리스도께서 죽음을 정복하시기 전에 무덤은 어두운 곳이었으며, 기껏해야 이전 살던 사람들의 죽은 환영이 머무는 중간지대였다. 죽음은 인류 위에 드리워진 어두운 관보를 바라다보았다. 세 번째 천 년을 맞은 이 시대에 우리는 여전히 기독교의 소망을 잃어버린 결과들을 목격하고 있다. 그 소망은 지금까지 알려진 소망 중에 유일한 참 소망이다. "저는 사망을 폐하시고 복음으로써 생명과 썩지 아니할 것을 드러내신지라"(딤후 1:10).

아직도 교회에 소속되지 않은 사람들이 있다. 그들은 '자기 방식대로' 자기 일을 하면서도 성령께서 인도하시는 대로 행하고 있다고 주장한다. 성령께서는 도깨비불처럼 이리저리 돌진하지 않으시며, 기괴한 행동도 조장하지 않으신다. 그분은 질서와 신실함의 영이시다. 우리는 '함께하는 동역자들'이다. 그것은 공동 작전이며 어느 누구도 하나님께서 명하신 교제와 후원을 받지 않고 자기 자신의 일을 하면서 주변에서 배회해서는 안 된다. 이것은 개인의 전쟁이 아니다.

병든 자에게 손을 얹을 때에 그것은 우리 모든 이의 손이다. 베드로가 오순절에 120문도와 함께 서서 "우리가 다 이 일에 증인이로다"(행 2:32)라고 말했던 것처럼 복음 전도자도 그의 배후에 교회가 함께 서 있다. 우리 모두는 그리스도 안에서 하나이다. 이것이야말로 하나님께서 주신 하나 됨이며, 지구상에서 가장 강력한 힘이다. 예수께서는 자신의 몸인 교회를 통해 '그분께서 행하기 시작하신 모든 일' (행 1:1)을 계속해서 행하고 계시다. 사람을 구원하는 데 함께 동역하는 것은 가장 중요한 수단이다. 이것은 성경적 모델이다. 동일한 말씀을 동일한 성령님의 능력으로 전하면 동일한 표적이 뒤따르고 동일한 결과가 나온다. 성경에서 가장 많이 언급된 '수단' (means)은 협력이다. "평안의 매는 줄로 성령의 하나 되게 하신 것을 힘써 지키는" 것은 중요하다(엡 4:3). 우리가 거듭났을 때에 우리는 교회의 일부가 되고 몸의 지체가 된다. 어떤 이는 손이고, 어떤 이는 발이며, 어떤 이는 머리이다. 우리 모두는 소리를 내며, 그 소리는 모든 동역자들의 목소리이다(고전 12:14~27).

부흥은 시스템을 통해 오지 않는다. 수단도 사람을 구원하지 못한다. 시편 기자가 왜 병거와 말을 의지하지 않는지 그 이유를 설명했을 때에 그는 핵심을 찌른다: "여호와께서 자기에게 속한바 기름 부음 받은 자를 구원하시는줄 이제 내가 아노니 그 오른손에 구원하는 힘으로 그 거룩한 하늘에서 저에게 응락하시리로다" (시 20:6).

기도와 하나님과 우리의 관계, 우리의 순종은 너무나 중요하다. 사람을 구원하기 위해서 각 사람은 자신이 할 수 있는 일을 할 수 있다. 그 할 일은 바로 증거하는 것이요, 언제나 동일하게 잃어버린 영혼들에게 다가가는 것이다. 하나님의 말씀은 변하지 않았고, 사람들이 말씀을 듣지 못하면 아무것도 이루시 못한다.

이를 요약하면 다음과 같다. 우리가 하나님의 일을 하려면 우리가 이를 직접 **행해야만** 하며, 우리 대신 이것을 수단이나 시스템에 맡겨서는 안 된다. 최근에 출판된 책은 너무 쉽게 최신 유행이 된다. 가르침을 새롭게 강조하거나 이를 다소 변형한 책들이 '베스트셀러'가 되는 것 같다. 출판사들은 판매 기회를 엿보고 이를 과대 선전한다.

> 우리가 하나님의 일을 하려면 우리가 이를 직접 행해야만 하며, 우리 대신 이것을 수단이나 시스템에 맡겨서는 안 된다.

세상은 여전히 하나님과 친구가 아니다. 어떤 새로운 것도 사람들로 하여금 교회로 달려가도록 하지 못한다. 사람들은 가끔씩 다시 판 옛 우물에 관해 말한다. 하지만 그 우물들이 왜 다시 닫혔을까? 일반적으로 말해 그 우물들은 현대의 아이디어들의 침니(등산 용어로서, 암벽에 난 굴뚝 모양의 세로로 갈라진 큰 균열-편집자주)로 막혀 버렸기 때문이다.

아르키메데스는 "내게 충분히 긴 지렛대와 그 지렛대를 올려놓을 수 있는 받침을 달라. 그러면 나는 세상을 움직일 것이다"라고 말했다. 교회가 바로 그 지렛대의 받침이며 복음이 지렛대이다. 우리의 목표는 복음을 세상의 모든 가정에 두는 것이다. 나는 여러 나라에서 「마이너스에서 플러스로」(From Minus to Plus)란 책자를 모든 가정에 배포함으로써 이 일을 시도했다. (어떤 이들의 생각과 달리) 나는 이것이 한 국가의 부흥을 가져오는 첩경이 될 것이라 기대하지 않았다. 하지만 그것은 더 많은 사람에게 복음을 가지고 다가간다는 진지한 노력의 일환이었다. 이러한 시도를 통해 많은 사람들이 그리스도에게로 돌아왔다.

우리가 이 일을 행하기 위해 혹은 이런 일을 행하는 자들을 돕기 위해 찾아낸 방법이 어떤 것이라 할지라도 우리는 이 땅에 살고 있는 60억의 사람들에게 다가가야만 한다. 이들의 숫자는 지금까지 이 땅에 살았던 모든 자들을 합한 것보다 많다. 이는 교회에게 역사상 가장 위대한 기회를 제공해 준다. 이를 위해서는 거대한 노력과 개척자 정신 그리고 담대함이 필요하다. 60억의 사람들에게 복음을 전하기 위해서는 시간을 희생하고 재정적 후원을 얻어야만 하며, 상상력과 자원 그리고 헌신이 있어야 한다. 현재 최소한 6억의 거듭난 그리스도인들이 있다. 이는 세계 인구에서 열 명 중 한 명에 해당한다. 나는 하나님의 영광을 위해 이 광대한 힘을 동원하고 싶다. 나는 현재 일어나고 있는 일로 인해 하늘이 흥분하고 그 어느 때보다도 기뻐하길 원한다.

지금은 초대 교회 시절보다 모든 피조물에게 복음을 '전할' 방법들이 훨씬 더 많다. 현대적 시설과 더불어 오늘을 살아가는 신자들은 지난 2,000년 동안 모든 그리스도인들이 복음을 전했던 사람들보다 더 많은 자들에게 복음을 전할 수 있다. 이는 실로 종말적인 상황이다.

시간이 없다. 우리는 지금 살아 있는 자들을 얻기 위해 한 세기 혹은 두 세기의 시간을 갖고 있지 않다. 우리 세대의 신자들은 이 세대에게 다가가야만 한다. 어느 누구도 게을러서는 안 된다. 심지어 어린아이도 약간의 추수를 할 수 있다. 추수할 거리는 희게 익었지만 추수할 일꾼이 적다. 이는 오늘날에도 사실이다. 지금은 구원의 날이다.

— 질문 —

1. 전도에 대한 교회의 접근 방법에 변화를 가져온 것들을 생각할 수 있는가?
2. 우리의 활동에서 상식은 어떤 역할을 해야만 하는가?

✳

"또 아는 것은 하나님의 아들이 이르러 … 그는 참 하나님이시요 영생이시라" (요일 5:20).

✳

7 그들은 어떻게 시작했는가?

"내가 불러 시키는 일을 위하여 바나바와 사울을 따로 세우라" (행 13:2).

최초의 제자들은 이전의 경험도, 방법도, 기술도, 그리고 그들에게 노하우를 보여 줄 세미나도 전혀 없이 복음을 증거하기 시작했다. 그렇다면 그들의 방법은 무엇이었을까?

그것은 유대에서 탄생하신 예수께서 해변을 거니시다가 일단의 갈릴리 출신 어부들을 만나 그들에게 그와 함께 가서 사람을 낚는 어부가 되라고 초청하시면서 시작되었다. 이와 같은 재료로 주님께서는 결코 잊을 수 없는 사도들과 세상을 변화시킬 역사적인 인물들을 만드셨다.

그리스도께서 이 땅을 떠나셨을 때에 믿음의 도의 모든 미래는 제자들의 어깨에 달려 있었다. 이들은 자신들의 고깃배가 갈 수 있는 곳보다 멀리 여행을 해 본 적이 없는 사람들이었다. 우리의 구원에 관한 지식은 그들의 불타는 정열과 굴하지 않는 희생 덕분이다. 세상도 그들에게 엄청난 빚을 지고 있다. 그것은 진정한 의미에서 최초로 개화된 삶의 여명을 열어 준 것이다. 그들은 믿음, 사랑, 소망, 용서, 온유, 그리고 고대 이방 세계의 문화에서 낯선 가치들을 소개해 주었다. 하나님의 말씀은 서서히 사회를 변화시켰다. 스토아 철학자이며 지성인인 마르쿠스 아우렐리우스는 주후 161년에 로마의 황제가 되었으며, 그리스도의 말씀을 로마 도시의 성벽에 새겨 놓았다.

최초의 회심자들은 유대인이었으며 최초의 교회는 예루살렘에 있었다. 수천 명의 사람들이 믿음을 가졌고, 그들 중 많은 이들은 성전의 제사장들이었다. 약 20년 동안 다른 그리스도인들이 여러 지역으로 흩어졌을 때에도 사도들은 예루살렘에 남아 믿음과 사역의 일을 세워 갔다. 예루살렘 교회는 성전 중심이었다(행 6:7, 8:1, 21:20). 몇 년 동안 그들은 세계를 향한 비전을 잡지 못했다. 요한은 "하나님이 세상을 이처럼 사랑하사"라고 썼지만(요 3:16) 이는 한참 후에야 이뤄졌다. 유대인 신자들은 예수를 단지 이스라엘을 위한 메시야로 생각하는 경향이 있었다. 예수께서 죽은 자 가운데 부활하셨을 때에도 사도들은 그분의 부활을 단지 이스라엘의 회복의 관점에서만 보았다(행 1:6). 예수의 손은 세계 전체를 안수하셨다. 주님께서는 "예루살렘과 온 유대와 사마리아와 땅 끝까지 이르러 내 증인이 되리라"고 말씀하셨다. '끝'에 해당하는 헬라어는 에스카토스(eschatos)이다. 이 단어는 '땅 위의 마지막 장소'로 번역될 수 있다.

다툼과 부흥

복음이 열방을 향하여 가도록 하기 위해 하나님께서는 한 사람, 사도 바울을 준비하셨다. 그는 태어날 때부터 로마 시민이었지만 정통 유대인이었고, 그는 자신을 "히브리인 중의 히브리인"이라 불렀다(빌 3:5). 그의 개인적 관심은 자기 종족을 구하는 것이었다(롬 9:1~4). 그는 유대인들이 많이 사는 이방인의 도시 안디옥에 잠시 머무르면서 두 문화를 경험할 수 있었다. 하나님은 복음을 널리 전파하도록 그를 부르셨다(행 13:1). 얼마 후에 안디옥교회의 축복을 받으면서 그는 중요한 첫 번째 전도 여행을 떠났다. 기록된 그의 여정 가운데 가는 곳마다 그의 우선순위는 그의 동족이었다.

그것은 결국 하나님의 방법임이 드러났다. 새로운 곳에 도착했을 때 먼저 회당을 방문하는 것이 바울의 방법이었다. 유대인 회당은 지중해 연안 전반에 걸쳐 있었다. 해외로 쫓겨나거나 사업상의 이유로 조국을 떠난 유대인들은 로마 제국 전체 도시마다 자신들의 타운을 만들고 모세의 전통을 지켰다. 베드로전서도 "본도, 갈라디아, 갑바도기아, 아시아와 비두니아에 흩어진" 유대인들에게 쓰여진 편지이다(벧전 1:1). 바울 자신도 디아스포라에 속했었다. 그는 길리기아의 다소라는 유대인 타운에서 태어났다. 다소는 현재 터키 남동부에 위치한 상당히 큰 도시였다(행 22:3).

수많은 유대인들이 원수의 폭정에 못 이겨 자신의 조국을 떠났다. 그리스도가 탄생하기 600년 전에 앗수르가 멸망하고 바벨론에 포로로 잡혀간 후에 유대인의 남은 자들은 계속해서 폭정에 시달렸다. 그리스도가 탄생하기 1세기 전에 시리아인인 안티오쿠스 4세는 핍박과 살인을 통해 유대인의 종교를 파괴하기 시작했다. 히브리서 11장은 이 박해의 피해자들을 설명한다. 외국으로 쫓겨가 흩어진 유대인들은 바울이 이방인에게 전도할 수 있는 통로가 되었다.

그리스도께서 부활하시고 나서 2, 3년 후에 바울은 다메섹에서 신자가 되었다. 그리고 그는 "즉시로 각 회당에서 예수의 하나님의 아들이심을 전파"했다(행 9:20). 그것은 그의 방법이었다. 예루살렘에서 그는 "제자들과 함께 있어 예루살렘에 출입하며 또 주 예수의 이름으로 담대히 말하고 헬라파 유대인들과 함께 말하며 변론" 했다(행 9:28~29). 바울은 이 나라에서 저 나라로 이동할 때마다 먼저 그 지역의 회당에 다니는 사람들과 접촉했다. 그곳에서 그는 유대인의 랍비로서 가르칠 수 있었지만 그의 원수들이 반대 세력을 선동했다. 그가 이방인에게로 돌아갈 때마다 그는 다툼과 부흥의 원인이었다.

복음의 개척자들의 일한 배경은 이렇다. 그들은 세상 사람에게 전도하는 방법을 찾는 데 담대했고 저돌적이었다. 바울은 갈 수 있는 곳이면 어디든 갔으며, 모욕과 거절을 두려워하지 않았다. 이는 "아무쪼록 몇몇 사람들을 구원코자 함이" 었다(고전 9:22). 그리스도인들은 상상력이 풍부하고, 모험적이었으며, 어떤 한 가지 방법이나 전략에 매이지 않았다. 바울뿐만 아니라 그가 전도한 자들도 환영을 확신할 수 없는 곳으로 가는 위험을 감수했다.

바울은 에베소의 두란노 서원에서 2년간 복음을 제시했다. 아덴에서 그는 유대인들과 에피큐리안 철학자들과 스토아 철학자들과 논쟁했으며, 왕실 포르티코(Royal Portico)에 있는 아레오바고 법정으로 소환되었다. 이 법정은 도덕과 종교 교리의 문제에 대해 권세를 지니고 있었다. 이 법정에 청중은 많지 않았고 공개되지도 않았지만, 바울은 그리스도께서 요구하시는 것들을 타협 없이 제시했다. 몇 사람이 회심했으며, 그중에는 아레오바고 관리 디오누시오가 들어 있었다.

바울은 로마에서 십자가에 못 박히신 그리스도를 전했고, 로마가 사람들에게 저지른 엄청난 범죄를 상기시키길 주저하지 않았다. 그에 앞서 베드로는 유대인 군중에게 그리스도를 죽인 것을 고발했다. 스데반도 두려워하지 않고 말했으며, 그들이 언제나 성령을 거슬렀다는 점을 종교 지도자들에게 지적했다. 그는 자신의 가차 없는 정직함 때문에 상당한 대가를 치러야 한다는 것을 알았다. 하지만 그의 메시지의 긴박성은 이러한 위험을 감수하도록 만들었다.

전설에 따르면 사도들은 만나서 누가 어느 나라를 전도할 것인지를 정했다고 한다. 아마도 도마와 바돌로매는 인도로 가서 복음을 전하기 위해 거기서 죽었음이 분명하다. 이들 개척자 모두는 엄청난 모험 정신과 용기를 보여 주었다. 기독교의 영향을 너무나 많이 받은 시대에 살고 있는 우리로서는 당시의 영적, 도덕적 어둠을 깨부수고 들어가는 것이 어떤 것인지 상상하기 어렵다. 그때에 세상의 관습과 문화, 신조, 도덕성은 로마 제국의 군사력과 영광에도 불구하고 경건치 못했으며, 대부분 야만적이었다.

제자들의 어젠다(agenda)

> 복음은 대양의 밀물처럼 조용히 들어왔다. 복음의 개척자들은 사도와 복음 전도자뿐만 아니라 수많은 무명의 평범한 신자들이었다.

복음은 대양의 밀물처럼 조용히 들어왔다. 복음의 개척자들은 사도와 복음 전도자뿐만 아니라 수많은 무명의 평범한 신자들이었다. 그중 절반은 노예였으며 그럼에도 불구하고 그들은 담대히 고난을 무릅썼으며 심지어 그리스도를 위해 죽으려 했다. 로마의 유적지를 발굴하는 동안 감동적인 장면이 공개되었다. 부엌 담벼락의 한쪽 편에 젊은 궁정 사환을 풍자하는 문구가 새겨져 있었다. 거기에는 "알렉사메노스, 자기 하나님을 경배하다"라는 말과 당나귀의 머리를 하고 십자가에 못 박힌 한 남자가 있었다. 이 젊은이는 분명 사환들의 거처에서 그리스도를 주로 고백하고 그분을 경배하기를 두려워하지 않고 십자가에서 그분을 증거했음이 분명했다. 어떤 이가 벽에 "알렉사메노스는 믿음을 지켰노라"라고 새겼는데, 아마 이 말은 알렉사메노스 자신의 것이었을 것이다.

당시의 그리스도인들은 그리스도의 지상 명령을 수행하지 않는다는 것을 결코 꿈에도 생각하지 못했다. 그리스도인이 된다는 것은 바로 그런 것이었다. 지상 명령은 제자들의 어젠다였다. 4세기 초반인 A.D. 313년까지 사람들은 증거하다가 계속해서 죽음을 맛보았다. 그러나 로마 제국이 기독교화되기 오래전에 도시와 시장은 신자들로 가득 찼기 때문에 이방 신전들은 폐허가 되었다고 한다.

젊은 그리스도인들은 그리스도를 위해 죽을 준비가 되어 있었다. 그래서 그들은 스스로 자신이 신자임을 당국자에게 신고했다. 예수 그리스도에 대한 그들의 헌신은 너무나 탁월했다. 그리스도께서는 마구간에서 모호하게 탄생하셨고, 동쪽의 최하류 도시에 사셨으며, 범죄자 취급을 받으시고 십자가에서 죽으셨지만, 그럼에도 불구하고 그분의 비교할 수 없는 위대함은 이를 통해 불타올랐다. 유대인들은 한 분이신 하나님께서 이스라엘에 누군가 기름부음을 받은 자를 보내실 것을 너무나 분명하게 이해하면서 자랐다. 그때까지 그분과 같은 분이 결코 없었으며 어느 누구도 예수와 비교할 수 없었다. 그분이 오신 이후로 그분과 같은 분은 결코 없었다.

컬러 사진

그리스도께서는 구원을 얻기 위해 그리고 천국에 들어가기 위해 지켜야 할 의식을 하나도 남기지 않으셨다. 왜냐하면 그분 자체가 우리의 구원이시기 때문이다. 주님은 단지 세례와 빵과 포도주를 통해 자신을 기억해 달라고 부탁하셨다. 그분은 우리에게 자신의 죽음을 기억하라고 말씀하지 않으셨으며, 대신에 자기를 기억하여 빵과 포도주를 먹으라고 하셨다(눅 22:19). 우리가 복음이신 예수 그리스도를 전할 때에 우리가 말하고 있는 분이 어떤 분이신지를 이해해야만 한다. 예수의 이름은 부적이나 로고 혹은 공식이 아니다. 우리는 성경이 말하는 그리스도와 오직 그분만을 말한다.

구약성경이 그리고 있는 예수의 모습은 아웃라인에 불과하다. 신약성경은 예수를 컬러 사진으로 그리고 있다. 구약성경은 하나님에 관해 말하지만 예수는 구약성경이 자신에 관해 말하고 있다고 말씀하셨다. 주님께서는 성경을 '성취' 하셨다. 그분은 육신이 되어 성경을 이루셨고, 성경에 몸과 생명을 불어넣으셨다. 그리스도는 선지자들이 한 예언의 증거이지만 그분께서는 이보다 훨씬 더 크셨다. 세례 요한은 주님을 증거했으나 예수께서 자신의 예언보다 훨씬 더 큰 분으로 그 세력이 커가는 것을 목격했다. 그래서 그는 "그는 흥하여야 하겠고 나는 쇠하여야 하리라"고 선포했다(요 3:30).

하나님께서는 자신에 관해 단지 '하나님' 으로 증거하지 않으셨다. 그분은 자신의 정체(identity)와 이름을 밝히셨다. 처음으로 그분은 모세에게 다음과 같이 말씀하셨다: "그들은 내가 그들의 하나님 여호와로서 그들 중에 거하려고 그들을 애굽 땅에서 인도하여 낸줄을 알리라"(출 29:46). 이 말씀은 출애굽기에서만 일곱 번 언급되었다. 하나님에 대한 개념이 많이 있지만 진정한 하나님은 구원의 하나님이다. 우리는 창조주 하나님, 섭리의 하나님, 심판과 거룩함의 하나님으로 시작하지만 곧 보다 더 온전한 하나님에 대한 계시에 도달하게 된다. 그것은 구속자 하나님, 치유자 하나님, 목자 하나님, 그리고 영존하시는 하나님이시다.

요한일서는 세상을 악과 마귀에서 구원하시는 그리스도의 위대한 역사에 대해 설명하면서 "또 아는 것은 하나님의 아들이 이르러 … 그는 참 하나님이시요 영생이시라"고 말한다(요일 5:20). 그분은 우리를 증인으로 부르시는 하나님이시다. 우리는 바로 **그** 그리스도를 증거하며, 그분은 단순한 전설이나 허상이 아니라 이미 오래전에 하나님의 말씀을 통해 기록된 장엄한 영광의 그리스도시며, 어느 누구도 필적할 수 없고 상상할 수 없는 위대한 분이시다.

예수 그리스도는 자신이 말씀하신 대로 바로 그분이시기 때문에 우리는 그분을 증거한다. 주님께서는 우리의 유익과 소망을 위해 자신을 우리에게 계시하셨다. 그분은 우리로 그분을 알게 하셨고 우리의 불안과 갈망을 채워 주셨다: "모든 나라의 보배가 이르리니"(학 2:7). 모든 사람들은 자신들이 부족한 것이 무엇인지 모르지만 그분이 필요하다고 느낀다. 빠진 조각은 바로 예수다. 그분은 우리의 무지로 더듬어 찾고자 하는 것을 채워 주신다. 인류는 만 가지의 신조와 해결책을 만들어 냈지만 전도는 해답으로 예수를 제시한다. 아덴에서 바울은 '알지 못하는 신에게'라고 새겨진 단을 보고서 이와 같이 말했다: "그런즉 너희가 알지 못하고 위하는 그것을 내가 너희에게 알게 하리라"(행 17:23). 이것이 바로 우리가 하는 일이다. 우리는 예수를 모르는 자들에게 그분을 전파한다. 그분이 없다면 아무것도 할 수 없다. 하나님께서는 "사람의 독처하는 것

> 하나님의 말씀은 생명의 지팡이다. 모든 피조물과 역사 가운데 이를 대체할 것은 없다. 그분은 생명의 완성이시다.

이 좋지 못하니"라고 말씀하셨다(창 2:18). 그러고는 아담을 위해 아내를 만드셨다. 또 주님께서는 "사람이 떡으로만 사는 것이 아니요 여호와의 입에서 나오는 모든 말씀으로" 산다고 말씀하셨다(신 8:3). 하나님의 말씀은 생명의 지팡이다. 모든 피조물과 역사 가운데 이를 대체할 것은 없다. 그분은 생명의 완성이시다.

요한복음은 "태초에 말씀이 계시니라"는 말로 장엄하게 시작한다. 요한은 예수에 관해 엄청난 의미가 담긴 이름을 사용한다. 헬라인들에게 말씀은 모든 것을 초월하는 어떤 힘이나 존재로서 거룩하고 잡을 수 없고 알 수 없는 것이었다. 또한 유대인들은 여호와의 음성인 말씀에 관해 말했다. 요한은 우리에게 예수께서는 이 모든 것 되시며 그 이상이심을 말해 준다: "그 안에 생명이 있었으니 이 생명은 사람들의 빛이라"(요 1:4). 그 빛은 지성의 빛이었으며, 자의식(self-consciousness)과 신의식(God-consciousness)의 빛이었다.

전도를 위한 복음

복음은 언제나 전도를 위한 것이며 구전을 통해 전달되도록 의도되었다. 신약성경에서 전도에 대한 모든 단어는 구전의 언어(speech word)이다. 복음은 단지 책에 담긴 어떤 이론이나 화석화된 아이디어가 아니라 살아 있는 자가 입으로 하는 선포이다. 복음은 듣는 자가 있고 복음 제시를 받는 자가 있도록 되어 있다. 하나님의 말씀은 살아 있다. 그것은 생명과 함께 흐른다. 우리는 성경을 가지고 있지만 그것이 고대 문서이기 때문에 보존하는 것은 아니다. 성경은 박물관 전시용이 아니다. 성경은 살아 있다. 살아 있는 것은 보존할 필요가 없다.

바울이 아덴 사람들에게 말할 때에 그는 복음을 '선포'했다. 바울은 '복음'이란 말에 대해 헬라어 유앙겔리온(euangelion)이란 단어를 사용했다. 이 말은 단순한 소식이 아니라 기쁜 소식을 의미했다. 영어의 '복음' 이란 단어는 '좋은 소식'(good tidings)을 의미하는 앵글로색슨어에서 유래했다. 우리는 '좋은 정보'가 아니라 '좋은 소식'을 퍼뜨린다. 복음은 언제나 기쁜 소식을 발견한 메신저의 입으로 선포되는 개인적인 메시지이다.

복음에는 또 다른 것이 있다. 기쁜 소식은 모든 사람에게 변화가 있음을, 즉 이미 이긴 전쟁의 소식과 우리의 주적(a great enemy)이 타도되었음을 선포한다. 마가복음의 첫 구절은 다음과 같다: "하나님의 아들 예수 그리스도 복음(유앙겔리온, 기쁜 소식)의 시작이라." 예수가 탄생할 때에 천사가 미리 "내가 온 백성에게 미칠 큰 기쁨의 좋은 소식을 너희에게 전하노라"고 알려 주었다(눅 2:10). 그는 '좋은 소식'(good news)에 대하여 동일한 헬라어를 사용했고, 여기에 헬라어로 카라(chara), 즉 '큰 기쁨의'라는 단어를 덧붙였다. 바울은 자신이 유대인과 헬라인 모두에게 빚을 졌다고 말했다. 그는 그들이 복음을 듣고 예수 그리스도를 아는 기쁨을 경험할 권리가 있음을 알았다.

복음 전달에 관해 사용된 단어들이 많다. 예를 들어, 말하다, 이야기하다, 선전하다, 알리다 등이 그것이다. 누군가가 좋은 소식을 직장 동료에게 속삭이는 모습을 우리는 쉽게 상상할 수 있다. 마치 원수가 듣지 못하도록 공모하는 것처럼 말이다. 복음과 관련된 단어 중에 특히 세 개의 헬라어, 케리그마(kerygma), 유앙겔리조(euangelizo), 마투레오(martureo)가 있다. 이들은 '선포', '좋은 소식을 알리다', '증거하다' 를 의미한다.

현대의 어떤 학자들은 항상 케리그마와 그 내용이 무엇인지에 대해 이야기한다. 내 경우에 케리그마란 예수 그리스도를 전하는 것임이 너무나 분명해 보인다. 그분은 복음의 메시지의 내용이다. 로마서 16장 25절에서 바울은 "예수 그리스도를 전파함(케리그마)"에 대해 말한다. 그는 전파의 행위가 아니라 복음이 무엇인지 말한다. 사도들은 기쁨이 없는 교리를 전하기 위해 모든 것을 희생하지 않았다. 현대 학자들 중에 사도들이 전한 것은 언제든지 흥분되고 경이로웠다는 것을 깨닫지 못하는 것 같다. 만일 그렇지 않았다면 그들은 무언가를 말하기 위해 그렇게까지 멀리 여행했을 리가 없다. 예수와 기쁨이 케리그마의 내용이었기 때문에 그들은 세상으로 나아갔다. 어느 누구도 그런 것을 만들어 낸 적이 없었다. 다른 종교나 철학에서도 이런 것은 찾아볼 수가 없다.

> 하나님께서는 우리가 그분의 웅대한 계획에 참여하길 원하신다. 그분은 우리에게 하나밖에 없는 특권을 주신다.

그리스도 안에서 발견되는 놀라운 하나님의 계시로 영원한 천국이 열렸지만, 전하지 않으면 아무런 소용이 없다. 하나님께서는 우리가 그분의 웅대한 계획에 참여하시길 원하신다. 우리는 이렇게 중요한 목적에 대해 하나님께서 왜 우리를 의존하시는지 참으로 이해하지 못할지도 모른다. 그러나 그것은 그분의 놀라운 계획이다. 그분은 우리에게 하나밖에 없는 특권을 주신다.

유앙겔리온―복음―이란 말은 특히 바울의 언어이다. 신약성경에서 이 말은 76번 나오는데, 그중에 56번은 자신과 연관되어 나온다. 그것은 영생과 부활, 진리와 평화 그리고 구원에 관한 좋은 소식이다. 오늘날 유앙겔리온이란 단어는 세속적인 사건에 관한 뉴스를 말할 때에 결코 사용되지 않는다. 이 단어는 그리스도인의 단어가 되었다. 왜냐하면 복음은 유일하고 탁월하기 때문이다. 어떤 다른 좋은 소식도 복음만큼 좋지는 않다.

세례 요한이 말씀을 전파했을 때에 그는 "회개하라 천국이 가까왔느니라"고 말했다(마 3:2). 이 말씀은 기뻐해야 할 어떤 것보다는 경고나 위협처럼 들렸다. 그러나 반대로 마태복음 4장 23절은 "예수께서 … 두루 다니사 … 천국 복음을 전파하시며"라고 말한다. 세례 요한은 좋은 소식을 전하지 않았지만 예수는 그러하셨다. 요한은 복음에 관해 예언했지만 예수는 복음을 제시하셨다.

유앙겔리온이란 단어는 장차 이뤄질 어떤 것에 대한 알림이나 약속이 아니라 이미 이뤄진 것에 대한 선포이다. 전파를 통해 이를 소개하거나 이를 성취하는 것이 아니라 이미 이뤄진 것을 전파하는 것이다. 복음은 이처럼 놀라운 내용을 담고 있다. 복음은 우리에게 하나님께서 이미 행하신 것을 말해 준다. 십자가는 그 어떤 것도 바꿀 수 없는 것이다. 그것은 말, 이론, 시스템 혹은 교리 이상의 것이다. 예수께서는 실제로 이 땅에 오셔서 죽으시고 부활하셨다. 그 어떤 것도 이를 뒤집을 수 없다. 복음은 바로 이런 것이다. 그것은 우리가 안전하게 설 수 있는 반석이다. 세상은 요동하고 변하고 전쟁이 일어나지만 이 반석을 움직일 수 없다. 폭풍과 포효하는 바닷물도 반석을 시험하지만 이를 흔들 수 없다.

현대의 기술과 능력을 통해 십자가에 초점을 맞출 수 있지만 이를 옮기진 못한다. "저가 그리스도로 말미암아 우리를 자기와 화목하게 하시고 … 저희의 죄를 저희에게 돌리지 아니하시고"(고후 5:18-19). 이는 마치 주님께서 죄수들에게 감옥 문이 열렸음을 말씀하시는 것과 같다. 이를 믿기만 하면 그들은 자유롭게 걸어 나올 수 있다. 예수께서 나인성의 죽은 청년에게 "청년아 … 일어나라"(눅 7:14) 말씀하신 것처럼. 신자들에게는 '화목하게 하는 직분'을 주셨고 하나님의 대사로서 우리는 '하나님과 화목하라'고 말한다. 우리의 적대감이 아무리 크다 할지라도 하나님은 우리와 화목하셨다(고린도후서 5장 17~20절을 보라).

복음 전달에 관해 자주 사용되는 또 다른 단어 마투레오, '증거하다'는 영어 단어 '순교자'(martyr)의 배경이 된다. 그리스도를 위해 죽은 그리스도인을 우리는 '순교자'라 부른다. 이들은 증거를 위해 자신의 목숨을 버리면서 희생을 통해 자신의 믿음을 증거한 자들이다. 스데반은 최초의 순교자였다. 한 젊은이가 그의 죽음을 목도했으며, 그는 아마도 자신이 본 것을 결코 잊을 수 없었을 것이다. 그 사람은 다소의 사울이었다.

요한은 '하나님의 증거'에 관해 쓰고 있다(요일 5:9). 민수기 17장 7절과 출애굽기 25장 22절에서 하나님은 증거막과 증거궤를 통해 자신을 증거하셨다. 원래 마투레오는 어떤 사건에 대한 확정(confirmation)을 말한다. 그것은 기억과 관련이 있으며 개인적으로 직접 경험한 것에 관해 이야기하는 것이고, 특히 법정과 관련이 있다. 요한은 마투레오란 말을 자신의 복음서와 서신서에서 43번 정도 사용하였지만 유앙겔리온, 즉 복음이란 단어는 한 번도 사용하지 않았다. 왜 그럴까? 요한복음은 계속되는 행동의 복음이며, 계속적으로 경험하는 복음이다. 그에게 있어서 증거는 일시적인 것이 아니라 평생 지속되는 태도이다. 우리의 삶은 계속해서 예수의 진리를 상기하고 증거하는 것이다. 예수께서 신자들을 위해 행하신 것으로 인해 그들은 예수의 사람이라는 표를 받고 그분의 사람으로 구별되었다.

이 중요한 세 단어 모두는 동일한 생각을 담고 있다. 즉 우리가 전하는 말이 곧 우리가 어떤 사람인가 하는 것이다. 메신저는 메시지이다. 우리가 그리스도를 전하면 우리는 그리스도인이다. 우리가 성령을 전하면 우리는 성령 충만하다. 이것은 오늘날 하나님께서 자신을 세상에 계시하시는 방법이다. 우리 안에서 말씀은 육신이 된다. 우리의 모든 존재는 하나님께서 의도하신 대로 되어야만 한다.

— **질문** —

- 바울이 복음을 전파하기 위해 사용한 방법에 대해 당신은 무슨 말을 할 수 있는가?

8 예수의 사례집

"온전히 구원하실 수 있으니" (히 7:25).

전능(omnipotence)도 인간의 고의성 앞에선 힘이 없다. 무력 사용은 해결책이 아니다. 본 장에서 우리는 다른 종류의 능력, 즉 구원의 능력의 예를 먼저 들고자 한다.

남자가 힘이 있음을 보인다고 해서 좋은 남편이 되는 것은 아니다. 우리는 완력으로 구원받을 수 없다. 사실 우리를 구원할 수 있는 것이 무엇인지 아무도 몰랐다. 하나님께서 이 일을 하시기로 작정하시고 개인적인 노력을 경주하셨으며 급기야 피를 흘리는 희생을 치르셨다: "피흘림이 없은즉 사함이 없느니라" (히 9:22).

하나님께서는 창조 때부터 이를 준비하셨다. 그것은 구속을 의미했다. 창조는 값싼 것이 아니었다. 말씀으로 세상을 창조하셨지만 그로 인해 하나님께서는 피와 땀과 눈물을 흘리셔야만 했다. 6일 만의 만물 창조는 십자가 상에서의 6시간 동안에 그 절정을 이루었다: "창세 이후로 어린 양이 죽임을 당하셨다" (계 13:8, 우리말 성경에는 "죽임을 당한 어린 양의 생명책에 창세 이후로"로 되어 있다-역주). 구원은 성경 전체에 나오는 생명의 보혈이 흐르는 동맥이다. 하나님께서는 나무를 창조하셨을 때 자기 십자가를 위한 나무도 창조하셨다.

> 구원은 성경 전체에 나오는 생명의 보혈이 흐르는 동맥이다.

창조 후에 성경은 홍수를 말한다. 우리는 "온 땅이 하나님 앞에 패괴하여 강포가 땅에 충만한지라"라는 기사를 읽는다(창 6:11). 땅은 폭력과 분노로 흘린 모든 피로 인해 더럽혀졌다. 가인이 아벨을 살해했을 때 하나님께서는 그의 피가 땅에서부터 호소한다고 말씀하셨다(창 4:10). 마찬가지로 호세아 6장 8절에서 하나님께서는 길르앗이 '피 발자국으로 가득 찼다'고 선포하셨다. 시편 106편 38절은 우리에게 '그 땅이 피로 더러워졌다'는 것을 상기시켜 준다.

폭력은 이처럼 진노를 자아냈기 때문에 하나님께서는 대홍수를 보내 끝내려 하셨다. 후에 주님께서는 노아에게 "무릇 사람의 피를 흘리면 사람이 그 피를 흘릴 것이니"라고 말씀하셨다(창 9:6). 살인은 반드시 심판을 받게 되어 있다. 피는 피로 갚아야 한다. 하나님께서 이런 율법을 주신 이유는 대홍수로도 더럽혀진 땅을 씻을 수 없었기 때문이었다. 모세의 율법에 제단에 드리는 제사 가운데 살인을 위한 제사는 없었다. 살인은 용서받지 못했다. 어떤 짐승의 피도 수 세기간 계속된 전쟁과 피 흘림을 덮을 수 없었다. 예수께서는 "창세 이후로 흘린 모든 선지자의 피를 이 세대가 담당하되"라고 말씀하셨다(눅 11:50). 이를 바로잡기 위해서는 인간의 피 이상의 것이 필요했다. 오직 하나님의 어린 양의 희생의 피만이 폭력으로 인한 피를 덮을 수 있었다. 하나님께서는 대속죄일에 '자기의 피'를 흘리셨다(행 20:28). "그 아들 예수의 피가 우리를 모든 죄에서 깨끗하게 하실 것이요"(요일 1:7).

땅으로 임하신 자비

예수님과 함께 이 땅에 임한 하나님의 자비는 우리에게 너무나 잘 알려져서 우리는 그 진가를 절반도 채 이해하지 못한다. 다소의 사울의 회심 사건에서 우리는 하나님의 자비를 분명하게 발견한다. 후에 사도 바울이 된 그는 하나님의 자비를 정말 깊이 경험했기에 다음과 같이 말했다: "우리 주의 은혜가 그리스도 예수 안에 있는 믿음과 사랑과 함께 [내게(우리말 성경에는 '내게'란 말이 없지만 영어 성경에는 있음-역주)] 넘치도록 풍성하였도다." 이는 그의 개인적인 경험이지만 그는 이어서 다음과 같은 말을 덧붙인다: "미쁘다 모든 사람이 받을만한 이 말이여 그리스도 예수께서 죄인을 구원하시려고 세상에 임하셨다 하였도다 죄인 중에 내가 괴수니라"(딤전 1:14~15). 다른 말로 하면 그의 경험은 다른 사람들도 할 수 있다는 뜻이다. 그리스도가 오시기 600년 전에 에스겔 선지자는 다음과 같은 말을 하기 위해 보내심을 받았다: "내가 엎드러뜨리고 엎드러뜨리고 엎드러뜨리려니와 이것도 다시 있지 못하리라"(겔 21:27). 그리고 가장 위대한 선지자 중 하나였던 이사야도 다음과 같은 말씀을 선포하기 위해 보내심을 받았다: "이 백성의 마음으로 둔하게 하며 … 염려하건대 그들이 눈으로 보고 귀로 듣고 마음으로 깨닫고 다시 돌아와 고침을 받을까 하노라." 이 말씀은 다음과 같이 이어진다: "땅 가운데 폐한 곳이 많을 때까지니라"(사 6:10~12). 하나님께서는 이와 비슷하게 암울한 메시지를 가지고 예레미야를 보내셨다: "보라 내가 오늘날 너를 열방 만국 위에 세우고 너로 뽑으며 파괴하며 파멸하며 넘어뜨리며 건설하며 심게 하였느니라"(렘 1:10).

거의 언급되지 않지만 매우 놀라운 사실 한 가지가 있다. 그것은 그리스도께서 오시기 전에 잃었던 것을 다시 찾은 기록이 오직 한 군데, 사울 왕의 나귀에 관한 것밖에 없다는 사실이다(삼상 9:20). 예수님의 역사를 통해 하나님은 구원하시는 그분의 권세와 능력을 보여 주셨다. 예수님은 자신이 참된 목자이며 자기보다 먼저 온 자들은 모두가 절도요, 강도라고 선언하셨다. 주님은 "잃어버린 자를 찾아 구원"하기 위해 오셨다(눅 19:10).

구속의 첫 예는 복음서에서 발견된다. 은혜와 진리가 충만하신 예수님이 사람들을 다루시는 모습은 하나님의 구원의 능력과 의지를 보여 주었으며, 그분은 사회적으로 소외되고 버림받은 자들을 다시 찾으셨다.

마태복음 11장 12절은 수수께끼 같은 말씀이다. 예수님은 "천국은 침노를 당하나니 침노하는 자는 빼앗느니라"고 말씀하셨다. 주님은 수많은 사람들이 천국에 몰려올 것을 기대하셨다. 그리스도께서는 사도인 베드로에게 그 문을 열 수 있는 복음의 열쇠를 주셨다. 수천 명의 사람들이 사단의 권세를 뒤로하고 한꺼번에 하나님의 나라로 이민을 왔다. 그날, 오순절의 첫날 영혼들이 끊임없이 줄을 지어 하나님의 나라에 들어오기 시작했다. 사람들은 믿음의 '힘'으로 그 나라를 침노했다.

> 그날, 오순절의 첫날 영혼들이 끊임없이 줄을 지어 하나님의 나라에 들어오기 시작했다. 사람들은 믿음의 '힘'으로 그 나라를 침노했다.

고약한 냄새가 나는 죄인들을 축복하라

처음으로 천국에 들어간 자들은 주님께서 부르신 자들이었다. 그리스도로부터 직접 구원을 받은 처음 사람들의 경우를 살펴보면 우리가 어떻게 증거하고 전도해야 할지 교훈을 배울 수 있다. 여기서 그 교훈 가운데 한두 가지만 살펴보도록 하자.

실제로 처음 구원을 받은 자는 베드로를 데려온 안드레와 요한이었다. 다음 날 예수께서는 빌립을 부르셨고 빌립은 나다나엘을 데려왔다. 예수께서는 하나님께서 그들을 자신에게 주셨다고 말씀하셨다(요 10:29, 17:9, 24). 이들이 죄를 깨닫고 회개했다는 기록이 없기 때문에 신학자들은 이에 대해 당혹스러워 한다. 그러나 그들은 주님에 대해 잘 몰랐으며 그분이 어떤 분인지 몰랐음에도 불구하고 믿음을 보였고, 너무나 절대적으로 예수를 믿고 따랐다. 그분은 미지의 분이었다. 예수께서는 자신의 주권에 따라 그들을 구원하신 것처럼 보이지만 당시에 그분께서는 사람의 속에 있는 것을 친히 아셨다(요 2:25).

이것은 오늘날에도 여전히 사실이다. 전도할 때에 우리는 회심자는 전형적인 패턴을 따라야만 한다고 주장한다. 그러나 회심의 외적 표적이 없을 수 있다. 중요한 것은 예수께서 인간 영혼의 깊은 곳에서 어떤 일이 진행되고 있는지 아셨고 하나님도 지금 아신다는 사실이다. 회심한 척하거나 단지 그렇게 보이려는 것만으로는 하나님을 속일 수 없다. 그분은 모든 이의 마음을 읽으신다. 사마리아에서 빌립이 복음을 선포한 후에 사람들이 죄에 대해 괴로워하고 깊은 회개가 있었으면 좋겠지만 그런 기록이 없다. 그러나 성령의 역사 때문에 "그 성에는 큰 기쁨이" 있었고 곧 이어 진정한 구원의 증거가 주어졌다. 왜냐하면 사람들이 성령을 받고 방언을 말했기 때문이다(행 8장).

예수께서는 "내가 만일 하나님의 손을 힘입어 귀신을 쫓아내는 것이면 하나님의 나라가 이미 너희에게 임하였느니라"고 말씀하셨다(눅

11:20). 하나님 나라의 표적은 귀신을 쫓아내는 그분의 능력이었지만 구원하시는 능력은 이보다 훨씬 더 컸다.

예수께서 심각한 죄인들을 축복하셨을 때에 종교 지도자들은 충격을 받았다. 그들은 죄인들은 모세의 율법과 종교적 전통을 모르기 때문에 저주를 받아야 한다고 생각했다. 그러나 예수는 그들의 친구가 되셨다. 주님께서는 "가난한 자에게 복음이 전파된다 하라"고 말씀하셨다(마 11:5). 그것은 혁명이었다. 종교적 완벽주의자들에게 가난한 자는 불가촉 천민이었지만, 예수께서는 그들에게 복음을 전하셨고, 그들을 사랑하셨으며, 그들을 용서하고 치유해 주셨다.

예수께서 돈을 위해 자기 영혼을 기꺼이 팔려 했던 무정한 인물인 삭개오라는 세리를 다루신 모습은 그들에게 가장 큰 충격을 주었다. 그는 점령 세력인 로마의 하수인이었기에 어느 누구도 그와 관계 맺길 원치 않았다. 그는 황금 빗장 뒤로 자신을 새장에 가둬야만 했다. 그가 예수에 관해 들었을 때 그는 길을 따라가며 그분을 뵙고자 했다. 군중이 이 증오의 대상인 세리를 보았을 때 그들은 그로 끼어들지 못하도록 밀쳐 냄으로 그를 원치 않는다는 것을 분명히 했을 것이다. 그래서 삭개오는 자존심을 버리고 원숭이처럼 뽕나무로 기어 올라갔다. 그리고 거기서 그는 온 동네 사람들이 말하는 그 사람을 확실하게 볼 수 있었다. 물론 그가 나뭇가지에 올라 앉았기 때문에 그는 남에 눈에 더 잘 띄었다. 지나가는 행인들은 아마도 그를 가리키며 조소했을 것이다. 그런데 예수께서 지나가시면서 그를 보고 속히 나무에서 내려오라고 말씀하셨다.

의롭게 만드는 전도

삭개오는 다음에 일어난 일을 거의 믿을 수가 없었다. 그리스도께서 그의 집에 유하시길 청하신 것이다. 그래서 삭개오는 '급히 내려왔다'(눅 19:6). 삭개오는 그날 저녁을 영원히 잊지 못할 것이다. 그와 예수는 저녁 식탁에서 서로를 바라보았다.

삭개오는 계산적인 사람이었지만 예수와 같은 사람을 만나게 되리라 기대하지 않았다. 그는 그와 같은 분을 상상조차 할 수 없었다. 그는 자신이 세상에서 가장 온유한 재판에게 자신의 내면을 드러내는 것 같은 느낌을 받았다. 예수께서는 그를 긍휼히 여기셨고 그를 사랑하셨다. 그의 오그라든 영혼은 물을 먹은 스펀지처럼 부풀기 시작했다. 그러자 이전에는 한 번도 들지 않던 한 가지 생각이 그의 마음속에 몰래 들어왔다. 그것은 가난한 자들에게 돈을 나눠 주겠다는 생각이었다. 예수께서는 이를 보시고 "오늘 구원이 이 집에 이르렀으니"라고 말씀하셨다(눅 19:9). 그것은 장차 올 것을 미리 맛보는 것이었다.

이와 같은 악한을 구원하기 위해 예수는 자신의 명성에 대해 희생을 치러야 했다. 삭개오는 사람들이 증오하는 점령군 로마를 위해 일했고, 사람들은 예수께서 그들의 친구가 되시는 것을 보았다. 이로 인해 예수의 인기는 손상을 입었다. 주님의 적들은 이를 최대한 이용하려 했을 것이다. 주님의 대답은 이처럼 바늘로 찔러도 피도 나지 않을 자들에게는 별로 영향력이 없었을지 모르지만 주님의 성품의 진실을 온전히 드러냈다. "인자의 온 것은 잃어버린 자를 찾아 구원하려 함이니라." 이 말씀은 우리 주 예수가 어떤 분인지를 요약해 준다. 만일 이 말씀이 우리가 어떤 사람인지를 요약해 준다면 우리가 주님의 모범을 따르고 있음을 입증해 줄 뿐이다. 우리가 구하는 것은 명성이 아니라 새롭게 변화된 삶들이다.

> 우리가 구하는 것은 명성이 아니라 새롭게 변화된 삶들이다.

이전에 개인적으로 영적인 회심을 경험한 사람은 전혀 없었다. 그리스도께서 삭개오를 방문하심으로 이것이 가능함이 입증되었다. 선지자들도 개인적인 회심을 요구했으나 결코 이를 보지 못했다. 예를 들어, 이사야는 다음과 같이 권면했다: "악인은 그 길을, 불의한 자는 그 생각을 버리고 여호와께로 돌아오라 그리하면 그가 긍휼히 여기시리라 우리 하나님께로 나아오라 그가 널리 용서하시리라"(사 55:7). 그러나 악인은 그의 길을 버리지 않았다. 당시에 그런 일은 일어나지 않았다.

우리는 공적 예배를 위해 기록된 시편들을 통해 당시 보통 사람들이 어떠했는지를 안다. 그들은 자신의 감정을 숨기지 않았으며 한 번도 하나님께 악인을 구원해 달라고 기도하지 않았다. 대신에 그들은 공개적으로 하나님께 하늘 문을 여시고 악인을 멸해 달라고 호소했다. 하나님은 하늘 문을 여셨지만 예수를 보내셨고 아무도 멸망시키지 않으셨다. 구약의 마지막 선지자였던 세례 요한도 동일한 일이 일어날 것을 기대했지만 예수께서는 "인자는 사람의 생명을 멸하러 온 것이 아니요 구하러 왔노라"고 말씀하셨다(눅 9:56). 이것은 시편 기자가 의도했던 그런 구원이 아니었다! 예수께서는 어떤 칼도 들고 다니지 않으셨다. 주님께서는 저들이 죄인들에게 내리길 원했던 바로 그 심판을 친히 십자가에서 담당하셨다.

구원은 영적이면서 물리적이다

예수께서 베푸신 구원의 역사에 대한 다른 이야기는 마가복음 2장 1~12절과 누가복음 5장 17~26절에 나온다. 우리는 이 말씀에서 커다란 위로를 얻을 수 있다. 예수께서는 가버나움의 한 집에 머무르셨는데 아마도 그 집은 예수의 집인 것 같다. 주님께서는 종교 지도자들과 바리새인 그리고 율법사들의 관심을 끄셨다. 그들은 예루살렘을 포함해 여러 지역에서 왔으며, 종교 당국자를 대신해 주님을 조사하러 나왔을 것이다. 그 집은 사람들로 터지기 일보직전이었다.

네 사람이 중풍병자를 들것에 싣고 왔지만 군중 때문에 예수께로 나아갈 수가 없었다. 그러나 그 집은 동양의 건물이었기에 지붕은 평편했고 옥외 계단이 달려 있었다. 지체하지 않기로 결단하고 기적에 대한 믿음으로 충만했던 이들은 중풍병자를 지붕으로 데리고 올라갔다. 지붕은 나무 판자와 볏짚 그리고 나뭇가지들로 되어 있었으며, 예수가 말씀을 전하고 계시던 마당을 덮고 있었다. 그들은 가벼운 지붕을 벗겨내고 그들의 친구를 문자 그대로 그리스도의 발 앞에 달아 내렸다. 한마디의 사과도 없이 말이다. 이 장면은 네 사람의 열정적인 믿음을 밝히 보여 준다. 우리는 "예수께서 저희의 믿음을 보시고"라는 말씀을 읽는다(막 2:5). 나는 모든 사람들이 그들의 믿음을 보았다고 생각하며, 종교 지도자들이 이처럼 기대감을 가지고 단순하게 믿는 믿음에 대해 어떻게 생각했는지 궁금하다.

예수께서는 **그들의** 믿음을 보시고 중풍병자에게 "네 죄 사함을 받았느니라"고 말씀하셨다. 예수께서는 어떻게 친구들의 믿음 때문에 중풍병자의 죄를 사하실 수 있었는가? 당시에 사람들은 죄와 치유가 상관성이 있는 것처럼 죄와 질병은 밀접한 연관성이 있다고 생각했다. 따라서 중풍병자가 병이 낫는 것은 주변인들에게 그가 용서를 받았다는 것을 입증해 주는 것이었다. 그의 죄가 씻김을 받자 그는 일어나 걸어갔다. "믿음의 기도는 병든 자를 구원하리니 주께서 저를 일으키시리라 혹시 죄를 범하였을찌라도 사하심을 얻으리라"(약 5:15). 만일 예수에게 정말 죄를 사할 능력이 있다면 치유가 뒤따랐을 것이다. 그러나 이러한 기적을 어느 누구도 기대하지 않았으며 그들은 죄를 사하는 그리스도의 능력에 도전장을 냈다.

예수께서는 "네 죄 사함을 받았느니라 하는 말과 일어나 걸어 가라 하는 말이 어느 것이 쉽겠느냐"며 물으셨다. "네 죄 사함을 받았느니라"는 말은 누구든지 할 수 있다. 그래서 주님께서는 자신의 능력을 설명하기 위해 다음과 같이 말씀하셨다: "그러나 인자가 땅에서 죄를 사하는 권세가 있는 줄을 너희로 알게 하리라 하시고 중풍병자에게 말씀하시되 내가 네게 이르노니 일어나 네 침상을 가지고 집으로 가라"(눅 5:22~24).

용서는 하늘의 생명록을 씻기 위함이 아니라 바로 우리의 영, 혼, 몸을 씻기 위함이다. 우리의 양심은 영존하는 깨끗한 샘을 받았다. 예수께서는 땅 위의 사람들의 죄를 용서하시며 물리적 효과를 수반한다.

다른 말로 하면, 구원은 단지 영적인 것이 아니라 영적인 동시에 물리적(physical)이다. 구약성경은 이 메시지를 되풀이해서 강조한다. 하나님께서는 천지를 창조하셨다. 그분은 자신이 창조하신 물리적 세상에 대한 관심을 접지 않으셨다: "하나님이 세상

> 용서는 하늘의 생명록을 씻기 위함이 아니라 바로 우리의 영, 혼, 몸을 씻기 위함이다. 우리의 양심은 영존하는 깨끗한 샘을 받았다. 예수께서는 땅 위의 사람들의 죄를 용서하시며 물리적 효과를 수반한다.

을 이처럼 사랑하사"(요 3:16). 땅도 하늘만큼이나 주님의 관심과 역사가 있는 영역이다. 우리는 "뜻이 하늘에서 이룬 것 같이 땅에서도 이루어지이다"라고 기도한다(마 6:10). 기적과 하나님의 섭리도 이에 포함된다. 완벽한 하늘을 만드신 것처럼 주님께서는 완벽한 땅을 원하신다.

신명기 28장과 같은 장은 우리가 살고 있는 세상에 대하여 진리를 말한다. 이 장은 우리가 하나님께 순종하면 우리가 가진 모든 것과 우리가 하는 모든 일에 '축복'을 받는다고 말한다. 시편 1편 3절은 "그 행사가 다 형통하리로다"고 말한다. 이런 신학은 놀라우면서도 건전하다. 하나님께서는 선(goodness)에 세상의 기초를 두셨다. 하나님은 선하시다. "하나님이 그 지으신 모든 것을 보시니 보시기에 심히 좋았더라(good)"(창 1:31). 죄와 불순종으로 인해 자연의 질서는 어지러워졌다. 믿음은 질서를 회복하고 우리 삶의 어그러진 부분을 바로잡아 준다.

이런 믿음은 구약성경 전체의 근간을 이룬다. 하나님께서는 이스라엘과의 특별한 언약 때문에 자신의 모습을 자연 가운데 드러내지 않으셨다. 그러나 실제로 세상은 이렇게 만들어졌다. 창조주께서는 결코 자신의 피조물에 대한 권리를 포기하지 않으셨다.

> 창조주께서는 결코 자신의 피조물에 대한 권리를 포기하지 않으셨다. 복음의 진리는 창조의 진리와 조화를 이룬다.

복음의 진리는 창조의 진리와 조화를 이룬다. 우리를 구원하시는 분께서는 창조주 하나님이시다. 왜냐하면 우리는 창조의 일부분이기 때문이다. 그분은 자연과 영을 구분하지 않으신다. 그분은 우리가 사는 곳에서 그리고 우리의 현재 모습 그대로 구원하신다. 복음의 말씀은 물리적-영적 능력이다. 불신앙은 하나님께로 가는 문을 닫아 버린다. 예수께서는 사람들을 구원하시며, 그 사람들은 감정을 가진 물리적 그리고 정신적 존재이다. 그분은 유령이 아닌 피와 살로 된 인간을 구원하신다.

하나님의 응답

누가복음 5장 17절은 기적적으로 고침을 받은 중풍병자가 어떻게 고침을 받게 되었는지를 말해 준다: "병을 고치는 주의 능력이 예수와 함께 하더라." 오직 지붕을 뚫고 들어온 한 사람만이 고침을 받았다는 것은 비극적이다. 그 집에 사람들이 차고 넘쳤지만, 우리가 아는 한 고침을 받은 다른 사람은 없었다. 물론 그곳에 참석한 대부분의 사람들은 병자였을 것이다. 종교인들도 그곳에 있었지만 예수는 그들을 위해 깨끗하게 하시거나 고치시는 일을 하나도 행하지 않으셨다.

오늘날의 교회 중에 이런 비참한 상태에 처해 있는 교회들이 있다. 사람들은 와서 하나님을 예배하지만 하나님은 마치 보좌에 앉아 얼굴에 미소를 지은 채 사람들의 기도와 찬양을 들으시는 것 같다. 사람들은 무슨 일이 일어나길 전혀 기대하지 않으며, 단지 찬양과 기도가 사람들에게 다소의 유익을 주리라는 영적으로 막연한 생각에 잠겨 있을 뿐이다. 나도 그러길 바라지만 하나님의 응답은 어디 있는가? 이런 일은 매주 반복되지만 어떤 일이 일어날 것이라는 설교는 한 번도 하지 않는다. 예수는 단지 초청받은 손님일 뿐이며, 사람들은 영적 세계에서 그분과 일정한 거리를 두고 정중하게 대하지만 실제 세계에서는 아무런 일도 일어나지 않는다. 그분의 임재가 나타나면 위엄과 질서가 망가질까 두려워한다. 중풍병자의 네 친구는 청중이 모인 장소에 그렇게 와서 지붕을 뜯어 냈다. 이는 신약성경에 나타난 그리스도인의 믿음의 전형적인 모습이다. 그것은 너무나 역동적이어서 지붕을 뜯어 낸다!

구원을 보다 더 잘 설명해 주는 사건이 누가복음 7장 36~50절에 나온다. 여기서 우리는 한 여인에 관한 이야기를 듣는데 그 여인은 그 동네에서 죄악된 삶을 살았고 너무나 악명이 높아서 바리새인들도 그녀를 알았다(그들이 어떻게 그녀를 알았는지 궁금하다!). 이 이야기는 종교인들의 눈에 그 여인이 추잡하였기에 만지기에 합당치 않았음을 강조한다.

당시 이 지역의 풍습을 따라 만찬의 손님들은 식탁에서 몸을 옆으로 뉘었다. 의자가 없었기 때문에 그들은 양탄자 위에 반쯤 누워 왼손으로 자기 몸을 지탱하고 오른손으로 음식을 먹었다. 그들의 벗은 발은 자신들의 몸 뒤로 뻗었다. 식탁은 아마도 공간이 넓은 그 집의 마당에 따사로운 햇볕이 잘 드는 곳에 놓여졌을 것이다.

그 여자는 그 집에 자유롭게 들어갈 수 있었다. 아마도 행인들을 집 안으로 들이는 것이 당시의 사회적 관습이었을지 모른다. 예수가 누워 계시는 뒤에 서서 그녀는 주님의 머리와 발에 향유를 붓고 눈물로 주님의 발을 적셨다. 그녀의 마스카라가 얼굴을 타고 흐를 때에 검은 눈물방울이 예수의 발에 떨어졌다. 그녀는 자신이 주님을 더럽혔다고 걱정한 나머지 무릎을 꿇고 몸을 숙여 삼단 같은 머리를 풀어 그 눈물을 닦으려 했다. 그런 뒤에 그녀는 주님의 발에 계속해서 입맞췄다.

얼마나 놀라운 장면인가! 얼마나 큰 사랑인가! 우리는 지금 구원에 관해 이야기하고 있다. 구원은 이와 같은 것이며 신학 교과서에 담겨 있는 차가운 이론이 아니다. 오늘날 얼마나 많은 교회가 이런 열정적인 예배를 받아들일까? 그러나 그녀는 성경에 기록되어 있다. 용서받는다는 것이 어떤 것인지를 보여 주는 모범으로 말이다. 그 여인은 자신이 용서받았다는 것을 알았다. 그녀는 이전에 어디선가 그리스도를 만났던 것 같다. 그리고 이곳에서 이런 모습을 보여 주었다. 그녀는 자신이 깨끗하게 되었음을 강력하게 느꼈으며 이 기회를 포착하여 예수에게 감사했다. 그녀의 성품은 변화되었다. 이것이 바로 구원이다.

복음을 처음 들은 유럽인은 가이사랴에 있는 고넬료 문중 사람들이었다. 예수께서는 자신이 시작하신 일을 계속해서 하셨으며 고넬료의 회심은, 비록 사도를 통해 일어났지만, 주님의 전형적인 모습을 보여 준다. 베드로는 천국 열쇠를 가졌다. 즉 그의 특권은 기독교 시대에 있어서 최초로 복음을 이방인에게 전한 사람이 되는 것이었다. 이 경우에 그를 비유대인에게 인도하신 분은 하나님이셨다. 이런 일은 본질적으로 베드로의 본능과 맞지 않았다. 비시디아(Pisidia)의 안디옥에서 그가 한 설교는 그저 예수에 관한 것이었다. 그의 메시지의 핵심은 다음과 같았다: "이 사람을 힘입어 죄 사함을 너희에게 전하는 이것이며"(행 13:38). 그의 설교는 복음의 핵심이었으며, 그 효과는 엄청났다. 하나님께서 이스라엘 밖에서 세상에 침입하셨다. 모든 사람은 성령 충만을 받고 방언으로 말하기 시작했다. 이는 인간의 몸과 영을 만드신 하나님께서 함께하신다는 확실한 증거였다.

> 일반적으로 사람들은 복음 전도자들을 향해 그들이 '제자 삼는 일'을 해야만 한다고 비난한다. 그러나 그들은 한순간에 영적인 어른들을 만들어 낼 수 없다.

우리가 성령의 기름부음을 받고 믿음과 기대감을 가지고 예수를 전하는 한 우리의 설교는 언제나 능력이 있고 표적이 나타날 것이다.

일반적으로 사람들은 복음 전도자들을 향해 그들이 '제자 삼는 일'을 해야만 한다고 비난한다. 그러나 그들은 한순간에 영적인 어른들을 만들어 낼 수 없다. 예수도 자기의 설교를 들은 모든 자들을 제자로 만들지 않으셨다. 주님께서는 그들 중 몇 사람에게만 공을 들여 제자로 만드셨다. 그러나 많은 사람들이 그분을 사랑했다. 회심자를 제자로 만드는 일은 교회가 할 사역이다. 예수의 발에 입맞춘 그 여인은 엄격한 의미에서 제자가 아니었다. 하지만 예수께서는 그녀가 많이 용서받았고 많이 사랑했다고 말씀하셨다. 사랑은 모든 것이다.

— 질문 —

1. 그리스도인의 사역에서 무력을 쓸 곳이 있는가?
2. 예수께서는 용서에 대하여 우리에게 무엇을 보여 주시는가?

"저희가 광야 사막 길에서 방황하며 거할 성을 찾지 못하고 주리고 목마름으로 그 영혼이 속에서 피곤하였도다 이에 저희가 그 근심 중에 여호와께 부르짖으매 그 고통에서 건지시고 또 바른 길로 인도하사 거할 성에 이르게 하셨도다"(시 107:4~7).

9 구원 자물쇠를 여는 암호

"내가 천국 열쇠를 네게 주리니" (마 16:19).

시원한 물 한 잔을 얻고 싶으면 그저 수도꼭지를 틀면 된다. 참으로 놀랍지 않은가! 물이 없는 삶이란 불가능하다. 오직 하나님만이 물을 창조하실 수 있고 하나님만이 유일한 공급자이시다. 하나님께서는 수백만 톤의 물을 날마다 하늘에서 부으신다.

구원도 마찬가지이다. 우리는 언제라도 구원의 물을 마실 수 있지만 그것은 온전히 하나님의 역사이다. 생명, 하나님께서 자기 피조물들이 즐기길 원하시는 그런 종류의 생명은 우리 하나님의 구원이 없으면 불가능하다. "나 곧 나는 여호와라 나 외에 구원자가 없느니라" (사 43:11).

모든 것이 하나님의 것이지만 그럼에도 불구하고 우리는 이를 세상으로 가져가야만 한다. 하나님께서는 에덴을 지으셨지만 아담은 이를 가꿔야만 했다. 우리는 구원의 물을 목마른 자에게 가져다줄 수 있다. "성령과 신부가 말씀하시기를 오라 하시는도다 듣는 자도 오라 할 것이요 목마른 자도 올 것이요 또 원하는 자는 값 없이 생명수를 받으라" (계 22:17). 구원을 전하지 않으면 아무도 구원받지 못한다. 우리는 생명수를 목마른 세상의 입술에 가져다줘야만 한다. 이것이 우리가 해야 할 일이며, 우리 모두가 할 수 있는 일이다. 그래서 우리가 이곳에 있다. "그러므로 너희가 기쁨으로 구원의 우물들에서 물을 길으리로다"(사 12:3).

예수께서 이 땅 위를 걸으실 때에 주님께서는 구원의 권세를 사용하셨다. 제자들은 단순히 주님께 왔지만 주님께서는 그들을 영원히 자기의 것으로 인치셨다. 잡히시기 전에 기도하시면서 주님께서는 다음과 같이 말씀하셨다: "아버지께서 아들에게 주신 모든 자에게 영생을 주게 하시려고 만민을 다스리는 권세를 아들에게 주셨음이로소이다"(요 17:2). 주님은 이런 분이시다. 복음은 사람들을 구원하시는 구세주를 보여 준다. 주님께서는 해변을 거니셨다. 그곳에서 몇몇 젊은 어부들이 그물을 씻기에 바빴다. 주님께서는 그들에게 자기를 따르라고 초청하셨다. 그리고 그들은 그렇게 하였다. 그런 뒤에 주님께서는 세관에 앉아 있는 레위를 보시고 "나를 따르라"고 말씀하셨다. 레위는 자기 책상을 정리하고 예수를 따랐다. 예수께서는 자기에게 나아오는 모든 자들을 받아 주셨고, 그들 중 어느 누구도 고전적인 복음주의자의 회심을 경험하지 않았지만 그들은 구원을 받았다. 중요한 것은 우리의 행하는 바가 아니라 구원하시는 예수이시다.

죽으시기 전에 기도 가운데 예수는 자기를 따른 자들이 하나님께 속했음을 확증하셨다. "아버지께서 아들에게 주신 모든 자에게 영생을 주게 하시려고 만민을 다스리는 권세를 아들에게 주셨음이로소이다 영생은 곧 유일하신 참 하나님과 그의 보내신 자 예수 그리스도를 아는 것이니이다"(요 17:2~3). 누구든지 주님께 나아올 수 있다. 그들이 나아오면 하나님께서 그들을 부르실 것이다. 하지만 "청함을 받은 자는 많되 택함을 입은 자는 적다"(마 22:14).

우리의 복음 집회에 참석하는 수많은 군중을 볼 때에 나는 한 사람 한 사람이 얼마나 다른지를 보게 된다. 인간의 개성은 모든 차이 중에서도 가장 크다. 우리 각 사람은 하나의 고유한 우주이다. 그들 중에 동일한 유전자나 복제품은 없다. 하나님만이 우리의 진정한 본성과 이름을 아시고, 우리의 개인적인 성향과 태도와 갈망과 반응을 아신다. 이렇게 다양한 품성의 사람들에게 어떻게 맞춰서 설교해야 하는가? 이 문제의 해답은 복음이다. 모든 이가 물을 필요로 하듯이 모든 이는 복음을 필요로 한다. 그들이 왕자이든 거지든, 귀족이든 비천하든, 지혜롭든 어리석든 상관없다. 온전한 복음의 메시지는 생명수로 가득 차 있다.

하나님께서는 개인을 다루신다

아담과 하와를 기점으로 하나님의 다루심은 개인적이다. "그가 자기 양의 이름을 각각 불러 인도하여 내느니라"(요 10:3). 복음 집회는 언제나 조직적이며 그리스도에게 돌아오는 자들을 돌보도록 되어 있다. 하지만 주님께서는 그들 각 사람을 소중하게 돌보신다. 각 사람마다 독특한 간증과 경험이 있다. 주님과 우리의 만남은 개인적이어야만 한다. 그 중간은 없다. 하나님께서는 대량으로 사람들을 구원하지 않으시며 언제나 개인적으로 구원하신다. 예수께서 죽은 자 가운데 부활하신 후에 제일 먼저 하신 말씀은 "마리아야!" 하는 부름과 "베드로에게 말하라"는 개인적 말씀이셨다. 베드로와 바울도 동일하게 구원의 즐거움을 누렸으나 각 사람의 회심은 서로 다르고 독특하였다. 막달라 마리아는 일곱 귀신을 쫓아냄을 받았지만 우물가의 여인은 예수에게 생수의 선물을 구했다. 상황과 부르심이 어떠하든 간에 한 가지 공통된 경험이 있다. 각 사람은 예수를 앎으로써 구원을 받았다. 그리스도가 없으면 구원이 없다. 왜냐하면 구원은 그리스도의 개념이기 때문이다. 그리스도 안에 있는 구원은 구속이며, 부활의 능력이고 용서이다. 어느 종교는 좋다고 말하는 것은 의미가 없다. 문제는 어디에 좋은가 하는 것이다.

나는 그리스도께서 오시기 전에 하나님께서 서로 다른 사람들을 어떻게 다루셨으며 그들을 어떻게 구원하셨는지 궁금했다. 그것은 구원의 날 이전이다. 나는 두 가지 특별한 경우, 회개한 므낫세 왕과 다윗 왕이 떠올랐다.

'므낫세' 란 이름은 열왕기상·하에서 악(惡)과 동의어이지만 역대상·하에서는 회개와 동의어이다. 학자들은 그의 이름이 모세였지만 부끄럽게도 히브리어가 므낫세로 바뀌었다고 주장한다. 공개적으로 이방인임을 자저했던 그는 자기 자녀들을 자기가 섬기는 신들의 불로 희생제사를 드렸다. 그는 전쟁 포로가 되어 여러 해 동안 쇠사슬에 결박당한 채 철창 안에서 고뇌했다. 그가 하나님께 돌아갔을 때에 주님께서 그를 받으심으로써 그는 극악의 표상에서 은혜의 표상으로 바뀌었다. 외경에서 발견되는 므낫세의 기도는 정경은 아니지만 회개하는 자의 기도 소리처럼 들린다.

또 다른 예는 놀라운 재능을 지닌 복잡한 인물 다윗 왕이다. 그는 살인과 간음을 저지르고 자신의 죄악을 인정했다. 절대군주로서 법 위에 군림한 그는 개인적 신실함을 저버리고 아름다운 밧세바를 향한 탐욕에 빠졌다. 그녀가 임신을 하자 그는 자신이 아버지임을 숨기기 위해 그녀의 남편인 우리야로 그녀와 하룻밤을 보내도록 하기 위해 그를 전쟁터에서 소환하였다. 그러나 전선에서 야영을 하고 있는 자기 부하들을 생각하며 우리야는 이 기회를 거절하였다. 이처럼 위장에 실패하자 다윗은 우리야를 전쟁터에서 죽을 수밖에 없는 곳에 배치하도록 명하였다. 얼마 안 되어 다윗은 그가 죽었다는 보고를 받았다. 다윗은 선지자 나단을 후원했는데 그는 다윗에게 가서 살인을 통해 위대한 병사를 배신한 그를 비난하면서 왕에게 도전했다.

이 이야기는 구원의 핵심 단어들을 제시해 주기 때문에 나는 이 이야기를 선택했다.

회개

다윗은 회개했다. 당시에 다윗이 한 행위가 잘못되었다고 생각한 왕은 없었을 것이다. 그의 깊은 회개는 하나님을 인정하는 신앙과 관련이 있었다. "내가 주께만 범죄하여 주의 목전에 악을 행하였사오니"(시 51:4).

하나님께서는 태도를 바꾸신다. 레위기에서 하나님께서는 "나는 주(여호와, 우리말 성경에는 "여호와"로 되어 있다-역주)니라"라는 말씀을 46번이나 하신다. 이는 그분께서 모든 것의 유일한 이유가 되심을 보여 준다. 하나님께서는 궁극적인 법이시며, 목적이시고 이유가 되신다. 그분은 왜 우리가 이것저것을 해야만 하는지 설명할 필요가 없으시다. 그분은 단지 "나는 주(여호와)니라"라고 말씀하시며 모든 명령의 배후에 자리잡고 있는 권세를 가리키신다: "너희는 나의 계명을 지키며 행하라 나는 여호와니라"(레 22:31). 현대의 삶은 도덕적 기준이 없고 단지 상대적으로 최선이라고 생각되는 것을 첨단의 생각으로 여긴다. 이스라엘은 일상에 있어서 절대적 존재의 의미를 가지고 있었다. 그것은 주님이셨으며, 세상이 무지와 야만에서 벗어나기 시작했을 때보다 이미 천 년 전에 그랬다. 우리는 지금까지도 아직 많이 벗어나지 못했으며, '하나님 출입금지' 라고 말하는 간판이 붙어 있는 곳에서는 더욱 그렇다.

당시에 이스라엘에서조차도 다윗처럼 이해한 사람은 거의 없었다. 살인은 용서할 수 없는 죄였고 이에 대한 속죄 제사는 존재하지 않았다. 오직 죽음만이 그를 기다리고 있었다. 밧세바의 아이는 병들었으며 다윗은 하나님께서 이에 관여하셨다는 것을 알았다. 그는 주님을 찾았고 금식했으며, 천사가 그 아이를 데려갈 때까지 씻거나 옷을 갈아입지도 않았다. 아이가 죽었을 때에 다윗의 회개는 그 절정에 달했다. 그는 하나님의 뜻에 굴복했고, 자신의 어리석은 행동이 가져온 결과를 담당해야 함을 알았다. 그럼에도 불구하고 동시에 그는 하나님께서 진실로 자신을 용서하셨다는 것을 알았다.

우리는 다윗의 대죄가 사단의 꾀임이었다는 이야기를 듣지 못한다. 다윗은 그 죄악을 자기 자신의 성품에 두었다. 여인들과의 관계에서 아마도 유혹을 받았던 다윗은 다음과 같은 사실을 인정했다: "내가 죄악 중에 출생하였음이여 모친이 죄 중에 나를 잉태하였나이다"(시 51:5). 물론 사단은 다윗이 지은 죄에 대하여 쾌재를 불렀겠지만 우리는 야고보서에서 다음과 같은 말씀을 읽는다: "오직 각 사람이 시험을 받는 것은 자기 욕심에 끌려 미혹됨이니"(약 1:14). 사단은 편재하지 못한다. 그는 개인적으로 오직 한 번에 한 사람에게만 나타날 수 있다. 한 번 이상 그는 다윗에게 관심을 돌렸다. 예를 들어, 역대상 21장 1절에서 우리는 "사단이 일어나 이스라엘을 대적하고 다윗을 격동하여 이스라엘을 계수하게 하니라" 하는 말씀을 읽을 수 있다.

회개는 분기점을 이루는 말씀이다. 로키산맥에 빗물이 같이 내리지만 어떤 빗물은 동쪽 대서양으로, 어떤 빗물은 서쪽 태평양으로 흘러간다.

그렇다면 어떤 종류의 회개를 의미하는가? 많은 범죄자들은 감옥에 앉아서 '회개한다'. 하지만 그것은 단지 자신의 범죄에 대한 형벌이 가져다주는 회한에 지나지 않는다. 진정한 회개는 성령의 역사이며 자신의 악을 깊이 깨닫게 하고 아프게 한다: "그가 와서 죄에 대하여, 의에 대하여, 심판에 대하여 세상을 책망하시리라"(요 16:8). 사도 베드로는 오순절에 최초로 회개하는 모습을 보았다. 왜냐하면 성령께서 역사하시기 시작했기 때문이었다. 그는 "이스라엘로 회개케 하사 죄 사함을 얻게 하시려고 그(예수)를 오른손으로 높이사 임금과 구주를 삼으셨"다고 말했다(행 5:31).

회개는 위협이 아니라 선물로 설교해야 한다. 예수께서는 "또 그의 이름으로 죄 사함을 얻게 하는 회개가 … 모든 족속에게 전파될 것이 기록되었으니"라고 말씀하셨다(눅 24:47). 회개는 완전히 가던 길을 돌이키는 것을 말하며,

> 회개는 위협이 아니라 선물로 설교해야 한다.

너무나 많은 자들이 이렇게 하길 원하지만 그렇게 할 힘이 없다. 복음은 선한 삶을 살고자 하는 갈망을 만들어 낸다. 그것은 행할 수 있는 의지와 변화할 수 있는 능력이다. 그리스도 안에서 사람들은 회개할 수 있지만, 성령이 없으면 할 수 없다. 그래서 우리의 설교는 성령 안에 있어야만 한다. 성령이 계셔야만 효력을 낼 수 있다. 우리의 말은 논리적일 수 있지만 성령은 마음에 이유를 심어 주신다.

은혜

다윗이 간음을 통해 난 아이는 태어나자마자 병이 들었고, 다윗은 하나님께서 은혜를 베푸실지 모른다는 확고한 믿음을 갖고 그 아이의 회복을 위해 기도했다. 아이는 결국 죽고 말았지만 다윗은 "하나님께서 은혜를 베풀지 않으셨다"고 말하지 않았다. 그는 하나님께서는 언제나 은혜로우시다는 것을 알았다. 그것은 다윗이 시편을 통해 우리에게 전해 준 특별한 진리 중 하나였다. 이 아이의 경우에 그 아이가 사는 것은 하나님의 뜻이 아니었다. 하나님께서는 은혜가 충만하시며, 슬픔이 우리를 괴롭힐 때에도 그러하시다. 다윗은 하나님의 은혜를 시험하지 않았으며, 단지 그 은혜가 죄악 중에 얻게 된 이 아이에게 적용되는지 아닌지를 그는 알고 싶어 했다. 다윗 자신이야말로 이러한 은혜의 산 증인이다. 그는 하나님께서 자신을 용서하시는 은혜를 믿었고 하나님께서는 그렇게 하셨다. 우리가 생각하는 모든 것에 하나님이 동의하시는지의 문제는 그리 중요하지 않다. 오직 한 가지 중요한 것은 구원이며, 이에 대해서만 우리는 전적으로 확신할 수 있다. 하나님께서 우리의 개인적인 간구에 응답하시든 안 하시든 그것은 그분의 구원의 은혜에 대한 증거가 아니다.

여기 구원의 자물쇠를 열 수 있는 암호들이 또 있다. 사무엘하 12장 20절부터 시작해 보자: "다윗이 땅에서 일어나 몸을 씻고 기름을 바르고 의복을 갈아입고 여호와의 전에 들어가서 경배하고 궁으로 돌아와서 명하여 음식을 그 앞에 베풀게 하고 먹은지라." 다윗은 땅에서 일어났다. 하나님과 관련된 모든 것은 '위를 향한다'. 우리는 우리의 머리와 마음을 그분께 든다. 그분의 명령은 "네 머리를 들라"는 것이지 "수치 가운

> 태양이 빛나면 꽃들은 머리를 든다. 하나님께서는 우리의 태양이시다. 예수께서는 "청년아 … 일어나라"는 말씀으로 한 청년을 죽은 자 가운데서 일으키셨다.

데 네 머리를 떨구라"고 하지 않으신다. 태양이 빛나면 꽃들은 머리를 든다. 하나님께서는 우리의 태양이시다. 예수께서는 "청년아 … 일어나라"(눅 7:14)는 말씀으로 한 청년을, 그리고 야이로의 딸에게는 "아이야 일어나라"(눅 8:54)고 말씀하심으로 그녀를 죽은 자 가운데서 일으키셨다. 베드로도 비슷한 말로 다비다를 일으켰다: "다비다야 일어나라 하니 그가 눈을 떠 … 일어나 앉는지라"(행 9:40). 복음을 들으면 사람들이 앉고 일어선다. 복음은 넘어진 자를 일으켜 세우고 사람들의 영혼을 일으키며, 열방의 경제를 일으키고 가난한 자를 높이며 낙심한 자를 격려한다.

독일의 철학자 프리드리히 니체처럼 미쳐서 편견으로 소경이 되지 않는 한, 복음 때문에 낙심하는 자는 없다. 그는 복음이 반란을 일으켰기 때문에 기독교를 미워했다. 그는 초인의 '의지의 힘'을 주장했다. 초인은 다른 사람을 지배하고 그들을 복종시키는 그런 탁월한 종류의 인간을 말하며, 아돌프 히틀러가 이 개념을 취했다. 기독교는 범인으로 하여금 일어나 자유를 구가하고 하나님을 신뢰함으로 어느 누구의 종이 되지 않도록 만들기 때문에 그는 기독교에 화가 났다. 복음은 교회에서 느끼는 멋진 감정보다 훨씬 더 크다. 그것은 우주의 배후에 있는 역동이며, 우리의 삶에 부활의 에너지를 공급해 준다. 그렇다! 복음은 이를 받아들이는 모든 자들로 '위를 향하도록' 한다.

다윗은 왕이었지만 바닥으로 갈 때까지 곤두박질쳤다. 그러나 하나님의 자비를 깨달은 그는 '땅에서 일어나' 보좌로 돌아갈 수 있었다. 회심은 땅에서 우리를 일으키며, 자꾸 땅에 매이게 하는 채찍을 풀고, 하나님도 천국도 미래도 없는 자들의 운명을 바꾼다. 주님께서는 "가난한 자를 진토에서 일으키시며 궁핍한 자를 거름 무더기에서 드셔서 방백들 곧 그 백성의 방백들과 함께 세우"신다(시 113:7). 복음의 배후에는 성장과 발전, 증가와 향상의 원리가 숨어 있다.

복음 전도자는 누르는 자가 아니라 세우는 자이다. 그는 정죄하지 않고 정죄로부터 해방시킨다. 그는 찬송과 기쁨의 옷을 입으며, 슬픔의 옷을 입지 않는다. 그는 묶지 않고 풀어 주며, 어둠과 파멸이 아니라 빛을 가져다준다. 그는 생명의 하늘을 열어 주며 짐을 지우지 않는다.

건강과 생기

다윗은 몸을 씻었다. 그가 땅에 엎드려 있었던 동안에 그는 한 번도 옷을 갈아입지 않았다. 다윗의 경우에 살인죄는 맥베드(Macbeth) 부인의 손에 묻은 피처럼 그에게 붙어 있었다. 다윗은 말한다: "나의 죄악을 말갛게 씻기시며 나의 죄를 깨끗이 제하소서 … 하나님이여 내 속에 정한 마음을 창조하시고 내 안에 정직한 영을 새롭게 하소서"(시 51:2, 10). 다윗은 몸을 씻고 자기 양심의 버거운 짐에서 해방되었다. 그는 과거와 온갖 잡동사니와 착 달라붙어 떨어지지 않는 실패와 고민과 회한을 다 씻어 버렸다. 바이러스와 항생제 시대인 오늘날의 씻음(cleansing)은 피부 이상의 것으로서 치료와 관련이 있다.

씻음은 건강이다. 치료적 씻음은 모든 박테리아를 제거함을 의미한다. 그리스도의 보혈로 씻음을 받는다는 것은 하나님의 거룩함을 반대하고, 하나님께서 예민하게 반응하시는 모든 분자들을 제거하고, 모든 더러운 것과 반항적인 것을 씻어 낼 뿐만 아니라 우리 자신이 예민하게 반응하는 모든 악한 것을 씻어 낸다는 것을 의미한다. 하나님께서는 씻음을 통해 우리를 받으시고, 우리도 우리 자신을 받아들일 수 있다. 하나님께서는 우리를 용서하시고, 우리는 우리 자신을 용납하며 함께 살 수 있다. 그분의 피가 우리 죄를 속하고 우리를 화해시키며, 우리에게 용서를 전가시켜 준다.

씻음은 환영을 의미한다. 영국의 빅토리아 시대에 가난한 자들은 '하층민' (the great unwashed)이었다. 그들은 지고한 채플과 예배당에서 환영을 받지 못했다. 그들에게는 별도의 예배당이 개방되었지만 하나님은 그들의 비눗기 없는 상태를 개의치 않으셨다. 그런 예배당도 때로는 하늘의 연속(extension)과도 같았다.

그리스도의 보혈로 씻는 것은 하나님의 문에 들어가고 그분의 축복을 받는 열쇠이며, 하나님의 나라에 들어가는 여권이고, 거룩한 보좌로 들어가는 암호이다. 천국은 그리스도의 보혈로 구속함을 입은 자들로 가득하다. 요한계시록에서 요한은 그들이 "어린양의 피에 그 옷을 씻어 희게" 한 것을 보았다(계 7:14). 수많은 음성이 한 목소리로 찬양하여 "죽임을 당하신 어린 양이 … 합당하도다"라고 말했다(계 5:12). 천상의 음악은 단조곡이 아니며, 모든 찬양 대원은 보혈로 씻었고 양심에 흠이 없었다. 유혹하는 마귀는 그들의 어깨에서 떨어져 나갔다. 그들은 과거의 무거운 죄악에서 자유를 얻어 노래하고 또 노래했다. 그들은 씻음을 받았고 환영받았다!

향기

"다윗이 … 기름을 바르고." 여기서 사용된 히브리 단어는 '기름을 붓다'(anoint)와 같으며, 이 단어는 오늘날에도 중요하다. 기름부음은 효율성과 권세뿐만 아니라 아름다움을 의미한다. 다윗 시대에는 어느 누구도 머리에 기름을 붓고 피부에 향유를 발라 얼굴이 빛나게 하지 않으면 교제를 하지 않았다. 화장품은 여성만의 전유물이 아니었다. 실제로 화장품은 일상생활의 중요한 품목이었다. 예수께서도 자기를 청한 주인에게 자기 머리에 바를 기름을 주지 않았음을 상기시키셨다(눅 7:46). 다윗의 기름은 본래 왕을 위한 것이었다. 기름이 없었을 때에 그는 왕 같지 않았지만, 용서받고 회복된 지금 그는 얼굴에 기름을 바르고 새로운 위엄 가운데 빛났다.

나는 기름부음을 포함해 온전한 구원을 선포한다. 그것은 옵션이나 사치품이 아니라 종교적 이론에 반대되는 실체이다. 요한은 신자들에게 그들에게 왕족의 기름부음이 있다고 말했다: "너희는 거룩하신 자에게서 기름 부음을 받고 … 너희는 주께 받은바 기름 부음이 너희 안에 거하나니"(요일 2:20, 27). 기름은 종류마다 다양한 성분을 포함했다. 성전에서 기름부음용으로 사용된 기름은 거룩한 성분이 들어 있어서 일반인은 사용할 수 없었기 때문에 왕, 제사장, 대제사장은 그 기름의 향기만으로 알 수 있었다.

우리가 바라는 이상은 분명 성령의 임재이다. 어떤 추함이나 단정치 못한 것은 하나님의 성품이 아니다. 하나님의 정체는 혼돈이 아니라 컬러(color)이다. 그분은 사람을 흙으로 만드셨지만 그분의 영광은 흙이 아니다. 하늘은 캔버스이며, 하나님께서는 그 위에 팔레트 대신에 바람에 의해 구름 속으로 들어간 먼지를 가지고 모든 여명과 석양을 그리신다. 주님은 재(ashes) 대신 아름다움을 보이신다. 그분은 공허를 채우시고 무형(無形)에 형태를 부여하신다. 그분 자신이 모든 색채와 영광과 사랑스러움의 근원이시다. "주 우리 하나님의 은총(beauty)을 우리에게 임하게 하사"(시 90:17).

거룩한 순결과 성령의 기름부음의 은혜는 영적인 '향유'로서, 선한 자를 사랑스럽게 만들며, 거룩한 자를 매력적으로 만든다. 예수를 아는 것은 기쁨이었다: "저희가 다 … 그 입으로 나오는바 은혜로운 말을 기이히 여겨 가로되 이 사람이 요셉의 아들이 아니냐"(눅 4:22). 그렇다면 우리도 그런가?

의복

"다윗이 … 의복을 갈아입고." 오랜 세월 동안 가난한 자들은 언제나 그들에게 정해진 옷만을 입어야 했으며, 만일 그들이 부자처럼 옷을 입으면 형벌을 받았다. 이스라엘에서 대제사장의 옷은 특별히 남달라서 눈에 띄었으며, 그 옷은 오직 하나님만 보시기 위해 만들어졌다. 야곱의 아들 요셉에게는 염소가죽으로 만든 채색옷이 주어졌는데, 이는 그가 아버지의 총애를 받았다는 징표였다. 하나님께서는 다윗을 왕으로 택하시고 왕복을 입을 수 있는 특권을 주셨다. 값싸고 비열한 죄에 빠졌을 때에 그는 거지처럼 땅에 엎드려 빨지 않은 옷을 입고 수치를 당했다. 그의 기름부음을 받은 왕다운 면모를 다시 갖추기 위해 그는 의복을 갈아입고 왕복을 입었다.

이는 곧바로 골로새서의 말씀을 생각나게 한다. 하나님의 자녀는 식별이 가능하다. 그리고 그들은 "분함과 노여움과 악의와 비방과 너희 입의 부끄러운 말"을 버렸다. 대신에 우리는 "너희가 … 긍휼과 자비와 겸손과 온유와 오래 참음을 옷입고 … 이 모든 것 위에 사랑을 더하라"는 말씀을 읽는다(골 3:8, 12, 14). 골로새 교인들처럼 에베소 교인들도 "새 사람을 입으라"는 말씀을 들었다(엡 4:24).

회심한 사람은 '그리스도로 옷 입고'(갈 3:27) 세상에 큰 은혜를 끼친다. 심지어 세상도 비밀스럽게 그리스도께서 재림하시길 바란다. 그분은 대부분의 세상 사람들이 만나고 싶어 하는 인물이시다. 하지만 그들이 그의 백성들 속에서 주님을 만나지 않는다면 그들은 결코 주님을 만나지 못할 것이다. 우리는 오직 한 패션을 따른다. 그것은 그리스도이시다. 우리는 우리 자신의 도덕성과 선을 만들어 내지 않는다. 주님은 완벽이시다. 우리가 '그리스도로 옷 입도록' 초청받았을 때에 주님께서는 그분의 습관, 사랑, 신실하심 그리고 친절을 입을 수 있는 기회를 우리에게 주신다.

우리가 만들어 낼 수 있는 변화들이 있다. 어떤 사람들은 점잔을 빼면서 은혜 받은 체한다. 그들은 우아하게 말하지만 잘못되었다. 우리가 말하는 것은 이런 것이 아니다. 그리스도는 우리의 모범이시다. 우리는 그리스도를 닮은 체하면서 잘못할 수 없다. 경건의 옷을 입은 척하면서 마음이 교만하고 이기적인 것은 순진한 세상을 속이는 것이다. 예수께서는 쇼맨이 아니셨다. 주님께서는 자애(自愛)를 과시하기 위해 권세와 능력을 사용하지 않으셨다. 그분께서 행하신 모든 기적은 조용했고, 허세가 없었다. 그는 놀라운 분이셨다. 그분은 자랑하지 않고 "나는 마음이 온유하고 겸손하니"(마 11:29)라고 말씀하실 수 있었다. 왜냐하면 실제로 그러셨기 때문이다. 그분은 귀신을 쫓아내거나 병자를 고치실 때에 도 권위적인 태도를 취하지 않으셨다: "예수께서 말씀으로 귀신들을 쫓아 내시고"(마 8:16). 주님의 사역을 하기 위해서는 주님의 매너가 필요하다. 우리는 우리 주 예수의 온유함과 겸손의 옷을 '입어야만' 한다. 이는 단지 패션에 관한 것이 아니다. 매력적으로 보이는 옷은 세대마다 다를 수 있다. 주님께서는 훨씬 더 좋은 것을 제안하신다: "오직 마음에 숨은 사람을 온유하고 안정한 심령의 썩지 아니할 것으로 하라 이는 하나님 앞에 값진 것이니라"(벧전 3:4).

방향

다윗은 "여호와의 전에 들어가서 경배"했다. 다윗은 어디로 가야 할지를 알았다. 하나님이 안 계시면 인생은 길 없는 광야를 헤매게 된다. 우리는 우리 자신의 길을 만들려고 길을 닦지만 목표가 없을 수 있다. 시편 107편 4~7절은 경건치 않은 자의 결과에 대해 말한다: "저희가 광야 사막 길에서 방황하며 거할 성을 찾지 못하고 주리고 목마름으로 그 영혼이 속에서 피곤하였도다 이에 저희가 그 근심 중에 여호와께 부르짖으매 그 고통에서 건지시고 또 바른 길로 인도하사 거할 성에 이르게 하셨도다." 다윗은 천재였지만 하나님의 구원의 은혜가 없었다면 그의 인생은 목표가 없어 무너졌을 것이다. 경건치 않은 자는 갈 곳이 없기 때문에 결국 아무 곳에도 이르지 못한다.

보잘것없는 예배자라 할지라도 영원한 의미를 지닌다. 그렇지 않다면 누가 그런 의미를 지니겠는가? 예배는 다른 형태의 삶과 달리 인간의 영혼이 할 수 있는 가장 위대한 행위이다. 예배를 통해 우리는 인간으로서 온전히 작동하며, 인간 이상의 것, 즉 진정한 하나님의 자녀가 된다.

땅에서 일어서는 다윗의 모습은 우리가 가지고 있는 복음 전도의 목적을 전체적으로 그려 주는 그림이다. 우리는 교인들을 모집하는 것이 아니라 추종자(adherents)를 찾고 있다. 우리는 영혼을 구원하며, 과거와 공포, 자기 정죄감에 짓눌린 군중을 일으킨다. 우리는 하나님의 기름부음을 받기 위해 그들을 데리고 오며, 예수의 발 앞에 앉아 "옷을 입고 정신이 온전"하도록 초청한다. 랜드(Rand)의 모든 금과 미얀마의 모든 루비도 한 영혼의 가치에 비할 때 아무것도 아니다. 우리는 위대한 목자와 나란히 걸어가며 잃어버린 자를 찾고 있다.

> 예배는 다른 형태의 삶과 달리 인간의 영혼이 할 수 있는 가장 위대한 행위이다. 예배를 통해 우리는 인간으로서 온전히 작동하며, 인간 이상의 것, 즉 진정한 하나님의 자녀가 된다.

— 질문 —

1. 기독교의 회심에서 회개가 하는 역할은 무엇인가?
2. 다윗은 자신이 바라던 기도의 응답을 받지 못했다. 하나님에 대한 그의 태도는 어떠했는가?

10 가라

"예수께서 이 열 둘을 내어보내시며 명하여 가라사대 … 가라" (마 10:5~6).

움직임(going)의 원리

우리가 어디를 가고 싶을 경우에 우리는 먼저 움직여야만 한다. 하나님은 우리를 움직이시지 않으시며 시동키를 걸지도 않으신다. 우리는 스스로 시동을 걸든지 아니면 전혀 움직이지 않든지 둘 중에 하나이다. 이 주제는 본 장에서 우리가 생각하고자 하는 핵심 원리 중 하나이다.

당신을 밀어야 할 필요가 있더라도 하나님께서는 당신을 밀지 않으신다. 하나님은 구덩이에 빠진 당신을 구해 주시긴 하지만 안락의자에서 나오게 하지는 않으신다. 하나님은 가는 자(goers)를 원하시지, 앉아 있는 자(sitters)를 원하지 않으신다. 우리는 일하고 하나님께서는 우리의 갈 길을 인도하

> 당신을 밀어야 할 필요가 있더라도 하나님께서는 당신을 밀지 않으신다. 하나님은 구덩이에 빠진 당신을 구해 주시긴 하지만 안락의자에서 나오게 하지는 않으신다. 하나님은 가는 자(goers)를 원하시지, 앉아 있는 자(sitters)를 원하지 않으신다.

신다. 우리가 가면 하나님도 가신다. 우리가 말하면 하나님께서는 우리에게 할 말을 넣어 주신다. 하나님을 위해 일을 추진하고 나아가면 하나님께서는 당신을 그곳에 도달하게 하신다. 하나님께서 원하시는 것은 모험과 비전을 가진 사람들이다.

우리가 주를 위해 첫 발을 떼기 위해 앉아서 기다린다면 영원히 앉아 있어야 할 것이다. 사람들은 주님의 뜻을 알기 위해 주님을 기다려야 한다고 말한다. 주님의 뜻은 그들이 일어나 행하는 것이다. 발로 걷는 것보다 무릎을 꿇는 것이 더 편안하다. 하지만 성경은 "아름답도다 좋은 소식을 전하는 자들의 발이여"라고 말한다(사 52:7, 롬 10:15).

바울은 아무것도 하지 않고 예수의 재림만을 기다리는 몇몇 성도들을 발견했다. 하지만 그것은 기독교의 믿음의 개념이 아니었다. 바울은 다음과 같이 말했다: "규모 없이 행하고 우리에게 받은 유전대로 행하지 아니하는 모든 형제에게서 떠나라 … 우리가 들은즉 너희 가운데 규모 없이 행하여 도무지 일하지 아니하고 일만 만드는 자들이 있다 하니 이런 자들에게 우리가 명하고 주 예수 그리스도 안에서 권하기를 종용히 일하여 자기 양식을 먹으라 하노라 형제들아 너희는 선을 행하다가 낙심치 말라"(살후 3:6, 11~13).

하나님을 섬기는 주도권은 우리에게 있다. 동기, 자극, 격려를 받기를 원한다면 성경을 펴라. 성경은 우리의 멘토이다. 하나님께서는 억지로 시키지 않으신다. 그분은 모병관(募兵官)이 아니시다. 우리가 게으르면 이를 고칠 사람은 우리밖에 없다. 예수는 예루살렘을 위해 우시며 "너희가 원치 아니하였도다"라고 말씀하셨다. 그들은 주님을 찾고 섬길 수 있는 명분이 많았지만 주님께서는 그들에게 억지로 그렇게 하도록 시키지 않으셨다. 만일 그렇게 하지 않았을 경우에 그 결과가 얼마나 참혹할지 주님께서 아셨음에도 불구하고 말이다. 그들은 하나님의 거룩한 밭에 있었음에도 불구하고 열매 없는 포도나무였다.

요한복음 5장에 있는 한 남자는 38년 동안 아무것도 하지 않고 앉아서 누군가가 자기를 위해 뭔가를 해 주길 바랐다. 즉 누군가가 자기를 치유의 연못에 넣어 주어 치유해 주길 바랐다. 예수께서는 단지 그에게 일어나 자기 침상을 들고 걸어가라고 말씀하셨다. 만일 예수께서 말씀하신 대로 그가 행하지 않았다면 그는 몇 십 년을 더 그곳에 앉아 있었을 것이다. 요한복음 9장에서 예수는 소경에게 실로암 못에 가서 씻으라고 말씀하셨다. 복음은 이를 다음과 같이 말한다: "이에 가서 씻고 밝은 눈으로 왔더라"(요 9:7). 그가 행동하기 전에는 치유를 받지 못했으나 그는 믿음으로 행동했음이 분명하다. 요한복음에는 이런 종류의 언어가 자주 등장한다. 문법적으로 요한은 진행되는 행동을 표현하기 위해 진행형을 사용하였다. 요한은 결코 믿음(faith)에 관해 말하지 않고 언제나 '계속해서 믿는 것'(believing)에 관해 말했다. 기독교는 경직되고 정체된 조직이 아니다. 그것은 생명이 폭발하는 나무와 같다. 그 나무는 죽은 나무가 아니며, 그 잎사귀는 푸르고, 산들바람에 바스락거린다.

하나님께서는 애굽으로부터 이스라엘을 구하실 때에 구운 양을 먹으라고 명하시며 다음과 같이 말씀하셨다: "너희는 그것을 이렇게 먹을찌니 허리에 띠를 띠고 발에 신을 신고 손에 지팡이를 잡고 급히 먹으라"(출 12:11). 에베소서 6장 14~15절에서도 생기발랄한 정신이 똑같이 울려 퍼진다: "그런즉 서서 진리로 너희 허리 띠를 띠고 의의 흉배를 붙이고 평안의 복음의 예비한 것으로 신을 신고." 바울은 '서서' 라는 단어를 사용하고 있으며, 이는 행동할 준비가 되었다는 의미이다. 이 단어는 상기의 네 구절에서 네 번이나 등장하며, "깨어 구하기를 항상 힘쓰며" 라는 말씀을 덧붙였다. 폭풍우가 몰아치는 바다에서 베드로는 예수께 "나를 명하사 물 위로 오라 하소서"라고 외치자 예수께서는 망설이지 않고 "오라" 하셨다(마 14:28~29). 시작점은 베드로의 제안이었다. 이것이 바로 요점이다. 우리가 오길 원하고 예수께 준비가 되었다고 말씀드리면 주님께서는 "오라"고 말씀하신다. 베드로가 물 위를 걸길 원함을 보여 주기 전에 예수께서는 그에게 물 위로 걸으라고 요구하지 않으셨다.

성경에 나오는 하나님의 사람들은 결코 가야 될 것에 대해 기도하지 않았다. 그들은 그저 갔을 뿐이었다. 하나님께서는 우리로 가길 원하도록 만들지 않으시며 우리의 의지에 간섭하지 않으신다. 우리를 향한 하나님의 의지는 경직되어 있지 않다. 하나님께서는 우리가 열심히 추구하고 맞춰 드려야만 하는 그런 패턴이 없으시다. 기독교는 그렇게 딱딱한 종교가 아니다. 어떤 그리스도인들은 염려와 불확실 가운데 살면서 하나님께 순종하길 원하고 언제나 그분을 구하지만, 한 번도 자신들이 하나님의 계획을 이해했다고 확신하지 못하며, 오히려 혹시나 그분의 뜻을 놓치지 않았나 염려한다. 그러나 성경은 이처럼 가르치지 않는다. 하나님께서는 우리의 의지와 조화를 이루신다. 마치 길을 걸어가는 두 사람이 가면서 서로 합의하듯이 말이다. 예수께서 부활하신 후에 엠마오로 가는 두 제자와 함께 길을 가실 때에 그들과 함께 집으로 들어가신 것은 그들의 제안 때문이었다.

하나님께서는 우리를 불러 하도록 시키신 것을 행하지 않으시며 또한 우리가 하나님을 불러 하시도록 부탁하는 것을 행하지도 않으신다. 그것은 두 동역자 간의 연합 사역이다. 우리는 복음을 사람들에게 가져갈 수 있다. 하나님께서는 이것을 우리에게 맡기셨다. 기도를 많이 한다고 해서 하나님께서 우리가 해야 할 일을 하시도록 만들 수는 없다. 어떤 이들은 하나님께서 들로 들어가셔서 그 땅을 점령하시고 우리는 단지 구경만 하면 되는 것으로 묘사한다. 신약성경은 이런 종류의 부흥에 대해 전혀 말하고 있지 않다. 아무도 복음을 말하지 않는다면 복음은 좋은 소식이 아니다. 하나님께서는 자신에 관한 좋은 소식을 스스로 선포하지 않으신다. 선포자는 우리이다.

> 아무도 복음을 말하지 않는다면 복음은 좋은 소식이 아니다. 하나님께서는 자신에 관한 좋은 소식을 스스로 선포하지 않으신다. 선포자는 우리이다.

시작을 한다면 임무의 절반은 끝났으며 이 부분이 임무에서 가장 어려운 부분일 때가 많다. 우리 가운데는 잠자는 사람과 잠자는 교회가 있다. 요한계시록에서 예수는 노를 젓지 않고 물결에 자신을 맡긴 아시아의 교회들에게 경고하신다.

잠언서가 기록된 목적은 "이는 지혜와 훈계를 알게 하며 명철의 말씀을 깨닫게 하며 지혜롭게, 의롭게, 공평하게, 정직하게 행할 일에 대하여 훈계를 받게" 하기 위함이다(잠 1:2~3). 이 강력한 책은 '게으른 자'에 대하여 여섯 번, 빈둥거리며 잠만 자는 자에 대하여 열한 번의 경고를 한다. 반복해서 나오는 격언은 다음과 같다: "게으른 자여 네가 어느 때까지 눕겠느냐 네가 어느 때에 잠이 깨어 일어나겠느냐 좀더 자자, 좀더 졸자, 손을 모으고 좀더 눕자 하면 네 빈궁이 강도 같이 오며 네 곤핍이 군사 같이 이르리라"(잠 6:9~11). 우리는 우리 자신을 돌보는 데 매우 적극적일 수 있지만 하나님 나라의 관점에서는 일을 시작하지 않은 자일 수 있다.

"너희에게 무슨 말씀을 하시든지 그대로 하라." 이것이야말로 하나님께서 원하시는 전부이며, 그분은 이를 후원하시고 열매 맺게 하신다. 바울도 잠자는 교회를 깨우길 원하면서 이렇게 말했다: "또한 너희가 이 시기를 알거니와 자다가 깰 때가 벌써 되었으니 이는 이제 우리의 구원이 처음 믿을 때보다 가까왔음이니라"(롬 13:11). 이는 그리스도의 재림을 가리키며, 현재 2,000년이 더 가까워졌다. 에베소 교회에게 그는 "잠자는 자여 깨어서 죽은 자들 가운데서 일어나라 그리스도께서 네게 비춰 시리라"라고 말하고 난 뒤에 "그런즉 너희가 어떻게 행할 것을 자세히 주의하여 … 세월을 아끼라"(엡 5: 14~16)고 언급했다.

하나님께서는 우리가 어디를 가든지 무슨 사업을 하든지 우리를 통하여 영혼들을 구원하실 수 있다. 그분은 우리에게 그분의 이름으로 모든 일을 하라고 말씀하시며, 그분의 이름으로 살라고 말씀하신다. 그리스도와 같은 삶을 산다는 것은 무대에 올라가지 않고 성령과 진리의 통로와 반송파(搬送波, 음성 신호처럼 주파수가 낮은 신호 파동을 보낼 때 실어 보내는 높은 주파수의 파동-편집자주)가 되는 것이다.

특별한 임무를 부여받을 때까지 기다리지 말라. 예수를 위한 모든 일은 특별하다. 어떤 이들은 주님께서 기초적인 봉사의 임무에 관여하고 있는 무리보다 더 뛰어나면서도 자신들을 위해 특별한 임무를 준비하셨다고 확신한다. '머슴'(menial)이란 단어는 하나님 나라의 사전에는 없다. 누군가에게 냉수 한 컵을 주는 것은 명예 리스트에서 높은 순위를 차지한다.

수천 가지 형태

전도에는 수천 가지 형태가 있다. 전도는 한 가지 특정한 임무나 수단이 아니다. 바울은 자기 손으로 친히 일을 했다. 난파한 선원들이 해변에 도착했을 때 그는 선원 모두의 몸을 녹일 불을 피우기 위해 장작을 모으러 갔다. 성령은 어떤 행동도 사용할 수 있다. 만일 하나님의 나라에 전도자와 설교자만 있다면 그 나라는 매우 조용할 것이다. 복음을 전파하는 핵심 사역자들 곁에는 많은 사람들이 필요하다.

주님을 만나면 일자리가 생길 것이다. 추수 때에 모든 기술이 필요하듯이 모든 일손이 필요하다. 사람을 낚을 사람을 원하셨을 때에 예수께서는 어부들을 택하셨다. 누군가 가르칠 사람을 원하셨을 때에는 교사인 바울을 택하셨다. 대변인을 원하셨을 때에는 언제나 나서서 무언가를 말하려 하는 베드로를 택하셨다. 우리가 무엇을 하든지 간에 그것은 주님의 부르심의 기초가 된다. 주님께서는 이를 위해 우리를 특별하게 만드셨다.

어떤 이들은 오늘날 주님께서 교회에게 하시는 말씀이 무엇인지 말하길 좋아한다. 과연 그럴 필요가 있을까? 교회는 들을 수가 없단 말인가? 하나님께서 말씀하실 중요한 무언가가 있다면 우리가 들을 수 있도록 말씀하실 것이다. 그것은 분명히 비밀이 아니다. 누군가가 자신들에게만 특별히 주어진 비밀이 있다고 주장한다면 그것은 교만해 보인다. 마치 자기들이 주님과 더 친밀하기 때문에 영적으로 희귀한 존재인 것처럼 말이다.

주님이 마지막으로 우리에게 주신 명령은 "너희는 온 천하에 다니며 만민에게 복음을 전파하라"는 것이었다(막 16:15). 그것은 지상의 교회가 실제적으로 해야 할 기능이었다. 그때 이후로 주님께 이보다 더 나은 아이디어가 있었던가? 주님께서는 기록된 말씀 이외에 특별한 사람들을 통해 우리에게 어떤 비밀한 새로운 명령을 주시겠다고 암시한 적이 없으시다.

복음 전도에 지름길은 없다. 즉각적인 부흥과 빠른 성공을 위해 여러 가지 제안과 아이디어와 혁신과 수단 그리고 방법들이 정기적으로 흘러나온다. 우리가 '즉각적'이란 말을 잊는다면 이런 것들은 우리가 이용할 수 있는 도구가 될 수 있다. 그러나 한 가지는 확실하다. 즉 우리가 없으면 이런 것들은 아무런 소용이 없다. 교회는 특정한 교회 성장 전략을 취할 수 있지만 우리가 주의하지 않는다면 그리스도를 위해 사람들을 구원하는 일은 더 이상 절대적인 것이 아니라 부수적인 것이 되고 만다. 우리는 모든 것을 계획하고 모든 사람들에게 일감을 줘야 한다. 하나님께서는 다양한 수단과 서로 다른 사람들을 사용하신다. 훌륭한 일꾼들이 자신이 가장 잘할 수 있는 일을 하지 못하는 것은 슬픈 일이다. 시대와 상황에 맞는 새로운 방법들은 섬김의 도구들이다. 그러나 거기에는 이들이 섬김 자체가 되는 위험성이 도사리고 있다.

하나님께서는 하나님이 하시는 중요한 구원의 역사에 동참하는 모든 자를 축복하신다. 그분은 이 목적을 위해 독특한 성품을 가지고 각 사람을 창조하셨다. 하나님께서 행동하는 사람들과 지모가 뛰어난 사람들, 모험적인 사람들과 열정적인 사람들을 축복하신 것에 주목할 필요가 있다. 그분은 있는 모습 그대로 자신을 드리는 자들을 찾으시며, 그들의 지성이 탁월하든 아니든 상관없이 그들을 자신이 원하시는 사람으로 만드신다.

예수께서는 "나를 따르라"고 말씀하셨다. 우리가 사람들에게 예수를 따르라고 말할 때에 우리는 보통 영적인 것을 의미한다. 주님의 제자들의 경우에 이것은 실제로 걷는 것을 의미했다. 예수께서는 제자들을 이곳저곳으로 인도하셨고, 어디서나 소외되고 추한 자들을 만나셨으며, 가난한 자와 부자의 친구가 되어 주셨고, 쓰레기 같은 인간들을 사랑하셨다.

영적으로 예수를 따른다는 것은 조만간 실제로 그렇게 한다는 것을 의미한다. 예수는 아버지 하나님께 '종교적으로' 순종하지 않으셨다. 그것은 실제로 길 위에 발을 내딛는 것을 의미했다. 우리는 주님께서 가시고자 하는 곳으로 가며, 그분께서 만나고자 하시는 사자들을 만날 것이다. 죄인과 자신을 동일시하신 죄 없는 그분께서 저들의 수치를 담당하셨다. 주님께서는 우리로 그리스도인의 게토(ghetto, 유대인 강제 거주 지구-편집자주)를 떠나 실제 사람들의 관심사를 나누라고 하신다. 허수아비 신자가 아니라 진정한 신자가 되는 길이 바로 이것이다. 우리가 진정으로 주님을 따른다면 우리는 그분처럼 된다. 우리가 그분을 잘 알고 그분께 착념한다면 그분의 어투와 그분의 방법이 우리를 변화시킬 것이며, 부지불식간에 그리 될 것이다. 당신을 포함해 누구든지 진짜 신자가 될 수 있다.

— 질문 —

1. 당신은 하나님을 위해 무엇을 하고 싶은가? 왜 그렇게 하고 싶은가? 기다리는 동안 당신은 무언가를 하고 있는가?
2. 하나님께서는 자신의 의지와 우리의 의지 간에 조화를 이루신다. 당신의 의지는 하나님께서 자신의 의지와 조화롭게 하실 수 있는 것인가?

✻

"나를 믿는 자는 나의 하는 일을 저도 할 것이요 또한 이보다 큰 것도 하리니 이는 내가 아버지께로 감이니라 … 그가 또 다른 보혜사를 너희에게 주사 … 저는 진리의 영이라"(요 14:12, 16~17).

✻

11 '더 큰 일' 이라고요?

"또한 이보다 큰 것(일)도 하리니"(요 14:12).

어떻게 그리스도보다 더 큰 일을 할 수 있는가?

그리스도의 행위와 말씀을 보다 더 깊이 파고들면 들수록 새로운 진리가 우리에게 열린다. 말씀은 날마다 새로움을 더하는 풍성한 아름다운 정원과도 같다. 예수께서는 한 번도 진부한 말씀을 하신 적이 없으시다: "여호와의 말씀은 순결함이여 흙 도가니에 일곱번 단련한 은 같도다"(시 12:6).

예수께서 요한복음 14장 12절에서 하신 말씀은 범상치 않다: "내가 진실로 진실로 너희에게 이르노니 나를 믿는 자는 나의 하는 일을 저도 할 것이요 또한 이보다 큰 것(일)도 하리니 이는 내가 아버지께로 감이니라." 이 말씀은 우리의 생각에 도전을 주며, 우리가 이 말씀에 도달할 수 있을지 우리는 의아해한다.

아무도 그리스보다 "더 큰 일"을 보지 못했지만, 주님의 치유의 능력은 그분의 제자들의 사역에서도 계속되었다. 하지만 그분께서 자연에서 보여 주신 기적은 한 번도 반복된 적이 없었다. 주님께서는 150갤론의 물을 신선한 포도주로 바꾸었으며, 한 소년이 싸 온 도시락으로 5,000명을 먹이셨고, 폭풍을 뚫고 바다 위를 걸으셨다. 이것들은 그분께서 하나님의 아들이심을 보여 주는 특징이다. 예수께서는 소경과 귀머거리와 절름발이를 고치셨으며, 이런 행동들은 그분께서 신체의 병을 고치신 역사를 나타낸다.

그렇다면 '더 큰 일'이란 무엇을 의미하는가?

먼저 문맥을 살펴보자. 이 말씀은 보혜사 성령에 대한 강화의 일부이다. 주님께서는 성령이 없으면 우리가 아무것도 성취할 수 없지만 성령을 통해서는 병 고침과 축사를 포함해 그분이 우리에게 말씀하시는 바 모두를 이룰 수 있다고 말씀하셨다. 그리고 나서 주님께서는 본인께서 아버지 하나님으로부터 받으신 동일한 성령을 우리에게 주시겠다고 약속하신다: "내가 떠나가지 아니하면 보혜사가 너희에게로 오시지 아니할 것이요 가면 내가 그를 너희에게로 보내리니 … 내가 아직도 너희에게 이를 것이 많으나 지금은 너희가 감당치 못하리라 그러나 진리의 성령이 오시면 그가 너희를 모든 진리 가운데로 인도하시리니"(요 16:7, 12~13).

오순절의 능력

이것이 바로 다음의 놀라운 말씀의 배경이다: "나를 믿는 자는 나의 하는 일을 저도 할 것이요 또한 이보다 큰 것도 하리니 이는 내가 아버지께로 감이니라 … 그가 또 다른 보혜사를 너희에게 주사 … 저는 진리의 영이라"(요 14:12, 16~17). 이 말씀이 가진 의미를 하나하나 살펴보지 않으면 이 말씀은 조금 덜 놀라워진다. 단서를 찾기 위해 헬라어를 살펴보면 이 단어가 단지 '더 큰' 이란 의미를 지닌다는 것을 알 수 있다. 예수께서는 그분의 말씀하신 바를 우리가 이해할 수 있도록 하셨다.

이 문제에 약간의 빛을 비춰 주는 것이 있는데 그것은 주님께서 "또 다른 보혜사"를 언급하신 것이다. 예수께서는 단순한 '모사' (a counselor)가 아니라 "또 다른 보혜사"(the Counselor)를 약속하셨다. 보혜사는 제자들과 함께하시면서 그들에게 능력을 베푸시고, 그들을 인도하시고 가르치셨던 것처럼 우리와도 함께하신다. 그리스도께서 함께하심으로 제자들이 귀신을 쫓아내고 병자를 고친 것처럼, 성령께서 그들과 함께하심으로 동일한 사역은 계속될 것이었다. 물론 이런 일이 일어났으며, 사도행전은 모두가 이에 관한 것이다. 하지만 그것은 단지 시작일 뿐이었다. 사도행전 후서는 아직도 계속해서 쓰여지고 있다.

예수께서는 성령의 기름부음을 받으셨으며, 성령을 받는 모든 자들에게 모델이 되셨다(눅 4:18). "하나님이 나사렛 예수에게 성령과 능력을 기름붓듯 하셨으매 저가 두루 다니시며 착한 일을 행하시고 마귀에게 눌린 모든 자를 고치셨으니 이는 하나님이 함께 하셨음이라"(행 10:38). 주님께서 오시면서 이전에 이 땅에서 한 번도 본 적이 없는 일들이 일어났다. 그때까지 귀신을 쫓아내거나, 소경을 눈뜨게 하거나, 귀머거리나 절름발이를 온전케 한 사람은 없었다. 예수께서는 이러한 이적을 행하신 이는 아버지이시며, 그분의 제자들도 이러한 이적을 행할 것이라고 말씀하셨다.

예수와 아버지 하나님께서 약속하신 성령께서 이 세상에 오셨으며, 120명 문도 모두가 오순절에 성령 충만을 받았다. 성령은 기독교 믿음의 동력이었으며, "하나님의 나라는 말에 있지 아니하고 오직 능력에 있음이라"는 말씀을 입증했다(고전 4:20).

예수께서 행하신 것을 제자들이 행한 첫 표적이 사도행전 3장 1~10절에 나온다. 여기서 우리는 날 때부터 앉은뱅이 된 자가 일어나 걷는 능력을 받는 것을 듣게 된다. 그는 성전에 들어가면서 "걷기도 하고 뛰기도 하며 하나님을 찬미" 했다. 이는 이전에 그에게 금지된 것이었다. 그 날 이후로 하나님께서는 구원자가 되시길 멈추지 않으셨으며, 수많은 자들을 자유롭게 하셨다. 시편 136편 4절은 그분만이 "홀로 큰 기사"를 행하신다고 말한다. 세상은 기이한 일들에 관한 이야기로 가득하다. 내가 맡고 있는 아프리카 복음의 십자군(Gospel Crusades)도 사도행전의 연속편과 같다.

그러나 치유는 예수께서 약속하신 모든 것이 아니다. 거기에는 이보다 "더 큰 일"이 있을 예정이었다. 예수께서 이를 약속하셨기 때문에 우리는 이것이 성취되길 기대하며, 언제 어디서 이뤄질지 물을 수 있다. 예수께서 행하지 않으신 것을 누군가가 행할 것은 무엇인가? 주님께서 마가복음 9장 1절에서 하신 말씀에 대해서도 의문점이 떠오른다: "내가 진실로 너희에게 이르노니 여기 섰는 사람 중에 죽기 전에 하나님의 나라가 권능으로 임하는 것을 볼 자들도 있느니라." 헬라어 원문에는 "권능으로 온 것을"이라고 되어 있다. 그들은 하나님 나라의 권능이 역사하는 것을 보게 될 것이다. 그들은 죽기 전에 이를 보았는가?

정말로 그들은 보았다! 바울은 이렇게 말했다: "하나님의 나라는 말에 있지 아니하고 오직 능력에 있음이라"(고전 4:20). 또한 그는 에베소 교인들을 위해 기도했다: "그의 힘의 강력으로 역사하심을 따라 믿는 우리에게 베푸신 능력의 지극히 크심이 어떤 것을 너희로 알게 하시기를 구하노라 그 능력이 그리스도 안에서 역사하사 죽은 자들 가운데서 다시 살리시고 하늘에서 자기의 오른편에 앉히사"(엡 1:19~20). 그들은 오순절 이후로 하나님 나라의 권능을 보았다.

하나님께 돌아오는 수많은 군중

그렇다면 "더 큰 일"이란 무엇인가? 예수께서 한 번도 하시지 않은 것 중에 그들이(우리가) 한 것 한 가지는 복음을 전했을 때에 수많은 군중이 하나님께 돌아오는 것이었다. 이는 모든 면에서 물 위를 걷는 것이나 소년의 도시락으로 5,000명을 먹이는 것보다 훨씬 더 큰 일이다. 베드로는 약속하신 권능을 위로부터 받은 뒤 즉각적으로 복음을 전했으며, 그랬을 때에 3,000명이 회개하고 하나님께 돌아왔다.

예수도, 그 어떤 설교자도 이와 같은 결과를 얻지 못했다. 노아도 경고를 전했지만 단지 그의 가족만 구원을 받았다. 말에 능한 이사야 선지자도 여러 제안을 하고 간청했지만 아무런 것도 얻지 못했다. 예레미야 선지자는 눈물로 호소했지만 허사였다. 모세는 배역한 이스라엘 백성을 해방시켰지만 이 문제 많은 지파들이 회개하는 모습을 결코 보지 못했다. 많은 사람들이 입을 벌린 채 그리스도의 모든 말씀을 듣고 그분께서 만드신 떡을 먹었지만, 어느 누구도 구원받게 해 달라고 외치지 않았다. 그런 순간은 오지 않았다. 이는 성령께서 아직 임하지 않으셨기 때문이었다.

그리스도께서 성령을 보내셨을 때에 모든 것이 바뀌었다. 제자들은 그리스도의 빈 무덤을 보았고 어떤 이들은 예수께서 살아 계시다고 증언했지만, 사람들 대부분은 이를 믿으려 하지 않았다. 성령께서 그들에게 임하시자 모든 의심은 사라졌다. 그들에게 확신을 주고 그들로 담대하게 나아가 예수께서 살아 계심을 증거케 한 것은 성령의 기름부음이었다. 예수께서 십자가에 못 박히시기 전에 주님께서는 자신이 성령을 보내어 자기의 약속을 지키겠다고 약속하셨다. 성령께서는 상상을 초월하는 경험 그 자체였으며, 모든 제한이나 자기 유도(self-inducement)를 초월하셨다. 제자들은 변화되었다. 모세의 불타는 가시떨기 나무처럼 하나님의 불꽃은 1세기의 영적 광야에서 그들의 영혼 속에서 불타올랐다.

베드로는 이전에 사람들을 두려워했지만, 이제는 사람들이 주님을 두려워했고, 구원을 받기 위해 외쳤다. 이것이 중요하다. 오늘날 이 기독교 시대는 하나님의 성령의 임재로 말미암아 구원의 날이 되었다. 성령의 역사가 없었기 때문에 선지자들은 죄인들에게 회개하도록 권했지만 허사였다. 성령이 오시면 '어린아이가 그들을 이끌 것이다' (사 11:6).

오늘날 모든 그리스도인은 특별한 상황에 직면해 있다. 우리는 마지막 시대를 살고 있으며, 하나님께서는 우리를 택하셔서 그분의 성령으로 우리를 무장시키셨다. 그분은 우리를 의지하신다. 신자는 그분의 유일한 수단이며, 우리는 그분의 부활의 증인이요, 다가올 내세의 능력을 입증할 인생이다.

예수께서도 우리를 의지하신다. 신자는 **그분의** 유일한 수단이며, 우

> 예수께서도 우리를 의지하신다. 신자는 그분의 유일한 수단이며, 우리는 그분의 부활의 증인이요, 다가오는 그분의 시대를 입증할 인생이다.

리는 그분의 부활의 증인이요, 다가오는 **그 분의** 시대를 입증할 인생이다.

오늘날 '축사(逐邪) 사역'은 넘쳐난다. 이를 통해 실제와 가상의 모든 속박에서 사람들은 기적적인 해방을 받으며, 영적, 심리적으로도 해방을 받고, 선천적, 후천적인 속박과 귀신의 속박으로부터 해방을 받는다. 그러나 요한복음 14장에 나오는 "더 큰 일"은 영원을 구원하는 것이다. 이것이야말로 예수께서 "더 크다"고 부르신 사역이었다. 그리스도의 이름으로 낯선 귀신을 쫓아내는 것도 놀랍다. 하지만 예수께서는 "그러나 귀신들이 너희에게 항복하는 것으로 기뻐하지 말고 너희 이름이 하늘에 기록된 것으로 기뻐하라"고 말씀하셨다(눅 10:20). 주님께서는 귀신을 쫓아내는 능력을 그들에게 주셨지만 하늘에 기록된 새 이름은 더 탁월했다.

우리의 복음은 멋지게 보이기 위해 뽐내려고 하는 것이 아니라 하늘의 보혜사의 내주하시는 능력과 사랑을 통해 하나님의 사랑을 죄 많은 세상에 전달하는 것이다.

— 질문 —

1. 엘리야나 성경의 다른 선지자들은 예수의 제자들처럼 회심자와 치유를 보지 못했는가?
2. 말씀은 복음이다. 복음을 무능하게 만드는 것은 무엇인가?

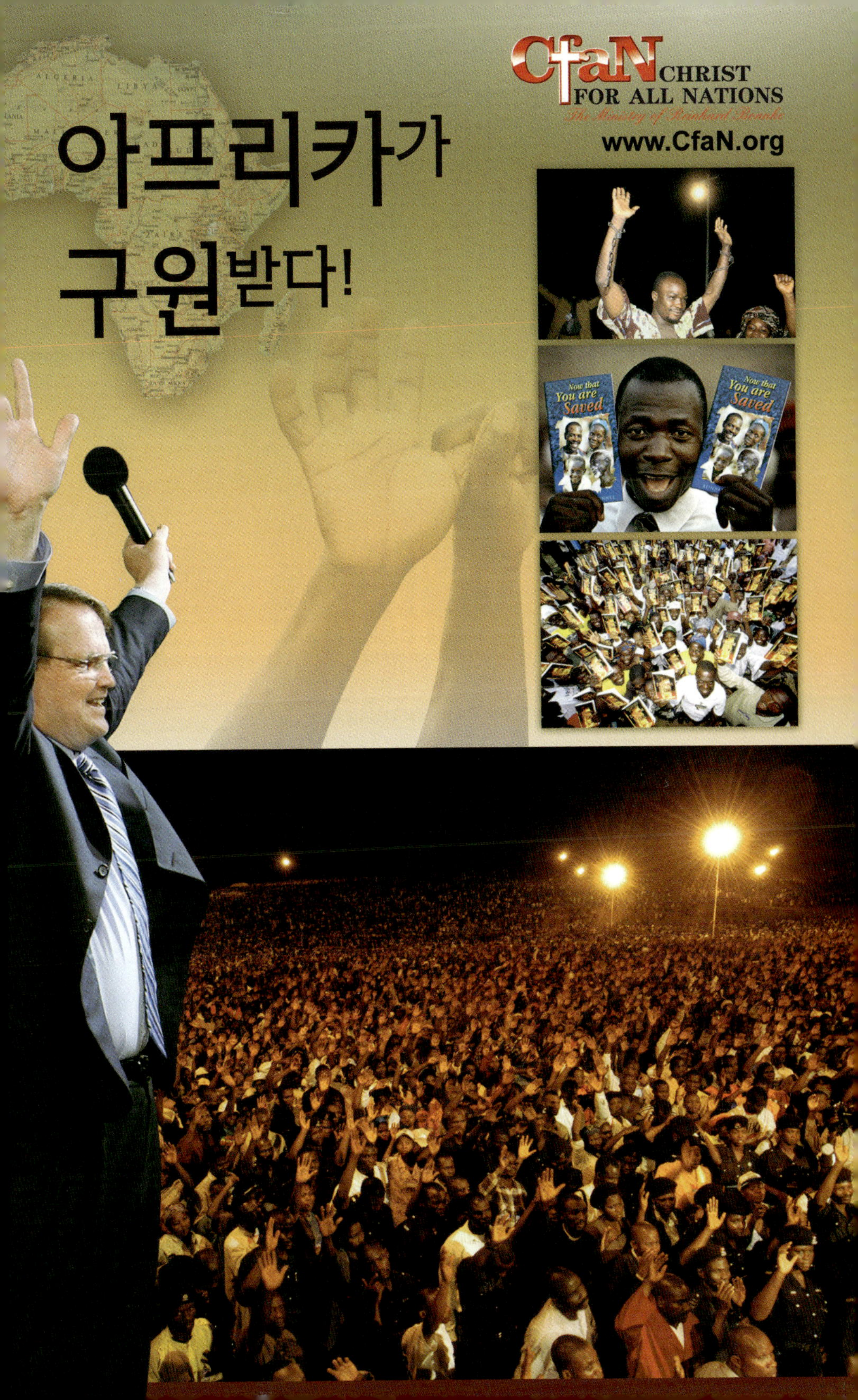

CfaN CHRIST FOR ALL NATIONS
www.CfaN.org
아프리카가
구원받다!
Now that You are Saved
Now that You are Saved

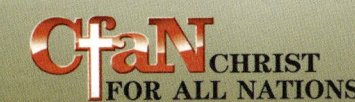

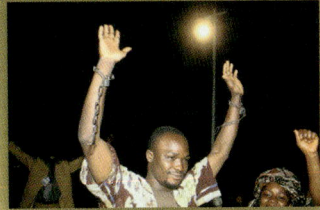

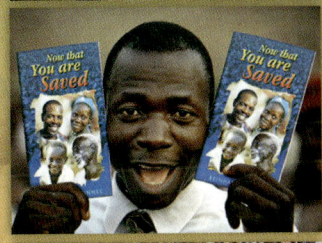

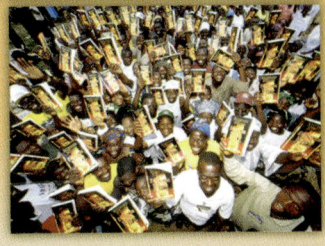

현대 과학을 놀라게 한 기적의 치유는
표적이 따르는 복음의 일부분이다.

1,046,390명의 영혼이 5일간의 집회를 통해 그리스도를 영접하는 결신을 했다.
금세기에 1,000만 명의 영혼을 구원한다는 목표!

매 집회 때마다 중보자들이 기도 제목을 내놓으면
참석한 모든 사람들이 함께 기도했다.

아부자
Abuja

거대한 스피커 타워를 통해 심지어 수마일 떨어진 곳의 사람들도 복음을 들을 수 있다.

한 번 집회가 열리면 820,000명의 사람들이 모였다.

복음 전도자 본케가 정신병에서 고침을 받은 25세 된 청년의 쇠사슬을 자르고 있다.

아도~에키티

이바단 IBADAN

이바단 복음 전도대회에서 하루에 130만 명이 참석했다.

나이지리아 라고스

5일간의 집회 동안에 340만 명의 사람들이 결신을 했으며, 단일 집회에 160만 명이라는 놀라운 숫자의 사람들이 참석했다! CfaN의 책자는 142개국 언어로 번역되었으며 1억 7천8백만 권 이상이 53개국에서 인쇄되었다.

전직 나이지리아
장애인 올림픽 대표선수가
지금은 걸을 수 있다.
그는 3년 동안
삼륜거(tricycle)에 갇혀 지냈다.

Jos, Nigeria

나이지리아 조스

5일간의 집회에서 120만 명 이상이 예수 그리스도를 영접하였다.

오그보모쇼
복음 전도대회 동안
영광스럽게도
1,758,144명이
구원받았다.

오그보모쇼

이 지역의 음악가들과 찬양 단원들이 기쁨에 찬 찬양과 경배의 시간에 군중을 인도하고 있다.

아앙바

50만 명 이상의 영혼이 구원 초청에 응했고 5일간의 집회 동안 결신했다.

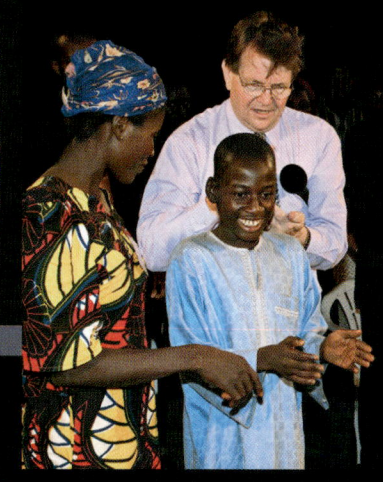

집회를 중단시킬 정도로 먹구름이 끼고 소나기가 내렸지만 복음을 듣기 위해 모인 군중들을 막을 수는 없었다. 그들은 기쁨으로 예배하고 기적으로 인해 기뻐했다.

매 집회 때마다 복음 전도자 라인하르트 본케는 낮 시간 동안 불의 집회(Fire Conference)를 열어 교회 지도자들과 사역자들이 성령의 전도를 할 수 있도록 그들을 무장시키고 있다. '모든 사람 머리 위에 임한 불꽃'(a flame for every head)이란 제목으로 조스(Jos)에서 열린 불의 집회에는 5만 명의 사람들이 모였다.

❋

"여호와께서 너희를 기뻐하시고 너희를 택하심은 너희가 다른 민족보다 수효가 많은 연고가 아니라 너희는 모든 민족 중에 가장 적으니라"(신 7:7).

❋

12 하나님의 선하심

"나를 사랑하사 나를 위하여 자기 몸을 버리신
하나님의 아들을 믿는 믿음 안에서 사는 것이라"(갈 2:20).

하나님은 어떤 분이신가?

성경에서 가장 중요한 질문은 "하나님은 어떤 분이신가?"라는 것이다. 바른 해답을 얻으면 많은 질문이 사라지고 잘못된 가르침을 교정할 수 있다. 바울의 말씀이 생각난다: "나를 사랑하신 하나님의 아들." 최고의 지성이었던 사도는 진정으로 하나님과 그의 아들 우리 주 예수를 알았다. 그의 반응은 감동적이다: "나를 사랑하사 나를 위하여 자기 몸을 버리신 하나님의 아들." 바울은 정말 예수를 사랑했다. 그의 말씀은 가르침뿐만 아니라 감정으로 충만하다. 성경 전체는 이와 같다. 단순하지만 심오하고, 누구든지 이해할 수 있으며, 진리에서 또 다른 진리들이 샘솟는 그런 진리들로 가득하다.

하나님에 관한 개념은 언제나 넘쳐났다. 그만큼 그분은 큰 주제이다! 오늘날 모든 이들은 하나님에 대해 자기 자신의 개념을 가지고 있는 듯하다. 누가 옳은가? 그 해답은 단순하다. 올바른 것을 알기 위해 우리는 그분에 관해 최초로 말해 준 책으로 돌아가야 한다. 그것은 바로 성경이다. 하나님께서는 성경이 말씀하는 바와 다르실 수가 없다. 만일 그렇다면 그분은 하나님이 아니실 것이다.

> 하나님께서는 성경이 말씀하는 바와 다르실 수가 없다. 만일 그렇다면 그분께서는 하나님이 아니실 것이다.

또한 고립된 성경 구절에 근거한 대안용 개념들이 있다. 이 개념들은 인간의 이성과 심지어 그리스도께서 오시기 전에 있던 그리스의 이방 철학자들의 생각을 따르고 있다. 이들은 '고전적' 이론들로서 교회와 교리, 그리고 한 세대의 삶과 심지어 국가의 운명에 심오한 영향을 미친 전통적 신조들이다. 이들은 복음 전도에 대하여 영감을 불어넣지 않았다. 우리는 하나님에 대하여 철학자들이 내세운 개념들과 경쟁할 여지가 없으며, 경쟁할 마음도 없다. 본 장과 이 책의 모든 내용은 계시된 하나님의 말씀인 성경에 확고한 근거를 두고 있다. 이 책은 '증거'로써 인용한 몇몇 고립된 말씀을 중심으로 돌지 않는다. 본 장과 이 책의 나머지 부분에 나오는 성경적인 그림은 하나님을 위해 사람들에게 다가갈 수 있는 추진력을 언제나 제공해 주었다. 우리는 CfaN 집회를 통해 이미 수천만의 사람들을 그리스도께 인도했다. 예수께서는 모든 성경이 자신에 관한 것이며 그분은 아버지 하나님과 같은 분이라고 말씀하셨다.

그래서 우리는 "나를 사랑하사 나를 위하여 자기 몸을 버리신" 하나님의 아들에 관하여 감동적인 말을 한 바울로 시작했다. 하나님께서는 이와 같은 분이시다. 그분은 추상적인 힘도 아니시며, 모든 감정과 그분께 영향을 끼칠 수 있는 모든 것을 초월하여 장엄한 무관심 가운데 앉아 계시는, 멀리 떨어져 있는 존재도 아니시다. 그분은 사랑하고, 적극적으로 반응하시는 주 예수이시다. 성경의 처음부터 하나님은 개인적이고 관심이 많으시며 다가갈 수 있는 분으로 나타나신다. 아담이 범죄했을 때 하나님께서는 그를 찾아 나서셨다. 그분은 아담을 잃으시고 그를 그리워하셨다. 그분은 사람이 친구나 아들을 찾듯이 아담을 찾길 원하셨다.

성경은 시를 사랑한다. 아가서는 사랑을 구하시는 하나님의 놀라운 의미를 전한다. 예수께서도 하나님께서는 자기를 예배하는(사랑하는) 자들을 찾고 계신다고 말씀하셨다. 하나님은 이런 분이시다. 그분은 우리와 반응하시고 죽을 수밖에 없는 우리를 인정하신다. 그는 영광과 화려함 가운데 말을 타고 지나가는 왕이 아니라 우리의 문을 두드리시면서 "들어가도 되겠니?"라고 물으시는 친구이시다. 그분은 우리와 인격적인 관계를 유지하신다. 우리는 그분과 교제하며, 그분은 우리와 교제하신다. 하나님께서는 놀라운 방식으로 우리를 의지하시며, 우리는 전적으로 그분을 의지한다. 그분은 우리를 구원하시고, 우리를 믿으시고, 자기를 섬기게 하신다. 그분의 사랑은 포도주보다 승하고, 그분은 우리가 자기의 사랑에 응답하시길 원하신다. 우리는 그분을 기뻐하고, 그분은 우리가 죄인이지만 회개하면서 그분께 다가갈 때조차도 우리를 기뻐하신다. 이로 인하여 하늘의 모든 자들이 춤을 춘다.

하나님의 왕실의 문은 밤낮으로 우리에게 열려 있다. 성경은 반복해서 이 모든 사실을 말해 준다. 우리는 하나님께 말씀드리고, 그분은 우리와 함께 동행하신다. 우리가 기도하면 그분은 들으신다. 기도는 세상을 움직이는 손을 움직인다. 시편을 쓴 고대인들은 하나님께 일어나서 세상을 변화시켜 달라고 외쳤다. 그들은 그렇게 하나님을 이해했다. 하나님은 열린 마음을 가지신, 아낌이 없으신 분이셨다.

중세 암흑 시대에 하나님은 인간의 고통에 영향을 받지 않는다고 가르쳤다. 이는 만일 그럴 경우에 하나님은 완벽하지 않을 것이기 때문이었다. 이런 가르침은 오늘날 아직도 우리 주변을 맴돈다. 참으로 두려운 논리이며 오류가 아닐 수 없다. 성경은 언제나 우리의 고통과 기쁨이 하나님께 상달된다고 말한다. 복음의 모든 목적과 진리가 이를 선포하고 있다. 하나님께서는 우리를 너무나 사랑하셨다! 감정이 없는 사랑은 하나님의 사랑이 아니며 그것은 사랑이라 할 수 없다.

"우리에게 있는 대제사장은 우리 연약함을 체휼하지 아니하는 자가 아니요 모든 일에 우리와 한결 같이 시험을 받은 자로되 죄는 없으시니라"(히 4:15). '동정하다'는 헬라어로 숨파쎄오(sumpatheo)이지만 이 단어는 동정 이상의 의미를 지닌다. 이 단어는 '함께 고통을 받다', '고통 가운데 격려하다'의 뜻을 지닌 감정이입(empathize)에 더 가깝다. 이것은 참담하지만 십자가의 실체이다. 예수께서는 우리의 죄악을 지셨으며, 우리의 속죄양이시며, 우리를 위해 죄가 되셨다. 주님께서는 죄인이 된다는 것이 어떤 것인지를 아셨다. 그럼에도 불구하고 하나님께서는 이 시간들 동안에 그리스도 안에 계셨다.

한 젊은 부인이 집을 떠나 창녀가 되었다. 수십 차례 그녀와 연락했지만 말할 수 없는 슬픔으로 그 남편의 영혼은 갈갈이 찢겼다. 그는 선지자 호세아였다. 그러자 하나님께서는 호세아의 슬픔을 가지고 그에게 오셨으며, 신실치 못한 이스라엘에 대하여 느끼신 것과 똑같은 감정을 그에게 이입시키셨다: "에브라임이여 내가 어찌 너를 놓겠느냐 … 내 마음이 내 속에서 돌아서 나의 긍휼이 온전히 불붙듯 하도다 내가 나의 맹렬한 진노를 발하지 아니하며 내가 다시는 에브라임을 멸하지 아니하리니 이는 내가 사람이 아니요 하나님임이라 나는 네 가운데 거하는 거룩한 자니"(호 11:8~9). 하나님께서는 사람이 아니시기 때문에 자기 계획을 바꾸셨다.

예레미야는 눈물의 선지자로 부름을 받았다. 그의 눈물은 하나님의 눈물을 상징하는 예언적인 것이었다. 에브라임 역시 그분의 슬픔이었다: "에브라임은 나의 사랑하는 아들 기뻐하는 자식이 아니냐 … 그를 위하여 내 마음이 측은한즉 내가 반드시 그를 긍휼히 여기리라 여호와의 말이니라"(렘 31:20). 만일 이것이 사실이 아니고 단지 수사법이라면 이야말로 너무나 무서운 속임이다. 하나님께서는 이런 구절들을 통해 그분의 본질을 드러내신다.

하나님께서는 상처에 반응하지 않는 시체처럼 무감각하지 않으시다. 그분은 살아 계신 하나님이시다. 하나님과 그분의 피조물은 탯줄처럼 살아 있는 신경으로 연결되어 있다. 그분은 자기 자신과 자신의 생각에 갇혀 있지 않으시다. 왜냐하면 바울이 그리스의 시인 클레안투스와 아라투스의 말을 인용하여 "우리가 그를 힘입어 살며 기동하며 있느니라 … 우리가 그의 소생"이라 말했기 때문이다. 하나님께서는 우리를 자기의 심장 가까이에 안으시며 우리 자신의 생각을 감지하신다.

우리 하나님은 이와 같으시다

하나님께서는 우리가 일하거나 증거할 때에 우리 곁에 계신다. 우리가 기도할 때에 그분은 "아멘!"이라고 말씀하신다. 실제로 그분은 아멘이시다(계 3:14). 일종의 리바운드(rebound)처럼 우리가 우리 자신에게 깊은 감명을 줘야만 우리의 기도가 응답되는 것은 아니다. 우리가 기도하면 하나님께서 우리의 기도를 들으시며 어떤 일들이 일어난다. 그러나 우리가 기도하지 않으면 아무 일도 일어나지 않는다. 어떤 이들은 기도 응답이 단지 우연의 일치라고 말한다. 하지만 기도하지 않는 자들에게는 우연의 일치도 없다. 기도하면 하나님께서 감동을 받으신다. 만일 이것이 사실이 아니라면 성경은 우리를 잘못 인도하고 있다.

> 하나님께서는 우리가 일하거나 증거할 때에 우리 곁에 계신다. 우리가 기도할 때에 그분은 "아멘!"이라고 말씀하신다. 실제로 그분은 아멘이시다.

하나님께서 이스라엘을 멸하시고 모세로부터 새로운 종족을 시작하시겠다고 말씀하셨을 때에 모세는 이스라엘을 위해 중보했다. 그분은 모세의 간청을 듣고 양보하셨으며 원래 하려고 했던 계획을 돌이키셨다 (신 9장). 아브라함도 평지의 성읍들을 위해 주님께 간청하였다. 그러자 하나님께서는 아브라함이 구한 바가 타당했더라면 그대로 행하셨을 것이라고 말씀하셨다(창 18:16~33). 우리가 믿는 바의 모든 기초에서 볼 때에 이 가르침은 분명하다. 하나님께서는 노아의 홍수 이전 세계가 부패한 것을 보고 진노하시고 심지어 사람을 지으신 것을 후회하셨던 것처럼 소돔의 악함을 보시고 심란해하시며 강림하셨다.

우리 주 예수는 우리에게 하나님을 계시하시기 위해 강림하셨으며, 또한 우셨다. 사람들은 그분의 마음이 긍휼하심으로 움직이시는 것을 보았다. 예수께서는 예루살렘 거민들을 여러 차례 보호하길 원하셨지만 그들이 허락하지 않았다고 말씀하셨다. 저들은 주님께서 주시길 갈망했던 것을 주시지 못하도록 막았다. 그래서 주님은 가슴 아파하며 우셨다.

그리스도는 믿는 자들을 구원하신다. 그리고 사람들이 하나님에 대하여 어떤 생각을 하든 간에 우리는 그들로 믿게 하기 위하여 복음을 전한다. 하나님께서는 "오래 참으사 아무도 멸망치 않고 다 회개하기에 이르기를" 원하신다(벧후 3:9).

하나님께서는 결코 변치 않으신다. 하나님께서는 본성상 영원히 동일하시다. 그분이 말씀하신 바가 바로 그분이시며, 언제나 그러하시다. 하나님께서는 "영원히 진실함을" 지키신다(시 146:6). 하나님께서는 우리로 하여금 기도하게 하시며, 또한 그분께서 언제나 존재하시며 날마다 변함없이 우리를 도우시고 축복하시며 우리에게 열려 계시다는 것을 믿도록 격려하신다. 그분은 언제나 기꺼이 이렇게 하려 하시며, 결코 그렇게 하지 않으시려 한 적이 없으시다.

인간의 행사로 주께서 진노하셨을 때에 모세가 그러했던 것처럼, 우리도 하나님의 마음은 언제나 화목을 구하신다고 믿고 그분께 자비를 보여 달라고 간구할 수 있다. 우리는 하나님께 영향을 미친다. 우리는 그분을 슬프게도 할 수 있고 성령의 불을 끌 수도 있으며 그분을 노하게 할 수도 있고 심지어 그분을 부인할 수 있으나, 그분의 성품을 결코 바꿀 수는 없다.

우리는 많은 일에 관하여 마음을 바꾼다. 왜냐하면 우리는 변덕스러운 존재이기 때문이다. 그러나 하나님은 어떤 점들에 있어서는 결코 변치 않으신다. 진정으로 사랑하고 사랑을 받아들이는 자는 움직이지도 느끼지도 못하는 바위산이 아니다. 하나님은 진정한 아버지이시며 우리에게 사랑으로 반응하신다. "우리가 사랑함은 그가 먼저 우리를 사랑하셨음이라"(요일 4:19). 마치 강력한 태양빛이 손거울에 비치는 것처럼, 우리의 사랑은 그분의 사랑을 비추는 것이다. 복음 전도는 우리가 하나님의 사랑을 표현하는 한 방법이다. 어떤 아내도 "나는 내 남편에 관해 말하기로 다짐합니다"라고 말하지 않는다. 그녀는 그저 그렇게 할 뿐이다. 예레미야는 "내가 다시는 여호와를 선포하지 아니하며 그 이름으로 말하지 아니하리라 하면 나의 중심이 불붙는것 같아서 골수에 사무치니 답답하여 견딜 수 없나이다"라고 말했다(렘 20:9). 그에게 있어서 예언은 숙고한 뒤에 내린 결정이 아니라 불타는 마음으로 어쩔 수 없이 나오는 말이었다.

우리가 전파하는 예수는 주 하나님이시다. 우리의 복음은 동굴 안에 있는 도사들이 발표한 수수께끼 같은 가르침이 아니다. 복음은 예수이시다! 다른 어느 누가 열방의 사랑받지 못하는 자들에게 팔을 벌렸는가?

하나님께서 자신을 알리신 방법

이제 신구약 성경에서 내가 본 대로 주님에 대해 이야기하고자 한다. 주님께서는 모든 성경은 자신에 대한 것이라고 말씀하셨다. 우리는 인쇄된 성경의 격자 뒤에 있는 주님의 눈을 본다. 어느 누구도 예수가 하나님과 같다고 말하지 않는다. 하나님이 예수와 같으시다. 그분은 우리가 생각할 수 있는 하나님에 대한 최고의 생각이다. "나는 아버지 안에 있고 아버지는 내 안에 계신 것을 네가 믿지 아니하느냐 내가 너희에게 이르는 말이 스스로 하는 것이 아니라 아버지께서 내 안에 계셔 그의 일을 하시는 것이라"(요 14:10). 주님의 근원은 분명하다: "내가 아버지께로 나와서 세상에 왔고 다시 세상을 떠나 아버지께로 가노라"(요 16:28). 한 제자는 그분을 "하나님의 영광의 광채시요 그 본체의 형상"으로 묘사했다(히 1:3). 한때 예수를 무척 미워했던 사도 바울은 그분을 만난 다음에 다음과 같이 선포했다: "그 하나님께서 예수 그리스도의 얼굴에 있는 하나님의 영광을 아는 빛을 우리 마음에 비춰셨느니라"(고후 4:6).

하나님께서는 아브라함에게 한 번도 계시하시지 않은 방식으로 모세를 통하여 자신을 알리셨다. 하나님께서는 모세에게 한 번도 계시하시지 않은 방식으로 예수를 통하여 자신을 알리셨다. 예수께서는 "나와 아버지는 하나이니라 … 나를 본 자는 아버지를 보았거늘"이라고 말씀하셨다(요 10:30, 14:9). 세상은 하나님에 대하여 믿는 대로 될 것이다. 모세를 통하여 전달된 하나님에 관한 지식으로 인해 미신들이 죽었으며, 세상에는 자유에 대한 소망이 생겨났다. 그리스도를 아는 지식으로 인해 세상은 맹목적인 증오에서 자유로워졌으며, 평화와 행복과 고귀함이 생겨났다. 주님께서는 평화의 왕이시다. 그분을 제시하면서 우리는 선한 세상에 대한 소망을 투영한다.

나는 복음을 전할 때에 심지어 히틀러, 스탈린, 마오, 빈 라덴과 같은 독재자들과 그들의 하수인들이 하나님의 자녀로서 복음을 들을지도 모른다고 생각할 때가 많다. 복음은 이들을 구원하고 세상을 구원할 수 있다. 성경에 나타난 하나님께서는 사랑이시다. 세상이 이와 같은 하나님, 즉 예수 그리스도와 같은 하나님을 믿는다면 세상은 얼마나 놀라운 곳이 되겠는가!

모세가 불타는 가시떨기 나무를 본 후에 그는 시내산으로 가서 십계명을 받았으며, 계명 중 어느 것에도 협박적인 조항이 달리지 않았다. 예수께서도 제1계명과 신명기 6장 5절을 인용하셨다: "너는 마음을 다하고 성품을 다하고 힘을 다하여 네 하나님 여호와를 사랑하라." 이 말씀은 가장 놀라운 생각이다. 그분은 하나님이심에도 불구하고 사랑받길 원하셨다!

하나님께서는 모세에게 먼저 자신의 성품을 계시하셨다. 그분은 다음과 같이 말씀하셨다: "내가 애굽에 있는 내 백성의 고통을 정녕히 보고 그들이 그 간역자로 인하여 부르짖음을 듣고 그 우고를 알고 내가 내려와서 그들을 애굽인의 손에서 건져내고"(출 3:7-8). 왜 하나님께서는 이렇게 하시길 원하셨는가? 그분은 '내 백성'에 관하여 말씀하셨다. 내 백성이라니! 애굽의 신들을 경배했던 자들에게 말이다! 참으로 말로 설명할 수 없는 부분이다. 이 외에도 그분은 너무나 크셔서 그들 모두를 포용하셨다.

신명기 7장 7절의 말씀을 보면 마음이 따뜻해진다: "여호와께서 너희를 기뻐하시고 너희를 택하심은 너희가 다른 민족보다 수효가 많은 연고가 아니라 너희는 모든 민족 중에 가장 적으니라 여호와께서 다만 너희를 사랑하심을 인하여." 하나님께서는 그들을 사랑하셨다. 왜인가? 그것은 그분이 사랑하셨기 때문이었다.

하나님은 그러한 분이시다. 이스라엘은 후에 반항적이고 다루기가 어려우며 그분을 크게 괴롭게 함이 입증되었다. 그럼에도 불구하고 그들이 하나님을 가장 괴롭게 해 드렸을 때조차도 하나님께서는 "내가 무궁한 사랑으로 너를 사랑하는고로 인자함으로 너를 인도하였다"고 말씀하셨다(렘 31:3). 하나님께서 우리에게 진리를 전달하길 원하셨을 때 그분은 일반적으로 행동으로 이를 보이셨다. 하지만 이 구절에서 하나님께서는 긍휼을 선언하신다. 이는 마치 그분께서 그렇게 말씀하실 수밖에 없는 것처럼 보인다.

그럼에도 불구하고 하나님께서는 또한 행동으로 보이셨다. 그분은 애굽을 향하여 창조의 능력을 풀어 놓으셨다. 모세는 "가시떨기 나무 가운데 거하시던 자의 은혜"란 말로 이를 표현했다(신 33:16). 이는 무서운 장면이었지만, 이는 또한 하나님께서 무지와 압제의 세상에 대하여 은혜 베푸심을 입증했다.

진정한 사랑은 이기적이지 않으며 유익을 구하지 않는다. 마치 태양이 악인과 의인에게 빛을 비추듯이 하나님께서는 모든 사람에게 사랑을 부으신다. 태양빛에는 아무런 느낌이 없지만 하나님의 사랑에는 무한한 깊이의 감정이 있다. 복음 전도는 사람들이 호의적이든 아니든 상관없이 이런 하나님의 사랑을 보여 준다. 그 어떤 것도 그분을 물리치지 못하며, 심지어 십자가에 죽으셔도 물리치지 못한다. "자기 사람들을 사랑하시되 끝까지 사랑하시니라"(요 13:1).

하나님의 성품은 변할 수 없다. 구원의 책인 출애굽기에서 그분은 "내가 …하리라"(I will)라는 말씀을 92회나 사용하셨다. 이 말의 본래 의미는 결심을 암시하지만 성경에서는 "내가 …원하노라"(I want)라는 바람(desire)을 암시한다. 이사야서 40~60장에서 하나님께서는 동일한 단어를 46회나 사용하신다. 이 장들에서 또 다른 표현이 함께 나오는데, 그것은 "나"(I)이며, 126회나 사용하시고, 그분의 변함없는 성품을 주장하신다. 그분은 "내가, 나"(I, even I)라고 표현하실 때가 가끔 있다. 이는 자신의 신실하심을 선포한다. 그분은 모세에게 "나는 스스로 있는 자이니라"(출 3:14)고 말씀하셨으며, 이사야서에서 이를 더욱 분명히 하셨다: "나는 여호와라 다른 이가 없느니라"(사 45:6).

우리는 하나님을 어느 곳에서나 영원히 선포할 수 있다. 그분은 자신에 관하여 말씀하신 그대로이시다. 그분은 변하지 않으신다. 그분은 자신에게 신실하시며, 자신이 스스로 계시한 말씀에 충실하시다. 예수도 마찬가지이다. 사랑이 많으시며, 병을 고치셨고, 우리를 위해 죽으시고 죽은 자 가운데서 살아 나신 어제의 예수, 갈릴리의 예수, 예루살렘의 예수도 "내가, 나"(I, even I)라고 말씀하셨다. 오직 예수께서는 한 분이시며, 복음의 예수이시고, 그분은 구원하시며, 고치시며, 죽으셨다가 불멸의 생명으로 부활하셨다. 우리가 더 이상 긍휼히 여기지 못하시는 예수를 전한다면 우리는 다른 예수를 전하는 것이다. 그렇다면 왜 우리는 그런 예수를 전해야만 한단 말인가? 우리가 전하는 예수는 "어제나 오늘이나 영원토록 동일"하신 분이시다(히 13:8). 성경에 나오는 예수를 전하라!

"예"와 "아멘"

바울은 고린도 교인들에게 구약성경의 약속들이 그리스도 예수 안에서 "예"와 "아멘"이 된다고 말했다(고후 1:20). 이는 이스라엘에게 주어진 언약의 약속이었지만, 우리 모두를 위해 이를 승인하신 분은 그리스도셨다. 바울은 에베소의 장로들에게 자신이 "하나님의 뜻을 다" 전했다고, 즉 하나님의 말씀을 다 전했다고 말했다(행 20:27). 그의 말은 하늘에서 영원히 정해진 하나님의 "내가 …하리라"(I will)였다.

"내가 …하리라"는 말은 신랑과 신부를 연합시켜 준다. 하나님의 "내가 …하리라"는 우리 모두에게 해당되는 말씀이다. 하나님은 이스라엘에게 "너를 지으신 자는 네 남편이시라"고 선언하셨다(사 54:5). 하나님께서 "내가 …하리라"고 말씀하실 때에 그 어느 것도 그분의 목적에서 그분을 바꿀 수 없다. 하나님께서는 "내가 내 신을 만민에게 부어 주리니"(I will)라고 말씀하셨으며, 지금도 모든 불신과 반대에도 불구하고 그렇게 하고 계시다.

주님께서는 "내게 오는 자는 내가 결코 내어 쫓지 아니하리라"고 말씀하셨으며(요 6:37) 결코 내쫓지 않으셨다. 그분은 자신의 명성과 명예 그리고 성품을 거셨다. 아브라함과 언약을 맺으실 때에도 "가리켜 맹세할 자가 자기보다 더 큰이가 없으므로 자기를 가리켜 맹세" 하셨다(히 6:13). 우리는 안전하다!

그분의 기질(disposition)은 그분의 성품과 일치한다. 기질은 한 개인의 성품이다. 그분의 성품은 어떤 것인가? 시편 기자는 "주의 앞에는 기쁨이 충만하고 주의 우편에는 영원한 즐거움이 있나이다"라고 말했다(시 16:11). 하나님의 기질은 기쁨과 풍성한 행복이다. 그분은 기쁨의 영으로 영원히 샘솟는 샘물이시다.

예수께서는 농부와 아내와 품꾼의 언어를 사용하셨다. 그래서 사람들은 그분의 말씀을 들었다. 주님께서는 심오한 내용을 상상력이 풍부한 언어로 말씀하셨으며, 사람들은 미소를 지을 수밖에 없었다.

우리의 세상을 만드신 하나님께서는 세상을 만드실 때에 기쁨에 넘치셨다. 들의 나무들은 바람에 춤을 춘다. 하나님께서는 놀고 있는 동물들로 익살맞은 행동을 하게 하신다. 코끼리, 기린, 오리, 고양이, 다람쥐, 원숭이들이 그렇다! 그분의 세상은 색깔과 기쁨과 흥분과 놀람으로 가득하다. 나는 성경이 간단하게 "또 별들을 만드시고"라고 언급했다는 사실을 알았다(창 1:16). 마치 평범한 몸짓으로 그렇게 하신 것처럼 말이다.

나의 하나님은 재미있는 놀람으로 가득한 바다와 같다. 사라는 "하나님이 나로 웃게 하시니"라고 말했으며(창 21:6), 하나님께서는 그때 이후로 사람들로 웃게 만드셨다. 그러나 하나님을 잘못 표현할 때도 많다. 예수께서 "네 주인의 즐거움에 참예할찌어다"(마 25:21, 23)라고 말씀하셨음에도 불구하고 예배자들은 교회에 들어올 때에 미소를 꺼 버릴 때가 너무나 많다.

하나님을 행복하게 하는 것은 무엇인가? 그분은 언제나 행복하시지만 예수는 "이와 같이 죄인 하나가 회개하면 하나님의 사자들 앞에 기쁨이 되느니라"라고 말씀하셨다(눅 15:10). 성경은 천사들이 기뻐하는 것이 당연하기에 그들이 기뻐한다고 말하지 않는다. 기쁨은 "사자들 앞에" 있다. 하나님의 천사들은 그분께서 기뻐하시는 것을 본다.

예수가 바라시는 바 대로 우리가 그렇게 될 때에, 즉 사람을 낚는 어부가 될 때에 하나님께서는 "잘 하였도다 착하고 충성된 종아 … 네 주인의 즐거움에 참예할찌어다"라고 말씀하실 것이다. 하나님이 세상에 대하여 가지고 계신 관심과 그분의 즐거움에 동참하라. 마귀가 우리에게 던지는 모든 어려움에도 불구하고 날마다 우리 삶에는 수많은 기쁨과 즐거움이 있다. 하나님은 언제나 승리자이시고, 그분은 우리와 함께 하시며, 우리가 그분을 알 때에 우리도 그렇다.

— 질문 —

1. 하나님께서 그분의 계획을 바꾸시면서까지 우리의 말에 반응하신다면, 그분은 어떻게 변함이 없으신가?
2. 우리가 하나님께 영향을 미칠 수 있는 방법들을 당신은 생각해 낼 수 있는가?

13 우리가 알아야 할 것

"다 나를 앎이니라" (렘 31:34).

> 하나님이 없다면 우리는 바람에 흩날리는 휴지 조각처럼 끊어져 버린다. 하나님께서는 우리 자신을 위해서가 아니라 자기 자신을 위하여 우리를 만드셨다.

하나님이 없다면 우리의 삶은 아무런 의미가 없다. 그분을 아는 것이 전부이다. 하나님이 없다면 우리는 바람에 흩날리는 휴지 조각처럼 끊어져 버린다. 하나님께서는 우리 자신을 위해서가 아니라 자기 자신을 위하여 우리를 만드셨다. 그분은 난파자 로빈슨 크루소처럼 우리를 이 세상에 떨어뜨리시고 우리를 버리신 채 망각하지 않으셨으며, 우리가 할 수 있는 최선을 다해 이 문제를 해결하도록 버려두지 않으셨다.

웨스트민스터 교리문답은 "인간의 최우선 목적은 하나님을 영화롭게 하고 그분을 영원히 즐거워하는 것"이라고 말한다. 즐거움이 이 꾸러미 안에 들어 있지만, 하나님은 우리의 이기적인 즐거움이나 안일함을 위해 존재하지 않으신다. 우리가 그분을 위해 존재한다. "만물이 다 그로 말미암고 그를 위하여 창조되었고" (골 1:16). 이것은 쌍방향의 과정이며, 우리에게 기쁨을 줄 것을 기대하는 동역의 관계이다.

사랑과 기쁨의 하나님

하나님을 경험하기 전에는 하나님을 안다는 것이 어떤 것인지 알지 못한다. 그럼에도 불구하고 우리는 두려워할 필요가 없다. 시편 기자는 우리가 불쾌함을 경험하지 않을 것이라는 확신을 준다: "너희는 여호와의 선하심을 맛보아 알찌어다"(시 34:8).

하나님을 아는 것은 영적 여정의 시작이며 끝이다. 우리는 그분 안에서 시작해서 그분 안에서 끝난다. 마가복음의 첫 구절은 예수 그리스도께서 복음 그 자체라는 것을 선포한다. 그분의 하신 일이 아니라 예수가 복음이시며, 그분의 '유용성'이 아니라 그분 자체가 복음이시다. 그분은 "하나님이 우리와 함께 계시다"는 뜻의 '임마누엘'이시다(마 1:23). 우리가 이 외에 더 이상 무엇을 구하겠는가?

그분의 강림은 모든 것이며, 그분이 없으면 모든 것의 앞뒤가 안 맞는다. 그분은 모든 사건 중에 절정의 사건이다.

예수는 이 땅에 내려오셔서 인간과 하나님 사이의 장벽을 깨셨고 사랑받지 못하는 자들에게 다가오셨다. 그분이 오심으로 인간의 가치는 무한대로 상승했다. 우리는 하나님께서 만드신 피조물 가운데 가장 고귀한 존재이다. 왜냐하면 우리를 위해 하나님께서는 자기 아들을 희생하셨으며, 그분은 기꺼이 우리를 위해 자신을 드리셨다. 하나님께서는 "그 큰 사랑"을 우리에게 부으셨다(엡 2:4). "그 큰 사랑"은 감정이 아니라 한 인격이신 그분의 아들이셨다. 하나님은 그분을 통해, 그분과 함께 우

> 하나님께서는 "그 큰 사랑"을 우리에게 부으셨다. "그 큰 사랑"은 감정이 아니라 한 인격이신 그분의 아들이셨다. 하나님은 그분을 통해, 그분과 함께 우리를 사랑하셨다.

리를 사랑하셨다. 우리가 이 외에 무엇을 구할 수 있으며, 우리의 삶에 예수를 영접하는 것보다 더 큰 찬사를 그분께 드릴 수 있겠는가? "사람이 무엇이관대 주께서 저를 생각하시며 인자가 무엇이관대 주께서 저를 권고하시나이까"(시 8:4).

그러나 너무나 인상적인 것은 단순히 주님께서 우리의 비천한 삶의 현장으로 내려오셨다는 데 있지 않고 그분이 오셔서 무엇을 하셨는가 하는 것이다. 그로 인해 겹겹이 황금 위에 황금이 더해졌다. "우리가 참된 자 곧 그의 아들 예수 그리스도 안에 있는 것이니 그는 참 하나님이시요 영생이시라"(요일 5:20). 성경은 이를 '화목'이라 부른다(고후 5:19). 그것은 우리의 어떤 행위에 관한 것이 아니라 하나님께서 친히 주도권을 취하신 결과이다: "우리를 자기와 화목하게 하시고"(고후 5:18). 놀라운 사실은 우리가 그분과 원수 되고 "아직 죄인되었을"(롬 5:8) 때에 이렇게 하셨다는 것이다. 예수께서는 경건한 자가 아니라 경건치 않은 자를 구원하러 오셨다. 하나님의 깊이를 우리는 측량할 수 없다. 그분의 놀라운 차원은 그분께서 우리와 함께하시려고 영광의 자리에서 내려오셨으며 그 모든 것을 수용하셨다는 사실에서 분명하다.

그리스도께서 이 땅에 오시기 전에 구약성경이 경건하게 말한 바를 살펴보도록 하자: "주의 앞에는 기쁨이 충만하고 주의 우편에는 영원한 즐거움이 있나이다"(시 16:11), "주께서 내 마음에 두신 기쁨은 저희의 곡식과 새 포도주의 풍성할 때보다 더하니이다"(시 4:7), "너는 마음을 다하고 성품을 다하고 힘을 다하여 네 하나님 여호와를 사랑하라"(신 6:5), "하나님이여 사슴이 시냇물을 찾기에 갈급함 같이 내 영혼이 주를 찾기에 갈급하니이다"(시 42:1), "내 마음과 육체가 생존하시는 하나님께 부르짖나이다"(시 84:2). 모세는 "주의 영광을 내게 보이소서"(출 33:18)라고 기도했으며, 하나님께서는 아브라함에게 "나는 너의 … 지극히 큰 상급이니라"(창 15:1)고 말씀하셨다.

하나님께서는 모세에게 그분을 보도록 허락하셨지만 그분의 얼굴은 허락하지 않으셨다(출 33:23). 신약성경에서 요한 사도는 "말씀이 육신이 되어 … 우리가 그 영광을 보니"라고 말했다(요 1:14). 임종의 자리에 있는 자들을 위한 위대한 약속은 저들이 "그의 얼굴"을 볼 것이라는 것이었다(계 22:4). 산 자를 위한 약속은 마음이 청결한 자는 "하나님을 볼 것"이라는 것이다(마 5:8). 사도들은 예수를 보았지만 베드로는 이런 특권을 누리지 못한 자들에게 "보지 못하나 믿고 말할 수 없는 영광스러운 즐거움으로 기뻐하니"라고 편지했다(벧전 1:8). 바울은 "이는 내게 사는 것이 그리스도니"라고 썼다(빌 1:21). 그는 "모든 것을 해로 여김은 내 주 그리스도 예수를 아는 지식이 가장 고상"하기 때문이라고 했다(빌 3:8). 요한이 "우리가 그 영광을 보니 아버지의 독생자의 영광이요 은혜와 진리가 충만하더라"라고 썼을 때에 그가 말하고 있는 분이 누구신지를 즉각적으로 보여 준 것에 대해 감사해야만 한다. 왜냐하면 은혜와 진리는 출애굽기 34장 6~7절에서 모세에게 보여 주신 하나님에 대한 두 가지 위대한 선언이기 때문이다.

우리는 이 진리에서 한 발이라도 움직여서는 안 된다. 그것은 우리의 궤도의 중심이다. 그리스도는 처음이요 나중이시다. 주님께서는 길이요 목적지이시다. 우리는 죄인이고, 그리스도께서 우리를 구원하시기 위해 우리의 죄를 위해 죽으셨다는 가르침은 참되다. 그러나 그것은 정보이며, 이를 믿는 것은 지적 행위이다. 그럼에도 불구하고 "마음으로 믿어 의에" 이른다(롬 10:10). 믿음은 행위이며, 태도이고 결단이다. 우리는 어떤 개념을 믿거나 우리가 한 어떤 행위로 인하여 구원받지 않고 주님께서 행하신 것을 믿음으로써 구원받는다. 구원하시는 분은 예수이시다! 나아가 주님께서는 우리가 그분을 알도록 하기 위해 우리를 구원하신다.

복음은 용서로 시작하지만 이것이 끝이 아니다. 이제는 길이 열려서 우리는 "그리스도의 피"로 가까워졌다(엡 2:13). 하나님께로 말이다. 구원의 목적은 하나님과의 교제이다. 우리는 유명인을 알기만 해도 자랑스러워한다. 그러나 그리스도를 안다는 것은 왕족을 아는 것 이상이다. 수많은 사람들이 그리스도를 위해 모든 것을 포기했으며, 심지어 자기의 목숨까지도 버렸다. 그분을 아는 것은 모든 것이다.

"작은 자로부터 큰 자까지 다 나를 앎이니라"(렘 31:34). 이는 선지자 예레미야를 통해 하신 하나님의 말씀이다. 에스겔서에도 주 하나님을 알라는 말씀이 70회나 들어 있다. 출애굽기에는 일곱 번이나 반복해서 나온다. 하나님과의 개인적인 관계는 모든 경험 중에서 가장 축복된 것이며, 우리의 가장 깊은 본능과 갈망을 채워 준다.

예레미야는 다음과 같이 예언했다: "지혜로운 자는 그 지혜를 자랑치 말라 용사는 그 용맹을 자랑치 말라 부자는 그 부함을 자랑치 말라 자랑하는 자는 이것으로 자랑할찌니 곧 명철하여 나를 아는 것과"(렘 9:23~24). 하나님을 아는 것은 비할 수 없는 기독교의 경이이다. 거기에는 겨룰 자가 없다. 어떤 다른 경전에도 이런 말은 없다. 그것은 먼 미래에 대한 약속이 아니라 바로 오늘 경험할 수 있는 약속이다. 하나님을 아는 것은 곧 영생이다: "영생은 곧 유일하신 참 하나님과 그의 보내신 자 예수 그리스도를 아는 것이니이다"(요 17:3). "그는 참 하나님이시요 영생이시라"

(요일 5:20).

히브리어 성경에는 '임재'란 말이 없다. 대신에 '얼굴'이란 말이 사용되었다. 히브리어는 추상적이기보다는 구체적인 표현을 사용한다. 바로는 모세에게 "다시 내 얼굴을 보지 말라"고 말했다(출 10:28). 하나님의 얼굴을 뵙는 것은 하나님의 임재하심을 안다는 것을 의미한다.

신약성경은 하나님의 임재 앞에 있다는 말을 한다. "하나님께서 예수 그리스도의 얼굴(임재)에 있는 하나님의 영광을 아는 빛을 우리 마음에 비춰셨느니라"(고후 4:6). "그의 얼굴을 볼터이요"(계 22:4)―이 말은 그분의 임재 앞에 있다는 뜻이다.

복음 전도의 목적

복음 전도의 목적은 바로 이것이다. 그것은 표적이나 기사를 보이는 것이 아니다. 축사와 치유에 있어서 하나님의 자비가 아무리 크더라도 최우선 목적은 사람들로 하여금 주님을 알도록 하는 것이다. 우리는 기적을 믿더라도 예수를 안 믿을 수 있다. 우리의 집회 가운데 일어나는 능력을 통해 우리는 사람들로 "와!"라고 말하게 하는 것이 아니라 "오, 주님, 저는 당신을 알고 싶습니다. 저를 구원하소서"라고 말하도록 해야 한다. "예수를 너희가 보지 못하였으나 사랑하는도다 이제도 보지 못하나 믿고 말할 수 없는 영광스러운 즐거움으로 기뻐하니"(벧전 1:8).

우리가 주님의 가르침을 좇는다면 우리는 언제나 주님께로 돌아간다. 그분은 자신이 가르치신 내용과 같으시다. 주님께서는 우리가 일생 동안 좇아가야 할 지도를 주시고 결국 '하나님의 종착지'에 도달하도록 하시지 않는다. 주님께서는 "내게로 오라 … 내가 곧 길이요"라고 말씀하셨다. 성경은 하나님에 대하여 추상적인 개념을 말하지 않는다. 하나님께서는 그리스도의 살아 있는 육체를 통해 우리에게 나타나신다.

수천 년 동안 성경이 없었던 시절이 있었으며, 교회도 전도자도 없었고, 하나님은 단지 소수의 사람들에게 알려졌었다. 이스라엘도 수백 년 동안 제사장들을 통해 단지 주님을 간접적으로 알 뿐이었다. 가족들은 예물을 들고 예루살렘을 향해 순례의 길을 떠났지만 제사장들이 중개자였다. 욥도 "내가 어찌하면 하나님 발견할 곳을 알꼬 그리하면 그 보좌 앞에 나아가서"라고 말했다(욥 23:3).

역대기에는 족보가 나온다. 야베스라는 사람은 "그 형제보다 귀중한 자"였고 그는 "이스라엘 하나님께 아뢰"었다(대상 4:9~10). 선지자들이 자주 하던 불평은 백성들이 주님을 부르지 않는다는 것이었다. "여호와께서 하늘에서 인생을 굽어 살피사 지각이 있어 하나님을 찾는 자가 있는가 보려 하신즉 다 치우쳤으며 함께 더러운 자가 되고 선을 행하는 자가 없으니 하나도 없도다"(시 14:3).

> 우리는 신학자가 아니며 그리스도를 변호하는 변호사도 아니다. 주님께서는 피고가 아니시다. 그분은 하나님이시다! 우리는 그분을 증거한다.

이것이 우리의 상황이다. 우리는 신학자가 아니며 그리스도를 변호하는 변호사도 아니다. 주님께서는 피고가 아니시다. 그분은 하나님이시다! 우리는 그분을 증거하며, 사실 바울이 말한 대로 증거(testify) 이상의 일은 하는 '하나님의 대사'이다. 우리가 예수를 높이면 교리나 명증(evidence)은 도전을 받을지 모르지만 증거(testimony)는 반론의 여지가 없다. 모든 사람이 다 생각할 수는 없지만 믿을 순 있다. 심지어 죽어 가는 사람도 그렇다. 사랑하는 자의 손을 잡을 수 있듯이 사람들은 예수의 손을 잡을 수 있다.

주님을 안다는 것은 일련의 새로운 개념을 받아들이는 것이 아니라 개념을 바꾸는 것이다. 개념을 바꿀 때 완전히 다른 인생의 창문이 열리기 때문이다. 그리스도를 영접하면 모세의 얼굴처럼 우리의 얼굴이 빛이 난다. 우리는 "이 보배를 질그릇에" 갖고 있다(고후 4:7). 이는 기드온을 돌아보게 만든다. 그는 소수의 군대를 만들어 그들을 무장시키되 단지 질그릇 안에 횃불을 넣도록 했다. 신호가 떨어지자 그들은 질그릇을 깨고 횃불을 흔들어 적군을 속였다. 적들은 당황하여 대군이 모집되었다고 생각했다. 우리는 진흙으로 만들어진 보잘것없는 피조물이지만 그리스도의 불꽃이 우리의 마음속에서 불탄다. 전도서는 "항아리가 샘 곁에서 깨어지고"라고 말한다(전 12:6). 그럴 경우에 우리의 빛은 별보다 더 밝게 빛난다. 이 땅에서의 인간의 수고가 아무리 놀랍다 할지라도 이와 같은 결과를 만들 수는 없다. 그것은 '우리 안에 계신 그리스도 곧 영광의 소망' 때문이다(골 1:27).

다소의 사울은 스데반이 성령의 능력으로 복음을 전하는 것을 들었다. 그는 그의 머리에 돌이 부딪히고 금 그릇이 깨지는 것을 목도했다. 그러나 스데반의 영광은 병아리를 습격하는 여우처럼 광분하고 상해(傷害)의 살기를 품은 사울과 이어져 있다. 그런 뒤에 그리스도의 영광으로 그는 다메섹 도상에서 눈이 멀었다. 그가 다시 시력을 되찾았을 때 그는 자신이 "예수 그리스도의 얼굴에 있는 하나님의 영광"을 보았음을 알았다. 하지만 그는 그 영광을 먼저 스데반 안에서 보았다: "공회 중에 앉은 사람들이 다 스데반을 주목하여 보니 그 얼굴이 천사의 얼굴과 같더라"(행 6:15).

오랜 세월 동안 모든 나라들은 미신 가운데 살면서, 이스라엘이 주님을 알게 되기까지 우상을 섬기고, 해와 달과 강과 별을 숭배했다. 로마, 헬라와 같은 문명이 일어났지만 그들의 논리의 사다리는 너무 짧아서 하나님께 도달할 수 없었다. 이성은 하늘에 오르지 못한 바벨탑이었다. 2,000년 동안 하나님에 대한 무지는 계속되었으며, 아브라함이 주님을 발견한 후에도 그러했다.

자그마한 이스라엘 땅은 남북으로 호두까기 인형과 같은 강대국의 이빨 사이에 끼여 있었다. 그럼에도 불구하고 이스라엘은 한 가지 이유로 생존했다. 그것은 하나님께서 세계에서 가장 놀라운 비밀, 즉 주님을 아는 지식을 그들에게 주셨기 때문이었다. 이스라엘은 결국 유럽으로 흩어져 버리고 말았지만 "물이 바다를 덮음 같이 여호와를 아는 지식이 세상에 충만할 것임이니라"는 약속은 여전히 남아 있었다. 이제 그 약속이 성취되고 있다. 지금 주님을 아는 지식이 모든 대륙의 해변에 다가오는 파도처럼 전진하고 있다.

우리는 이스라엘을 통해서만 주님을 안다. 어느 누구도 신을 신뢰하지 않았으며, '소망'은 늙은 여인의 감상(感傷) 정도로 무시되었다. 오늘날 하나님에 대한 찬양은 결코 끊이지 않는다. 그리스도가 오시기 전에는 이스라엘의 여기저기서 소수의 사람들만이 주님과 친밀하였으며, 다음과 같은 그들의 이름이 성경에 기록되어 있다: 노아, 아브라함, 요셉, 모세, 다윗. 그들 중에 기적을 본 사람은 거의 없으나 그들은 하나님을 신뢰했다. 이스라엘의 국가 지도자였던 에스라는 이 위대한 영혼 중에 한 사람이었다. 그는 바벨론 포로에서 풀려난 50,000명의 군중을 이끌고 나왔으며, 그들은 엄청난 재물을 가지고 5개월간의 여정에 나섰으나, 그곳은 독군(warlords)들이 지나가는 상인들을 정기적으로 약탈하던 곳이었다. 그러나 에스라는 하나님께서 자신들을 돌보실 것이라고 말하면서 군대의 호송을 거절했다. 그리고 하나님께서는 그렇게 하셨다.

에스라는 하나님의 음성을 한 번도 듣지 못했고, 환상이나 꿈도 전혀 보거나 꾸지 않았다. 그는 기적을 보지 못했고, 초자연적인 경험도 하지 못했다. 하나님에 대한 그의 믿음은 성경에서 그분에 대해 그가 읽은 것에 온전히 기초하였다. 이 드라마는 사람과 재물이 예루살렘에 무사히 도착함으로 끝이 나며, 우리에게 하나님의 보호하심에 대한 역사적 실례를 보여 준다.

에스라 이전에 예레미야는 다음과 같이 예언했다: "내가 이스라엘 집에 세울 언약은 이러하니 곧 내가 나의 법을 그들의 속에 두며 그 마음에 기록하여 나는 그들의 하나님이 되고 그들은 내 백성이 될것이라 그들이 다시는 각기 이웃과 형제를 가리켜 이르기를 너는 여호와를 알라 하지 아니하리니 이는 작은 자로부터 큰 자까지 다 나를 앎이니라 내가 그들의 죄악을 사하고 다시는 그 죄를 기억지 아니하리라 여호와의 말이니라"(렘 31:33~34).

구약성경에서 우리는 각 개인의 악에 대한 이야기를 거의 듣지 못한다. 아들들은 아비의 죄악을 짊어졌으며, 그들은 가족과 지파 혹은 전체 종족으로서 서기도 하고 넘어지기도 했다. 아간의 죄는 몇 세대에 걸쳐 그 자신의 가족과 유다 지파 전체에 죄의 오명을 남겼으며, 급기야는 다른 지파들이 유다 지파에서 떨어져 나갔다. 그들은 예루살렘과 유다를 떠나 자기 자신만의 종교 시스템을 만들었고, 하나님이 아닌 우상들로 대신했다. 이로 인해 그들은 결국 역사의 페이지에서 제거되었고, 시간의 도가니에서 사라지게 되었다.

하나님은 이스라엘을 언약 백성으로 택하셨지만 그들은 자신이 원하는 대로 행하기 위해 언약의 뒤로 숨었다. 마치 언약을 통해 악을 저지를 자유를 얻은 것처럼 말이다. 그들은 제사장과 성전의 종교적 의식은 계속 유지했다. 하지만 하나님의 선지자는 "주께서 가라사대 이 백성이 입으로는 나를 가까이하며 입술로는 나를 존경하나 그 마음은 내게서 멀리 떠났나니"라고 말했다(사 29:13).

그런 뒤에 하나님께서는 에스겔을 통해 말씀하셨다. 그분은 하나님께서 앞으로 전체 언약의 백성뿐만 아니라 각 개인을 다루시겠다고 선언하셨다. 하나님은 아비의 죄로 인하여 자녀를 벌하지 않으시고 "범죄하는 그 영혼이 죽으리라" 말씀하셨다(겔 18:4).

이로 인하여 상황이 바뀌었다. 오늘날 우리는 궁극의 상황에 처해 있다: "볼찌어다 내가 문밖에 서서 두드리노니 누구든지 내 음성을 듣고 문을 열면 내가 그에게로 들어가 그로 더불어 먹고 그는 나로 더불어 먹으리라"(계 3:20). 선지자 요엘도 개인을 지목했다. 그는 다음과 같이 예언했다: "내가 내 신을 만민에게 부어 주리니 너희 자녀들이 장래 일을 말할 것이며 너희 늙은이는 꿈을 꾸며 너희 젊은이는 이상을 볼 것이며 그 때에 내가 또 내 신으로 남종과 여종에게 부어 줄 것이며"(욜 2:28~29).

니고데모는 예수를 이스라엘을 구원하실 수 있는 분으로 보았다. 그러나 이스라엘은 전쟁 군주가 아닌 죄로부터 구원할 구원자가 필요했다. 세례 요한도 "천국이 가까왔느니라"고 전파했다(마 3:2). 요한은 죄는 개인의 문제라는 것을 알았다. 그래서 그는 죄의 회개와 씻음을 위해 요단강에서 수많은 자들에게 세례를 베풀었다. 그럼에도 불구하고 강물로는 죄를 씻을 수가 없었다. 하나님은 차가운 물이 아닌 불과 성령으로 세례를 줄 누군가가 올 것이라는 새로운 메시지를 그에게 주셨다. 예수는 니고데모에게 "물과 성령으로" 나야만 한다고 말씀하셨다(요 3:5).

한 국가는 개인으로 이뤄진다. 한 국가가 거듭나기 위해서는 그 국민이 거듭나야만 한다. 국민이 예배하기를 그만두었을 때 국가는 그 대가를 치른다. 현재 이 책을 쓰고 있는 동안에 영국 정부는 범죄에 대항할 극적인 법안을 도입하고 있다. 현재 영국의 범죄는 1950년보다 50배나 늘었다. 정부는 그 원인을 제거해야만 한다고 말한다. 그래, 좋다. 그러나 사실은 그 무엇보다도 그들 자신이 원인이다. 지금까지 그들의 법은 절대적인 기독교의 원리 대신에 느슨한 자유주의와 '정치적으로 타당한' 기준 위에 그 기초를 두었다.

전 세계의 사람들은 자신을 위해 하나님을 알아야만 한다. 그들은 교회에서의 경험이 아니라 하나님을 경험해야만 한다. 그들은 교회 제단에서 불이 타오르는 것을 볼 필요가 없다. 오히려 그들 자신의 마음의 제단에서 타오르는 불을 알아야만 한다. 바울은 "마음눈"에 대해 말한다(엡 1:18). 우리는 머리뿐만 아니라 마음으로 '보아야' 한다. 책은 말로 진리를 전하지만, 하나님의 진리는 말보다 깊으며 시보다 깊다. 그것은 인생에서 경험할 수 있는 가장 위대한 것이다.

— 질문 —

1. 이 장은 우리가 주님을 어떻게 알 수 있는지에 대해 무엇을 말해 주는가?
2. 구약성경 가운데 주님을 개인적으로 알았던 두 사람의 이름을 말할 수 있는가?
3. 하나님은 자신의 전능하심으로 왜 죄인을 구원하실 수 없는가?

14 성령의 비밀들

"만군의 여호와께서 말씀하시되 … 나의 신으로 되느니라"(슥 4:6).

이 장은 성령에 관하여 매우 중요한 계시를 담고 있다. 이 계시는 거의 1,900년 동안 교회의 형식에 가려 숨겨져 왔다. 기독교 신앙의 기초는 성령에 있다. 따라서 우리는 그분이 누구시고 어떤 일을 하시는지 알아야만 한다. 성령이 없으면 기독교도 없고, 그분이 없으면 그리스도도 안 계신다. 성령은 예수께서 이 땅에서 하신 역사를 수행하신다. 이것이 바로 기독교이다. 성령은 보너스가 아니라 기본(basic)이다.

성령의 역사는 하나님의 모든 활동 중에 가장 장관을 이루고 현저하다. 그럼에도 불구하고 과거에 사람들은 성령께서 숨어 계시는 비밀스러운 분이라고 생각했다. 그들은 성령에 대하여 우리가 힘들 때에 몰래 들어와 우리를 위로하신다고 생각했고, 가는 길이 더울 때에 우리의 뺨을 식혀 주는 부드러운 산들바람 정도로 생각했으며, 사이드라인에 기다리다가 필요할 경우에 부를 수 있는 임시 도우미 정도로 생각했다.

요한복음이 회자되기 시작했을 때 이로 인해 성령과 성령의 은사에 대한 갈망이 생겨났다. 사도들이 죽은 지 1세기 정도 지났을 때에 몬타누스파 운동이 시작되었다. 이 운동의 가장 위대한 추종자는 퀸투스 터툴리안이었다. 그는 하나님(Godhead) 안에 성령을 포함시킨 신학자였으며, 우리에게 '삼위일체'란 말을 선사했다. 몬타누스파는 하나님을 믿되 성령의 나타남을 믿었으며, 특히 예언을 믿었다. 감독들은 사람들이 예언하는 것에 눈살을 찌푸렸다. 왜냐하면 이로 인해 자신들의 권위가 손상될 것이라 생각했기 때문이다. 결국 몬타누스파는 교회에 의해 정죄를 받고 이단의 목록에 올랐다.

우리는 단지 반대자들이 쓴 글을 통해서만 몬타누스파에 관한 사실을 알 수 있을 뿐이다. 하지만 이들은 성령에 대하여 이해했던 것처럼 보인다. 교회가 몬타누스파를 거부했을 때에 성령에 대한 가르침은 퇴보했다. 몬타누스파의 예언자들의 주장을 제외하기 위해 교회는 오직 사도적 권위를 승계한 신부들(priests)에게만 초자연적인 능력을 행할 권세를 허락했다. 또한 이런 능력은 일곱 가지의 성례에만 한정되었으며, 그 중에는 성찬식의 떡을 그리스도의 몸으로 바꾸고 사죄를 선언하는 능력을 포함한다. 그 이외에 하나님의 능력은 공식적으로 다른 어느 누구에게도 주어지지 않았다. 그러나 극단적인 고난과 박탈, 신체적 고통을 자신에게 가하는 자는 대중에 의해 성자로 여김을 받았으며, 사람들은 그들에게 치유의 능력이 있다고 믿었다. 그리고 치유의 기적은 교회에게 그들이 성자로 인정을 받는 증거가 되었다.

이 시기(A.D. 200년경)부터 이런 반응을 보이면서 예배는 따스함과 흥분을 잃고 형식화되었다. 예배의 열기는 극단주의, 감정주의라는 이름으로 멀리했다. 신체적 반응들은 '열정'(enthusiasm)으로 무시되었다. 이 단어는 어떤 신에 의하여 사로잡힌 헬라의 예배자들을 일컫는 말이었다 [en-은 '안으로'란 접미어이고, thu-는 theos(신)란 단어가 그 어근이다. 따라서 문자적 의미는 '신이 안으로 들어온다'는 의미이다-역주]. 최근에 한 저명한 로마 가톨릭 신자는 '열정'에 반대하는 글을 쓰면서 웨슬리의 집회 장면을 포함시켰다. 그는 성령께서 사람들에게 임하셔서 그분의 능력으로 채우시고 그들로 성전을 삼으시지만, 그들은 단지 부드러운 정적만을 경험하며, 흥분을 경험하지 못할 것이라고 가정했다. 이처럼 믿기 어려운 가정은 성령에 관한 성경의 가르침에 얼마나 무지한지를 잘 보여 주는 한 예이다. 사도들에게 성령이 미치신 영향은 너무나 현저하여, 주변 사람들은 그들이 술에 취했다고 생각했다.

초자연의 자연적 증거

성령을 주장하는 몬타누스파와 거리를 둔 교회는 성령을 광신적 행동과 연관시키면서 성령과 멀어졌다. 교회는 4세기 때까지 신조 중에 성령을 언급하지 않았다. 성령 대신에 하나님의 능력은 '은혜'라 불렸다. 은혜는 구원의 교리에서 역사하는 능력이 되었다. '예수께서 구원하신다'는 메시지를 전파하는 대신에 사람들은 은혜에 대하여 말했고, '은혜로만 구원받는다'고 말했다. '나 같은 죄인 살리신'(Amazing Grace)과 같은 유명한 찬송가에는 하나님이 한 번도 언급되고 있지 않다. 오늘날 대부분의 교회에 있어서 은혜는 전통 신학의 핵심이다.

'부흥'이라 부를 수 있는 사건들은 은혜의 역사로 여겨졌다. 이처럼 하나님의 주권의 신비 속에 일어나는 '은혜'의 사건들은 택하신 자들을 위한 것이라고 믿어졌다. 1904년 웨일즈 부흥은 아마도 은혜보다는 성령의 역사로 인식된 최초의 부흥이었던 것 같다. 이것은 오순절주의 운동의 시작으로 이어졌다.

성령의 중요성에 대해서는 성령에 대한 모독은 용서받을 수 없다고 하신 예수의 말씀에 잘 나타난다(눅 12:10). 그럼에도 불구하고 수 세기 동안 성령은 성당 안에서 느끼는 경외감이나 우리도 잘 알지 못하지만 우리에게 미치는 신비스러운 어떤 영향력과 관련이 있는 신원 불명의 종교적 감정 정도로 여겨졌다. 헤리엇 아우버(Harriet Auber)의 찬송가 '우리의 복된 구속자' (Our blest Redeemer)는 성령을 겸손한 마음 가운데 거하시고 달콤한 영향력을 전달하시는 분으로 말하고 있다. 그분의 부드러운 음성은 저녁 공기처럼 부드러우며, 우리의 모든 생각을 점검하시고, 모든 두려움을 가라앉히신다. 오순절주의자들이 생생한 경험과 기적을 증거하기 전에는 성령을 어떤 잠재해 있는 분위기나 보이지 않는 안내자, 혹은 비밀스럽게 역사하시는 위로자로 보는 낡은 개념이 존속했다.

그렇다면 성령을 어떻게 규명하겠는가? 성부와 성자는 두 분이 하시는 전형적인 역사로 인해 알 수 있다. 성부께서는 창조의 특징(hallmark)을 지니고 계시며, 성자께서는 땅 위에서 사셨다. 물론 두 분 모두 하나님으로서 행하셨다. 성령의 특징은 그분께서 물질 세계에서 활동하신다는 것이다. 그분은 성부와 성자의 뜻인 하나님의 뜻을 행하시는 '하나님의 손' 이나 '하나님의 손가락' 이시며, 이 땅에서 하나님의 능력을 드러내신다. 태초부터 땅과 연결되어 있으시며, 어둡고 공허한 수면 위에 운행하셨다. 그분은 여전히 인간의 공허하고 어두운 부분을 품으시고, 구원과 치유와 기도 응답을 주시며, 또한 우리 가운데 다른 거룩한 활동을 하신다.

성령은 물리적 세계에 나타나시는 하나님이시다. 죽을 육체 가운데 거하시는 영원하신 성령께서는 특별히 몸을 위한 부활의 생명이시다(롬

8:11). 최초로 전한 베드로의 복음에서도 바로 이 사실을 말하고 있다. 베드로는 오순절을 성부께서 약속하신 것의 성취로 선포했다. 물리적 표적은 초자연의 자연적 증거였다.

기독교가 지닌 영적, 물리적 특성은 오랜 세월 동안 잊혀졌었다. 약 100년 전에 수많은 사람들이 성령 세례를 받았고, 수백만의 신자들이 영적, 물리적 경험으로 방언을 말했으며, 이는 초자연의 자연적 증거였다. 그것은 첫 오순절날 일어났던 것과 똑같은 것이었다: "저희가 다 성령의 충만함을 받고 성령이 말하게 하심을 따라 다른 방언으로 말하기를 시작하니라"(행 2:4). 이로 인해 모든 성령의 나타남으로 들어가는 문이 열렸다. 만일 '방언'을 말하는 것이 가능하다면 불가능한 것이 무엇인가?

성령 세례는 새로운 빛을 조명해 주었고 모든 기독교 교리에 새로운 깊이를 더해 주었다. 성령의 은사들에 대해 바울이 사용한 헬라어는 카리스마타(charismata)와 프뉴마티카(pnewmatika)로서, 이는 '은혜로운 것들', '영적인 것들'을 의미한다(고전 12~14장). 모든 은사는 은혜, 즉 하나님의 호의이다. 영과 신체와 관련된 능력의 은사들은 인간의 힘으로 얻을 수 있는 것이 아니다. 만일 그렇다면 그것은 은사가 아닐 것이다. 은사에는 치유, 언어와 관련된 은사들, 지식 혹은 주관적인 은사들이 주를 이룬다.

> 수 세기 동안 교회는 성례를 통해 그리스도인이 되는 능력을 주장해 왔다. 그러나 성경은 오직 성령을 통해서만 그리스도인이 될 수 있음을 보여 준다.

수 세기 동안 교회는 성례를 통해 그리스도인이 되는 능력을 주장해 왔다. 그러나 성경은 오직 성령을 통해서만 그리스도인이 될 수 있음을 보여 준다. 성부, 성자, 성령 성삼위께서는 구원에 관여하신다. 하나님께서는 십자가에서 그리스도 안에 계셨으며, 성령께서는 그리스도께서 이루신 일을 우리에게 전달하심으로 구원을 경험케 하신다. 종교는 시스템이며 영적 공식(formula)이다. 기독교는 영적으로 그리고 물리적으로 나타난 하나님의 능력이다. 그리스도는 "믿음으로 말미암아" 우리 마음에 거하시며, 우리의 몸은 "성령의 전"이다(엡 3:17, 고전 6:19).

하나님께서는 교리나 공식으로 우리를 구원하지 않으신다. 그것은 그리스도의 성령의 개인적인 역사이다. 예수께서는 개인적으로 구원하신다. 그분은 인간과 하나님 사이에 중보로서 자신을 드리셨다. 예수께서 주신 어떤 규례도 우리를 구원할 수 없다. 세례도 우리를 구원하지 못한다. 하지만 "(그를) 영접하는 자 곧 그 이름을 믿는 자들에게는 하나님의 자녀가 되는 권세를 주셨으니 이는 혈통으로나 육정으로나 사람의 뜻으로 나지 아니하고 오직 하나님께로서 난 자들"이다(요 1:12~13).

기독교의 진정한 증인은 성령 충만한 자들이다. 초대 교부였던 이레니우스는 사도들을 '성령을 짊어진 자들'(Spirit bearers)이라고 불렀다. 이는 예수를 따르는 모든 자들에게 해당되어야 한다. 성령만이 신자를 만들 수 있으며, 오직 신자만이 증거할 수 있다. 성령만이 유용한 요소이시며, 그분을 통해 우리는 믿지 않는 자들의 삶에 영향을 미칠 수 있다. 성령께서 오순절날 오시기 전에는 어떤 영향력도 없었다. 이것이 바로 예수께서 말씀하신 바이다: "나를 떠나서는 너희가 아무것도 할 수 없음이라"(요 15:5). 우리의 증거는 두 가지, 곧 우리의 말과 우리 자신이다. 제자들은 복음을 들고 항해하기 전에 먼저 성령을 기다려야만 했다.

오순절날 성령은 그리스도의 부활의 증인으로서 제자들의 삶에 부어졌다. 하지만 그것은 그들에게 용기를 주려고 한 것뿐만 아니라 개인적으로 영향을 미치기 위함이었다. 베드로는 "이 예수를 하나님이 살리신지라 우리가 다 이 일에 증인이로다"고 선포했다(행 2:32). 그리스도께서 죽은 자 가운데 부활하는 것을 본 자는 아무도 없었지만, 한 가지 사실로 인해 120명의 제자들은 참된 증인이라는 자격이 주어졌다. 그들은 성령 충만했다. 그리스도께서는 약속하신 대로 성령을 보내셨고, 이제 모든 사람들은 제자들이 예언하고 방언하는 것을 들었다.

우리는 최초의 증인들과 다를 필요가 없다. 최초의 증인은 "하나님께로서 보내심을 받은 사람이 났으니 이름은 요한"이었다(요 1:6). 그는 그리스도께서 성령과 불로 세례를 줄 것이라고 증거했다. 우리는 성령과 불로 세례를 주는 그리스도 이외의 다른 그리스도를 증거할 권리가 없다. 그분은 찬물로 세례를 주시는 분이 아니시다. 우리의 증거는 물세례 이상의 것이다. 요한은 물로 세례를 주었지만 그는 그리스도께서 불로 세례를 주실 것이라 말했다. 주의 말씀은 이렇다: "사람이 물과 성령으로 나지 아니하면 하나님 나라에 들어갈 수 없느니라"(요 3:5).

예수께서는 성령 없이 사람들이 증거하는 것을 생각조차 하지 않으셨다. 제자들이 핍박을 받을 때에도 주님께서는 "그 때에 무슨 말할 것을 주시리니"라고 말씀하셨다(마 10:19). 그분은 바로 성령이셨다. 전도의 성공은 설득이나 논리 혹은 논쟁에 달려 있지 않고 성령에 달려 있다: "이는 힘으로 되지 아니하며 능으로 되지아니하고 오직 나의 신으로 되느니라"(슥 4:6). 물론 우리의 말이 필요하다. 그것은 성령이 역사하는 도구이다. 하지만 진정한 증거는 성경이 그러하듯이 스스로를 입증한다. 그리스도께서는 부활하셔서 하늘에 오르셨다. 따라서 우리의 메시지와 경험은 이와 일치해야만 한다.

하나님은 이렇게 역사하신다

성부와 성자와 성령은 마치 서로 종이 되고 서로 복종하려고 거룩한 경쟁을 하듯이 일하신다. 그리스도는 하나님의 성령으로 일하셨고, 하나님의 성령은 그리스도의 영이라 불린다. 성부께서는 성령을 보내셨고 또한 예수도 보내셨다. 성자께서 성령을 구하셨기 때문에 성부께서는 성령을 보내셨

> 그리스도는 하나님의 성령으로 일하셨고, 하나님의 성령은 그리스도의 영이라 불린다. 성부께서는 성령을 보내셨고 또한 예수도 보내셨다.

다. 삼위일체 하나님께서는 서로 섬기시며, 모든 그리스도인의 관계와 모든 경우에 있어서 이상적이고도 거룩한 모범이 되신다.

우리가 악한 영을 쫓아내거나 병자를 고칠 때에 삼위 하나님이 성부 하나님의 뜻을 따라 성령을 통해 예수의 이름으로 우리 뒤에 계신다. 예수의 이름 안에 있는 그분의 권세로 우리는 "믿는 우리에게 베푸신 능력의 지극히 크심"을 경험한다(엡 1:19). 그러나 우리는 독립적인 능력이나 권세를 받지 않는다. 언제나 우리 안에서 그리고 우리를 통해 역사하시는 분은 하나님이시며, 오직 그분의 뜻에 따라 이뤄진다. 우리는 우리가 원하는 대로 사용할 수 있는 능력 꾸러미를 받지 않았다. 능력은 우리가 통로로서 하나님께 열려 있고 하나님의 뜻이 영원한 흐름을 따라 우리에게 흘러올 때에 나타난다. 이 시대의 유일한 능력의 사람은 오직 예수 그리스도뿐이다. 우리는 단지 그분의 종일 뿐이다.

성령께서는 자신이 아무것도 할 수 없는 세상을 만들지 않으셨다. 하나님은 창조의 역사에서 자신을 제외시키지 않으셨으며, 문이 잠겨 집 밖에 계시지 않으셨다. 창조의 성령께서는 창조주로서의 권리를 지니고

계시며, 자기 자신의 세계에서 적절하다고 여기는 모든 것을 명령하실 수 있다. 그분은 세상을 기도의 장소로 창조하셨고, 기도가 필요한 곳으로 만드셨기에 기적이 가능한 것이다.

물질세계에서 역사하시는 하나님을 보여 주는 위대한 예는 애굽의 노예 상태에서 이스라엘을 구원하신 것이다. 그때에 바다 한가운데 길이 났었다. 바닷물은 "큰 동풍"과 "주의 콧김"에 의해 벽처럼 쌓였다(출 14:21, 15:8). 히브리어로 바람, 호흡 혹은 영을 나타내는 단어는 루아흐(ruach)이고, 이에 해당하는 헬라어는 프뉴마(pneuma)이다. 예수께서는 성령으로 이적을 행하셨으며, 절대로 다른 방법으로 행하신 적이 없으셨다.

성령은 결코 혼자 일하지 않으신다. 성령은 물리적인 통로를 사용하신다. 하나님의 아들께서 성육신하여 인자가 되시고, 그분께서 요단강에서 세례를 받으실 때에 성령이 임한 후부터 성령은 예수를 통해 그리고 그분과 함께 자유롭게 역사하셨다. 그리스도께서는 성부께서 치유의 역사를 행하셨다고 증거하셨다(요 14:10, 행 10:38). 이는 깨어질 수 없는 법이다. 삼위 하나님은 한 분으로 일하시지만 각 위(Person)는 특별한 역할을 가지고 계시다. 하나님이 역사하시는 방법은 이렇다.

성령은 능력일 뿐만 아니라 사랑의 영이시다. 하나님의 능력은 사랑의 능력이다. 그분이 하시는 모든 일은 사랑의 본성에서 시작된다. 하나님은 사랑이시기 때문에 그분께서 하시는 모든 일은 사랑의 표현이다. 그분의 사역에는 언제나 사랑이 흘러나온다. 권능은 그분의 능력이지만 사랑은 그분의 동기이다. 그분은 우리의 사역이 그분의 사역과 같도록 의도하셨으며, 하나님께서 "성령으로 말미암아 하나님의 사랑이 우리 마음에 부은바" 된 사랑의 원천이 되길 원하셨다(롬 5:5). 이 사랑은 단지 몇 도 상승한 우리 자신의 기질이 아니다. 우리의 연약한 열정은 교만과 자만, 심지어 탐욕과 너무나 쉽게 섞일 수 있다. 따라서 이런 것 대신에 우리는 그리스도로 옷 입고 그분의 성품이 우리 안에서 나타나도록 할 수 있다. 그것은 의도적이고, 의식적이며 지속적인 행위이다.

하나님은 모든 것이 되시지만 우리 자신은 그분의 공식(equation)에 들어가 있다. 예수께서는 우리가 기도하고 주님의 나라와 연관하여 "무엇이든지 원하는대로" 구하라고 말씀하셨다 (요 15:7). 하나님은 우리가 구하는 것을 행하신다. 우리의 의지가 하나님의 목적을 앞지를 수는 없지만, 그분은 자신의 의지를 열어 놓으시고 그것을 그분의 믿는 자녀들의 의지에 묶으셨다: "그 귀는 저희 부르짖음에 기울이시는도다" (시 34:15). 그분의 귀는 그분의 마음과 그분 자신을 의미한다. 주님께서는 우리에게 열려 있으시며 우리가 요청할 때까지 아무것도 결정하지 않으신다. "너희가 무엇이든지 아버지께 구하는 것을 내 이름으로 주시리라" (요 16:23). 만일 하나님께서 모든 것을 미리 정하시고 고정시키셨다면 이 약속은 불가능했을 것이다.

성령의 임재로 감정이 생기긴 하지만 감정은 성령이 아니다. 하나님께서 임하시면 분명히 여러 가지 현상들이 나타날 수 있다. 우리가 친구들의 성품으로 영향을 받듯이—우리는 슬프기도 하고, 웃기기도 하며, 심각해지기도 한다—하나님이 우리에게 다가오시는 특별한 방법에 따라 우리도 하나님에 의해 영향을 받는다. 이때 우리에게 신체적 영향을 전혀 미치지 않으면서 성령이 임하실 수 있다. 그분의 목적은 감정주의가 아니다. 하나님은 우리를 행복하게 만드는 자극제나 마약이 아니다. 하나님은 우리에게 온전한 정신을 주시지만, 마약이나 다른 약물들은 마음을 혼미케 한다. 하나님은 마약도 아니시며 마약이나 혈청 주사제처럼 우리에게 영향을 미치지도 않으신다. 사람들은 기분을 좋게 하기 위해 마약을 하지만 하나님을 통해 그렇게 하려 하지는 않는다.

성령은 주님의 기쁨을 전해 주시며, 그 기쁨은 우리의 힘이다. 기쁨은 성령이 거하실 때에 자연스럽게 나타나는 현상이다. "술 취하지 말라 이는 방탕한 것이니 오직 성령의 충만을 받으라"(엡 5:18). 이 말씀은 우리가 술에 취하는 대신에 성령으로 취해야 한다고 말하지 않는다. 성령의 영향력은 술 취함과 전혀 다르다. 우리는 그분의 성전이지, 그분의 술주정꾼이 아니다. 오순절날 베드로는 "너희 생각과 같이 이 사람들이 취한 것이 아니라"고 말했다(행 2:15). 베드로는 분명히 술 취하지 않았다. 그는 세상을 변화시킬 복음의 메시지를 전했다.

오순절주의와 은사주의의 부흥을 통해 우리는 성령의 능력을 보다 더 분명하게 보았다. 성령의 능력과 비할 다른 능력은 없다. 어떤 이들은 은혜를 하나님에게서 나오는 능력으로 본다. 그러나 만일 원한다면 역동하는 은혜는 성령이라고 말할 수 있다. 성령은 실행에 옮겨진 하나님의 호의이다.

어떤 이들은 하나님 나라의 능력에 대해 이야기하면서 마치 이것이 새로운 발견인 양, 특별하고 더 위대한 능력인 양 말한다. 그러나 그런 것은 없다. 그리스도께서 말씀하시길 **모든** 능력은 그분의 것이고 그것은 성령 안에 거한다고 하셨다.

성령은 그리스도께서 승천하신 이유였다. "내가 떠나가지 아니하면 보혜사가 너희에게로 오시지 아니할 것이요"(요 16:7). 교회는 성령과 그리스도의 승천에 대해 이해가 부족했다. 신학에 있어서 이 분야는 거의 백지 상태였다. 백 년 전에 오순절 운동이 시작되면서 보다 나은 이해가 시작되었다. 그리스도는 물리적으로 성령을 주시기 위해 물리적으로 승천하셨다. 인자이신 그리스도께서는 야곱의 꿈에 나오는 하늘과 연결된 사닥다리처럼 하늘과 땅을 통일하셨고, 하늘에서 인간 남녀를 대표하신다(요 1:51, 창 28:12). 놀라우신 하나님의 성령으로 말미암아 가장 좋은 하늘이 우리 모두를 위해 풀어졌다.

그러므로 "성령의 충만함을 받으라!"

— 질문 —

1. 오랫동안 구원에 관한 가르침 중에서 '빠졌던 요소'는 무엇이었는가?
2. 효과적인 증인이 되기 위하여 필요한 것은 무엇인가?

❋

"너희 마음눈을 밝히사 그의 부르심의 소망이 무엇이며 성도 안에서 그 기업의 영광의 풍성이 무엇이며 그의 힘의 강력으로 역사하심을 따라 믿는 우리에게 베푸신 능력의 지극히 크심이 어떤 것을 너희로 알게 하시기를 구하노라 그 능력이 그리스도 안에서 역사하사 죽은 자들 가운데서 다시 살리시고 하늘에서 자기의 오른편에 앉히사" (엡 1:18~20).

❋

15 하나님이 아무 일도 하지 않으실 때

"아들이 … 아무 것도 스스로 할 수 없나니"(요 5:19).

의사소통

살아 있는 자는 말을 한다. 우리는 서로 의사소통을 하도록 지음을 받았으며, 하나님의 형상대로 지음을 받았다. 하나님은 살아 계신 하나님이시기에 말씀하신다. 반대로 "열방의 우상은 … 입이 있어도 말하지 못하며 눈이 있어도 보지 못" 한다(시 135:15~16).

하나님은 사람을 자기 형상대로 창조하셨으며, 자기와 그리고 다른 사람과의 관계를 형성할 의도를 가지고 우리의 입을 지으셨다. 이는 인간 본성에 있어서 필수적 요소이다. 반대로 동물은 말을 하지 못하고 개인적 관계도 맺지 못한다. "저가 빛 가운데 계신것 같이 우리도 빛 가운데 행하면 우리가 서로 사귐이 있고 그 아들 예수의 피가 우리를 모든 죄에서 깨끗하게 하실 것이요"(요일 1:7). 이 말씀은 구속자 예수의 보혈로 씻음을 받은 교제의 기초가 된다. 세속에서는 경쟁이 교제의 자리를 대신한다.

그러나 의사소통은 말 이상의 것이다. 우리는 친구들에게 "무슨 뜻이야?"라고 종종 묻는다. 친구가 우리에게 진실로 알리고 싶었던 것이 무엇인지 그들의 말만 가지고는 추측할 수 없다. 우리는 친구를 잘 알 때에 그를 더 잘 이해하게 된다. 말은 몸짓이나 표정, 신체 언어(body language)에 따라 달라진다. 미소를 지으면 말이 완전히 달라진다. 우리는 예수께서 웃으셨다는 말씀을 읽어 본 적이 없다. 하지만 주님께서는 물론 미소를 지으셨으며, 이는 자연히 사람들이 주님을 이해하는 데 영향을 미쳤을 것이다. 주님은 나사로의 무덤가에서 우셨고, 이는 말로 표현할 수 없는 무언가를 전해 주었다. 그분의 눈물은 모든 이에게 예수께서 나사로를 사랑하셨다는 것을 보여 주었다(요 11:35~36).

우리는 친구의 성품이나 배경을 알지 못하면 그를 쉽게 오해할 수 있다. 말은 일종의 코드(code)이다. 우리는 말하는 사람을 알고, 말하는 사람이 의도하고자 하는 바를 알아야만 한다.

이는 성경에도 모두 적용된다. 우리가 성경 배후에 계신 하나님을 알 때에 우리는 성경을 더욱 잘 이해한다. 우리가 주님을 잘 알면 알수록 그분께서 말씀하신 바를 더 잘 이해할 수 있다. 주님께서는 말씀을 통해 우리에게 말씀하시며, 우리는 이를 친구와의 의사소통으로 알고 이해한다. 우리가 주님께 무심할 경우 어떻게 말씀을 통해 하나님의 의도를 알 수 있는가? 때로 법정에서 한 개인의 말이 공적으로 공개되지만, 이러한 청문회는 말하는 사람에 관해 아는 바가 전혀 없다. 이러한 법정 관례는 악하며 오해의 소지가 너무 많다. 우리가 하나님과 관계 없이 그분의 말씀을 다룰 때에 모든 종류의 오해가 생길 수 있다.

우리가 말할 때에 우리는 우리 자신을 누군가에게 헌신하며, 어떤 의미에서 우리는 우리가 한 말에 대하여 책임을 진다. 다른 이들은 우리의 말을 듣고 읽고 믿는다. 하나님께서는 우리에게 말씀하시고 자신을 우리에게 헌신하시며 우리의 반응을 기다리신다. 그분은 '공적으로 말씀하시며' 우리가 그분을 신뢰할 때에 책임을 지신다.

하나님은 의도를 가지고 말씀하신다

성경은 하나님의 말씀이다. 어떤 이들은 성경을 펴지만 이를 믿지 않는다. 그들은 고대의 관습을 알아내기 위해 문학작품이나 설화처럼 지적으로 그리고 비판적으로 믿음 없이 성경을 읽는다. 우리는 분명히 친구의 편지를 자세히 살피듯이 성경을 연구하기 위해 지성을 사용할 수 있다. 성경을 읽을 때에 우리는 하나님께서 우리와 대화하고 계시며 그분의 의도는 교제라는 것을 기억하면서 읽어야 한다.

모든 말과 같이 성경의 말씀도 내가 말한 것처럼 일종의 코드이다. 성경 말씀을 해석하기 위해서는, 우리가 문화적 배경과 역사를 아무리 많이 안다 할지라도 우리는 하나님과 사귀어야만 한다. 말씀을 어떻게 해석하느냐가 바로 우리가 어떤 사람인가를 보여 주며, 우리가 주님을 신뢰하고 사랑하는지 아닌지를 보여 준다. 그래서 우리는 성령께 우리를 진리 가운데로 인도하시도록 간구해야만 한다. 성령께서는 성자를 완전하게 아신다. 예수께서는 "내가 말하기를 그가 내 것을 가지고 너희에게 알리리라 하였노라"고 말씀하셨다(요 16:15). 성령께서는 너무나 깊어서 말로 표현할 수 없는 영적 친밀함을 가지고 예수를 전달하신다. 주님은 "네가 여호와를 알리라"고 약속하신다(호 2:20).

또한 하나님의 말씀은 행동(action)이다. 하나님은 의도를 가지고 말씀하신다. 그분은 우리를 위해 그리고 우리에게 무언가를 행하시기 위해 말씀하신다. 우리가 말씀을 읽을 때에 우리의 태도는 열린 마음을 갖고 반응을 보여야 하며 복종해야 한다. 하나님은 목적을 가지고 말씀하신다. 모든 말씀은 우리를 위하여, 그리고 바울이 디모데에게 말한 대로 모든 선한 일을 하도록 무장시키시기 위하여 기록되었다(딤후 3:17). 우리에게 하신 그분의 말씀은 창조력을 가지고 있으며, 우리가 다른 어느 곳에서도 얻을 수 없는 것을 우리에게 넣어 주신다. 말씀은 가장 거룩한 믿음을 우리에게 주며, 우리는 은혜와 그리스도를 아는 지식 안에서 자라 간다.

> 그리스도께서는 말씀이시며, 코드화된 어떤 표현이 아니라 아버지 하나님의 형상 그 자체이시다. 놀라우신 사랑 가운데 하나님께서는 자신을 말씀으로 드러내셨다. 편지함에 편지를 보내는 대신에 하나님께서는 친히 오셔서 초인종을 누르신다.

기록된 말씀은 살아 계신 말씀인 예수 그리스도를 말한다. 성경이 말한 바로 그분이 이 땅에 오셨다. 코드처럼 기록된 말씀은 의미를 지니며, 예수가 곧 성경의 의미셨다. 그분이 바로 성경의 설명이셨으며 의도셨다. 주님께서는 제자들에게 "모든 성경에" 나타난 자신을 보여 주셨다(눅 24:27, 요 5:39). 그분은 기록된 말씀의 의미를 전달하시는 살아 계신 말씀이시다. 그리스도께서는 말씀이시며, 코드화된 어떤 표현이 아니라 성부 하나님의 형상 그 자체이시다. 놀라우신 사랑 가운데 하나님께서는 자신을 말씀으로 드러내셨다. 편지함에 편지를 보내는 대신에 하나님께서는 친히 오셔서 초인종을 누르신다.

하나님의 말씀은 '실제'이고 행동이며, 바람에 실려 가는 소리가 아니다. 그 말씀에는 창조력이 있으며, 결과를 가져오고, 상황을 만들어 낸다. 이 세상은 주님께서 하신 말씀이 유형화된 것이며, 그 안에는 창조주의 말씀이 배어 있다. 예수께서는 "내 말은 없어지지 아니하리라"고 말씀하셨다(눅 21:33). 주님의 말씀은 사상이나 정보 이상의 것이다. 그분의 말씀은 바위에 새긴 말씀보다 나으며, 생명이 존재함 같이 이 말씀도 존재하고, 하나의 실체로서 영원히 지속되며, 우리는 믿음으로 이 상태에 들어간다.

하나이신 말씀과 성령

말씀과 성령은 하나이시다. 하나님께서 말씀하시면 성령은 행동하신다. 하나님께서 말씀하실 때 그분은 언제나 우리에게 자신에 관해 무언가를 말씀해 주시며, 이는 인간의 삶에서 가장 중요한 것이다. 하나님께서 "빛이 있으라"고 말씀하셨을 때 빛이 생겼으며—한 순간, 하루 동안이 아니라 영원히—우리는 그 빛 안에서 산다.

> 하나님께서 "빛이 있으라"고 말씀하셨을 때 빛이 생겼으며—한 순간, 하루 동안이 아니라 영원히—우리는 그 빛 안에서 산다.

그분의 말씀은 자연을 향하여 명령하시고, 우리는 그분의 말씀 안에서 살 수 있으며, 그분의 말씀은 우리 안에서 산다.

하나님의 말씀은 언제나 역사하신다. DNA는 우리의 신체 모양과 패턴을 조정한다. DNA의 나선형 핵에는 창조주의 음성이 녹음되어 있다. 그것이 모든 피조물의 생명을 결정한다. 생명체의 질서는 하나님의 명령에 따라 프로그램화 되었다: "그의 능력의 말씀으로 만물을 붙드시며"(히 1:3). 성령은 창조의 영이시며, 모든 하나님의 행동의 주체시다.

2,000년 동안 성령은 아주 드물게 자신을 드러내셨지만 전적인 역할을 하기 위해 기다리셨다. 드디어 예수께서 죽은 자 가운데서 부활하신 후 50일이 지나 오순절이 이르자 이 일이 성취되었다. 성령께서는 오늘 이 자리에 머무르시기 위해 강림하셨고, 자기 백성들을 성전으로 삼아 그 가운데 거하셨다. 성령은 그리스도께서 아버지 하나님께로 승천하셨을 때에 그분께서 물려주신 유산이다.

초창기에 사람들은 가끔씩 성령을 경험했지만 그분이 그들에게 특별한 목적을 위해 임하신 것은 잠시 동안이었다. "예수께서 아직 영광을 받지 못하신 고로 성령이 아직 저희에게 계시지 아니하시더라"(요 7:39). 오늘날 성령께서는 우리와 온전히 함께하시며 떠나지 않으신다.

실제로 구약성경 39권의 책 가운데 기적에 관한 기록은 많지 않다. 복음서와 사도행전에는 표적과 기사에 관한 진정한 기록이 담겨 있다. 이전에 이스라엘도 애굽을 기적적으로 탈출했고, 하나님의 임재로 인해 시내산이 진동하는 것을 보았으며, 하나님의 불로 인해 광야에 연기가 가득한 것을 목격했다. 이처럼 하나님의 거룩한 표적이 나타났어도 어느 누구도 변화하지 않았다. 바로도 하나님의 이적을 보았으나 그의 마음을 강퍅하게 했다. 이스라엘은 불기둥의 인도를 받았지만 광야에서 죽었다. 어느 누구도 회개하지 않았으며 감사하지 않았다. 사람들은 하나님의 임재가 아니라 단지 양파와 오이를 그리워했다.

그러나 이제 우리는 너무나 큰 특권을 누리고 있다. 우리는 "내세의 능력을 맛보"았다(히 6:5). 맛보았다니! 모세는 보기는 했어도 '맛'을 보았을까? 그는 죄를 용서받는 기쁨이나 영생의 기쁨을 표하지 않았다. 그는 하나님께서 숨을 내쉬어 홍해를 가르시는 것을 목도했지만, 예수께서 제자들에게 숨을 내쉬듯이 혹은 하나님의 바람이 오순절날 제자들에게 임했던 것처럼, 하나님께서 자신에게 숨을 내쉬시는 것을 결코 경험하지 못했다. 사람들은 시편 90편을 모세가 썼다고 생각하지만 그 시편은 행복한 시편이 아니다. 저자는 인생의 짧음을 한탄하고 70, 80의 노령을 두려워한다. 그럼에도 불구하고 저자인 모세는 120세까지 살았다! 그는 오늘날 우리가 경험한 것을 보았지만 단지 희미하게 보았을 뿐이다.

초창기에 성령께서는 왔다가 가셨지만 예수께서는 제자들에게 성령께서 오셔서 가지 않고 머무실 것이라 확증하셨다. 사도행전은 성령의 충만을 받고 사역을 계속한 제자들에 관해 말한다. 사도행전은 다음과 같은 말로 시작된다: "데오빌로여 내가 먼저 쓴 글에는 무릇 예수의 행하시며 가르치시기를 시작하심부터 … 승천하신 날까지의 일을 기록하였노라." '시작하심' 이란 단어에 주의하라. 예수께서 승천하시기까지 주님의 사역은 단지 시작에 지나지 않았으며 그 이후에 계속될 예정이었다.

이제 주님께서 하나님께로 승귀하신 후에 계속해서 일을 하신다고 하면 어떻게 이 일이 가능하겠는가? 우리는 추측할 필요가 없다. 마가복음의 마지막 두 구절의 말씀은 이에 대하여 놀라운 해답을 제시한다. 먼저 우리는 "주 예수께서 말씀을 마치신 후에 하늘로 올리우사 하나님 우편에 앉으시니라"는 말씀을 읽는다(막 16:19). 그런 뒤에 우리는 "제자들이 나가 두루 전파할쌔 주께서 함께 역사하사 그 따르는 표적으로 말씀을 확실히 증거하시니라"는 말씀을 듣는다(막 16:20). 하나님의 능력의 오른편에 승천하신 그리스도는 그들이 가는 곳마다 제자들과 함께하셨다. 역설적이게도, 주님께서는 제자들을 자기와 함께 있게 하기 위해 부르셨지만 또한 그들을 보내셨다.

어떻게 이 일이 가능할까? 성령께서는 예수의 사역에 있어서 능력이셨다. 놀라운 진리는 이것이다. 즉 주님께서는 동일한 성령이 믿는 자들 위에 머물 것이라고 약속하셨다. 주님께서는 "또 다른 보혜사"를 보내사 자기를 따르는 자들과 함께 있게 하시고 그분이 하셨을 일들을 행하실 예정이었다(요 14:16). 예수께서 성령에게 붙여 주신 이름은 '보혜사'였다[헬라어로는 알로스(allos)+파라크레토스(parakleetos)이며, '후원을 위해 곁에 있도록 부르심을 받은 또 다른 존재'라는 뜻이다]. 성령께서는 예수께서 그러하신 것처럼 제자들 곁에 오셨다. 그리스도의 사역은 동일하신 성령과 함께 제자들을 통해 계속되었다.

성령으로 말미암아 그리스도께서 2,000년 전에 시작하셨던 일을 우리가 계속할 수 있다는 것은 참으로 놀랍다. 그것이 우리가 이곳에 있는 이유이다: "또 무엇을 하든지 말에나 일에나 다 주 예수의 이름으로 하고 그를 힘입어 하나님 아버지께 감사하라"(골 3:17). 교회에서뿐만 아니라 주님의 이름으로 행할 때에 우리는 언제나 그분의 일을 하게 된다. 이는 한 가지 놀라운 사실을 의미하는데, 그것은 우리가 주님의 이름으로 무엇을 하든지 간에 그것은 그리스도 자신께서 하신 일의 연속이라는 점이다. 그리스도는 전도자였을 뿐만 아니라 목수이기도 하셨다.

성령은 살아 있는 믿음에 있어서 필수적인 요소이다. 그분은 모든 그리스도인이 행하는 일의 비밀이며, 관심 있어 하고 개의치 않는 사람들만을 위한 특별한 보너스가 아니라 보증이며 선물이다. 교회는 종종 성령을 일종의 추구의 대상, 즉 성배(聖杯)나 특별한 노력을 경주하는 사람들을 위한 보상 정도로 취급했다. 우리는 연약하고 불완전하다. 그래서 그리스도께서는 성령을 보내셨다. 성령께서는 연약한 자를 강하게 만드신다. 우리가 부족하다고 느낀다면 성령을 구해야만 한다. 성령이 없으면 단지 아이디어와 조언과 윤리만이 있을 뿐이다. 성령이 함께하시면 죽은 교리 대신에 역동이 생겨난다.

성령은 말씀을 기다리신다

기억해야 할 매우 중요하고 특별한 것이 있는데, 성령께서는 말씀을 따르신다는 것이다. 하나님의 말씀과 성령은 많은 경우에 서로 연결되어 있다. 하지만 둘은 언제나 역동적인 관계를 갖는다. 여기에 몇 가지 전형적인 말씀이 있다.

- "모든 성경은 하나님의 감동으로 된 것으로"(딤후 3:16). 성령과 말씀은 함께 역사한다. '감동' 하시는 분은 하나님의 생기인 성령이시다. 그분께서 하나님의 말씀에 생기를 불어넣으신다.
- "땅이 혼돈하고 공허하며 흑암이 깊음 위에 있고 하나님의 신은 수면에 운행하시니라 하나님이 가라사대 빛이 있으라 하시매 빛이 있었고"(창 1:2-3).
- "모세가 바다 위로 손을 내어민대 여호와께서 큰 동풍으로 밤새도록 바닷물을 물러가게 하시니 … 모세와 이스라엘 자손이 이 노래로 여호와께 노래하니 일렀으되 … 주의 콧김에 물이 쌓이되 … 주께서 주의 바람을 일으키시매 바다가 그들을 덮으니 그들이 흉용한 물에 납 같이 잠겼나이다"(출 14:21, 15:1, 8-10).
- "또 내게 이르시되 인자야 너는 생기를 향하여 대언하라 생기에게 대언하여 이르기를 주 여호와의 말씀에 생기야 사방에서부터 와서 이 사망을 당한 자에게 불어서 살게 하라 하셨다 하라"(겔 37:9).

- "예언은 언제든지 사람의 뜻으로 낸 것이 아니요 오직 성령의 감동하심을 입은 사람들이 하나님께 받아 말한 것임이니라"(벧후 1:21).

위에 언급한 말씀에서 하나님의 성령은 말씀과 함께 역사하신다. 이 원리는 매우 중요한 진리이다. 즉 성령은 하나님께서 말씀하실 때에 움직이시지, 결코 자의에 따라 임의대로 움직이지 않으신다. 성삼위 하나님 중 누가 말씀하시든 간에 성령은 말씀에 담긴 하나님의 뜻만을 행하신다. 성령은 하나님이 말씀하시든 아니면 우리가 말을 하든 간에 하나님의 말씀에 따라 행하신다.

태초에 성령은 어두운 수면 위를 운행하셨다. 그분은 창조의 영이셨지만 아무 일도 하지 않으셨다. 하나님께서 말씀하시고 말씀이 나왔을 때에 성령께서는 혼돈을 아름다움과 질서로 바꾸셨다. 또한 선지자들이 하나님의 말씀을 제시했을 때에 성령께서는 그들을 감동시키셨다. 사도행전 2장 4절에서 우리는 120명의 제자들이 성령의 말하게 하심을 따라 방언을 말하고 하나님의 능한 일들을 선포했다는 말을 듣는다.

성령과 말씀은 서로 연결되어 분리할 수 없다. "내가 아버지께로서 너희에게 보낼 보혜사 곧 아버지께로서 나오시는 진리의 성령이 오실 때에 그가 나를 증거하실 것이요 … 그가 내 영광을 나타내리니 내 것을 가지고 너희에게 알리겠음이니라"(요 15:26, 16:14). 예수께서는 "아들이 아버지의 하시는 일을 보지 않고는 아무 것도 스스로 할 수 없나니 아버지께서 행하시는 그것을 아들도 그와 같이 행하느니라 … 아버지께서 죽은 자들을 일으켜 살리심 같이 아들도 자기의 원하는 자들을 살리느니라"고 말씀하셨다(요 5:19, 21).

가장 탁월한 모범은 살아 계신 말씀이신 예수와 함께 일하시는 성령이시다. 성령은 오로지 말씀에만 헌신하시고 말씀과 분리할 수 없다. 그분은 독립된 능력이 아니시다. 그분은 "진리의 영"이시다. 그분은 우리가 성경을 읽을 때 하나님의 말씀의 배후에 계신 진리이시다.

성령은 영원한 말씀에 헌신하셨지 우리 인간의 말에 헌신하지 않으셨다. 우리 인간의 말이 제아무리 훌륭하고 재미있고 흥미롭다 할지라도 말씀의 진리에 따라 말하지 않으면 아무런 소용이 없다. "마땅히 율법과 증거의 말씀을 좇을지니 그들의 말하는 바가 이 말씀에 맞지 아니하면 그들이 정녕히 아침 빛을 보지 못하고"(사 8:20).

"말씀이 육신이 되어 우리 가운데 거하"실 때까지 성령께서는 이 세상에 계시지 않았고 일하지 않으셨다(요 1:14). 소수의 택함을 입은 남녀만이 특별한 사명을 위해 성령의 일시적인 도움만을 알았을 뿐이었다. 그러다가 살아 계신 말씀인 예수께서 오시자 성령은 그분과 함께하셨다. 성령은 말씀(the Word)이 세상 앞에 나타나시길 기다리셨다. 예수께서 요단강에서 세례를 받으시자 세례 요한은 "내가 보매 성령이 비둘기 같이 하늘로서 내려와서 그의 위에 머물렀더라"고 말했다(요 1:32).

성령은 말씀(the Word)이 오시길 기다리셨고, 마침내 성령의 말씀(the word)이 나왔다. 이것이 일반적인 패턴이다. 베드로전서 1장 12절에서 우리는 "하늘로부터 보내신 성령을 힘입어 복음을 전하는 자들"로 우리에게 실상을 알리셨다는 말씀을 읽는다. 다른 길은 없다. 성령이 없이 성령에 관해 설교할 경우 아무런 소용이 없다. 그처럼 의도된 적은 한 번도 없다. 예수께서는 성령이 오시기 전에 제자들에게 복음을 들고 나가는 것을 허락하지 않으셨다.

사람들은 초대 교회에 놀란다. 초대 교회의 회심자들은 전혀 복잡하지가 않았다. 그들에게 있어서의 거룩은 성적인 죄와 부정직, 그리고 도둑질이었다. 베드로와 바울이 당시 교회들에게 보내야만 했던 명령은 오늘날 존경스러운 교회 성도들의 마음을 상하게 할 것이다. 존 웨슬리는 자기의 전도자들에게 당시 사회의 골칫거리였던 이를 없애라고 명했다. 하지만 고린도 교회의 회심자들은 이와 사뭇 다른 삶을 살도록 권면을 받았다. 그럼에도 불구하고 하나님께서는 이 도시에서 성령으로 말미암아 이 말씀이 세력을 얻도록 하셨다.

우리가 우리 자신과 우리의 습관과 거룩함에 온전히 만족할 때까지 기다린다면 우리는 결코 복음 증거를 시작할 수 없을 것이다. 어떤 경우라도 만일 우리가 영적으로 앞서 있다고 생각한다면 그것은 교만일 것이며, 성령께서 기름부으실 태도가 되기는 어렵다.

> 복음은 하나님의 능력의 촉매제이다. 복음을 전파하라. 그러면 복음을 통해 성령이 풀어지신다.

이런 사실로 인해 우리는 용기를 내야만 한다—복음은 하나님의 능력의 촉매제이다. 복음을 전파하라. 그러면 복음을 통해 성령이 풀어지신다. 완벽함은 우리에게 있지 않고 말씀 안에 있다. 말씀이 열쇠요, 씨앗이요, 비밀이다. 우리의 삶 가운데 성령을 원한다면 말씀과 함께 시작해야 한다. 성령 세례 경험은 말씀으로 인한 찔림에서 나온다. 성령을 추구하면서 말씀을 무시하는 것은 목적 없이 능력을 추구하는 것과 같으며, 이는 단지 개인의 만족을 위한 것이다. 우리가 정말 원하는 것이 이것인가?

그리스도의 메시지는 인류에게 너무나 중요하다. 그분의 말씀은 언제나 적색 경보령이다. 하나님은 도움이 필요한 곳에서 어떤 이유로든 그 도움을 주지 않으실 분이 아니시다. 많은 사람들이 부흥에 대하여 말하며, 부흥이 더디게 오는 이유를 수백 가지씩 말한다. 하나님이 그러한 분이실까? 어떤 종류의 하나님이시기에 교회 성도 가운데 결함이 있다고 해서 사람들로 아무런 제재도 받지 않고 곧바로 멸망으로 미끄러지게 하시겠는가? 온 세상이 구원을 받아야 할 때에 우리의 영적 교육이 온전치 못해서 성령이 역사를 미루시겠는가?

예수께서는 우리를 보내신다. 70년 전에 절대적 헌신과 더불어 아프리카에서 선교 사역을 시작한 스터드(C. T. Studd)는 하나님의 말씀 이외에 우리가 가야 할 다른 명령(mandate)은 필요 없다고 말했다. 가는 것, 그것이야말로 완벽함을 향해 가는 길이다. 가지 않으면 만사가 헛될 수 있다. 예수를 따르라. 그분이 가시는 곳마다 사람들에 대한 온전한 사랑과 관심을 가지고 가라. 갈 때에 당신은 주님에게 배우고, 그분이 어떤 분이신지 배우게 될 것이다. 가면서 그분을 알게 되는 것이야말로 당신의 영혼을 살찌우는 참된 길이다.

성령이 역사하시는 방법

성경의 첫 구절은 성령에 관한 것들을 말해 주고 있으며, 이는 성경 전체에 걸쳐 계속된다.

> "태초에 하나님이 천지를 창조하시니라 땅이 혼돈하고 공허하며 흑암이 깊음 위에 있고 하나님의 신은 수면에 운행하시니라 하나님이 가라사대 빛이 있으라 하시매 빛이 있었고"
> (창 1:1~3).

이 본문에 나오는 핵심은 다음과 같다.

1. 하나님께서 천지를 창조하셨다.
2. 땅은 공허하고 어두웠으며 생명이 없었다.
3. 하나님의 신이 수면에 운행하셨다.
4. 하나님께서 말씀하시자 하나님의 성령께서 행동하셨다.

땅은 공허했고 하나님의 영은 그곳에 운행하셨지만 아무 일도 행하지 않으셨다. 우리는 하나님의 성령께서 얼마나 오래 기다리셨는지 모른다. 마침내 하나님께서 "빛이 있으라"고 말씀하셨다. 그러자 성령께서 행동에 옮기셨고 '빛이 있었다'.

성령께서는 하나님께서 말씀하시기 전에는 아무 일도 하지 않으셨다. 성령은 홀로 행하지 않으셨으며 독립적으로 기능하지 않으셨다. 그분은 말씀을 기다리셨다. "태초에 말씀이 계시니라 … 지은 것이 하나도 그가 없이는 된 것이 없느니라"(요 1:1~3). 창세기는 하나님께서 말씀하셨다고 말하는데 요한은 그것이 말씀(the Word)이었다고 우리에게 말한다. 살아계신 말씀은 외치셨고, 성령께서는 아버지 하나님의 뜻을 행하셨다.

"여호와의 말씀으로 하늘이 지음이 되었으며 그 만상이 그 입 기운으로 이루었도다 … 저가 말씀하시매 이루었으며 명하시매 견고히 섰도다"(시 33:6, 9). "태초에 말씀이 계시니라 … 만물이 그로 말미암아 지은바 되었으니"(요 1:1, 3). "이는 하늘이 옛적부터 있는 것과 땅이 … 성립한 것도"(벧후 3:5). "저로 말미암아 모든 세계를 지으셨느니라 … 그의 능력의 말씀으로 만물을 붙드시며 … 믿음으로 모든 세계가 하나님의 말씀으로 지어진 줄을 우리가 아나니"(히 1:2~3, 11:3).

성령은 언제나 말씀에 반응하신다. 말씀은 결코 성령 없이 존재하지 않으며, 성령은 말씀 없이 일하지 않으신다. 요한계시록에서 요한은 그리스도에게서 편지를 쓰라고 하시는 명령을 듣는다. 그는 일곱 교회에 일곱 편지를 썼으며, 각 편지는 "귀 있는 자는

> 성령은 언제나 말씀에 반응하신다. 말씀은 결코 성령 없이 존재하지 않으며, 성령은 말씀 없이 일하지 않으신다.

성령이 교회들에게 하시는 말씀을 들을찌어다"라는 말씀을 담고 있다. 성령은 그리스도께서 요한에게 편지를 쓰라고 한 내용을 말씀하셨다. 그것은 영원한 파트너십이었다. "이제는 주 여호와께서 나와 그 신을 보내셨느니라"(사 48:16). "내 입에서 나가는 말도 헛되이 내게로 돌아오지 아니하고 나의 뜻을 이루며 나의 명하여 보낸 일에 형통하리라"(사 55:11).

창조뿐만 아니라 하나님의 모든 행동은 말씀이 주도권을 쥐신다. 시편 29편 전체는 주님의 말씀으로 인한 열 가지 행동을 가지고 주님의 능력과 위엄을 찬양한다. "저가 그 말씀을 보내어 저희를 고치사"(시 107:20).

태초에 하나님의 영은 살아 계신 말씀과 함께 일하셨으며, 오늘날도 그분께서는 기록된 말씀에 따라 역사하신다. 시편 119편 50절은 "주의 말씀이 나를 살리셨음이니이다"라고 말한다. 이 시편에서 말씀은 율법과 증거와 규례를 말한다. 말씀에 반응하는 성령께서는 생명의 근원인 말씀을 이루신다. 성경은 성령의 수도관이다. 성경을 통해 우리는 하나님이 어떤 분이시며, 그분이 말씀하시고 행하신 것을 즐긴다. 성경은 성령께서 새롭게 하심을 위해 사용하는 통로이며, 모든 다른 책들과 구분된다.

성령은 살아 계신 말씀의 파트너셨고, 지금은 기록된 말씀의 파트너이시다. 성령은 엄격하게 하나님의 말씀을 따라 일하신다. 그분은 다른 목소리를 청종하지 않으신다. 그리스도께서 오셨을 때에 주님은 살아 계신 말씀이셨으며, 성령은 그분이 말씀하시는 대로 일하셨다. 예수께서는 이사야 61장 1절을 자신에게 적용하셨다: "주 여호와의 신이 내게 임하셨으니." 예수께서는 자신이 하신 말씀에 대해 다음과 같이 말씀하셨다: "내가 너희에게 이른 말이 영이요 생명이라 … 내 말을 듣고 또 나 보내신 이를 믿는 자는 영생을 얻었고"(요 6:63, 5:24). 또한 말씀은 우리가 해야 할 일이기도 하다. 우리 일의 비밀은 성령이시다.

하나님의 말씀은 살아 있는 진리의 실체이다. 그리스도의 피는 성경 전체를 관통하며 흐르고, 하나님은 성경에 생명을 불어넣으셨다. 성경은 살아 있기 때문에 지금 우리와 함께한다. 그리고 살아 있는 것은 보존할 필요가 없다. 교회가 성경을 보존한 것이 아니라 성경이 교회를 보존했다. 성경은 화석처럼 오래된 문서가 아니다. 성경은 오늘날에도 소리를 낸다. 성경은 능력과 기쁨을 지닌 유일한 책이며, 우리는 성경으로 말미암아 살 수 있다. 그것은 영혼을 위한 산소이며, 우리가 살 수 있는 환경이다. 교회는 성자의 유골을 보존하는 모임이 아니다. 그것은 살아 계신 하나님의 교회이며, 진리의 기둥이요, 터이다.

부흥

'부흥'은 전파된 말씀에 반응하시는 성령에 의하여 생겨난다. 말씀이 없이 성령은 아무 일도 하지 않으신다. 부흥이라 불리는 모든 특별한 사건들과 기독교 믿음에 진정한 진보를 가져온 모든 것은 말씀의 선포를 통해 일어났다. 이는 신약성경에 묘사된 패턴이기도 하다.

"사람이 떡으로만 살것이 아니요 하나님의 입으로 나오는 모든 말씀으로 살 것이라"(마 4:4). 말씀을 사랑하고 말씀에 근거한 삶을 살며, 말씀과 함께 그 안에서 그로 인해 살라. 만일 그렇게 할 경우 우리는 '생동하는' 삶을 살게 된다. 말씀이 없으면 우리는 영적 거식증 환자가 된다. 많은 이들은 말씀의 섭취량을 줄여 굶주렸거나, 아니면 단단한 고기나 심지어 말씀의 젖이 아닌 부스러기만 가지고 연명하고 있다. 이들은 광야의 그리스도인들이다. 그들은 마치 날마다 내리는 만나처럼 날마다 조금씩 읽는 성경에 의지하여 살지만, 하나님께서는 그들이 약속의 땅에 열린 과실을 마음껏 즐기길 원하신다. 이스라엘은 주어진 만나에 대하여 다음과 같이 불평을 늘어놓았다: "우리 마음이 이 박한 식물을 싫어하노라"(레 21:5). 만일 성경 대신 상자에 담긴 약속의 말씀을 읽거나 하루에 한 장씩 넘기는 달력에 적힌 말씀만을 읽는다면, 말씀을 맛있게 먹기 위해 단순히 성경을 읽으라!

말씀이 없으면 성령께서 거의 역사하지 않으신다는 사실을 우리는 깨달아야만 한다. 반대로 우리는 말씀으로 인해 마땅히 되어야 할 우리가 될 수 있고, 우리의 숨겨진 역량을 최대한 발휘할 수 있다. "생명과 경건에 속한 모든 것을 우리에게 주셨으니 … 그 보배롭고 지극히 큰 약속을 우리에게 주사"(벧후 1:3~4). "모든 성경은 하나님의 감동으로 된 것으로 … 이는 하나님의 사람으로 온전케 하며 모든 선한 일을 행하기에 온전케 하려 함이니라"(딤후 3:16~17). "그리스도의 말씀이 너희 속에 풍성히 거하여 … 시와 찬미와 신령한 노래를 부르며"(골 3:16).

우리는 성령의 충만함을 받으라는 명령을 듣는데, 이는 곧 말씀의 충만을 의미한다. 당신은 둘 중 하나만 소유할 수는 없다. 예수께서는 다음과 같이 말씀하셨다: "너희가 내 안에 거하고 내 말이 너희 안에 거하면 무엇이든지 원하는대로 구하라 그리하면 이루리라 … 내가 이것을 너희에게 이름은 내 기쁨이 너희 안에 있어 너희 기쁨을 충만하게 하려함이니라"(요 15:7, 11). 골로새서 3장 16절은 우리에게 "그리스도의 말씀이 너희 속에 풍성히 거하여 … 시와 찬미와 신령한 노래를" 부르라고 명한다. 우리의 찬송은 그리스도의 말씀에서 영감을 받아 우리를 가르치고 있는가?

성령을 주신 것은 우리 자신의 아이디어에 기름을 붓기 위함이 아니다. 사람들은 끊임없이 "오, 주여! 나를 축복하소서!"라고 기도한다. '나' 란 말은 너무나 많이 하고 '심비에 새겨진 말씀' 은 너무나 적게 말한다. 주님의 말씀이 우리 안에 있다면 주님께서는 우리를 축복하실 것이다. 예수께서는 "하나님의 말씀을 듣고 지키는 자가 복이 있느니라" 고 말씀하셨다(눅 11:28). 예레미야 17장 8절은 다음과 같이 말한다: "그는 물가에 심기운 나무가 그 뿌리를 강변에 뻗치고 더위가 올찌라도 두려워 아니하며 그 잎이 청청하며 가무는 해에도 걱정이 없고 결실이 그치지 아니함 같으리라." 시편 1편도 경건한 자는 마치 시냇가에 심은 나무와 같다고 묘사하며 주님을 신뢰하는 것이 어떤 것인지를 보여 준다: "복 있는 사람은 … 오직 여호와의 율법을 즐거워하여 그 율법을 주야로 묵상하는 자로다"(시 1:1~2).

성경은 하나님의 감동, 즉 성령으로 말미암아 된 것이다(딤후 3:16). 성경은 꽃피는 정원과 같으며, 각 장은 아름다운 모판과 같다. 태양이 정원에 비치면 꽃들은 그 온기를 향하여 자신을 열고 그 빛을 흡수하여 광합성의 과정을 거쳐 성장하며 호흡한다. 꽃들은 향기를 배출하여 공기를 신선하게 만든다. 마리아의 옥합으로 온 집안이 향기로 가득했던 것처럼 우리가 말씀의 옥합을 깰 때에도 향기가 진동한다. 그 아름다움은 영원하다.

역사하시는 성령과 말씀

제자들이 성령을 받은 순간부터 성령으로 인해 하나님의 말씀은 역사하기 시작했다. "이것은 하늘로부터 보내신 성령을 힘입어 복음을 전하는 자들로 이제 너희에게 고한 것이요"(벧전 1:12). 이는 이전에는 한 번도 알려진 바가 없었다. 위대한 히브리 선지자들도 한 사람의 회심자도 얻지 못했다. 에스겔은 하나님께서 '멸망케 하실 것'을 말했다(겔 21:27). 예레미야의 예언이 성취되어 그의 사역은 연기 나는 예루살렘의 멸망을 슬퍼하는 것으로 끝났다. 예수께서는 성령을 보내실 것이며, 그분께서 죄에 대하여, 의에 대하여, 심판에 대하여 세상을 책망하실 것이라고 말씀하셨다. 그러나 베드로가 처음 설교했을 때 3,000명의 사람이 회개하였다.

선자자 중에 가장 위대한 세례 요한은 "아무 표적도 행치 아니하였"다(요 10:41). 그는 과거 질서의 마지막 선지자였지만 하나님의 나라에서는 지극히 작은 자도 그보다 컸다. 왜냐하면 그들은 성령의 새로운 시대에 속했기 때문이다. 성령은 이적을 행하시는 주시다. 성령은 우리가 통로를 제공해 드릴 때에 역사하시며, 그 통로는 우리가 전파하고, 살고, 믿는 말씀이다. "그가 … 오직 듣는 것을 말하시며"(요 16:13). 그분께서 들으시는 것은 무엇이며, 언제 어디서 그렇게 하시는가? 그분은 다름아닌 말씀을 들으신다. 말씀을 들을 때에 그분은 말씀하시고 이를 설득시키신다. 우리가 말할 때에 성령께서는 들으신다. 성령은 전해진 말씀대로 예수를 증거하신다.

성령은 그리스도의 영이시다: "자기 속에 계신 그리스도의 영"(벧전 1:11), "예수의 영"(행 16:7), "예수 그리스도의 성령"(빌 1:19). 그리스도의 영은 당연히 말씀이신 그리스도께 속하며, 그리스도와 함께 일하신다. 예수께서는 다음과 같이 선포하셨다: "내가 아버지께로서 너희에게 보낼 보혜사 곧 아버지께로서 나오시는 진리의 성령이 오실 때에 … 내가 떠나가지 아니하면 보혜사가 너희에게로 오시지 아니할 것이요 가면 내가 그를 너희에게로 보내리니"(요 15:26, 16:7). 주님께서는 또한 "그가 내 영광을 나타내리니 내 것을 가지고 너희에게 알리겠음이니라"고 말씀하셨다(요 16:14). 예수께서 제자들과 가지신 관계처럼 성령은 우리와 관계를 가지신다.

예수께서만이 성령을 주신다. 그분만이 성령으로 세례를 주신다. 다른 어느 누구도 성령을 줄 권세가 없다. 우리는 안수할 수 있지만 성령은 그리스도로부터 오신다. 우리는 우리 자신을 위해 성령을 받지만 다른 이에게 줄 여력은 없다. 요한이 쓴 대로 "우리가 다 그의 충만한데서" 받는다(요 1:16). 우리는 다른 사람의 충만함에서가 아니라 그분의 충만함에서 받는다. 기름부음을 다른 사람과 나눈다는 것은 존재하지 않는다.

말씀을 전하면 성령이 공급된다. 빌립보서 1장 18~19절은 그리스도 전파에 관해 말하고 있으며, "이것이 너희 간구와 예수 그리스도의 성령의 도우심으로 내 구원에 이르게 할줄 아는고로"라고 말한다. 복음은 하나님의 능력이다.

최근에 로스앤젤레스에서 단전이 된 적이 있었다. 발전소에서 수요를 채워 줄 만한 충분한 전기를 생산하지 못했다. 과학은 우리에게 이 물질 세계가 에너지로 되어 있다고 말한다. 유명한 아인슈타인의 공식은 질량이 곧 에너지라는 것이다. 모든 원자는 에너지를 담고 있다. 산업의 당면과제는 무한한 자원, 곧 에너지를 끌어내 사용하는 것이다. 태양은 에너지 발전소이다. 과학을 통해 우리는 태양이 어떻게 작동하는지, 그 공식이 무엇인지를 알지만 아직도 이를 복제해 내지 못하고 있다. 산적한 문제들이 너무 많다. 만일 이런 문제들을 해결한다면 이를 통해 전 세계의 모든 에너지 필요가 해결될 수 있으며, 더 이상 화석 연료를 태워 대기를 오염시킬 필요가 없을 것이다.

교회도 이와 같지 않은가? 성령의 능력 대신에 인위적인 능력을 사용하고 있지는 않은가? "각양 좋은 은사와 온전한 선물이 다 위로부터 빛들의 아버지께로서 내려오나니"(약 1:17). 우리는 하나님의 무한한 자원을 사용할 수 있다. 많은 사람들이 "하늘과 땅의 모든 권세를 내게 주셨으니"라고 하신 그리스도의 말씀을 인용하면서(마 28:18) 하나님의 전능하심을 말하지만 능력이 없어 고생하는 것처럼 보인다. 바울은 다음과 같이 기록했다: "그러면 무엇이뇨 외모로 하나 참으로 하나 무슨 방도로 하든지 전파되는 것은 그리스도니 이로써 내가 기뻐하고 또한 기뻐하리라 이것이 너희 간구와 예수 그리스도의 성령의 도우심으로 내 구원에 이르게 할줄 아는고로 나의 간절한 기대와 소망을 따라 아무 일에든지 부끄럽지 아니하고 오직 전과 같이 이제도 온전히 담대하여 살든지 죽든지 내 몸에서 그리스도가 존귀히 되게 하려 하나니"(빌 1:18~20).

어떤 신자들은 바울이 말하는 큰 능력은 사도 시대에만 국한된 것이라고 생각한다. 이들은 심지어 성경에서는 한 번도 언급된 적이 없는 아이디어나 이론이나 섭리(dispensations)를 성경에 접목시킨다. 이것은 불신의 이론이며, 우리에게 기적은 과거에만 있었다고 말함으로써 신약성경이 우리와 상관없게 되고, 처음 시작된 기독교와 사뭇 다른 기독교가 생겨났다. 어떤 이들은 초대 교회 시절의 기적이 지금보다 더 생생했다고 생각한다. 마치 성령께서 오셨지만 시간이 지나면서 서서히 사라지는 어떤 힘인 것처럼 말이다. 그러나 사실은 능력 공급선이 그대로 살아 있다는 것이다. 만일 우리가 믿으면 하나님의 영광을 볼 것이다. 비판자들은 복음 전도자들이 기적에 대한 소망을 키우고 있다고 불평한다. 그러나 그렇지 않다. 그들이 키우는 것이 아니다. 성경이 키운다!

어떤 이들은 자신의 노력으로 능력을 만들어 내야 한다고 생각한다. 그래서 약간의 전류를 발전하기 위해 핸들을 돌린다. 그들은 기도에 사용한 시간의 양과 거룩함의 정도, 혹은 그들이 기울이는 영적 노력의 정도에 따라 능력을 측정한다. 이들은 인간의 입력(input)과 하나님의 입력을 혼동한다.

십자가와 부활의 발전소는 한 번도 꺼진 적이 없다. 하나님의 말씀이 2,000년 전만큼이나 지금도 사실인 것처럼 예수께서는 지금도 살아 계신다. 진리는 시간을 초월한다: "그 성실하심이 대대에 미치리로다"(시 100:5). 성령의 에너지, 그리스도의 보혈의 능력, 약동하는 부활의 능력, 하나님의 우편에 계신 그리스도의 계시 등이 합쳐질 때에 능력을 경험할 수 있는 파워 메시지가 더해진다.

하나님의 능력은 사도들이 그랬던 것처럼 지금도 위대하며 오늘날에도 동일하게 필요하다. 사도들은 냉소적이고 불신으로 가득한 세상과 대항해 일어섰으며, 우리도 그렇다. 그들은 세상으로 인해 고민하지 않았으며, 우리도 그러하다. 세상에는 소망이 없고, 자원은 고갈되었으며, 인생의 끝에는 아무것도 없고 오직 관만이 기다리고 있다. 반대로 신자들은 능한 옷을 입고, 그들의 마음은 희망으로 빛나며, 그들의 삶은 끝없이 재생산되는 능력으로 생동감이 넘친다. 할렐루야!

그러나 아주 단순한 사실이 한 가지 있다. 아무리 고압의 볼트라 할지라도 우리가 플러그를 꽂고 스위치를 켜지 않으면 아무런 파워도 들어오지 않는다는 것이다. 우리에게는 사도들이 필요로 했던 것이 필요하다. 만일 사도들이 했던 것을 우리가 행한다면 우리는 능력을 얻을 것이다. 각 집마다 콘센트가 있다. 우리의 콘센트는 어디인가? 그것은 하나님의 말씀이다. 플러그를 꽂아라. 그리고 읽고 믿으라!

성령과 말씀은 아버지 하나님의 뜻을 행하는 성부의 두 손이다. 우리는 하나님의 오른손에 관해 읽지만 왼손에 대해서는 한 번도 읽어 본 적이 없다. 왜 그럴까? 우리의 왼손은 항상 오른손보다 약하고 효과적이지 못하다. 하나님은 연약한 왼손이 없으시다. 그분께는 비효율이란 존재하지 않는다. 시편 기자는 "주의 팔에 능력이 있사오며"라고 말했다(시 89:13). 그리스도는 하나님의 오른편(right hand)에 계시다. 이는 주님께서 하나님의 오른손임을 의미한다. 주님께서는 모든 능력을 행하신다. 그분은 말씀이시며, 성령께서 이적을 행하시는 것은 바로 그분으로 말미암는다.

하나님은 결코 약하지 않으시며 약점도 없으시고, 결코 컨디션이 나쁘지 않으시며 임의적이지 않으시다. 하나님의 능력은 변하지 않는다. 우리는 하나님의 능력을 증가시키기 위해 가속페달을 밟을 수 없다. 하나님의 능력은 어떤 모임보다 다른 모임에서 더 강하게 나타나지 않는다. 예수께서는 "두세 사람이 모인 곳에 나도 어느 정도 분위기를 봐 가며 함께할 것이라"고 말씀하지 않으셨다. 오직 하나의 능력이 있을 뿐이다: "나 여호와는 변역지 아니하나니"(말 3:6). 하나님께서는 자신이 행하실 수 있는 것 이상을 취하지 않으시며, 우리가 받을 만한 것을 결코 아끼지 않으신다. 흔히 "하나님을 더 많이 갖는다"(having more of God)거나 "더 많은 능력"(more power)이라는 표현은 성경에 있지 않다. 영적 온도의 변화는 우리가 변하는 것이지 하나님이 변하시는 것이 아니다.

우리는 성령의 불을 끄지 말라는 명령을 듣는다. 성령 없이 혹은 말씀 없이 설교할 때에 성령의 불이 꺼진다: "의문은 죽이는 것이요 영은 살리는 것임이니라"(고후 3:6). 성령이 없는 설교는 강의와 정보 전달이며, 교회의 영적인 삶을 메마르게 한다. 어떤 설교자들은 열정의 열기를 불어넣는 대신에 환자를 대하는 의사처럼 말한다. 물론 애를 쓰고 소리를 지른다고 해서 성령이 생겨나지는 않는다. 반대로 냉정하고 정확하게 행동한다 할지라도 성령이 생겨나지는 않는다. 우리가 기쁨을 표현하기 위해 이상한 행동을 한다 할지라도 주님은 개의치 않으실 것이다. 그러나 주님은 꾸며 낸 행동에 대해서는 관심이 없으시다. 주님은 멋진 설교나 조작적인 심리학이나 이기적인 속임수나 군중 선동을 피하신다. 성령은 말씀과 함께 오신다. 모든 페이지마다 50개의 설교가 꽃처럼 피어난다. 왜 설교를 준비하기 위해 바닥의 부스러기를 긁어 모아야만 하는가? "말씀을 전파하라." 말씀은 밑바닥이 없는 깊은 우물이다.

설교는 성경을 열고 성령을 경험하는 사람으로부터 시작된다. 만일 성경이 열린다면 당신이 하나님을 경험한 내용이 설교가 될 것이다. 그것은 기름부음이며 천사에게 거절된 경험이지만, 너무나 놀라워서 오직 천사에게만 허락되어야 할 것 같다. 그것은 알려진 기쁨 가운데 가장 위대하다. 전도도 마찬가지다. 그것은 너무나 충만하고 만족스럽다.

― 질문 ―

1. 왜 교회는 그처럼 오랫동안 성령을 무시했는가?
2. 성령은 말씀을 기다리신다. 당신은 세 가지 예를 생각할 수 있는가?
3. 성령과 말씀이 함께 역사하는 가장 위대한 예는 무엇인가?

제2부

HELL EMPTY HEAVEN·FULL

✱

"내 하나님을 의지하고 성벽을 뛰어 넘나이다" (삼하 22:30).

✱

16 슈퍼맨?

"성령이 … 함께 가라 하시매" (행 11:12).

어떤 이는 하나님께서 하나님의 뜻에 온전히 헌신한 사람을 가지고 어떤 일을 하실지 아직도 지켜봐야만 한다고 말했다. 이 유명한 말은 지금까지 하나님을 섬긴 모든 사람들을 비판한다. 실제로 수많은 사람들이 온전히 헌신했다. 그들의 헌신을 가시적인 업적으로 판단해서는 안 된다. 순교자들은 업적이 별로 없었지만 온전히 순종하며 죽어 갔다. 로마인들은 열세 살밖에 안 된 헌신된 그리스도인 소녀를 참수했다.

어떤 이들은 '하나님이 사용하는 사람'은 모든 덕의 표본이 될 것이라 한다. 기도의 사람, 말씀의 사람, 믿음의 사람, 성실한 사람, 헌신된 사람, 충성된 사람, 인내심이 많은 사람, 사랑이 많은 사람, 세상과 구별된 사람 등이 그런 자들이다. 사람들은 설교를 하면서 이런 사람에게 필요한 자질에 또 다른 자질을 계속해서 덧붙여 왔다. 이런 사람이 되기 위해 필요한 모든 것을 이룰 시간이 있는 사람이 누구인가? 잠언서 31장에 나오는 완벽한 아내라도 이를 이루려면 하루에 48시간이 필요할 것이다.

어렸을 때 나는 기독교 영웅들에 관한 이야기 책을 읽었다. 그들은 하나님을 위해 불가능한 일을 시도했으며, 전쟁에 나가 승리를 거두었다. 이 모든 이야기들은 영웅들의 성자와 같은 성품과 위대함을 말했다. 나는 그들 모두를 존경했으며, 여전히 그들에 관해 배운 사실을 소중하게 간직하고 있다. 그러나 이 모든 위인들이 죽었다는 것과, "당시에 땅에 네피림(giants, 거인들)"(창 6:4)이 있었다는 사실에 대해 의심을 품기 시작했다. 왜냐하면 오늘날에는 이와 같은 자들이 한 사람도 태어나지 않았기 때문이다. '완전한' 사람에 관해 읽으면 얼마 못 가서 기분이 우울해지고 낙담이 된다.

이제 위대한 그리스도인들에 대한 인생 스토리가 다시 쓰여지고 있다. 저자들은 보다 더 세련된 문체로 이런 인물들의 또 다른 면들을 보여주고 있다. 빛나는 성인전(hagiography)은 반인 반신(semi-god)이 아닌 혈육을 지닌 인간에 대한 전기(biography)로 재구성되었다. 이 모든 이들은 인간이다. 우리 자신의 한계를 알기 때문에 과거의 위대한 공적이 천사처럼 완벽하지 못한 사람들에 의해 이뤄졌다는 사실을 아는 것만으로도 도움이 된다. 예수께서는 "선한 이가 없느니라"고 말씀하셨다(눅 18:19). 주님의 말씀은 얼마나 지당한가! 하나님의 자녀 중에 가장 훌륭한 자라도 이 땅에서의 상태는 완벽하지 않다. 만일 하나님께서 결점이 없는 자만을 사용하신다면 사역을 할 자가 아무도 없으며, 아무 일도 이뤄지지 않을 것이다.

존경할 만한 그리스도인들의 연약함에 관한 전기(biography)에도 불구하고 하나님에게 있어서 성품은 여전히 중요하다는 점을 이해해야만 한다. 하나님은 위선자와 사기꾼을 돕기 위해, 혹은 하나님을 위해 애쓰지 않는 자를 위해 성령을 주실 수는 없다. 헌신은 반드시 필요하다. 우리가 하나님을 기쁘시게 하기 위해 나아가고 그분 앞에서 겸손히 행한다면 우리는 '우리의 수고가 주 안에서 헛되지 않음'을 확신할 수 있다(고전 15:58). 가장 작은 불꽃이라도 성령께서 이를 제공해 주시는 곳이라면 시작할 수 있다.

"전진하라"

이러한 사실들을 명심한다면 하나님은 어떤 종류의 신자를 원하실까? 모든 능한 사역자들에게는 어떤 공통점이 있는가? 한 가지 분명한 것은 믿음이 없이는 하나님을 기쁘시게 할 수 없다는 사실이다. 역시 말씀을 붙드는 것이 모든 사역의 기초이다. 사람들은 하나님께서 적시에 맞는 적임자를 만드신다는 말을 한다. 하지만 나는 이 말이 옳지 않다고 생각한다. 도전을 받아들인 자들은 평범한 사람들이었다. 그들은 시대를 위해 만들어지지 않았으며, 시대가 그들을 만들었다. 모세, 다윗, 베드로, 바울, 루터, 웨슬리와 같은 위대한 인물들은 위대한 존재나 독보적인 존재로 태어나지 않았다. 가장 비범한 사람이었던 엘리야도 "우리와 성정이 같은 사람"이었다(약 5:17, 헬라어 호모이오파테스(homoiopathes)란 말은 '비슷하게 영향을 받다'란 의미이다). 다른 사람들보다 작은 공적을 세운 이들을 작은 자로 판단해서는 안 된다. 모든 사람이 왕이 되어 주의 군대를 인도할 수는 없다. 모든 사람이 그리스도의 첫 제자들이 될 수는 없다. 하지만 주님께서는 제자 한 사람에게 냉수 한 잔을 줘도 상급을 받을 만하다고 말씀하셨다(막 9:41). '사소한' 역할이 중요하며, '무명의 사람들'도 그러하다. 성경에서 하나님은 자기의 섭리의 목적을 이룰 사람으로 가장 가능성이 없어 보이는 자들을 무장시키셨다.

그러므로 하나님께서 사용하신 사람들을 생각할 때에 그들의 영성과 하나님과의 친밀한 동행을 분명 무시해서는 안 된다는 것을 나는 안다. 하지만 이들에 대하여 나의 마음에 다가오는 한 가지 사실이 있는데, 이는 한 번도 언급된 적이 없어 보인다. 그것은 하나님을 위해 무언가를 행한 사람들의 전형적인 모습이다. 그들은 '일어나 앞으로 전진하는' 그런 종류의 사람들이었으며, 천성적으로 행동가(go-getters)였고, 아마도 자신감이 넘치고 성급한 사람들이었을 것이다. 모세는 이스라엘 백성에게 "가만히 섰으라"고 말했지만, 하나님은 반대로 "이스라엘 자손을 명하여 앞으로 나가게" 하라고 명령하셨다. 그들은 억지를 부리고 전진하는 타입이어서 자주 욕을 먹었지만, 하나님을 위해 전진하는 것은 용서할 만하다.

우리는 항상 현재에 머물 수는 없다. 어떤 이들은 부끄럼이 많고 조용한 반면 어떤 이들은 성급하고 들떠 있다. 우리는 그들의 마음을 판단할 수 없다. 오직 하나님만이 그렇게 하실 수 있다. 하나님의 성전에는 이 두 부류 모두가 들어갈 자리가 있다. 그러나 우리의 천성이 항상 중요한 것은 아니다. 어떤 이들은 기독교의 겸손에 대하여 잘못 가르쳐서 뒤에 앉아 보이지 않는 것을 미덕으로 삼는다. 어떤 사람들의 경우, 하나님은 그들이 앞장서서 눈에 띄기를 원하신다. 만일 앞장서는 것을 잘못된 것으로 취급한다면 아무 일도 성취할 수 없을 것이다. 성경에 나오는 지도자들은 충분히 겸손한 자들이었지만, 그들은 누군가가 앞장서서 아무도 하지 않는 중요한 일을 해야만 한다는 것을 알았다. 하나님께서는 심지어 성 무너진 데를 막아설 자를 찾으셨으나 그런 자가 아무도 없었다고 말씀하셨다(겔 22:30).

'전진하는 자'의 모범을 보인 자 중에 가장 잘 알려진 사람은 다윗이다. 다윗은 모든 군대가 꽁무니를 뺐을 때에 거인을 공격했다. 쟁쟁한 위대한 전사들에 비해 다윗은 애송이였다. 이스라엘이 고른 챔피언의 모욕적인 발언에 골리앗은 화가 났다. 다윗은 그의 상대가 되어 보이지 않았다. 다윗의 형들 모두는 전사였다. 하나님은 다윗이 행동가(go-getter)라는 것을 아셨고, 그의 형들도 알았다. 다윗은 성급하고 건방져 보였기에 형들은 짜증을 냈다. 그들은 다윗에게 전쟁터를 떠나 집으로 돌아가서 양이나 돌보라고 말했다. 다윗은 자신의 계획을 고수했으며 역사상 가장 위대한 챔피언이 되었고, 당대의 영웅이 되었다.

하나님은 다윗을 택하셨으며, 위용 있던 다윗의 형제들은 역사의 장에서 사라졌다. 그들은 다윗을 마치 신데렐라처럼 그 집의 '잡부'로 취급했다. 우리는 하나님께서 다윗을 택하신 것을 읽는다. 왜냐하면 다윗은 하나님께서 그에게 원하시는 모든 일을 기꺼이 하려 했기 때문이었다(행 13:22). 사람들은 "나에게 달콤한 뜻을 가지신 하나님께서 여전히 나를 가까이 품으신다네. 그리고 마침내 나는 그분 안에서 완전히 녹아진다네"라는 찬송을 부른다. 이는 단지 영적인 포즈(pose)에 지나지 않으며 수도원에서나 있을 만한 것이고, 세상의 구원을 위해 사람들을 동원하지 않는다면 그리 좋은 것은 아니다.

하나님에 대한 깊은 확신

담대한 추진력이 없었더라면 다윗은 자기 양 떼와 함께 머물러 있었을 것이다. 그러나 우리는 그의 '추진력'(go)이 하나님에 대한 깊은 확신에서 나왔음을 깨달아야만 한다. 다윗이 하나님에 대한 확실한 믿음을 어떻게 갖게 되었는지 우리는 잘 모르지만, 그 믿음으로 말미암아 그의 타고난 성품에 능력이 부여되었을 것이다. 이러한 믿음은 다윗 이야기의 많은 부분을 설명해 준다. 다윗은 "내가 … 내 하나님을 의지하고 성벽을 뛰어 넘나이다"라고 말한다(삼하 22:30). 그는 전 역사와 전 세계를 통하여 언제나 하나님의 사람이었다. 그는 그의 하나님을 의지하여 무엇이든 할 수 있었다. 어떤 이들은 '나가긴' 하지만 믿음이 없다. 우리의 에너지가 아무리 많다 할지라도 믿음이 없으면 하나님을 기쁘시게 하는 것은 불가능하다. 담력과 신뢰는 하나님과 동행하는 사람들의 두 다리와 같다.

오늘날에는 그렇게 많은 언급이 안 되고 있지만, 성경에 나오는 또 다른 예는 다윗의 영혼의 친구이자 사울의 아들인 요나단이다. 그는 하나님을 의지하는 법을 알았다. 당시에 그의 아버지 사울은 왕이었다. 사울의 게으름으로 인해 이스라엘은 블레셋의 공격으로 무력해졌다. 그들은 이스라엘 땅을 불법 점유했으며, 추수한 곡식을 약탈하기 위해 그들의 진지에서 공격을 감행했다.

> 요나단은 사울 왕으로부터 아무런 명령을 받지 못했다. 그가 행한 것은 믿음으로 말미암은 것이지 순종의 행위는 아니었다.

요나단은 외딴 곳에 파견된 소규모 부대에 주둔해 있었는데 할 일이 없었다. 그들은 명령을 기다렸지만 날마다 할 일이 없어 안절부절 못했고 실망스러워 했다. 상부의 무결정에 진력이 난 그들은 스스로 행동을 취하기로 결단한다. 하나님께서 다윗에게 골리앗과 싸우라고 말씀하지 않으신 것처럼 그들에게도 뭔가를 하라는 명령을 내리지 않으셨다. 분명히 요나단은 순종하지 않았다. 왜냐하면 사울 왕으로부터 아무런 명령을 받지 못했기 때문이다. 그가 행한 것은 믿음으로 말미암은 것이지 순종의 행위는 아니었다. 이제 무슨 일이 일어났는지 살펴보도록 하자. 먼저 '순종' 이란 단어를 살펴보자.

순종은 그리스도인에게 있어서 중요한 단어로서 사람들은 이를 많이 강조한다. "하나님께 순종하지 않고서는 아무 일도 말라"는 말을 우리는 듣는다. 순종을 강조하다 보니 신자들은 순종할 수 있는 특별한 부르심을 기다리면서 아무 일도 하지 않을 때가 자주 있다. "믿고 순종하라. 예수 안에서 행복할 수 있는 다른 길은 없노라"는 유명한 찬송이 있다. 그러나 순종하려면 무언가 행동을 취해야만 한다. 많은 이들이 인도하심이 없다고 생각하기 때문에 순종하는 종처럼 기다리고 또 기다리면서 아무런 행동도 취하지 않는다. 교회의 게으름 중에 절반은 순종하고자 하는 갈망과 '하나님보다 앞서지 않겠다' 는 열망에 기인한다. 사람들은 자신이 어떻게 해야 할지에 대해 하나님의 음성을 듣지 못한다. 그리고 이를 행동하지 않는 변명으로 삼는다. 우리 모두는 "사랑하는 주여, 우리는 무슨 일이 있더라도 당신께 순종하며, 주의 길을 가겠습니다"라고 노래한다. 그렇다면 하나님께서 우리에게 원하시는 바를 알고 마음에 무언가가 떠오르기 전에는 어떻게 행동을 취해야만 하는가? 사람들은 하나님께서 자기들에게 구체적으로 뭔가를 하라고 명령하셔야만 순종한다. 하지만 그들은 하나님으로부터 그런 명령을 듣지 못한다. 그래서 그들은 가만히 있어도 상당한 평안을 느낀다. 성경 시대부터 오늘에 이르기까지 하나님의 위대한 성도들은 하나님의 약속의 말씀을 발견하고 앞으로 나아갔으며, 하나님의 역사는 이런 식으로 진행되었다. 우리의 행동을 주장하는 권위는 주관적인 충동이 아니라 하나님의 말씀이다.

이제 요나단에게로 돌아가 보자. 그는 하나님으로부터 어떤 특별한 말씀이나 계시를 받지 못했다. 그는 단지 하나님을 신뢰하고 나아가기로 결단했다. 자신의 결단에 따라 그는 감춰진 진영에서 나와 블레셋 진영의 관심을 끌고 그들에게 도전했다. 블레셋 군(軍)은 미끼를 물었다. 접전이 벌어졌으며 하나님께서는 요나단과 함께하셨다. 그날 요나단은 블레셋 진영을 격파했고, 이스라엘 전군은 자신감을 가지고 일어섰으며, 약탈자 블레셋을 이겼다.

하나님이 행하시는 일은 이렇다. 그분은 그분을 위해 나아가는 자를 찾으시고 그를 능하게 만드신다. 오늘날도 하나님께서는 온 세상과 교회들을 두루 다니시며 "가라"고 외치신다. 누구든지 그분의 음성을 듣고 나아갈 때에 그분은 자기의 가장 사랑하는 친구처럼 그들과 동행하신다.

하나님의 부르심은 개인적이지 않을 수 있다. 사람들은 이사야의 부르심에 대해 이야기한다. 이사야는 '부름을 받은' 적이 없었다. 그는 자원했다. 그는 "내가 누구를 보내며 누가 우리를 위하여 갈꼬"라는 하나님의 요청을 들었고 자기가 그 사람이 될 것을 결심했다(사 6:8). 이사야는 특히 자신을 무가치하다고 느꼈고, 자신을 '부정한 입술'을 가진 자로 묘사했다(사 6:5). 아마도 그의 언어는 거룩하지 못한 것 같다. 이사야가 갈 준비가 되자 하나님은 그의 입술을 정결케 하셨고 그분의 말씀을 전하도록 그를 보내셨다. 이사야는 여느 선지자 중에 가장 아름다운 언어를 사용한 선지자가 되었다.

> 그리스도도 특정 인물에게 지상 명령을 주시지 않았으며 특별한 자격을 제시하지도 않으셨다. 그것은 모든 자를 향해 언제나 열려 있는 초청이었다.

그리스도도 특정 인물에게 지상 명령을 주시지 않았으며 특별한 자격을 제시하지도 않으셨다. 그것은 모든 자를 향해 언제나 열려 있는 초청이었다. 뛰어난 경건과 영성은 좋은 것이지만 "가라"고 하는 그리스도의 말씀에 순종하기 전에는 겨울잠과도 같다. 순종은 하나님의 말씀에 대한 것이지 감정이나 갈망에 대한 것이 아니다.

어떤 이들은 자신의 영혼을 가꾸고 자신에게 평화와 종교적 감정을 구하는 일에 평생을 보낸다. 정말 자기 자신의 영혼을 돌보는 것이 전부란 말인가? 예수께서 우리를 부르신 것은 그분을 따라 마귀에게 빼앗긴 세상으로 나아가 그분의 이름으로 마귀를 이기는 것이다. 어떤 이들은 나이 때문에 가지 못한다고 생각한다. 어떤 이는 자신이 너무 어리다고 생각하거나 너무 늙었다고 생각한다. 예레미야는 자신이 너무 어려서 단지 어린아이에 불과하다고 생각했다. 하지만 하나님께서는 그를 보내셨다. '갈 때'에 우리의 영성은 자라기 시작한다. 그것은 결과물이 아니다. 제자들은 모든 주 중에 주이신 예수의 제자가 되는 엄청난 특권과 유익을 누렸다. 주님께서는 제자들의 교육을 끝내기도 훨씬 전에 그들을 보내셔서 자신이 하는 일을 하도록 하셨다. 실제로 그것은 제자들의 훈련의 일부였고 언제나 그런 식이었다. 우리는 실습을 통해 배운다. 피아노 선생은 제자에게 어떻게 해야 할지를 말해 주지만, 제자가 이를 실습하기 위해서는 피아노 앞에 앉아야 하며, 날마다 연습을 해야만 한다. 기술 습득의 방법은 이런 식으로 이뤄진다.

마가복음의 중요한 단어는 '즉시' 혹은 '곧' (straightway)이다. 이 단어는 40회 이상 등장하며, 나머지 신약성경 전체의 횟수와 맞먹는다. 사람들은 마가복음의 배후에 베드로가 있었다고 생각한다. 그리고 베드로 자체가 '즉각적'이고 성급한 사람이었다. 예수는 베드로와 딱 맞는 사람이었다. 왜냐하면 예수께서도 직접 행동하는 스타일의 사람이었기 때문이다. 요한은 세상이 예수께서 행하신 일을 모두 다 담을 수 없다고 말했다. 단지 3년의 사역인데도 불구하고 말이다! 예수께서는 모든 군중들과 시간을 보내시면서도 전혀 바쁜 사람 같지 않았다. 하지만 그분은 3년이라는 짧은 시간을 통해 그 어떤 사람보다도 더 많은 것을 성취하셨다.

잡히다

예수께서는 "나는 받을 세례가 있으니 그 이루기까지 나의 답답함이 어떠하겠느냐"고 말씀하셨다(눅 12:50). '답답함'으로 번역된 헬라어는 '병에 걸리다' 혹은 '죄수를 붙들다'와 같이 '잡히다'(gripped) 혹은 '붙들다'라는 의미이다. 이런 세례는 십자가 위에서 우리를 위해 받으신 심판의 세례였다. 예수께서는 하나님의 뜻을 행하기 위해 오셨으며, 그것이 아무리 두려운 것이라 할지라도 이를 이루길 원하셨다. 주님께서는 계속해서 "내 때"에 관해 말씀하셨다. 그 때는 영광스럽게 십자가에 달려 하나님을 영화롭게 하는 것이었다. 마침내 "그 때"에 도달했을 때 주님께서는 예루살렘으로 가셨다. 그곳은 악과의 운명의 전투장이었으며, 주님을 따르던 제자들은 주님께서 결의에 차서 전진하시는 모습에 놀랐다. 주님께서는 하나님의 일정을 아셨으며, 1초라도 그 일정에 뒤쳐지지 않으셨다.

바울도 고린도서에서 동일한 헬라어 수네코(sunecho)를 사용한다: "그리스도의 사랑이 우리를 강권하시는도다"(고후 5:14). 이는 그의 마음이 급했다는 뜻이 아니라 그리스도의 사랑으로 인해 그가 쉬지 않고 그분을 위해 애썼다는 것을 말한다. 그는 단지 그분의 일을 해 나갔다. 만일 그가 적당한 때가 오기만을 기다렸다면 세상은 여전히 그때의 모습과 같았을 것이다. 바울의 솔선으로 세상이 바뀌었다. 그의 명령은 지상 명령에서 왔다.

그리스도인의 '감'(going)은 좋든 싫든 가야만 하는 의무감에서 나온 순종이 아니었다. '감'은 마음이고 영혼의 감이었으며, 그 동기는 영적인 열망이었다. 우리는 초대 교인들이 즉각적으로 전 세계로 나아갔다는 인상을 받는다. 단순한 명령으로는 그들을 그렇게 움직일 수 없었을 것이다. 그들은 복음과 사람이신 그리스도 예수로 너무 충만했기 때문에 가만히 있을 수가 없었다. 실제로 20년 동안 수많은 히브리 신자들은 예루살렘 근처에 머물면서 예배에 참석했고, 그들 중 많은 이들은 여전히 제사장들이었다. 사도들도 당시에는 '가지' 않았다. 아마도 그들은 자신들이 있던 곳에 머무는 것이 최선이라고 생각했을지 모른다. 우리는 이에 대해 판단할 수 없다.

더 이상 목적 없는 방황은 없다

그러나 어떤 신자들은 갔다. 그들의 이야기가 사도행전 8장에 나온다. 종교 지도자들은 스데반을 죽였다. 그는 예루살렘에서 공궤를 위해 선택된 일곱 명의 헬레니스트(헬라어를 말하는 유대인들을 말함-역주) 중 하나였다. 한 사람의 그리스도인을 죽인 후에 원수들의 박해는 더욱 심해졌다. 많은 신자들이 예루살렘 도시에서 도망쳤으며, 그들 중에는 다소 성의 사울의 핍박을 피해 도망간 자들도 있었다. 그들은 브니게와 구브로 안디옥까지 말씀을 전했지만 오로지 유대인들에게 그리했고, 아마도 유대인 회당에서만 그리했을 것이다. 그러나 그중에 구브로와 구레네에서 온 헬라인 신자들은 안디옥에 이르러 헬라인에게도 말하여 주 예수를 전파했다(행 11:20). 유대인들이 그러했던 것처럼 그들은 자신들의 문화권으로 복음을 가져갔다. 빌립과 같은 헬레니스트는 이방 세계에 복음을 전했다.

"매일 구제"(행 6:1)란 말이 다시 등장할 것 같지만 우리는 이 말을 다시 읽지 못한다. 헬라어를 말하는 과부들이 자신들의 구제 음식을 제대로 얻지 못했다고 불평하자 헬라어를 말하는 일곱 명이 이 사역을 담당했다. 그들 중에 한 사람이 스데반이었으며 그는 최초의 순교자였다. 날마다 음식을 제공하는 이 사역이 중단되었어도 그는 은퇴하고 집으로 가지 않았다. 사도들의 명령이 없었어도 그는 사도들이 있던 곳 근처에서 복음을 전했다. 너무나 효과적으로 복음을 전하자 그의 원수들은 "지혜와 성령으로 말함을 … 능히 당치 못하"였다(행 6:10).

일곱 명의 구제 사역자 중에 또 다른 한 사람이었던 빌립은 사역이 없어지자 집으로 가 앉아서 "아무 소용 없어. 사도들은 나에게 복음을 전하도록 허락하지 않을 거야"라고 말하지 않았다. 그는 사마리아로 갔다. 예수께서는 제자들에게 유대와 사마리아로 가라고 말씀하셨으며 친히 그곳에 가셨고, 그곳에서 엄청난 결과를 얻으셨다(요한복음 4장을 보라). 빌립이 복음을 전했을 때에 표적이 뒤따랐으며, 도시에는 기쁨이 가득했다. 이전에 그 어느 누구도 그와 같은 일을 행한 적이 없었다. 사실 이전에 어떤 제자도 사마리아에서 복음을 전하지 않았다. 그는 다윗처럼 성급하고 용감하지만 하나님을 위해 도전하는 또 한 사람이었다.

수제자이면서 유대인 성향이 강했던 베드로를 주님은 그가 결코 방문하지 않을 곳, 곧 이방인의 가정으로 보내셨다. 하나님은 베드로에게 복음을 들고 로마 장교의 집으로 가라고 하셨다. 그는 예루살렘 지도자들에게 "성령이 내게 명하사 아무 의심 말고 함께 가라"고 하셨다고 말했다(행 11:12). 이 얼마나 놀라운 삶인가? 이제 더 이상 목적 없는 방황은 없다. 수많은 사람들이 불행하게도 목적 없는 삶을 살고 있다. 그들은 '가지도' 않고 아무런 방향성도 없이 살며, 로마인들처럼 '빵과 서커스'로 행복해 한다.

증인들과 복음 전도자들은 참된 삶의 길을 제시하고, 그들을 부르시고 그들을 보내시며, 그들을 축복하고 삶을 가치 있게 만드시며, 그들에게 만족감을 주시는 주님을 소개한다. 예수께서는 "나를 따라 오너라 내가 너희로 사람을 낚는 어부가 되게 하리라"고 말씀하셨다. "무릇 하나님의 영으로 인도함을 받는 그들은 곧 하나님의 아들이라"(롬 8:14).

오늘날 교회 안에서 '리더십' 이란 말을 많이 한다. 이는 성경의 언어가 아니며 성경적인 개념도 아니다. 하나님은 자기 백성이 움직이길 원하신다. 누군가가 하나님을 위해 일어나 나아갈 정도로 용감할 때에 이런 일이 일어난다. 그러면 모든 사람들이 그의 뒤를 따를 것이다. 필요한 리더십은 조직을 이끌어 가도록 지명을 받은 지도자들이 아니라, 다른 이들로 움직이게 하고 하나님을 위해 담대하도록 인도하는 그런 종류의 리더십이다.

> 하나님은 자기 백성이 움직이길 원하신다. 누군가가 하나님을 위해 일어나 나아갈 정도로 용감할 때에 이런 일이 일어난다. 그러면 모든 사람들이 그의 뒤를 따를 것이다. 필요한 리더십은 이런 종류의 리더십이다.

하나님께서 영혼에 '가라'는 마음을 심어 주시기 전에 농부는 농부로, 어부는 어부로 남아 있다. 그리스도에게로 돌아가는 자들에게 하나님은 새로운 세상 질서인 위대한 모험의 나라(the Great Adventure)를 주신다. 그들은 모든 창조적 에너지와 운동, 발명, 기쁨, 음악, 미(beauty), 선(goodness)의 근원이신 하나님의 영을 받고 그 인도하심을 받는다. 하나님은 어느 누구도 지루한 길로 인도하지 않으신다. 이 세상은 그분의 것이며, 우리는 잠에서 깨어 먹고 다시 잠드는 생명 없는 삶을 반복해 사는 것이 아니라 그분을 돕기 위해 이곳에 있다.

하나님은 행동가들과 함께 가실 뿐만 아니라 행동가들을 만드신다. 예수께서도 깃발을 든 군대로서 사랑으로 세상을 정복하기 위해 그들을 보내셨다. 마가복음의 마지막 절이 말하듯이 제자들이 가는 곳마다 주님께서는 따르는 표적으로 그분의 말씀을 증거하셨다.

우리는 '어린 양의 사도들'은 아니지만 예수께서는 우리에게도 동일한 목표를 주셨으며, 절망이나 낙담은 허락하지 않으셨다. 그리스도 안에서 지루함이란 있을 수 없다. 주님은 아무도 지루하게 만들지 않으신다. 그리스도는 사람들로 가게 하시고, 편안한 작은 안식처에서 나와 색깔 없는 미래 위로 비상하게 하신다. 그분은 소경의 눈을 여셔서 그분과 동행하는 인생의 경이로움을 보게 하신다.

만일 하는 일 없이 지내길 원한다면 예수를 피하는 것이 낫다. 그분은 부활이요 생명이시기에 살아 있지만 죽은 자들을 일으키신다. 예수는 냉담하고 애처로워 보이는 무리를 강하게 만드시어 그분을 위해 일하도록 하신다. 그분은 절름발이를 고치신다. 인생에는 여러 가지가 있지만 예수는 영원한 기쁨이시다. 시인 토머스 그레이(Thomas Gray)는 "영광의 길들은 다만 무덤으로 인도할 뿐이다"라고 썼다. 인간의 영광은 그렇다. 하지만 그리스도의 길을 따라가는 자들은 영광에서 영광으로 변화되며, 주님은 그들을 천국으로 인도하신다. 그분이 그곳에 계시기 때문에 그곳은 천국이다.

― **질문** ―

1. 이 장을 읽었을 때 그리스도를 증거하길 원하는 사람에게 필요한 두 가지는 무엇인가?
2. 순종의 역할은 무엇인가?

17 미션 임파서블

"니느웨로 가서" (욘 1:2).

    자기 자신의 유익을 구하는 것 이외에 높은 이상을 가지는 나라는 거의 없다. 이스라엘도 마찬가지였다. 하나님의 백성으로서 그들은 달라야만 했다. 그들은 거룩한 부르심을 받았지만 그 부르심은 '결제 보류' 함에 처박혀 있는 것 같았다.

    이스라엘은 온 땅에 주의 이름을 알리기 위한 백성으로 지음을 받았다. 이는 그들로 전도자의 나라로 삼으려 하심이었다. 주님께서는 "너희는 나의 증인이라"고 말씀하셨다(사 44:8). 대신에 그들은 그러지 말았어야 할 그러한 슬픈 증인의 사례가 되었다. 이스라엘의 선지자들은 온 땅을 다스리시는 위대한 하나님, 신 중에 신이신 하나님을 선포했다. 그들은 "너희 모든 나라들아 여호와를 찬양하며 너희 모든 백성들아 저를 칭송할찌어다"라고 노래했다(시 117:1). 하지만 어느 누구도 그 이상의 것은 그리 많이 행하지 않았다. 1,000년이 지난 후에도 그들은 이스라엘의 하나님을 다른 나라에 알리지 않았다. 그들은 이 일에 실패했다. 성경의 언어를 빌리자면 그들은 열매가 없었다: "포도나무가 시들었고 무화과나

무가 말랐으며"(욜 1:12). 예수께서도 이스라엘의 상징인 무화과나무를 저주하셨다. 왜냐하면 그 나무가 아무런 열매를 맺지 못했기 때문이었다(마 21:19).

이스라엘이 전도의 노력을 확대한 것은 유다와 예루살렘의 선지자들이 타락한 북쪽의 10지파였던 사마리아에게 자기 조상들의 하나님께로 돌아오라고 권면했을 때였다. 사마리아는 자신들이 들어왔던 뒷문을 그들에게 보여 주었다. 이처럼 이 이상의 전도 활동은 거의 없었다.

무단 결근

그러나 이스라엘의 국경을 넘은 한 사람이 있었다. 그 사람은 선지자 요나였다. 하나님은 그를 보내셨다. 그는 도망쳤지만 결국 하나님의 손에서 벗어날 수가 없었다. 이 일에는 분명히 용기와 결단이 필요했다. 수백 년간 이어 온 이스라엘의 전통과 이와 같은 행동은 서로 어긋났으며, 니느웨는 이스라엘이 선호하는 그런 장소가 아니었다. 니느웨는 너무나 야만적이고 두려우며 무가치한 곳이어서 하나님도 이곳을 염려하셨다. 하나님은 요나로 하여금 가서 그들을 구원토록 보내셔야만 했다.

요나는 최소한 어느 정도는 하나님을 알았다. 그럼에도 불구하고 각 나라마다 고유의 신이 있다는 원시적 개념이 아직도 그의 뇌리에 깊이 박혀 있었다. 문둥병자 나아만이 고침을 받자 그는 이스라엘의 흙을 가지고 갈 수 있는지 물었다. 왜냐하면 그 흙이 있으면 주님께서 자신과 함께 계실 것이라 믿었기 때문이었다. 요나도 주님께서 이스라엘에 거하시며 다른 신들의 영역에 침범하지 않으신다고 생각했다: "하나님이 유다에 알린바 되셨으며 그 이름은 이스라엘에 크시도다"(시 76:1).

　니느웨 사람들의 죄를 지적해야 한다는 생각에 겁에 질린 요나는 이스라엘을 떠남으로써 하나님에게서 도망하려 했다. 그는 당시에 가장 멀리 가는 배인 다시스행 배를 탔다. 아마도 그는 이스라엘에서 멀어지면 질수록 하나님께서 그를 잡으실 수 있는 가능성이 떨어질 것이라고 생각한 것 같다.

　다시스는 스페인 남서쪽에 위치한 타르테수스(Tartessus)로 여겨지는데, 이 도시는 니느웨와 정반대에 있으며 지중해의 끝자락에 위치해 있다. 분명히 다시스도 '하나님의 명성을 듣지도 못하고 그분의 영광을 보지도 못한' 도시에 속했었다(사 66:19). 이는 이스라엘이 멀리 떨어져 있는 사람들을 개의치 않았기 때문이었다. 감사하게도 어떤 이가 예수의 이름을 다시스에 전했지만 요나는 아니었다.

　일반적인 이스라엘 사람들처럼 요나도 다시스나 니느웨 같은 이방 국가가 하나님의 영광을 보는 것을 좋아하지 않았다. 요나에게 있어서 배를 타면 모든 것이 용서될 것 같았다. 우리는 요나 선지자를 무단 결근자라 부를 수 있다. 하지만 도중에 그는 하나님을 피하기가 어렵다는 사실을 배운다. 요나서 기자는 "아래로"(down)라는 말을 가지고 익살을 떤다. 요나는 북쪽으로 가는 대신에 '욥바로 내려가' 다시스로 가는 배를 발견하고 '배 안으로 들어가 내려간다'. 폭풍이 일자 요나는 '배 밑층으로 내려간다'. 얼마 후에 그는 바다에 던져져 커다란 물고기 뱃속으로 내려간다. 그의 말대로 그는 "산의 뿌리까지" 내려갔다(욘 1:1~4, 15~17, 2:6). 그는 더 이상 내려갈 수가 없었다. 그것은 그의 생애에서 가장 낮은 곳이었다!

　요나는 하나님을 알았지만 그의 지식이 이제 문제가 되었다! 요나는 하나님의 성품에 대해 매우 고상한 개념을 가지고 있었으며, 그것은 당시에 매우 희귀한 것이었다. 요나가 아는 대로 주님은 멸망과 암울함의 하나님이 아니셨다. 그런데 그 동일하신 하나님이 그를 보내어 니느웨에 멸망과 암울을 전하라고 하신다. 요나는 다음과 같이 말한다: "그러므로 내가 빨리 다시스로 도망하였사오니 주께서는 은혜로우시며 자비로우시며 노하기를 더디하시며 인애가 크시사 뜻을 돌이켜 재앙을 내리지 아니하시는 하나님이신 줄 내가 알았음이니이다"(욘 4:2).

여기서 요나가 최초의 국제적 전도자였음을 지적해야겠다. 그의 청중은 소름 끼칠 정도로 잔혹했고 무자비했으며 사악하기로 유명했다. 하나님께서 소돔과 고모라처럼 홍수 전에 선천적으로 타락한 자들에게 개입하신 것처럼 하나님께서 이제 그들에게 개입하셔야만 했다. 하나님이 소돔에 아브라함을 보내시고 홍수 전 세계에 노아를 보내셔서 사람들에게 마지막 기회를 주셨던 것처럼, 사람들의 운명을 걱정하신 하나님께서 니느웨에 요나를 보내셨다. 이는 또한 하나님께서 우리에게 그리스도를 보내신 이유이기도 하다. 그리스도는 우리의 마지막 기회이다.

요나는 헷갈렸다. 그는 하나님을 알았지만 하나님에 대한 이상한 개념을 물려받았다. 하나님께서 요나에게 니느웨로 가라고 말씀하셨지만 그는 "여호와의 낯을 피하려고 일어나 다시스로 도망" 했다(욘 1:3). 그는 이스라엘 땅을 떠나면 하나님을 떠날 수 있다고 생각했던가? 그러나 긴박한 상황에서 그는 다른 교훈을 배웠다. 괴물처럼 거대한 물고기가 그를 삼킨 것을 보고 겁에 질린 그는 하나님께서 자기 곁에 계시기를 소망하는 자기 자신의 모습을 발견했다. 비록 바다 괴물의 뱃속이 거룩한 곳이 되긴 거의 불가능했지만 말이다. 또한 그는 물고기에서 나가는 길이 두 곳임을 알았고, 바른 곳을 찾을 수 있도록 기도했다.

비록 요나의 경험은 무척 불쾌하긴 했지만 이를 통해 중요한 진리를 발견했다. 처음에 그는 하나님께서는 이스라엘에 남아 계시다고 생각했다. 그러나 요나는 하나님의 편재의 개념을, 즉 산의 바닥이나 바다 끝에도 계시다는 사실을 최초로 발견한 성경의 인물이었다. 비록 자신이 하나님의 시야에서 '사라졌다'고 느꼈지만 그는 여전히 기도해 볼 만한 가치가 있다고 생각했다. 그는 "내가 받는 고난을 인하여 여호와께 불러 아뢰었삽더니 주께서 내게 대답하셨고"라고 말했다(욘 2:2). 어쩔 수 없는 상황에서 그는 하나님께서 어디서든지, 심지어 바다 괴물의 뱃속에서도 자기의 기도를 들으신다는 사실을 발견했다. 그분께서 기도를 듣지 못하는 곳이 어디란 말인가? 거룩하지 않은 장소가 어디에 있단 말인가? 예루살렘과 성전은 더 이상 하나님에 대해 독점권을 갖지 못했으며, 어느 다른 도시도 그러했다. "내가 주의 신을 떠나 어디로 가며 주의 앞에서 어디로 피하리이까"(시 139:7).

임의로 행하시지 않는 하나님

요나는 하나님이 계시다고 생각되는 곳에서 도망친 반면, 어떤 이들은 하나님이 계시지 **않다**고 생각하는 곳을 피한다. 신자들 중에는 어떤 다른 곳에서 하나님을 더 많이 발견할 수 있다고 생각하는 사람들이 많다. 만일 그들이 하나님의 '축복'이나 '능력'을 찾지 못할 경우에 그들은 '부흥'이 있는 곳으로 간다. 마치 다른 장소보다 어떤 장소에 하나님이 더 많이 존재하시는 것처럼 말이다. 하나님은 자신을 여러 부분으로 나누어서 존재하시는가? 산만하게 이리저리 돌아다니시다가 기상도에 나오는 소낙비처럼 내리시는가? 그분은 임의로 행하시는 분이 아니시다. 만일 우리가 하나님을 경험하기 위해 이리저리 여행을 해야만 한다면 우리는 아주 중요한 것을 놓쳐 버린다. 사도 바울은 영적 방랑자와 같은 경험을 인정하지 않는다. 바울은 "네 마음에 누가 하늘에 올라가겠느냐 하지 말라 하니 올라가겠느냐 함은 그리스도를 모셔 내리려는 것이요 혹 누가 음부에 내려가겠느냐 하지 말라 하니 내려가겠느냐 함은 그리스도를 죽은 자 가운데서 모셔 올리려는 것이라 그러면 무엇을 말하느뇨 말씀이 네게 가까와 네 입에 있으며 네 마음에 있다 하였으니 곧 우리가 전파하는 믿음의 말씀이라"고 말했다(롬 10:6~8). 최선의 상태에 계신 하나님을 찾기 위해 여행할 필요가 없다. 그분은 언제 어디서나 최선의 상태에 계신다. 그분은 휴가도 없으시다. 하나님을 찾는 자는 그분을 발견한다. 하나님을 찾기 위해 비행기 표가 필요한 것은 아니다.

요나의 전도는 성공적이었다. 왕은 베옷을 입고 금식하며 회개할 것을 명했다. 요나는 기뻐했을지 모르지만 그 후에 다시 기쁘지 않았을지도 모른다. 그는 니느웨의 심판을 선포했다. 그렇다면 이제 하나님은 어떻게 하실 것인가? 요나가 하나님을 안다면 심판은 없고 오직 자비만이 있을 것이다. 그리고 그는 예언자로서의 자격지심에 상처를 입었을 것이다. 그가 두려워한 바가 바로 이것이었다. 즉 하나님은 너무 자비하셔서 그분께서 요나를 보내어 행하시리라 말씀케 하신 것을 행하지 않으실 것이라는 것이었다.

이는 오늘날 우리가 전하는 복음 전도의 역설이기도 하다. 우리는 지옥의 메시지를 선포하기 위해 보내심을 받지 않았다. 우리의 메시지는 그리스도의 구속과 구원하시는 사랑에 관한 것이다. 그러나 지옥이 없고 죄인의 멸망이 없다면 이는 아무런 의미가 없다. 지옥이 없다면 사람들은 무엇으로부터 구원을 받는단 말인가? 만일 예수께서 구원하신다면 이는 사람들이 구원을 받아야만 하기 때문에 그런 것이 틀림없다.

하나님의 긍휼의 빛

요나가 하나님에 대해 알고 있던 내용을 당시에 알고 있던 자들은 그리 많지 않았다. 그는 하나님에 대하여 진술했는데 이는 고전적인 것이었다: "주께서는 은혜로우시며 자비로우시며 노하기를 더디하시며 인애가 크시사 뜻을 돌이켜 재앙을 내리지 아니하시는 하나님이신 줄을 내가 알았음이니이다"(욘 4:2). 이 말씀은 하나님께서 이전에 모세에게 주셨던 계시였다(출 34:6). 또한 미가 선지자도 이 말씀에 영감을 받았다. 그는 "주와 같은 신이 어디있으리이까 주께서는 죄악을 사유하시며 그 기업의 남은 자의 허물을 넘기시며 인애를 기뻐하심으로 노를 항상 품지 아니하시나이다"라고 썼다(미 7:18).

다른 선지자들의 말 속에서도 이와 같은 메아리가 들린다. 예를 들어, 성경에서 가장 감동적인 구절 중 하나인 말씀에서 하나님은 선지자 호세아에게 다음과 같이 말씀하신다: "에브라임이여 내가 어찌 너를 놓겠느냐 이스라엘이여 내가 어찌 너를 버리겠느냐 내가 어찌 너를 아드마 같이 놓겠느냐 어찌 너를 스보임 같이 두겠느냐 내 마음이 내 속에서 돌아서 나의 긍휼이 온전히 불붙듯 하도다"(호 11:8). 이는 하나님의 마음의 외침이다. 그분의 인내는 끝이 없으시다.

하나님의 긍휼의 빛은 어두운 세월로 뒤범벅된 황무지에서 언제나 빛났다. 긍휼과 자비와 용서는 친절의 파도였으며, 모세, 미가, 호세아 그리고 그 후에 사도들과 같은 자들을 움직이는 내적 힘이었다. 바울은 "그리스도의 사랑이 우리를 강권하시는도다"라고 말했다(고후 5:14).

이 얼마나 놀라운 계시인가! 말씀의 핵심인 이 말씀에 우리가 감동을 받지 않는다면 어떻게 다른 사람들을 감동시킬 수 있겠는가? 요나가 한 고전적인 진술은 비록 그에게는 그렇지 않았을지라도 우리에게는 가장 큰 동기부여의 말씀이어야만 한다. 세상은 악하다. 그래서 우리는 조소의 눈길로 주변을 돌아보고는 요나처럼 저들이 지옥에 갈 만하다고 생각할지 모른다. 하나님의 놀라운 은혜가 없었더라면 우리도 악한 세상에 속했을 것이라는 점을 명심해야만 한다. 우리가 세상을 본다면 세상도 우리를 본다. 우리가 복음을 들고 나아간다면 우리의 눈에 하나님의 친절이 있지 않겠는가?

니느웨가 회개한 후에 요나는 도성 밖에 앉아서 하나님께서 여전히 그 성을 멸망시키시는지 아닌지를 바라보았다(욘 4:5). 하나님께서 멸망을 취소하시면 아무 일도 생기지 않을 것이라는 확신이 들자 그는 심판을 선포했던 자신이 바보처럼 느껴졌다. 하나님이 너무 자비로우셔서 그는 실망했다.

요나는 한 가지에만 관심이 있었다. 그것은 자기 자신이었다. 세계에서 가장 큰 도성에 사는 모든 사람들의 운명도 그에게 있어서는 자기 자신의 선지자로서의 명예보다 덜 중요했다. 그는 수많은 남녀와 어린이를 염려하면서 말씀을 전하지 않았다. 그는 단지 하나님께 반복해서 불순종하고 싶지 않았기 때문에 그리 했을 뿐이었다. 지난번에 깊은 곳에서 물고기에 의해 삼켜지는 공포를 겪었는데, 다음에 불순종한다면 어떤 일이 벌어지겠는가?

요나의 관심은 오직 자기 자신밖에 없었다. 그는 하나님의 선지자였지만 배에 탔을 때 아무도 이 사실을 몰랐다. 폭풍이 몰아쳤을 때 이방인 선원들은 놀랐지만 그는 기도하지 않았다. 그들은 요나를 깨워 그의 하나님에게 외치라고 말했다. 요나서 2장에서 그가 "물고기 뱃속에서" 기도하는 장면이 나온다. 그러나 그는 니느웨의 죄인들을 구원해 달라는 것이 아니라 자신을 구원해 달라고 말한다. 그는 "내가, 나를, 나의"란 말을 계속해서 사용했다.

전도하기를 주저한 전도자 요나는 구원하기로 결단하신 주님과는 전혀 어울리지 않았다! 이 신통치 않은 사람이 놀라운 성공을 거뒀다. 왜냐하면 하나님께서 그분의 넘치는 긍휼을 베풀기 위해서는 요나의 도움이 필요했기 때문이다. 주님께서는 구원의 역사를 위해 모든 것을 투자하셨다: "자기 아들을 아끼지 아니하시고 우리 모든 사람을 위하여 내어주신 이"(롬 8:32). 하나님의 방법 중에서 자신의 가장 큰 희생을 치르면서 줄 수 있는 유일한 방법은 자기 아들을 선물로 주는 것이었으며, 이는 말로 형용할 수가 없다. 하나님께서 세상을 바라보시는 관점은 홍수 전의 세상과 소돔과 고모라, 그리고 니느웨를 바라보시는 관점과 같으시다. 세상은 임박한 심판에서 필사적으로 구원받아야만 한다.

그렇다면 전도하기를 망설이는 전도자는 어떤가? 우리 자신에게 정직하자. 우리에게는 진리를 선포할 정도의 열심이 있는가? 우리의 기도는 모두 "나, 나를, 나의"로 되어 있지는 않은가? 예수께서는 "너희는 온 천하에 다니며 만민에게 복음을 전파하라"고 말씀하셨다(막 16:15). 이는 단지 우리가 아침마다 하는 큐티를 위한 멋진 말씀에 지나지 않는가? 우리가 듣고서 아무것도 하지 않는다면 주님의 말씀이 우리에게 어떻게 도움이 되겠는가? 우리가 행동을 취하면 하나님은 언제나 우리를 인정하신다. 주님께서 구원의 역사를 행하실 때에 주님의 위대한 목적 안에서 우리도 주님과 함께 움직일 수 있다. 만일 우리가 그렇게 행하지 않는다면 어떻게 되겠는가?

— 질문 —

1. 요나는 왜 자신이 하나님에게서 멀리 도망할 수 있다고 생각했는가?
2. 요나는 왜 도망했는가?
3. 우리 자신의 삶의 각도에서 볼 때에 우리는 어떻게 '도망할' 수 있는가?

"두려워 말며 놀라지 말라 네가 어디로 가든지 네 하나님 여호와가 너와 함께 하느니라 하시니라"(수 1:9).

18 사도들의 순항

"예수의 영이 허락지 아니하시는지라" (행 16:7).

바울은 그리스도의 지상 명령을 수행하기 위해 무시아와 비두니아로 향했다. 그러자 성령께서 그들을 멈춰 세우셨다! 참으로 놀라운 일이다. 초기 복음의 진보는 바울과 그의 조력자들에 달렸는데 성령께서 그들의 가는 길에서 그들을 세우셨으니 말이다!

일시 해고?

그들의 느낌이 어떠했을까? 일시 해고된 느낌이었을까? 하나님은 바울과 그의 팀원들을 할 일이 없게 내버려 두셨다! 그곳에서 그들은 배를 탄 채 어쩔 수 없이 아무 일도 하지 못했으며, 하나님께서 무얼 원하시는지에 대한 지시도 없었다. 하나님께서 그들과 함께하셨음을 알지만… 그들은 아무것도 하지 못했다.

이런 상황은 주목할 만하다. 그들이 주님의 사역을 적극적으로 하지 않을 때에도 열심히 관여하고 있을 때처럼 주님은 그들 곁에 계셨다. 이 사실을 명심하라. 우리가 하는 일은 모두가 '주를 위한 것'으로 여겨야만 한다. 바울은 자신이 원할 때에 원하는 곳으로 갔다. 그는 무시아와 비두니아로 가는 것이 타당하다고 생각해서 그곳으로 떠났고, 하나님은 가는 곳마다 그와 함께 역사하셨다. 바울이 하나님께로부터 가거나 멈추거나 떠나라는 특별한 지시를 받은 적은 아주 드물었다. 하나님은 우리가 계획하는 것을 허락하시지만 결코 우리를 떠나지 않으신다. 하나님은 자기의 목적을 계시하시기 위해 특별히 가끔씩 개입하실 수 있으시며, 또한 그렇게 하신다. 하지만 그분은 언제나 우리와 함께하시고 우리를 주목하신다. 우리 자신의 삶이 중요한 것처럼 복음은 너무나 중요하기 때문에 하나님께서 우리를 주목하지 않으시고 완전히 떠나시기란 불가능하다. 마가복음 16장 20절은 초대 교회의 전도자들이 그들의 생각에 합당한 시간과 합당한 때에 나아갔으며, 주님께서는 언제나 그들과 동행하셨다고 말한다. 하나님은 언제나 우리보다 두 걸음 앞서 가신다.

> 복음은 너무나 중요하기 때문에 하나님께서 우리를 주목하지 않으시고 완전히 떠나시기란 불가능하다.

사도행전 16장 7절은 "무시아 앞에 이르러 비두니아로 가고자 애쓰되 예수의 영이 허락지 아니하시는지라"고 말한다. 이는 부정적인 인도하심이다. 아프리카에서 처음으로 전도하던 해에 우리는 새로운 선교지를 개척했다. 선교지가 확장되면서 우리는 일반 선교 단체가 할 수 있는 활동 능력을 넘어서게 되었다. 그 책임이 너무 커서 선교 본부도 이를 감당할 수 없게 되었다. 결국 나는 그 선교 단체를 떠나야만 했지만, 주님께서 원하시는 그 다음 단계가 무엇인지에 대해서는 내게 아무런 개념도 주지 않으셨다.

우리는 짐을 꾸려 이사를 했으며 처음부터 새롭게 할 준비를 했다. 그러나 무엇을 어떻게 해야 할지 지시가 없었다. 나는 좌절했으며, 너무나 낙담해서 짐을 풀지도 못하고 손으로 머리를 감싼 채 길거리 옆에 쌓인 짐 꾸러미에 앉아 있었다. 나는 너무 외로웠고, 이런저런 질문들이 머릿속에 가득했다. 날이 지나고 몇 주가 지나도 하늘은 여전히 조용했다. 그것은 마치 "우리의 표적이 보이지 아니하며 선지자도 다시 없으며"라고 말씀한 시편 74편 9절의 말씀과도 같았다.

나는 사도행전을 알고 있었다. 그리고 지금 진행되고 있는 상황을 알려면 16장에서 그 실마리를 찾을 수 있음도 알았다. "예수의 영이 허락지 아니하시는지라"는 말씀은 우리의 상황에 꼭 들어맞았다. 바울과 그의 친구들은 그리스도의 지상 명령에 순종하여 온 세상을 다니고자 하는 열심으로 가득했다. 그들은 소아시아(지금의 터키) 북쪽을 횡단하여 무시아와 비두니아 그리고 아시아 지역에 복음을 전할 계획을 세웠다. 하지만 성령께서는 그 계획을 금하셨다! 그리고 성령께서는 다른 대안을 주시지도 않았다.

그들의 거대한 계획이 무너졌다. 그들은 단지 그곳 에게 해에서 배를 타고 잠잠할 수밖에 없었다. 우리는 그들이 이를 걱정했는지 안 했는지 듣지 못한다. 그들은 단지 배에 있는 것 외에 아무런 할 일이 없었다. 그것이 하나님의 계획이었기 때문에 다른 대안이 없었다. 나도 아무것도 못 하고 아무 데도 못 가는 초대 교회의 개척자들과 같았다.

왜 하나님은 이런 식으로 일하기를 원하실까? 음… 그렇게 하지 않으면 안 되시는 걸까? 하나님은 너무나 절실한 도움이 필요하시기 때문에 항상 모든 사람을 대기시키셔야만 하는가? 우리는 사도행전에서 이와 다른 증거를 보게 된다. 하나님께서는 그 배 위에서도 바울과 함께하셨다. 나도 '주변에 저 말고 다른 사람은 없나요?' 라고 생각했다. 주님은 단 하루라도 나의 도움이 없이는 안 되시는가?

그 당시 나는 이를 이해하지 못했다. 하지만 지금은 왜 주님께서 나에게 아무 일도 주지 않으시고 가만 두셨는지를 안다. 주님은 나를 그곳에 두고 싶어 하셨다. 나는 주님께서 나를 심으신 곳에 있었다. 바울의 경우에 "성령이 아시아에서 말씀을 전하지 못하게"(행 16:6) 하셨으며, 바울은 또한 2년 동안 가이사랴에서 감시를 받으며 살았다. 그곳에서 그는 무위도식하는 것처럼 보였고, 심지어 편지 한 장도 쓰지 못했다.

우리는 장차 바울이 세상에 더 큰 영향을 미칠 것을 알고 있다. 나도 힘이 났다. 바울과 같은 영적 거장도 그랬는데, 나 같은 사람이 그러지 말란 법이 어디 있는가? 바울은 나의 숨통을 틔어 주었다. 실제로 나는 내 일생의 사역에서 전례 없는 기회와 책임의 문턱에 서 있었다.

마침내 바울은 드로아에서 하선했다. 그러나 하나님은 그들을 향해 다른 계획을 가지고 계셨다. 사도와 팀원들은 드로아에서 복음을 전해야겠다는 긴박감이 없었다. 곧 그 이유가 분명해졌다. 에게 해를 건너 드로아에서 200마일 떨어진 곳에 유럽 대륙의 관문인 드라게(그리스)와 마게도냐가 있었다.

모든 것을 종합해 볼 때

미래와 진보 그리고 문명은 바울이 계획했던 동쪽이 아니라 서쪽을 향했다. 어느 날 밤 드로아에서 바울은 환상을 보았다. 그는 한 남자가

"마게도냐로 건너와서 우리를 도우라"고 말하는 것을 보았다(행 16:9). 사도와 함께한 이 작은 팀은 자신들이 얼마나 중요한 존재인지 몰랐다. 유럽과 세계의 미래가 그들의 손에 달려 있었다. 바울도 이를 알지 못했지만 하나님은 아셨다. 그리고 이 역사적 순간에 세상이 변화될 씨앗이 싹트고 있었다.

그러나 바울은 즉각적으로 "주께서 내게 이렇게 말씀하셨다!"고 성급하게 말하지 않았다. 우리가 "주께서 이렇게 말씀하셨다"라고 말할 때에 그것이 영적 교만함에서 오는 것이 아닌, 주께서 정말로 그렇게 말씀하셨기를 바란다. 바울과 그의 동료들은 주님께서 동쪽에서 방향을 바꿔 서쪽 마게도냐로 가길 원하신다고 결론지었다[헬라어 숨비바조(sumbibazo)는 '모든 것을 종합해 볼 때'란 의미이다]. 그것은 엄청난 계획 수정이었다. 바울은 이를 하나님의 명령이 아니라 기회로 보았다. 바울의 하나님은 '보스'(boss)가 아니라 동역자이셨다. 하나님은 움직이셨고, 바울도 그분과 함께 움직였다.

그들은 하나님의 지시를 받지 않고 무시아와 비두니아로 항해한 것이 분명하다. 그렇다고 해서 그것이 실수이거나 실패는 아니었다. 만일 하나님께서 당시에 말씀하지 않으셨다면 그때에 하실 말씀이 없으셨을 뿐이다. 하나님은 계속해서 움직이면서 뭔가를 요구하는 기계가 아니시다. 천하 만민에게 복음을 전하라는 그리스도의 지상 명령은 그들에게 백지 위임장과 같았다. 바울은 상황과 마음의 원함을 따라 자기 자신의 로드맵을 가지고 나아갔으며, 필요하다면 하나님께서 그의 여정을 바꿔 주시도록 했다. 그는 언제나 이와 같이 일했으며, 하나님은 몇 번 그의 여정을 바꾸셨다.

바울은 데살로니가 교인들에게 자신이 그들을 방문하고 싶었지만

"사단이 우리를 막았도다"라고 말했다(살전 2:18). 그는 그것이 사단인지 아니면 하나님인지를 알았다. 어느 경우든 복음은 전진했다. 또 한번은 그가 고린도 교인들을 방문할 계획을 세웠지만 에베소에 머물렀다. 왜냐하면 그가 "내게 광대하고 공효를 이루는 문이 열리고"라고 말했기 때문이다(고전 16:9). 여기서도 그는 "주께서 내게 말씀하셨다"고 말하지 않았다. 상식은 하나님이 우리에게 사용하라고 주신 선물이다. 하나님은 일반적으로 이를 무시하지 않으신다.

바울은 로마 교회에 다음과 같이 썼다: "형제들아 내가 여러 번 너희에게 가고자 한것을 너희가 모르기를 원치 아니하노니 … 지금까지 길이 막혔도다 … 이제 하나님의 뜻 안에서 너희에게로 나아갈 좋은 길 얻기를 구하노라"(롬 1:13, 10). 바울이 "내가 … 가고자 한것을"이라고 먼저 쓴 후에 "하나님의 뜻"에 대하여 말한 것에 주의하라. 그는 자신의 계획이 하나님의 뜻이 아니라고 생각할 이유가 없었다. 그런 후에 편지 끝부분에서 그는 스페인에 가는 길에 그들을 방문할지도 모른다는 가능성에 대해 썼으며 그들의 기도를 요청했다. 그는 주의 뜻이 좌절될 수 없다는 것을 알았음에도 불구하고 계획을 세웠으며 상황을 인정했다.

바울과 그의 동료들은 결코 걱정하지 않았다. 그들은 주께서 모든 것을 다스리신다고 믿었다. 나는 많은 사람들이 매일 진지하게 하나님의 지시를 구하고 기다린다는 것을 알고 있다. 하지만 인도하심은 우리가 이를 구하는 것에 있지 않다. 만일 우리가 순종하길 구한다면 하나님은 인도하신다. 인도하심은 구한다고 해서 우리에게 부여하시는 특권이 아니다. 순종은 인도하심을 구하는 것보다 더 중요하다. 우리가 순종하려고만 한다면 하나님은 계속해서 우리를 바른 길로 인도하신다. 어떤 이들은 하나님께서 말씀하셨음에도 불구하고 자신들이 어쩌다가 이를 듣지 못했을까 걱정한다. 하지만 하나님께서 뭔가 하실 말씀이 있으시다면 그분은 속삭이지 않으실 것이다. 그분은 반드시 우리로 하여금 듣게 하실 것이다. 아버지는 아들에게 자신의 소원을 속삭이지 않으며, 우리 천부께서도 그러지 않으신다.

바울은 예언자들과 주님으로부터 경고를 받았지만 하나님께서 그를 향한 계획을 가지고 계심을 알고서 그의 가던 길을 결코 벗어나지 않았다. 심지어 마음이 아픈 상황에서도 그는 그랬다. 그는 "이 모든 것이 나를 움직이지 못한다"고 말했다(행 20:24, KJV). 하나님은 아침저녁으로 마음을 바꾸지 않으신다. 여정 중에 우리는 소망스럽고 미래의 원경을 보여 주는 상황을 만나거나, 아니면 소망이 없어 보이고 아무런 의미가 없어 보이는 상황을 만날지도 모른다. 그럼에도 불구하고 주님의 위대한 목적은 지구가 그 궤도를 돌듯이 계속 전진한다.

여정 중에

마치 성경처럼 사용되는 격언들이 많지만 이들은 그저 유명한 철학에 불과하다. 예를 들어, "하나님이 말씀하실 때까지는 움직이지 마십시오", "항상 하나님을 기다리십시오"가 그것들이다. 이 문장들은 너무나 겸손하고 영적으로 들려서 성경에서 이 말을 찾아보지만 허사로 끝나고 만다. 모세도 이스라엘 족속에게 "너희는 두려워 말고 가만히 서서 여호와께서 오늘날 너희를 위하여 행하시는 구원을 보라"고 말했다(출 14:13). 그러나 하나님께서는 모세에게 기도를 멈추고 땅에서 일어나라고 말씀하셨다. 하나님은 "이스라엘 자손을 명하여 앞으로 나가게" 하라는 반대 명령을 내리셨다(출 14:15).

또한 사도들도 '앞으로 나아갔다'. 그들은 자신들이 해야 할 일이 무엇인지 알기 위해 한 달 동안 금식하며 기도하지 않았다. 그들은 모든 곳에서 복음을 전했으며 아브라함의 종 엘리에셀이 한 말, 곧 "여호와께서 길에서 나를 인도" 하셨다는 말이 그들의 신호가 되었다(창 24:27). 우리가 하나님의 지시를 들을 때까지 아무 일도 하지 말라는 말씀은 어디에도 없다. 성경은 우리 손으로 할 수 있는 모든 것을 종합적으로 고려하라고 말한다. 여호수아는 약속의 땅을 공격할 준비가 되어 있었다. 그러자 하나님은 그에게 진군하라고 말씀하셨다. 이는 여호수아가 어디로 가든지 '그의 하나님 여호와가 그와 함께하셨기' 때문이었다(수 1:9). 하나님은 언제나 여호수아의 결단 있는 리더십을 존중했고 그와 동행하셨다. 하나님의 약속은 "그 행사가 다 형통"하는 것이었으며, 이는 비옥한 땅에 뿌리를 내리듯 말씀에 뿌리를 내리는 사람들에게 주신 약속이었다(시 1:3). "이 율법책을 네 입에서 떠나지 말게 하며 주야로 그것을 묵상하여 그 가운데 기록한대로 다 지켜 행하라 그리하면 네 길이 평탄하게 될 것이라 네가 형통하리라"(수 1:8).

주님은 길을 떠난 사람의 길을 인도하신다. 자전거를 움직이기 전까지는 자전거의 방향을 트는 것이 불가능하다. 배터리가 방전된 자동차에서 핸들은 아무런 소용이 없다. 하나님은 줄을 당겨야만 움직이고 하나님의 곡조에만 춤을 추는 꼭두각시와 같은 종은 원치 않으신다. 성경에는 그런 내용이 없다.

말(horse)은 고삐와 재갈을 느끼기 전에는 언제 어디로 가야 할지를 결코 모른다. 그러나 시편 32편 9절은 우리가 말과 같이 하나님께서 전진하라고 명령하실 때를 고대해서는 안 된다고 말한다. 우리는 말이 아니다.

말(horse)은 지혜가 없다. 그러나 우리에게는 지혜가 있다. 우리는 맹목적으로 복종하지 않고 "지혜로 행하여"야 한다(골 4:5). 계속해서 우리는 주님께서 우리의 발걸음을 인도하실 것을 확신하고, 또한 "이것이 정로니 너희는 이리로 행하라"는 주님의 음성을 들을 것을 확신한다(사 30:21). 실제로 성경의 중요한 주제인 위대한 목자도 같은 말을 한다. 즉 예수는 목자로서 우리를 인도하시며, 이는 단순한 인도 그 이상의 것이다.

어떤 이들은 우리가 오래 그리고 세게 기도하고 집중해서 들어야만 인도하신다고 믿는다. 이는 하나님에 대한 이상한 그림이다. 참으로 하나님은 그분이 원하시는 것을 말해 달라고 설득해야만 말씀하시며 세미한 음성으로만 응답하는 분이신가?

하나님은 언제나 우리에게 새로운 지시를 내리신다고 주장하는 것은 주제넘다. 하나님은 당신이 지금 있는 곳에 계속 머물러도 행복하실 수 있다. 인도는 하나님의 일이며, 인도해 달라고 하나님께 말씀드리는 것은 우리의 일이 아니다. 우리가 인도받을 준비가 되어 있다면 하나님은 언제나 인도하신다. "무릇 하나님의 영으로 인도함을 받는 그들은 곧 하나님의 아들이라"(롬 8:14). 하나님의 인도하심을 받지 않는데도 우리가 그분의 아들인가?

주님의 일을 하면서도 그분의 임재에 무관심하면 실패할 수밖에 없다. 성령은 하나님의 프뉴마이시다. 자동차 타이어처럼 공기를 사용하는 현대의 많은 장치에 프뉴마란 단어가 사용된다. 공기, 즉 프뉴마가 없는 예를 실례로 들어 보자. 프뉴마가 없는 타이어는 펑크 난 타이어다. 하나님의 임재에 대한 믿음이 없을 때에 인생은 마치 펑크 난 타이어로 가는 것과 같고, 바람 없이 항해하는 것과 같다. 우리를 움직이시는 하나님의 성령이 없으면 우리는 어느 곳에도 도달하지 못한다.

바울은 자신이 계획을 변경한 것이 후에 어떤 결과를 가져올지 결코 알지 못했다. 1,400년 동안 유럽의 문화는 소란스럽고 작은 이 사람의 메시지에 따라 형성되었지만 사람들은 그를 조소했다. 우리 중 어느 누구도 우리 자신과 직장, 충성, 용기, 우정, 결혼의 미래에 어떤 일이 있을지 모른다. 하나님 없이 산다는 것은 인생의 낭비일 뿐 아니라 인생에 아무것도 남기지 못하며, 단지 모래 위에 남겨진 발자국과 같다. 하나님은 사소한 것을 추구하지도 않으시고 임의대로 목표를 정하지도 않으신다. 우리의 인생은 그분이 인도하실 때에 최고가 된다. 우리 모두는 하나님의 뜻에 참여할 수 있고, 그 뜻의 광대하고 영원한 결과에 참여할 수 있다. 그렇지 않으면 우리는 무의미하게 버려질 수 있다. "걸음을 지도함이 걷는 자에게 있지 아니하니이다" (렘 10:23).

— 질문 —

1. 아무것도 진행되지 않는 것처럼 보이는 상황에 대해 우리는 어떻게 반응하는가?
2. 하나님의 인도하심을 우리는 어떻게 이해하고 있는가?

"사랑은 여기 있으니 우리가 하나님을 사랑한 것이 아니요 오직 하나님이 우리를 사랑하사 우리 죄를 위하여 화목제로 그 아들을 보내셨음이니라"(요일 4:10).

19 로마인이 굴복했을 때

"십자가의 도"(고전 1:18).

> 십자가는 이 세상에서 가장 강력한 상징이다. 그리스도의 죽음은 시간의 중심이며, 역사의 바다에 우뚝 서 있는 결코 요동치 않는 바위이다. 계속해서 파도가 이 바위에 부딪혔으나 결코 움직이지 않았다.

십자가는 이 세상에서 가장 강력한 상징이다. 그리스도의 죽음은 시간의 중심이며, 역사의 바다에 우뚝 서 있는 결코 요동치 않는 바위이다. 계속해서 파도가 이 바위에 부딪혔으나 결코 움직이지 않았다. 어떤 기술도 십자가를 대신할 수는 없다. 십자가는 우리의 유일하고도 영원한 소망이다.

냉소적인 세상은 "하나님께서 나를 위해 해 준 것이 뭐냐?"고 묻는다. 간략히 대답한다면, 그분이 당신을 위해 안 해 주신 것은 뭔가? 그분은 모든 것을 해 주셨다. 당신을 존재케 하셨고 이제 당신에게 영원한 구속을 제안하신다. 그분은 창조주이며 또한 구속자이시다.

그리스도는 우리를 위해 죽으셨다. 그분이 죽으신 것은 사랑과 선함의 우주적 폭발이었으며, 인류를 압제했던 모든 속박의 성벽과 철문을 부수어 하나님의 영원한 목적을 열어 드리는 사건이었다.

주머니 속에 꼬깃꼬깃 쑤셔 넣은 10억 달러짜리 수표가 무용지물처럼 보이지만 그 돈을 받는 자에게는 엄청난 가능성을 열어 준다. 어둠 속에서 일어난 그날 금요일의 행위로 인해 모든 것이 변했다. 목수이신 예수는 자기의 나무 십자가를 하늘 문으로 바꾸셨다.

평범한 그리스도인이라 할지라도 가장 열심 있는 다른 종교의 어떤 구도자도 경험할 수 없는 삶의 질을 경험한다. 오직 예수만이 구원하신다. 왜냐하면 오직 예수만이 죽음을 통해 그분이 제공하는 것을 제공하실 수 있기 때문이다. 주님과 견줄 자는 아무도 없다.

복음 전도에 관해 우리는 먼저 지금까지 전해진 복음의 메시지를 살펴봐야만 한다. 사도 베드로가 전한 메시지의 기초는 예수의 죽으심과 부활이었다. 죽음과 부활이 없으면 기독교는 존재하지 않는다. 만일 그리스도의 죽으심과 부활이 누군가에게 문제가 된다면 그것은 그들이 십자가의 죽음과 부활의 능력을 경험하지 못했기 때문이다. 베드로는 십자가에 못 박히신 예수의 구원의 능력을 선포했으며, 오직 십자가만이 천국을 여는 열쇠이다. 이를 전파하지 않는 자들은 인생의 순례자들의 목전에서 천국 문을 닫아 버린다.

가장 강력한 '신비'는 그리스도의 구속적 죽음이다. 우리는 결코 그 깊이를 다 알지 못할 것이다. 왜냐하면 실제로 일어난 내용은 주로 예수와 성부 하나님의 마음에 숨겨져 있기 때문이다. 십자가는 다양한 방법으로 사람들의 마음에 영향을 끼친다. 어떤 이들은 예수를 버림 받은 순교자로 생각한다. 어떤 이들은 그리스도의 고통을 세상의 고통을 나타내는 그림으로 본다. 그리스도께서는 분명히 세상과 하나셨다. 그분은 우리와 하나가 되셨으며, 세상과 세상의 비애를 하나님과 하나로 묶으셨다. 우리는 "하나님이 어디에 계신가?"라는 질문을 할 필요가 없다. 우리가 십자가를 보면 그곳에서 깨어진 마음과 수치와 고통을 나누시는 그분이 보인다. 그러나 십자가가 정말로 이룬 것은 무엇인가? 우리의 반응이 없더라도 십자가가 이룰 수 있는 것이 있는가?

영국의 기독교는 주후 627년에 세례를 받은 에드윈 왕에게 일어난 이야기 덕분이었다. 한 자객이 칼을 들고 에드윈을 죽이려 했으나 보초 한 명이 두 사람 사이에 끼어들어 치명적인 칼을 맞고 왕을 대신해 죽는다. 이를 통해 왕과 다른 이들은 십자가의 의미를 이해했다. 예수께서도 십자가를 통해 끼어들어 우리를 향한 치명적인 하나님의 공의의 칼을 대신 맞으셨다. 왕은 기독교로 개종했다.

예수의 보혈을 통한 구원은 때로 너무나 적나라하게 표현되어 여러 면에서 거부감을 일으켰다. 성경은 정확하며, 우리의 복음 전파도 성경의 가르침과 일치해야만 한다.

복음 개론

우리는 그리스도를 처형한 자들이 "거기 앉아 지키더라"라는 말씀을 듣는다(마 27:36). 그들은 그리스도의 제자들이 십자가에서 그분을 뺏어갈까 봐 지키고 있었다. 폭력과 난도질을 당하여 피로 물든 한 젊은이의 무시무시한 모습은 그들에게는 조롱의 대상일 뿐이었다. 그러나 그들이 생을 마감하기도 전에 이 무력한 희생자가 모든 사람에게 가장 사랑받는 자가 될 줄이야. 그분은 2,000년 동안 하나님으로 존경을 받았고, 로마 제국 전체 인구보다 열 배가 많은 사람들의 경배를 받았다.

사람들은 세계 10대 전투에 대해 말하지만 그 어느 전투도 죽음과 싸우신 그리스도의 전투만큼 절대적인 영향을 미치지 못했다. 그분의 죽음을 나타내는 십자가는 인류의 기억 속에 절대 악과 절대 선의 상징으로 각인되었다.

> 그분의 죽음을 나타내는 십자가는 인류의 기억 속에 절대 악과 절대 선의 상징으로 각인되었다.

십자가의 신비는 이렇다. 군중이 주님의 피를 달라고 아우성친 지 7주가 지난 후에 베드로는 공개적으로 군중을 비난했다: "너희가 법 없는 자들의 손을 빌어 못 박아 죽였으나 … 그런즉 이스라엘 온 집이 정녕 알찌니 너희가 십자가에 못 박은 이 예수를 하나님이 주와 그리스도가 되게 하셨느니라 하니라"(행 2:23, 36). 그 효과는 놀라웠으며, 어느 누구도 결코 예측하지 못했었다. 십자가를 전함으로 3,000명의 사람이 회개했다. 하나님의 어린 양의 생명책에 처음으로 그들의 이름이 기록되었다.

그날 이후로 십자가에 달리신 그리스도는 기독교 복음의 핵심이 되었다. 이보다 더 이상한 복음은 없다. 모든 종교는 그 종교의 위대한 창시자를 가리킨다. 하지만 한 사람의 처형을 통해 기쁜 소식을 만들고, 특히 당국자들에게 처형에 대한 책임을 묻는 것은 미친 짓처럼 보인다. 그러나 바울은 "그러므로 나는 할 수 있는대로 로마에 있는 너희에게도 복음 전하기를 원하노라 내가 복음을 부끄러워하지 아니하노니"라고 말한다(롬 1:15~16). 고린도에 있는 로마 시민들에게 그는 다음과 같이 선포했다: "내가 너희 중에서 예수 그리스도와 그의 십자가에 못 박히신 것 외에는 아무 것도 알지 아니하기로 작정하였음이라"(고전 2:2). 바울은 이러한 메시지가 유대인에게는 "거리끼는 것"이요, 다른 모든 이에게는 "미련한 것" 임을 알았다(고전 1:23). 그러나 그는 메시지를 있는 그대로 전했다. 세상은 그 메시지를 듣고 변했다. 그 메시지는 분명히 타락한 세대를 변화시킬 것처럼 보이지 않았지만 변화시켰다.

처형자들의 손은 예수의 피로 얼룩졌지만, 그분은 "아버지, 저들을 용서하소서!"라고 기도하셨다. 그 동일한 보혈이 저들을 깨끗하게 했다. 이 말씀은 지금도 동일하게 남아 있다. 십자가에 못 박히신 그리스도와 겨룰 자는 아무도 없다. 십자가의 비밀은 무엇인가? 십자가로 십자가 되게 하는 것은 무엇인가? 이에 대해 잠시 생각해 보기로 하자.

십자가의 비밀

첫째, 십자가 사건 자체가 무척 감동적이다. 유일하게 완벽한 선이신 그분이 사랑 때문에 참을 수 없는 자들을 감당하셨다. 이는 지금도 여전히 내 마음을 사로잡는 장관이다. 우리는 다음과 같이 찬양한다: "주 달려 죽은 십자가 우리가 생각할 때에 세상에 속한 욕심을 헛된 줄 알고 버리네."

분명히 그리스도의 죽음만큼 감정을 자아내는 것도 없다. 그러나 십자가 하는 일이 고작 장엄함으로 사람들을 감동시키는 것인가? 그 감정으로 인해 마약 중독자가 변화를 받고 살인자가 살인을 멈추는가?

찬송가 가사처럼, 십자가를 볼 때에 우리의 교만이 사라지고 우리 인생에 무언가를 요구한다. 하지만 예수께서 단지 우리로 겸손케 하기 위해 죽으셨는가? 만일 주님이 모범을 보이기 위해 죽으셨다면 어떤 모범을 보이시기 위함인가? 죽음만으로는 모범이 안 된다. 거기에는 목적이 있어야만 한다.

성경은 그리스도의 고난을 다음과 같이 묘사하고 있다: "나를 때리는 자들에게 내 등을 맡기며 나의 수염을 뽑는 자들에게 나의 뺨을 맡기며 수욕과 침 뱉음을 피하려고 내 얼굴을 가리우지 아니하였느니라"(사 50:6). 로마 병사들도 이 무시무시한 광경을 목도했지만 회심하지는 않았다.

바울은 갈라디아 교인들에게 "예수 그리스도께서 십자가에 못 박히신 것이 너희 눈앞에 밝히 보이거늘"이라고 불평했다(갈 3:1). 그들의 믿음은 무언가를 잃어버렸으며, 그들은 이리저리 헤매다가 율법주의에 빠졌다.

바울은 갈라디아 교인들을 감동시키기 위해 십자가를 드라마틱하게 말하지 않았다. 그는 자신의 웅변으로 십자가의 사건을 돋보이게 하거나 생생하게 만들어 이방 죄인들을 기독교 성자로 바꾸려고 하지 않았다. 그렇다면 십자가는 어떻게 역사하는가? 십자가에는 큰 능력이 있다. 바울은 그리스도께서 무엇을 위해 죽으셨는지를 전파했다. 즉 그분은 우리의 죄를 담당하심으로 구속적인 죽음을 죽으셨다. 바울이 바울 된 것은 십자가 때문이었다: "이제 내가 육체 가운데 사는 것은 나를 사랑하사 나를 위하여 자기 몸을 버리신 하나님의 아들을 믿는 믿음 안에서 사는 것이라"(갈 2:20). 그리스도께서 죽으신 것이 복음이 아니라, 그분이 우리를 위하여 죽으셨으며, 우리가 죽어야 할 죽음을 대신하여 죽으셨고, 우리에게 내리실 하나님의 심판을 막으셨으며, 정죄에서 우리를 해방시키셨다는 것이 복음이다.

> 그리스도께서 죽으신 것이 복음이 아니라, 그분이 우리를 위하여 죽으셨으며, 우리가 죽어야 할 죽음을 대신하여 죽으셨고, 우리에게 내리실 하나님의 심판을 막으셨으며, 정죄에서 우리를 해방시키셨다는 것이 복음이다.

십자가의 능력은 감정적인 효과 이상의 것이다. 다른 그 어떤 것도 달성할 수 없는 무언가가 십자가 상에서 진행되고 있었다. 이제 이 위대한 성경의 진리 중에서 한두 가지를 살펴보도록 하자.

예수께서 제자들에게 "인자가 많은 고난을 받고 … 죽임을 당하고 제삼일에 살아나야 하리라"고 말씀하셨을 때에 그분은 아주 특별한 내용을 말씀하셨다(눅 9:22). '하리라'(must)라는 작은 단어에 주목하라. 왜 주께서 이 모든 것을 통과하셔야만 했는가? 그분은 세 명의 제자를 데리고 산에 오르셨다. 그리고 그곳에서 놀라운 광경이 벌어졌다. 예수께서는 영광스러운 형체로 변화하셨고, 과거에서 온 두 사람인 모세와 엘리야가 나타났다.

제자들은 자신들이 본 광경에 압도되었으며, 천상의 존재들이 예수께 그분의 죽음과 그 죽음이 얼마나 위대한 사건이 될 것인지에 대하여 이야기하는 것을 들었다. 우리는 다음과 같은 말씀을 읽는다: "영광 중에 나타나서 장차 예수께서 예루살렘에서 별세하실 것을 말씀할쌔"(눅 9:31). '별세'로 번역된 헬라어 원어는 우리말로 '출애굽'(exodus, 헬라어로는 exodos)이다. 이는 하나님께서 강력한 능력을 나타내셨던 이스라엘의 출애굽의 구원을 생각나게 한다. 성경에서 죽음을 출애굽으로 표현한 곳이 두 군데인데, 두 번째는 베드로(그는 변화산에서 예수와 함께 있었다)가 자신의 죽음에 관하여 말할 때였다. 베드로는 변화산에서 죽음이 참으로 승리의 사건이라는 것을 알았다.

예수께서 죽으실 때에 그분은 큰 소리로 외치셨다. 예수 이외에 죽어가면서 이렇게 말한 자는 없었다. 그 순간에 주님은 자기 생명을 하나님께 맡기시고 "다 이루었다"(It is finished)고 외치셨다[헬라어로는 테텔레스타이(tetelestai)이며, 이 단어는 텔레오(teleo)에서 유래하였다]. 로마의 백부장도 이 말을 들었다. 그는 사람들이 죽는 장면을 여러 번 목도했으나 이렇게 장엄하게 죽는 자는 한 번도 본 적이 없었다. 그래서 그는 "이 사람은 정녕 의인이었도다 … 이는 진실로 하나님의 아들이었도다"고 말했다(눅 23:47, 마 27:54).

헬라어 테텔레스타이는 '끝내다' (finished)라는 의미보다 더 큰 의미를 지닌다. 이 말은 '성취하다', '끝을 내다' 라는 의미이다. 요한복음 17장 4절에서 이와 관련된 헬라어가 사용되었다. 예수께서는 "아버지께서 내게 하라고 주신 일을 내가 이루어[헬라어로는 텔레이오오사스(teleioósas)] 아버지를 이 세상에서 영화롭게 하였사오니"라고 기도하셨다. 이 단어는 요한복음 13장 1절에 다시 등장한다: "세상에 있는 자기 사람들을 사랑하시되 끝까지[헬라어로는 에이스 텔로스(eis telos)] 사랑하시니라."

그리스도께서 고난당하시기 수 세기 전에 이사야는 이를 다음과 같이 묘사했다: "마치 도수장으로 끌려가는 어린 양과 털 깎는 자 앞에 잠잠한 양 같이 그 입을 열지 아니하였도다"(사 53:7). 그분은 자기 원수에게 순복했으나 그럴 필요가 없었다. 주님은 말씀 한마디로 그들을 죽이실 수 있었다. 예수께서 힘없이 희생된 것처럼 보이지만 그 안에는 그분의 위대함과 사랑이 담겨 있었다. 주님은 우리를 위해 십자가로 가셨으며, 모든 가능성을 넘어 이를 성취하셨고, 그리스도 안에 계신 하나님은 악과 싸우셨다.

십자가에서 그리스도는 우리를 감동시키는 것 이상을 행하셨다. 주님은 당신이 정하시고 사역 내내 말씀하셨던 목적을 이루셨다. 주님은 다가오는 자신의 죽음에 대하여 자주 말씀하셨다. "지금 내 마음이 민망하니 무슨 말을 하리요 아버지여 나를 구원하여 이 때를 면하게 하여 주옵소서 그러나 내가 이를 위하여 이 때에 왔나이다"(요 12:27).

"이 때"—예수께서 병자를 고치시고 죽은 자를 살리시며 군중에게 가르치시던 위대한 때가 있었다. 그러나 이러한 때에도 주님은 자신의 인생 목표가 성취될 '때'에 관하여 말씀하셨다. 그 때는 그분이 위해서 살아왔던 모든 것이 절정을 이루는 때였다. 그 때는 마지막에 대속의 죽음을 죽으시는 때였다.

죽음은 그분의 목표였다. 주께서는 이 원수를 대적하기 위해 오셨다. 그분은 마귀의 일을 멸하기 위해 오셨다. 우리는 죽음을 피하고, 사고와 질병과 다른 위험을 피하기 위해 주의한다. 죽음이 우리를 쫓는다: 성경이 말하는 대로 "우리 산 자가 항상 … 죽음에" 넘겨진다(고후 4:11). 예수께서는 죽음에 쫓기지 않으셨다. 오히려 예수께서 죽음을 쫓으셨고 이에 도전하셨다. 주님께서는 공포의 대왕으로 하여금 어쩔 수 없이 자신을 만나 결투하도록 하셨다. 주님께서는 원수를 궁지에 몰고서 무시무시한 현실과 맞붙으셔서 "모든 사람을 위하여 죽음을 맛" 보셨다(히 2:9). 이는 그리스도께서 승리의 전사로서 죽음의 적진에 들어가 그를 이기시고, 찬송가 가사처럼 "죽음으로 죽음을 맛보게 하는" 역사를 일으키신 그림을 보여 준다.

십자가의 전투는 창세기 3장 15절에서 처음으로 언급되었다. 여자의 후손이 뱀의 머리를 상하게 하며, 뱀은 그의 발꿈치를 상하게 할 것이다. 예수께서는 이 일을 이루기 전까지 '답답할 것'이라고 말씀하셨다(눅 12:50). 이 단어는 무언가에 눌리고 제약을 받으며, 어떤 의도에 사로잡혔다는 것을 의미한다. 주님은 커다란 적인 죽음과의 만남을 계속해서 예견하셨다.

겟세마네 동산과 갈보리 언덕에서 주님은 죽음의 뱀을 붙들고 그 목을 졸라 죽이셨으며, 전투의 상처를 지닌 채 사흘 만에 우리 모두를 위해 승리의 관을 쓰셨다. "우리 구주 그리스도 예수의 나타나심으로 말미암아 나타났으니 저는 사망을 폐하시고 … 생명과 썩지 아니할 것을 드러내신지라"(딤후 1:10). "그도 또한 한 모양으로 혈육에 함께 속하심은 사망으로 말미암아 사망의 세력을 잡은 자 곧 마귀를 없이 하시며"(히 2:14). "없이 하시며"로 번역된 헬라어 카다르게오(katargeo)는 '힘을 빼다', '활동을 정지케 하다', '무용지물로 만들다' 라는 의미이다. 승리의 날은 그리스도가 승리하신 결과였으며, 그 때에 "사망이 이김의 삼킨바" 되었다(고전 15:54).

사망의 뱀은 그 쏘는 것을 잃어버렸다. 하지만 그 쏘는 것은 무엇인가? "사망아 너의 쏘는 것이 어디 있느냐 … 사망의 쏘는 것은 죄요 죄의 권능은 율법이라"(고전 15:55-56). 사망이 정말 무서운 것은 죄 짐을 지고 저세상까지 가기 때문이다. 우리는 이것이 무엇을 의미하는지 잘 모른다. 그러나 그것이 너무나 무시무시한 것이기에, 그리스도께서 우리를 이에서 구원하시기 위해 죽으셨으며, 이를 끝장내셨다. 그리스도께서는 십자가 위에서 뱀의 독아(毒牙)를 빼셨다. 그래서 우리는 "사망아 너의 이기는 것이 어디 있느냐 사망아 너의 쏘는 것이 어디 있느냐"고 외칠 수 있다.

죄란 무엇인가? 죄는 인간이 반역함으로 하나님께 미친 영향이다. 악은 하나님에게 영향을 미친다. 그분은 모든 불의와 무자비한 잔혹함과 증오와 잘못 그리고 악을 느끼신다. 그분이 이 모든 것을 느끼시는 것은 그분이 우리 모두를 사랑하시기 때문이다. 그분이 이와 같이 반응하시는 것은 자신의 위엄이 손상되었기 때문이 아니라 아버지의 마음에 상처를 입었기 때문이다. 다윗은 "내가 주께만 범죄하여"라고 말했다(시 51:4). 절대군주였던 다윗은 법보다 위에 있었지만 하나님 위에 있지는 못했다. 하나님은 진행되고 있는 일에 무관심하지 않으셨다. 그분은 그분의 무한히 거룩한 마음 한복판을 찌르는 인간의 고의적인 적대감의 칼에 찔림을 당하셨다. 더러운 죄악의 강물이 하나님의 아픈 가슴으로 흘러 들어간다.

그리스도께서 하나님의 아들로서 십자가로 가셨을 때에는 언제나 우리의 죄를 지셨지만(born), 인자(the Son of Man)로서는 언제나 우리의 죄를 지고 가셨다(bore away). 주님께서는 그 무서운 짐과 신체적 공포와 영적 암흑을 아셨고, 우리를 위하여 죄가 되셨으며, 우리의 지옥의 심판을 견디셨고, 우리와 우리가 받아 마땅할 운명 사이에 서셨다. 예수께서는 우리에게 영원한 용서를 가져다주셨다. 하나님은 주님을 탓하시거나 그를 죄인으로 여기지 않으셨다. 하지만 주님께서는 위대한 두 번째 아담—아담은 우리를 상징한다—으로서 우리 대신 심판을 받으셨다.

복음의 진리는 이것이다. 즉 주님은 악을 용서하셨을 뿐만 아니라 악을 정복하고 이기셨다. 예수께서는 마귀가 할 수 있었던 최악의 것들을 이기셨다. 주께서 하신 약속은 이렇다: "내가 그들의 죄악을 사하고 다시는 그 죄를 기억지 아니하리라"(렘 31:34). 주님의 마음에는 죄악을 생각하거나 우리를 정죄코자 함이 조금도 남아 있지 않다.

잔인한 십자가 위에서 고통당하시는 그리스도를 볼 때에 우리의 마음이 움직인다. 우리는 눈물을 흘린다. 그러나 주님께서는 우리로 하여금 울게 하기 위하여 죽으신 것이 아니었다. 그것은 공허한 몸짓에 불과하다. 오히려 주님은 영원한 구원을 이루시기 위하여 십자가에서 자신을 하나님께 드리셨다. 주님은 거룩한 질서에 변화를 일으키셨으며, 죄와 죽음을 무력화시키셨다. "이는 하나님께서 그리스도 안에 계시사 세상을 자기와 화목하게" 하셨기 때문이었다(고후 5:19).

만일 우리가 다른 복음을 전한다면 그것은 그리스도의 복음이 아니다. 십자가의 참사를 생략하거나 십자가의 사건을 그대로 말하지 않는 것은 세상을 배신하는 행위이다. 이 사건이 없었다면 세상은 죽었을 것이기 때문이다. 모든 종교의 메시지와 모든 책의 내용을 통해 우리의 양심이 느슨해지거나 하나님에 대한 잘못된 소망을 가져서도 안 된다.

십자가에 달리심으로써 그리스도께서는 자신의 사랑을 온전히 보여 주셨다. 어떻게 그럴 수 있는가? 만일 남편이 아내에게 "당신에 대한 사랑을 나에게 총을 쏴서 증명해 보일게"라고 말한다면 그 남편은 미쳤을 것이다. 어떻게 자살을 통해 자기 아내를 사랑한다는 것을 입증할 수 있는가? 이는 그녀에게 아무런 의미가 없다. 그러나 만일 그가 아내를 보호하려고 총에 맞아 자기 생명을 버림으로 아내를 구했다면 그것은 사랑일 것이다. 그리스도께서도 우리를 위하여 그렇게 죽으셨다. 단지 죽는 것이 목적이 아니라, 우리를 대신하여 죽으심으로 우리를 구원하시기 위해서 말이다. 죄로 말미암아 우리는 멸망할 운명이었지만 그분은 "친히 나무에 달려 그 몸으로 우리 죄를 담당" 하셨다 (벧전 2:24). 다른 성경 번역본의 번역대로 "그분은 십자가 위에서 자기 자신의 몸으로 우리 죄를 짊어지신 것이다"(NLT).

> 그리스도께서도 우리를 위하여 그렇게 죽으셨다. 단지 죽는 것이 목적이 아니라, 우리를 대신하여 죽으심으로 우리를 구원하시기 위해서 말이다. 죄로 말미암아 우리는 멸망할 운명이었지만 그분은 "친히 나무에 달려 그 몸으로 우리 죄를 담당"하셨다.

이는 죄의 저주가 어떠한 것인지 우리에게 깨달음을 준다. 하나님은 친히 개입하셔서 악을 정면으로 대면하셔야만 하셨다. 하나님은 자연 세계의 질서를 온전히 지키고 계시다. 이는 피조물에 대한 그분의 사랑을 보여 준다. 하지만 하나님은 한 번도 이에 대하여 언급하지 않으셨다. 그분이 말씀하신 한 가지는 "하나님이 세상을 이처럼 사랑하사 독생자를 주셨으니"라는 것이다(요 3:16). 하나님은 결코 자기 아들을 주신 것보다 더 큰 일을 행하지 않으셨다. 그분은 이보다 더 큰 것을 줄 수도, 행할 수도 없으셨다. 그것은 오직 하나님만 하실 수 있는 참된 희생이었다. 아무리 더 많은 세상을 창조하신다 할지라도 이에 견줄 수는 없다. 우리 각 사람에게 온 세상의 재물을 다 준다 해도 하나님은 손해나실 것이 없다. 하지만 자기 아들을 주셨을 때에 그분은 그분이 가지고 계신 모든 것을 주셨다.

억만장자는 자기 아들에게 롤스로이스 자동차를 사 줌으로써 사랑을 보일 수 있다. 그러나 그보다 더 나은 것은 아들에게 자신의 시간과 애정을 주는 것이다. 하나님은 우리에게 단지 선물만을 주시지 않았다. 그분은 자신을 주셨다: "사랑은 여기 있으니 우리가 하나님을 사랑한 것이 아니요 오직 하나님이 우리를 사랑하사 우리 죄를 위하여 화목제로 그 아들을 보내셨음이니라"(요일 4:10).

이는 비틀거릴 정도로 놀라운 사실이지만 하나님께서는 우리를 구하시기 위해 이 모든 것을 행하셔야만 했다! 구원을 위해 오신 예수께서는 우시고, 동산에서 우리를 위해 기도하시고, 잡히시고, 가장 견디기 힘든 취급을 당하셔야만 했으며, 자신의 몸으로 하나님의 심판의 창의 찔림을 경험하셔야만 했다. 이것이 주님께서 행하신 일이며, 이는 우리의 비참한 처지가 어떠한지를 우리에게 말해 준다. 오직 하나님만 우리를 구원하실 수 있었다.

그래서 우리는 십자가에 못 박히신 그리스도를 전한다. 이는 하나님께서 그리스도 안에서 이처럼 놀라운 행위를 통해 보증하신 구원의 약속이다. 그것은 너무나 쉽게 주어지는 값싼 용서가 아니다. 하나님은 사람들을 위해 여기까지 가셔야만 했으며, 우리는 이에 대하여 사람들에게 말해야만 한다.

— 질문 —

1. 십자가에 대한 감성적인 견해는 왜 부적합한가?
2. 그리스도 안에서 하나님께서는 어떻게 두 가지 방법으로 우리의 죄를 지셨는가?

20 혁명의 대리인

"오직 모든 일에 하나님의 일군으로 자천하여"(고후 6:4).

사역에 관한 가장 위대하고 감동적인 성경은 아마도 고린도후서 6장일 것이다. 바울은 심란한 소식을 들은 후에 고린도 교인들에게 이 편지를 쓰면서 교회가 손상을 입지 않을까 두려워했다. 그는 그들에게 "이 직책(ministry)이 훼방을 받지 않게 하려고" 이 편지를 썼다(3절).

교만한 주장과 반대되는 성품

바울은 자신과 팀원들의 태도를 설명하면서 고린도 교인들에게 호소했다. 어떤 희생을 치르더라도 그들의 목표는 "오직 모든 일에 하나님의 일군으로 자천"하는 것이었다(4절). 나도 이러기를 바라며, 본 장에서 말뿐만 아니라 삶을 통해서 나타나야만 하는 복음 증거자의 태도에 관해 바울이 고린도 교인들에게 썼던 내용을 다루고자 한다.

자신들을 진정한 사도로 주장하는 사람들이 고린도 교인들을 착취하고 있었다. 그들은 바울에게 참된 사도의 표시가 없다고 주장했다. 실제로 바울은 자기 손으로 일을 했고, 겸손한 사람이었으며, 인내심이 많았다. 반면에 그들은 중요한 사람은 강하고 당당해야 하며, 바울이 하는 그런 일은 노예들이나 하는 것이라 생각했다. 당시 모든 로마 귀족들의 생각이 그랬다. 로마 사회에서는 계급에 따라 태도가 결정되었다. 사람들은 부자와 유명 인사를 선하게 여겼다. 바울은 이러한 틀에 맞지 않았다.

어떤 사람들이 고린도에 왔다. 그들은 중요한 사람으로 환영을 받았는데 그들은 로마 스타일과 정말 잘 어울렸다. 고린도 교인들은 뛰어난 사도로서의 그들의 당당한 태도에 희생물이 되었다. 바울은 놀라서 다음과 같이 썼다: "누가 너희로 종을 삼거나 잡아 먹거나 사로잡거나 자고하다 하거나 뺨을 칠찌라도 너희가 용납하는도다"(고후 11:20). 이는 참으로 어처구니없는 상황이었다. 바울의 말에 따르면 이 뛰어난 사도들이 지식과 영적인 은사들을 가지고 있다고 주장한 것으로 보아, 고린도 교인들이 새롭게 등장한 이 뛰어난 사도들의 교만한 태도에 영향을 받았음을 알 수 있다.

바울은 그리스도 안에서 자신이 누구인지 그리고 어떤 일을 했는지 자신의 사도권에 대하여 주장해야만 했다. 그는 이를 "어리석은 말"이라고 불렀다. 하지만 이 교만한 거짓 사도들에게 도전하기 위해서는 이런 과정이 필요했다. 바울은 당당하고 욕심 많은 자들의 라이프스타일과 예수를 따르는 자들의 그리스도인다운 라이프스타일을 비교하면서 자신의 희생과 반대자들이 자신을 취급한 내용을 언급했다. 그는 매를 맞았으며, 모욕과 수모를 당했고, 궁핍과 투옥을 당했다. 이는 거의 자랑할 만한 것이 못 되었다. 이는 사도 바울과 거짓 사도들의 교만한 주장에 큰 차이가 있음을 보여 주었다. 그는 자기의 수고와 심지어 약함을 자랑했으며, 자신이 약할 때에 강하다고 말했다(고후 12:10).

"유대인들에게 사십에 하나 감한 매를 다섯번 맞았으며 세번 태장으로 맞고 한번 돌로 맞고 세번 파선하는데 일주야를 깊음에서 지냈으며 여러번 여행에 강의 위험과 강도의 위험과 동족의 위험과 이방인의 위험과 시내의 위험과 광야의 위험과 바다의 위험과 거짓 형제 중의 위험을 당하고 또 수고하며 애쓰고 여러번 자지 못하고 주리며 목마르고 여러번 굶고 춥고 헐벗었노라"(고후 11:24~27).

위와 같은 사람은 그렇게 중요한 사람처럼 보이지 않는다. 만일 그가 중요한 사람이라면 세상이 그를 무시하고 때렸을까? 그리고 생계를 위해 거칠고 천한 일을 해야만 했을까? '중요한 사람'은 결코 로마 시대에 이런 물에서 놀지 않았다. 그에게는 로마인들이 존경할 만한 것—돈, 권력, 성공—이 하나도 없었다. 바울에게는 오직 약함과 가난, 겸손, 온유, 용서, 인내만이 있을 뿐이었다. 그는 전도자였지만, 그럼에도 불구하고 두려움과 떨림으로 전도했다고 고백했으며, 달변도 아니었다.

실상(The real Thing)

바울에게는 이것이 지혜였다. 그는 하나님의 능력이 분명히 나타나길 원했다. 만일 바울의 성품과 달변 때문에 사람들이 그리스도에게로 돌아왔다면 어떻게 하나님의 능력이 나타날 수 있겠는가? 이는 우리 시대에 한 번쯤은 생각해 볼 문제이다.

바울은 실상이신 그리스도가 모든 것이 되길 원했다. 그는 그리스도의 제자는 교만한 옛 사람을 벗어 버리고 "그리스도로 옷입고" 겸손히 행해야 한다고 말했다(롬 13:14, 골 3:12). 한번은 어떤 자매에게 예수를 위해 한 일이 무엇인지 물었다. 그러자 그녀는 "저는 주일학교에서 아이들을 위해 화장실 청소를 합니다"라고 대답했다. 누군가가 이 일을 해야만 했고, 더러운 길을 걸은 그리스도의 제자들의 발을 누군가가 씻겨 줘야만 했던 것처럼 그녀는 이 일을 택했다. 그리스도는 제자들의 발을 씻는 일을 택하셨다.

회심 전에 바울은 그 땅에서 정말 중요한 사람이었다. 그는 자기 이름을 '위대한 사울'에서 '작은 바울'로 바꾸었으며 비이기적인 헌신의 삶을 살았다. 이 때문에 그는 지금 고린도 교인들에게 새로운 태도를 가지고 살라고 권면할 자격이 있었다. 그는 사랑에 대하여 지금까지 쓴 것 중에 가장 위대한 권면인 고린도전서 13장을 썼다. "오직 스스로 너희에게 본을 주어 우리를 본받게 하려 함이니라"(살후 3:9).

고린도의 교만한 거짓 선지자들은 자신들을 사도로 사칭하며 추종자들을 모았다. 오늘날 우리 교회에서 이런 일이 없길 바라자. 유다(유다서의 저자-역주)는 "이(advantage)를 위하여 아첨"하는 것에 대하여 강력한 경고를 했다(유 1:16). 누군가가 교회에 들어와서 자기 추종자를 만들기 위해 아첨하거나 사람들을 유혹할 때에 교회는 분열되고 지도자들은 낙담한다. 하나님의 사역을 위해 지지자들을 인도하고 모으고 그들에게 영감을 불어넣는 것은 자기 개인의 유익과 에고(ego)를 위해 자기의 관심사를 진행하는 것과 다르다. 고린도에서 뛰어난 사도들이 했던 행태처럼 말이다.

이제 바울은 복음 전도자뿐만 아니라 모든 그리스도인 중인들을 위한 로드맵(road map)을 제시한다. "우리가 하나님과 함께 일하는 자로서 너희를 권하노니 하나님의 은혜를 헛되이 받지 말라"(고후 6:1). 그는 불신자가 아니라 신자들에게 이 말을 썼다: "하나님의 은혜를 무의미하게 받지 말라!" 은혜에는 책임이 뒤따른다. 바울은 이사야의 말을 인용했다: "내가 은혜 베풀 때에 너를 듣고 구원의 날에 너를 도왔다 하셨으니 보라 지금은 은혜 받을만한 때요 보라 지금은 구원의 날이로다"(고후 6:2).

바울은 구원을 경험한 사람들에게 지금 편지를 쓰고 있다. 하지만 이 모든 것이 마치 허사인 것처럼 보이고, 그들은 복음 증거에 실패하고 사역의 평판이 나빠질 것 같았다. 바울과 디모데는 '하나님과 함께 일하는 자'였다. 하지만 고린도 교인들은 무엇을 하고 있는가? 사정이 급박했다. 내일이 아니라 '지금이 구원의 날'이다. 고린도에서 복음 증거는 어려울 뿐만 아니라 위험했다. 시간이 지난다고 해서 사정이 나아질까? 어둠이 가장 깊을 때에 빛이 필요하다. 시편 126편 6절은 모든 역경 속에서도 눈물로 씨를 뿌리는 자를 말한다: "울며 씨를 뿌리러 나가는 자는 정녕 기쁨으로 그 단을 가지고 돌아오리로다." 찬바람은 씨 뿌리는 자로 눈물이 나게 만든다. 이제 알게 되겠지만 바울은 낙담할 만한 어떤 것도 용납하지 않았다.

정밀함

당시에 필기 재료의 값이 비싸고 귀했기 때문에 바울의 편지는 간략하다. 그는 정밀한 단어를 선별해 사용했다. 그중 몇 가지를 살펴보자.

먼저 "많이 견디는 것"(great endurance)이란 말을 보자(고후 6:4). 바울은 고난과 고통과 슬픔과 매맞음과 투옥과 폭동을 견뎠다. 그러나 그것은 단지 어쩔 수 없이 참아야만 하는 수동적인 견딤이 아니었다. 그가 가지 않고 전하지 않았다면 그런 일은 없었다. 그러나 복음 전파로 인하여 바울은 어쩔 수 없이 고난을 당했지만 그는 이와 같은 고생을 자신의 삶의 한 부분으로 받아들였다. 만일 이로 인해 고통을 당했어도 당연시 여겼다. 그는 결코 '린치(lynche, 정당한 법적 수속에 의하지 아니하고 잔인한 폭력을 가하는 일-편집자주)를 당할지 모르기 때문에 복음을 전할 수 없어' 라고 생각한 적이 없었다. 그는 돌에 맞았지만 이를 자신의 부르심에 따르는 위험으로 간주했다.

"곤란"(distresses)이란 말을 살펴보자. 그가 사용한 헬라어는 스테노코리아(stenochoria)로서, 피할 수 없는 상황, 무서운 곤경, 어디로 가야 할지를 모름, 옴짝달싹을 못함을 뜻한다. 시편 18편 19절은 "넓은 곳"으로 인도하시는 하나님을 말한다. 하지만 바울에게는 탈출구가 없었다. 그는 단지 머물러 견뎌야만 했다. 그는 후에 자신의 편지에서 이 단어를 똑같이 사용한다— "그리스도를 위하여 … 곤란을"(고후 12:10). 그러나 이번에 그의 곤란은 자신을 위한 것이 아니라 복음을 배척한 자들을 위한 것이었다. 또한 그는 같은 단어를 사용해 로마 교인들에게도 분명한 경고를 하였다: "악을 행하는 각 사람의 영에게 환난과 곤고가 있으리니"(롬 2:9). 이런 종류의 곤란은 피할 수 있었고, 바울은 심지어 자기 자신이 곤란을 받더라도 이 곤란에서 사람들을 구원하고 싶어 했다. "나의 형제 곧 골육의 친척을 위하여 내 자신이 저주를 받아 그리스도에게서 끊어질찌라도 원하는 바로라"(롬 9:3).

바울은 자신이 어떠한 상태에서 사역했는지를 열거한다: "매 맞음과 갇힘과 요란한 것과 수고로움과 자지 못함과 먹지 못함과"(고후 6:5). "자지 못함"은 헬라어로 아그룹니아(agrupnia)이며, 이는 '계속해서 자신을 깨우다' 라는 뜻이다. 바울은 불면증 환자가 아니었다. 그는 깨어 있었으며, 사람들을 돌보기 위해 쉬지 않았다.

사람들을 돌봐야 하기 때문에 바울은 깨어 있어야 할 때가 많았다. '돌봄' [care, 헬라어로는 메림나(merimna)]이란 단어는 이 서신서에서 다섯 번이나 사용되었다. 돌봄이란 근심(worry)이 아니라 책임 있는 관심(concern)이다. 바울은 그저 앉아서 사람들이 자기와 상담하길 기다리지 않았다. 그는 그들의 필요를 살폈고, 그들이 자신의 필요를 발견하지 못했을 때에도 목자의 참된 마음으로 이를 발견하였다.

> 인도하는 자는 인도하지만 목자는 보살핀다. 그래서 성경에서 목자의 주제가 중요한 부분을 차지한다. 인도하는 자는 자신의 양 떼를 인도하지만 목자는 그들을 돌본다.

인도하는 자는 인도하지만 목자는 보살핀다. 그래서 성경에서 목자의 주제가 중요한 부분을 차지한다. 인도하는 자는 자신의 양 떼를 인도하지만 목자는 그들을 돌본다. '인도하는 자' 란 단어는 히브리서 13장 17절에서 사용되었지만, 정확히 말한다면 이들은 '존경받는' 자들이다: "저희는 너희 영혼을 위하여 경성(아그룹니아)하기를 자기가 회계할 자인것 같이 하느니라." 그들은 "사랑 안에서 가장 귀히" 여김을 받아야만 한다고 데살로니가전서 5장 13절은 말한다. 그들은 성경이 말하는 대로 행했다. 그들은 깨어 있었고 '여러 성도를 위하여 구했다' (엡 6:18).

어떤 이들은 살피긴 하지만 단지 기적이나 현상, 혹은 영적 은사처럼 '굉장한 것이 일어나는지 아닌지' 만 살핀다. 어쨌든 이것도 믿음의 표시이기 때문에 나쁘진 않았지만, 바울은 영혼들을 살폈다. 조용히 눈물을 훔치는 누군가를 말이다. 한 친구가 내게 이야기를 해 주었다. 그는 해변에 서 있었는데 어떤 남자가 자기를 밀치면서 자기 앞을 지나갔다고 한다. 그 남자는 어떤 젊은이가 물속에서 허우적거리고 있는 것을 본 것이다. 다른 어느 누구도 이를 눈치 채지 못했다. 그는 그 젊은이에게 헤엄쳐 다가가서 그를 구했고, 지치긴 했지만 안전하게 그 젊은이를 해변가로 데려왔다. 사역이란 바로 이런 것이다. 뭔가를 발견하고 구원하며, 다른 어떤 사람도 행하지 않는 것을 행하는 것이다. 교회 자리를 채우고, 멋진 회의를 주재하고, 청중을 즐겁게 하는 것도 좋다. 하지만 사람들을 살피고 돌보는 것이 필요하다. 우리의 사역은 사역 자체가 아니라 사람이다.

바울의 다음 말은 자신의 개인적 태도를 설명해 준다. 그것이 우리의 태도와는 어떤가? "깨끗함과 지식과 오래 참음과 자비함과 성령의 감화와 거짓이 없는 사랑과"(고후 6:6). 여기서 잠자고 있는 수동적 성품들은 없다. 이들 모두는 긍정적으로 표현되는 것들이다. 사람들은 귀찮고, 공격적이고, 어리석고, 지루할 수 있다. 하지만 바울은 이런 자들을 돌아보고, 그들에게 친절을 베풀 기회를 살폈다. 이는 한 가지 전능한 태도에서 나왔다. 그것은 '진지한 사랑'(sincere love), '거짓이 없는 사랑'(unfeigned love)이었다[헬라어로는 아누포크리토스(anupokritos)]. 흠정역은 다른 곳에서 이 단어를 "거짓이 없는"(without hypocrisy)으로 번역했다(약 3:17). 바울은 단순한 종교 주창자도 아니었으며, 거액의 주문을 받기 위해 미소를 지으며 알랑거리는 세일즈맨도 아니었다. 어느 누구도 일어나서 "바울 씨, 당신은 실제로 그런 사람이 아닙니다!"라고 말하지 못했다. 우리는 '글쎄, 바울이니까 그런 거 아니겠어?'라고 생각하면서 이처럼 하나님이 주신 모범을 고려하지 않을 수 있다. 그러나 바울만 그런 것이 아니다. 그도 완전히 다른 사람이 될 수 있었지만 순전하고 거짓이 없는 사랑으로 인해 우리가 알고 있는 그가 된 것이다.

물론 그것이 항상 쉬운 일은 아니다. 어떤 사람들의 경우에 이는 기질적으로 잘 안 맞을 수 있다. 그러나 도움이 있다. 바울은 우리에게 그 비밀을 말해 준다. 그것은 우리 자신의 고집스러운 영이 아니라 '성령 안에' 거하는 것이다(우리말 성경에는 "성령의 감화"로 되어 있다-역주). 이런 기적은 인간의 결단으로 이뤄지지 않으나, 오직 모든 영의 주인이시며 우리의 영적 유전 인자를 바꾸시는 주님으로만 가능하다. 성령께서는 눈에 보이는 기적을 행하시긴 하지만, 나아가 그분은 우리를 높은 수준의 관심과 사랑의 사람으로 만드시며, 모든 사람에게 친절과 온유함을 보이신다. 이러한 품성을 아무렇지도 않게 여길지 모르지만, 이로 인해 하나님은 높은 점수를 받으시며, 세상은 살 만한 곳이 된다. 복음 전도에는 이런 목표가 내재하고 있으며, '거짓이 없는 사랑'은 복음 전도에 있어서 필수적인 부분이다.

순전한 사역은 "진리의 말씀과 하나님의 능력 안에 있어 의의 병기로 좌우"하는 것이다(고후 6:7). 복음 전도는 도움을 청하는 외침에 대하여 반응하는 것이다. 그것은 우리 자신을 돕는다거나, 어디를 방문하거나 무언가를 행하는 기회가 아니다. 그것은 직업이 아니라 구조 작업이다.

세상은 직업적인 종교와 겉치레, 그리고 CD에서 흘러나오는 소리를 통해 우리를 본다. 심지어 불신자들도 우리의 말에 우리 자신의 순전한 확신이 들어 있길 기대한다. 아무리 탁월한 웅변과 열정적인 어조와 교리적 열심을 가졌더라도, 성령의 기름부음이 없어 영감이 없는 마음을 보상할 방법은 없다. 쉬운 책략과 열정 없는 직업적 종교는 하나님을 지루하게 만들 뿐 아니라 사람을 지루하게 만든다. 우리가 말로 증거할 때에 그 배후의 '좌우에는' 의(righteousness)라고 하는 엄연한 실체가 있어야만 한다.

바울의 다음 말은 우리로 하여금 변함없이 하나님을 위해 일하도록 용기를 준다. 이 말씀은 너무나 부요해서 계속해서 나에게 영감을 부어 주며 이 구절을 반복해서 읽도록 만든다. 여기 그 말씀이 있다.

> "영광과 욕됨으로 말미암으며 악한 이름과 아름다운 이름으로 말미암으며 속이는 자 같으나 참되고 무명한 자 같으나 유명한 자요 죽은 자 같으나 보라 우리가 살고 징계를 받는 자 같으나 죽임을 당하지 아니하고 근심하는 자 같으나 항상 기뻐하고 가난한 자 같으나 많은 사람을 부요하게 하고 아무것도 없는 자 같으나 모든 것을 가진 자로다"(고후 6:8~10).

그리스도와 그의 참된 제자들을 향한 세상의 태도는 온통 거짓말뿐이다. 이를 주도하는 자는 거짓의 아비이며, 사람들은 "공중의 권세 잡은 자 ⋯ 곧 지금 불순종의 아들들 가운데서 역사하는 영"을 쫓는다(엡 2:2). 로마 시대에 그리스도인은 철저하게 거짓 비난을 받았으며, 심지어 사람의 인육을 먹는다는 말을 들었다. 오늘날 미디어에서 순전한 믿음을 오도하는 것은 관례가 되고 말았다. 실제로 기독교는 출생률보다 훨씬 빠른 속도로 증가하고 있음에도 쇠퇴의 대명사가 되었다. 새 천 년을 맞은 이 시대에 아프리카인들이 대거 그리스도에게로 돌아오고 있다. 그 속도가 느리긴 하지만 분명 아프리카 대륙을 변화시키고 있다. 세상의 언론은 이에 대하여 침묵으로 공모한다.

> 성령의 기름으로 불붙은 등불은 결코 깜박거리지 않는다. 하나님의 능력으로 주둔하는 군사는 결코 겁내지 않는다. 우리의 부르심은 천재성을 요구하지 않는다.

성령의 기름으로 불붙은 등불은 결코 깜박거리지 않는다. 하나님의 능력으로 주둔하는 군사는 결코 겁내지 않는다. 우리의 부르심은 천재성과 위대한 은사를 요구하지 않는다. "어린 아기와 젖먹이들의 입에서 나오는 찬미를 온전케 하셨나이다"(마 21:16). 우리는 "악한 날에 … 능히 대적하고 모든 일을 행한 후에" 진리 가운데 서서 변덕스러운 의견과 불확실로 가득한 모래 위에 집을 짓는 세대에 도전장을 내민다.

— 질문 —

1. 어떻게 우리의 사역에 대한 평판이 나빠질 수 있는가?
2. '지도자'(leader)와 '목자'(shepherd)의 차이는 무엇인가?

21 스타가 무슨 소용인가?

"하나님이여 주의 이름과 같이 찬송도 땅 끝까지 미쳤으며"(시 48:10).

아무리 좋은 소식이라 할지라도 전해지기 전에는 아무것도 아니다. "호흡이 있는 자마다 여호와를 찬양할찌어다"(시 150:6). 헬라어 유앙겔리온에서 나온 '복음'이란 단어는 성경에 나오는 단어, "전파하다"(헬라어로는 케리그마)처럼 공적으로 전언하는 사자가 있음을 암시한다. 인쇄기가 없었던 시대에는 기별이나 소식을 목소리를 통해 전달해야만 했다.

우주적인 찬양

만물은 하나님을 증거한다. 만물이 존재하는 것은 이 때문이다. "하늘이 하나님의 영광을 선포하고"(시 19:1). 그리스도인이 그리스도를 증거하게 되면 하늘과 땅을 채우는 우주적 증거를 하게 된다. "여호와여 주의 지으신 모든 것이 … 주를 송축하리이다"(시 145:10). 하나님의 지으신 것들이 그분이 어떤 분인지를 선전한다. 불신자들과 감사치 않는 자들만이 숨을 뿐이다. 그들은 창조의 목적에 속하지 않는다. 그들은 그 어떤 것과도 상관이 없으며 무의미하다(요한계시록 21장 8절을 보라).

이사야 선지자는 하나님의 자비를 43장과 44장에 걸쳐 설명한다. 하나님은 이스라엘을 창조하셨고, "너희는 나의 증인"(사 43:10)이라는 한 가지 목적을 위해 그들을 구속하셨으며, 불과 홍수를 함께 통과하셨고, 그들을 포로 잡힌 원방 바벨론에서 데려왔으며, 그들을 위해 사막에 길을 내시고, 그들의 죄악을 도말하셨다. 우리는 아무 일도 하지 않고 정체도 헷갈리는 그런 하나님을 증거하지 않는다. 하나님은 우리가 다루고 있는 분이 어떤 분인지를 알길 원하신다.

성경의 증거는 언제나 분명하고 긍정적이며 구체적이다. 우리는 우리가 지금 이야기하고 있는 분이 누구인지를 안다. 바울은 "나의 의뢰한 자를 내가 알고"라고 말했다(딤후 1:12). 요한은 "우리가 저를 아는 줄로 알 것이요"라고 말한다(요일 2:3). 그는 자신의 세 개의 짧은 서신서에서 '안다'(know)라는 단어를 스물여섯 번이나 사용하고 있지만, '지식'(knowledge)이란 단어는 한 번도 사용하지 않았다. 하나님을 아는 것은 인격적인 것이며 하나님에 관한 지식과 전혀 다르다. 우리는 우리가 아는 하나님을 증거한다.

시편 146편부터 150편은 하늘에서 하나님을 찬양할 것을 요구하며, 해와 달과 별, 비와 동물과 새, 나무와 물고기와 파도 치는 바다도 하나님을 찬양할 것을 요구한다. 이는 그들의 창조주 하나님에 대한 찬양이지만, 많은 이들이 이보다 더 큰 구원의 역사를 안다. 시편 68편 20절은 "하나님은 우리에게 구원의 하나님이시라 사망에서 피함이 주 여호와께로 말미암거니와"라고 말한다. 천국을 보면서 사도 요한은 새 노래를 들었다. 그 노래는 언제나 새로운 어린 양의 노래였다.

우리는 영광 가운데 지나가는 승리의 행렬을 그려 볼 수 있다. 구속받은 자들이 제일 앞머리에 섰으며, 거대한 영광의 찬양대를 이룬다. 바울은 "항상 우리를 그리스도 안에서 이기게 하시고 … 하나님께 감사하노라"라고 말한다(고후 2:14). 그는 시편 68편 11~35절을 염두에 두었을지도 모른다: "주께서 말씀을 주시니 소식을 공포하는 여자가 큰 무리라 … 하나님이여 저희가 주의 행차하심을 보았으니 곧 나의 하나님, 나의 왕이 성소에 행차하시는 것이라 소고 치는 동녀 중에 가객은 앞서고 악사는 뒤따르나이다 … 이스라엘의 하나님은 그 백성에게 힘과 능을 주시나니."

하늘에 있는 모든 자들이 찬양한다: "죽임을 당하신 어린 양이 능력과 부와 지혜와 힘과 존귀와 영광과 찬송을 받으시기에 합당하도다"(계 5:12). 요한이 본 환상 중에 발군의 사람들이 그곳에 있었으며, 천상의 '장로' 중 한 사람이 말했다: "이는 큰 환난에서 나오는 자들인데 어린 양의 피에 그 옷을 씻어 희게 하였느니라"(계 7:14). 예수께서는 "세상에서는 너희가 환난을 당하나 담대하라 내가 세상을 이기었노라 하시니라"고 말씀하셨다(요 16:33). 구속은 우리만의 독점 주제이며, 타의 추종을 불허하는 영원한 교향곡을 헌정하는 것과 같다. 예수께서는 "내 증인이 되리라"고 말씀하셨다(행 1:8). 주님께서 우리를 위하여 행하신 일로 인해 하늘은 기쁨과 경배로 불탄다.

바울은 또 다른 그림을 사용한다. "우리는 구원 얻는 자들에게나 망하는 자들에게나 하나님 앞에서 그리스도의 향기니 이 사람에게는 사망으로 좇아 사망에 이르는 냄새요 저 사람에게는 생명으로 좇아 생명에 이르는 냄새라"(고후 2:15-16). 구속받지 못한 자들의 저주와 불경스러운 말은 구취와 더러운 공기와 같지만, 찬양과 증거는 천국의 냄새이며 낙원의 향기이다. 그리스도의 거룩하심은 에덴 동산의 향기처럼 깨끗함과 사랑스러움을 전해 준다.

능력의 증인

우리가 구원을 경험하면 구원이 나타나야만 한다. "여호와께서 당신을 구속하셨는가? 그렇다면 말하라!"(시 107:2, NLT). 이방인들은 처음부터 한 가지 사실 때문에 놀랐다. 그들은 그리스도인들 자체에 놀랐으며, 다른 사람을 회심시키려고 하는 그들의 열심에 놀랐다. 당시에 그리스도인이 된다는 것은 증인이 됨을 의미했으며, 이는 순교를 의미할 수 있는 위험한 활동이었다. 신자들은 하나님의 뜻의 위대한 목적을 성취하기 위해 그리스도께서 곧 재림하실 것이라는 강력한 소망을 가지고 있었다. 그들은 모든 이들에게 이 사실을 경고했으며 기회만 있으면 이를 말했고, 그리스도의 새로운 시대를 준비하라고 세상에게 급히 말했다.

오늘날 어떤 이들은 증거하지만 어떤 이들은 그렇지 않다. 심지어 교회도 구원의 긴박성에 대하여 말하지 않는다. 교회 절반이 이에 대하여 걱정하지 않는데 어떻게 세상이 그리스도가 필요하다고 느끼겠는가? 단지 몇몇 교회만이 복음을 증거한다면 복음은 중요하게 보일 수 없다. 단지 소수만이 광신자처럼 행동한다면 사람들은 이들을 무시한다. 아무리 기도와 금식을 많이 하고, 아무리 거룩하고 능력이 나타난다 할지라도 그리스도의 가장 큰 명령인 복음 증거를

> 아무리 기도와 금식을 많이 하고, 아무리 거룩하고 능력이 나타난다 할지라도 그리스도의 가장 큰 명령인 복음 증거를 무시하면 이를 보충할 수 없다.

무시하면 이를 보충할 수 없다.

기도회나 부흥회는 단순히 교제의 장으로 바뀔 수 있다. 기도를 통해 종종 우리는 영혼들에 대한 책임을 하나님께 돌리고, 그분에게 영적 부흥의 분위기를 조성해 달라고 부탁한다. 그러나 그것은 하나님께서 우리에게 명령하신 부분이다. 왜냐하면 "복음은 모든 믿는 자에게 구원을 주시는 하나님의 능력"이기 때문이다(롬 1:16). 성령은 증거의 영이시다. 그분의 가장 큰 목적은 증인들을 능하게 하시는 것이다. 우리는 성령께서 우리 대신 이런 일들을 하시도록 보낼 수 없다. 성령께서는 오직 우리와 동행하신다. 말을 하기 위해서 그분은 우리가 필요하다. 유행하는 말과 달리 기도의 호흡은 헛될 수 있다. 기도가 증거를 대신할 때에 기도는 헛되다. 신약성경은 복음 전하는 자들을 위해 기도하고 하나님의 사역을 할 때에 우리 자신을 위해 기도하라고 권하지, 하나님께서 친히 이 일을 하시도록 기도하라고 권하지 않는다. 성령은 오직 말씀을 통해 구원하실 수 있으며, '믿음은 말씀을 들음에서' 난다(롬 10:17).

이는 성경공부반의 청소년부터 신학생에 이르기까지 모든 그리스도인이 그리스도를 위해 대언해야 함을 의미한다. 하나님은 어린아이와 젖먹이의 입에서 찬양을 명하셨다. 이는 "감사로 제사를 드리는 자가 나를 영화롭게" 하기 때문이다(시 50:23). 시편 148편 3절은 말하지 않고 침묵하는 별들에게 그들의 빛을 통해 하나님의 영광을 선포할 것을 명한다. 하지만 우리는 별들보다 더 잘할 수 있다. 그들에게는 입도 혀도 언어도 없지만 우리는 하나님께 영광을 돌릴 수 있는 언어라는 선물을 가지고 분명하게 말할 수 있다.

복음의 가장 훌륭한 증거는 증인들 자신이다. 이는 너무나 사실이기 때문에 하나님께서 이들을 도우신다. 그분의 동역자가 되기 위하여 우리는 성령 세례를 받아야만 한다. "오직 성령이 너희에게 임하시면 … 내 증인이 되리라"(행 1:8). 이 말씀은 시편 138편 1~3절의 성취이다: "내가 전심으로 주께 감사하며 신들 앞에서 주께 찬양하리이다 내가 주의 성전을 향하여 경배하며 주의 인자하심과 성실하심을 인하여 주의 이름에 감사하오리니 이는 주께서 주의 말씀을 주의 모든 이름 위에 높게 하셨음이라 내가 간구하는 날에 주께서 응답하시고 내 영혼을 장려하여 강하게 하셨나이다."

그리스도께서는 소중한 사람들을 구원하시기 위해 죽으셨고 부활하셨다. 주님은 언제나 자기의 증인들을 가까이하신다. 그들은 주님의 친구이며, 그분의 구원의 능력의 도구이며, 이 땅에서 영광의 주님을 대표하는 대리인이다.

우리는 인간이며 불완전한 존재이지만, 그분의 성령을 통해 그분을 닮아야만 한다. 우리는 그분의 성전이며, "그 전에서 모든 것이 말하기를 영광이라" 한다(시편 29:9). 하나님을 영화롭게 하는 것은 선택할 수 있는 취미가 아니다. 우리는 복음 증거를 위해 존재한다. 그분의 선하심을 영원히 알리는 것이 우리의 거룩한 목적이다. 궁극적으로 하나님은 우리를 통해 그분을 아는 지식과, 무한한 사랑과 자비와 선의의 하나님 그분이 어떤 분이신지를 아는 지식으로 온 우주를 채우실 것이다. 그분을 영화롭게 하기 위하여 하나님은 먼저 우리를 가까이하시고, 그분 안에서 안식하는 법을 가르쳐 주시며, 그분의 구원을 생생한 모범을 통해 보여 주신다.

우리를 포함하여 만물은 하나님을 위해 존재한다. 하나님을 위해 중요한 사람이 되는 것이 우리의 동기여야만 한다. 하나님은 만유이시고 만유 안에 계신다. 그래서 그분의 아들 예수는 아버지 하나님을 영화롭게 하기 위해 모든 것을 행하셨다. 주님은 자신이 경험하게 될 죽음을 아버지 하나님의 영광을 위한 것이라고 말씀하셨다. 종국에 그리스도께서는 그의 나라를 하나님께 건네드릴 것이다(고전 15:24). 증인들은 교회 홍보자로, 사회 복지사로, 혹은 교리 교사로 일할 수 있지만 그들의 동기는 하나님을 영화롭게 하는 것이어야 하며, 그들의 구원의 경험이 그들의 영감의 근원이어야만 한다. 신자들은 예수의 사람들이다. 우리는 주님의 소유이다. 우리는 그분 안에서 즐거워한다. "우리가 우리를 전파하는 것이 아니라 오직 그리스도 예수의 주 되신 … 것을 전파함이라"(고후 4:5).

증거는 우리와 예수와의 사귐을 간증하는 것이다. 주님의 메신저들은 그분의 절친한 친구이다. 우리는 그 관계를 말하며, 그 모든 것은 예수에 관한 것이다. 성경의 초점은 예수이시다. 예수께서는 복음을 가지고 오시지 않았다. 그분 자체가 복음이다. 마가복음은 "예수 그리스도 복음"이라는 말로 시작된다(막 1:1). 예수께서는 전파된 말씀이시며, "그의 아들의 복음"이다(롬 1:9). 중심 메시지는 예수이시다: "내가 너희 중에서 예수 그리스도와 그의 십자가에 못 박히신 것 외에는 아무 것도 알지 아니하기로 작정하였음이라"(고전 2:2).

많은 사람들이 모든 강이 바다로 흘러가듯이 모든 길은 하나님께로 통한다고 믿지만 이들은 속고 있다. 그렇다면 모든 길은 도대체 어떤 신을 향하고 있단 말인가? 예수께서는 "내가 곧 길이요 진리요 생명이니 나로 말미암지 않고는 아버지께 올 자가 없느니라"고 말씀하셨다(요 14:6). 왜 그런가? 왜냐하면 주님께서만이 우리에게 아버지 하나님을 보여 주셨기 때문이다. 아버지 하나님이 어떤 분인지 안다면 그리스도를 통하지 않고는 그 어떤 길로도 그분께 갈 수 없다.

길이신 예수만이 우리에게 하나님을 계시하시고, 그분만이 하나님께로 가는 길을 아신다. 다른 신들은 아버지 하나님과 완전히 다르다. 그리스도의 길은 알라에게로 인도하지 않는다. 할리우드 영화 〈스타워즈〉(Star Wars)는 하나님을 '힘'(the Force)이라 부른다. 그렇다면 어떻게 하나님을 발견할 수 있겠는가? 힌두교에는 수천만의 신들이 있다. 어느 길이 하나님께로 인도하는가? 불교에는 신이 없다. 그들의 길은 너바나(Nirvana, 열반)에서 망각으로 인도한다. 그리스도인의 길은 망각으로 인도하지 않는다. 왜냐하면 예수께서 우리를 영접하시기 위해 서서 기다리고 계시기 때문이다. 약 500년 전에 시크교 지도자였던 나낙(Nanak)은 하나님에 대한 자신의 개념들을 집대성하였다. 그의 하나님께로 가려면 신비적인 방법들과 기도를 통해야 하며, 시크 교도가 되어야만 한다. 그리스도인의 길은 이 지도에 들어 있지 않다.

> 복음은 그리스도께서 우리의 죄를 위해 무덤에서 부활하신 십자가의 그리스도를 선포하며, 우리로 찬양케 만든다.

복음은 그리스도께서 우리의 죄를 위해 무덤에서 부활하신 십자가의 그리스도를 선포하며, 우리로 찬양케 만든다. 그러나 중거는 찬양 이상의 것이다. 찬양이란 단어는 시편에서 200번 정도 등장하며, 나머지 성경에서 100번 정도 나온다. 하나님은 찬양을 "나의 찬양"이라 부르신다. 실제로 성경 전체는 성부와 하나님의 위엄을 존중하시는 성자에 대한 찬양으로 가득하다. 하지만 영원한 구속 계획과 구원의 능력과 은혜는 복음이다. 복음은 간증이며 가르침이고, 교리이며 하나님의 서곡이고, 반역하는 세상과 화해하는 하나님의 도구이다.

놀라운 펼침

증거는 취미가 아니라 인생의 근본 목적이다. 예수께서는 자신을 증거하셨다. 이는 너무나 중요하다. "바리새인들이 가로되 네가 너를 위하여 증거하니 네 증거는 참되지 아니하도다 예수께서 대답하여 가라사대 내가 나를 위하여 증거하여도 내 증거가 참되니 … 너희 율법에도 두 사람의 증거가 참되다 기록하였으니 내가 나를 위하여 증거하는 자가 되고 나를 보내신 아버지도 나를 위하여 증거하시느니라"(요 8:13-18).

유대 지도자들은 성경을 알았으며, 성경에서 하나님이 자신을 증거하신다는 사실도 알았다. 그들은 예수께서 자신을 아버지 하나님과 동등하게 여기시고 하나님처럼 자신을 증거하신다는 것도 알았다. 하나님은 자신을 우리에게 계시하셔야만 했다. 만일 그렇지 않다면 우리는 결코 그분을 알지 못할 것이다. 만일 그분께서 나서지 않으시면 우리가 그분을 찾는다 할지라도 결코 찾을 수 없을 것이다. 예수께서 자기의 영광을 보이시고 자신을 증거하시기 전까지 이 땅은 예수를 알 수 없었다.

예수의 모든 가르침은 자신을 향하고 있다. 많은 경우에 주님께서는 "나는 …이니라!"(I am!)라는 자기 계시의 거룩한 타이틀을 사용하셨다. 오직 하나님만이 하나님을 계시하실 수 있으시다. 그분은 세상의 빛이시다. 세례 요한처럼 우리는 "이 빛에 대하여 말해야" 한다(요 1:7, NLT). 주님은 놀랍고 심오한 말씀을 하셨다: "내 아버지께서 모든 것을 내게 주셨으니 아버지 외에는 아들을 아는 자가 없고 아들과 또 아들의 소원대로 계시를 받는 자 외에는 아버지를 아는 자가 없느니라"(마 11:27). 이는 신비하게 들릴지 모르지만 한 가지 사실은 알 수 있다. 오직 예수만이 우리에게 아버지 하나님을 보여 주실 수 있다는 것이다: "너희가 나를 알았더면 내 아버지도 알았으리로다"(요 14:7). 누가 성자 하나님을 우리에게 보여 주시는가? 그것은 성령께서 하시는 일이다: "그가 내 영광을 나타내리니 내 것을 가지고 너희에게 알리겠음이니라"(요 16:14).

성경에서 하나님은 자신을 증거하신다. 성경의 처음을 보라. 창세기에서 그분은 자신을 창조주와 친구로 계시하신다. 출애굽기에서 그분은 구원자이시다. 레위기에서 그분은 거룩한 자이시다. 민수기에서는 목자이시며, 신명기에서는 언약의 하나님이시다. 여호수아에서는 약속을 이루시는 분이시며, 사사기에서는 수호자이시고, 사무엘상·하에서 하나님은 말씀하시는 분이시며, 열왕기상·하와 역대상·하에서는 왕의 왕이시다. 구약 39권에 걸쳐 하나님께서는 자신이 어떠한 분이신지를 점진적으로 펼치신다. 사람들이 그분의 말씀을 금방 소화하지 못하기 때문에 하나님은 천천히 말씀하셨다.

마지막으로 주 예수 안에서 놀라운 펼침이 일어났다. 그분은 감춰진 곳에서 나오셨고, 우리는 그분을 증거하라는 부르심을 받고 영광스러운 선포의 장(concourse)에 동참하여 우리 주 예수의 영원한 사랑과 하늘의 모든 기쁨에 참여한다. 예수께서는 이런 자들에게 개인적으로 "(너희는) 내 증인이 되리라"고 말씀하신다. 그리고 우리는 이를 자랑스럽게 여겨야만 한다!

— 질문 —

1. 기도하지 않아도 증거할 수 있으며, 증거하지 않아도 기도할 수 있다. 당신은 이에 동의하는가?

2. 우리는 증인이 되지 않고서도 우리의 입술로 증거할 수 있다. 본 장에서 읽은 내용을 가지고 이를 설명할 수 있는가?

3. 만물은 하나님의 찬양을 위해 존재하지만 그리스도인들은 특별하다. 왜 그런지 설명할 수 있는가?

22 사람들은 인간이다

"아들이 있는 자에게는 생명이 있고"(요일 5:12).

왜 하나님은 복음 전도자를 보내시는가?

인생이란 무엇인가? 오이가 먹고 싶어서 역사의 미래가 위협을 받은 적이 있었다. 성경은 바로의 목전에서 도전장을 던지고 노예로 살던 감옥 집을 걸어나간 이스라엘의 대서사시를 기록하고 있다. 그들을 통해 혁명이 시작되었으며, 이는 전 세계에 심오한 영향을 미쳤고, 제3의 밀레니엄인 지금도 계속되고 있다. 그런데 믿지 못할 일이지만, 그들은 자신들을 부렸던 자들에게 돌아가 항복하길 원했다. 왜 그랬는가? 그것은 애굽의 신선한 샐러드와 오이가 그리웠기 때문이었다!

인생을 하찮은 것으로 만드는 일은 오늘날도 마찬가지이다. 기네스 북은 가련한 야망과 무가치한 업적을 보여 준다. 오늘날에도 돼지고기 파이 많이 먹기, 빨리 마시기 등과 같은 어리석은 '기록'에 대해 박수를 보내는 소리가 들린다. 텔레비전은 기어다니는 징그러운 벌레들을 (crawlies) 먹는 유명 인사들을 공개적으로 인정한다. 유명 신문은 수천 씨

씨(cc)의 맥주를 들이키며 바지 속에 흰 족제비를 넣는 남자들을 대서특필한다. 이는 인생을 어리석은 것으로 전락시키고 인간의 존엄성을 하찮은 것으로 여기도록 조장한다. 이는 무고한 피의 강물처럼 아름다운 땅을 더럽히는 요소가 될 수 있다. 오늘날에는 가장 유명한 것이 가장 하찮은 것이 되고 만다.

아까운 시간이 흥청망청한 파티와 숙취로 전락한다. 배는 맥주 저장통이 되고, 알코올 중독자들은 위스키 병을 빙빙 돌리면서 산다. 수백만의 사람들이 섹스와 돈과 마약에 중독되어 있다. 너무나 많은 경우에 인생은 아무런 의미가 없으며, 누군가가 인생의 종국을 생각한다 할지라도 일과가 끝나면 "오늘 밤도 괜찮을 거야"라고 말하길 바랄 뿐이다.

정말 신기한 것은 성경을 한 번도 열어 보지 않은 사람들이 많다는 것이다. 마치 성경이 탄저병에 감염된 것처럼 그들은 결코 성경을 만지지도 않는다. 그러나 모든 논란과 상관없이 성경은 세상에서 가장 행복한 책이며, 만족스럽고 효과적인 생명의 삶으로 들어가는 열쇠이다. 하나님은 우리의 삶을 지루하게 만들지 않으셨다. 그는 생명의 원천이시며, 모든 참된 기쁨과 즐거움을 창조하셨다. 하지만 우리가 그분과 떨어져서 살 수 있는 것은 아니다. 예수께서는 아버지의 돈을 가지고 먼 나라로 도망한 탕자 이야기를 하셨다. 탕자는 먼 나라에서 돼지와 함께 먹었다. 하나님으로부터 멀어지는 것은 곧 먼 나라를 의미한다. 성령의 거룩한 전이 되도록 만들어진 사람들이 병에 걸리고 술에 취한다. 초월적인 영광을 위해 태어난 자들이 인생에 진절머리를 친다. 전능자의 친구로 지음 받은 자들이 무례한과 신성 모독자들과 친구가 된다. 그래서 하나님은 복음 전도자들을 보내셨다. 또한 모든 자들이 차가운 눈송이처럼 떨어지는 역경에 부딪히기 때문에 그분은 복음 전도자를 보내셨다. 우리 모두는 우리를 따스하게 감싸는 하나님의 사랑의 망토가 필요하다.

우리는 "말씀을 전파하라"는 권고를 받는다(딤후 4:2). 그것은 인생의 기초석이다. 그러나 현대인의 회의(doubts)로 인해 어떤 전도자들은 단지 뭔가를 말하기 위해 주제(subjects)의 쓰레기더미를 뒤진다. 그들은 복음이 아닌 것을 '삶에 대한 설교'(life preaching)라고 부른다. 그리고 그것이 삶과 상관이 있다고 말하면서 이를 미화한다. 말씀이 없다면 그것은 단지 개인의 의견에 불과하며, 인생의 '문제들'에 대한 생각에 불과하다. 어떤 이들은 예배가 노동 조합 회합과 같다고 불평한다. 예배를 위해 모인 회중은 사회적 관점과 편견을 어쩔 수 없이 들어야만 한다.

머릿속에 떠오르는 생각을 주님이 해 주신 말씀으로 알고 설교하는 것으로는 충분치 않다. 새로 온 설교자의 설교를 들은 후에 어떤 부인이 안도의 한숨을 쉬며 말했다: "주님께서 어리석은 말을 하지 않도록 지켜 주셨어요."

그럼에도 불구하고 우리의 대상은 하늘의 태양이 아니라 지구에 사는 사람들이다. 그들은 '불꽃이 위로 오르듯 고난을 타고난 자들이다'(욥 5:7). 찰스 스펄전은 어떤 설교자들은 본당에 있는 사람들이 아니라 목석에게 말하는 것처럼 보인다고 말했다. 참된 소망과 용기는 하나님께로부터 온다. 영혼들을 얻기 위해 우리는 피할 수 없는 인간적 관심을 가지고 있는 사람들을 얻어야만 한다. 하나님의 관심은 오직 종교에만 있는 것이 아니다. 그분이 지은 피조 세계에 사는 그분의 피조물들은 언제나 그분의 감독 아래 있어야만 한다. 오순절주의자와 오순절주의자들의 부흥의 위대한 비밀은 영적인 믿음만이 아니다. 거기에는 신체적, 물리적인 면이 포함되어 있다. 하나님의 영으로 인해 우리의 몸은 그분의 성전이 되고, 성령은 물리적 표적을 통해 자신을 드러내시며, 우리의 삶은

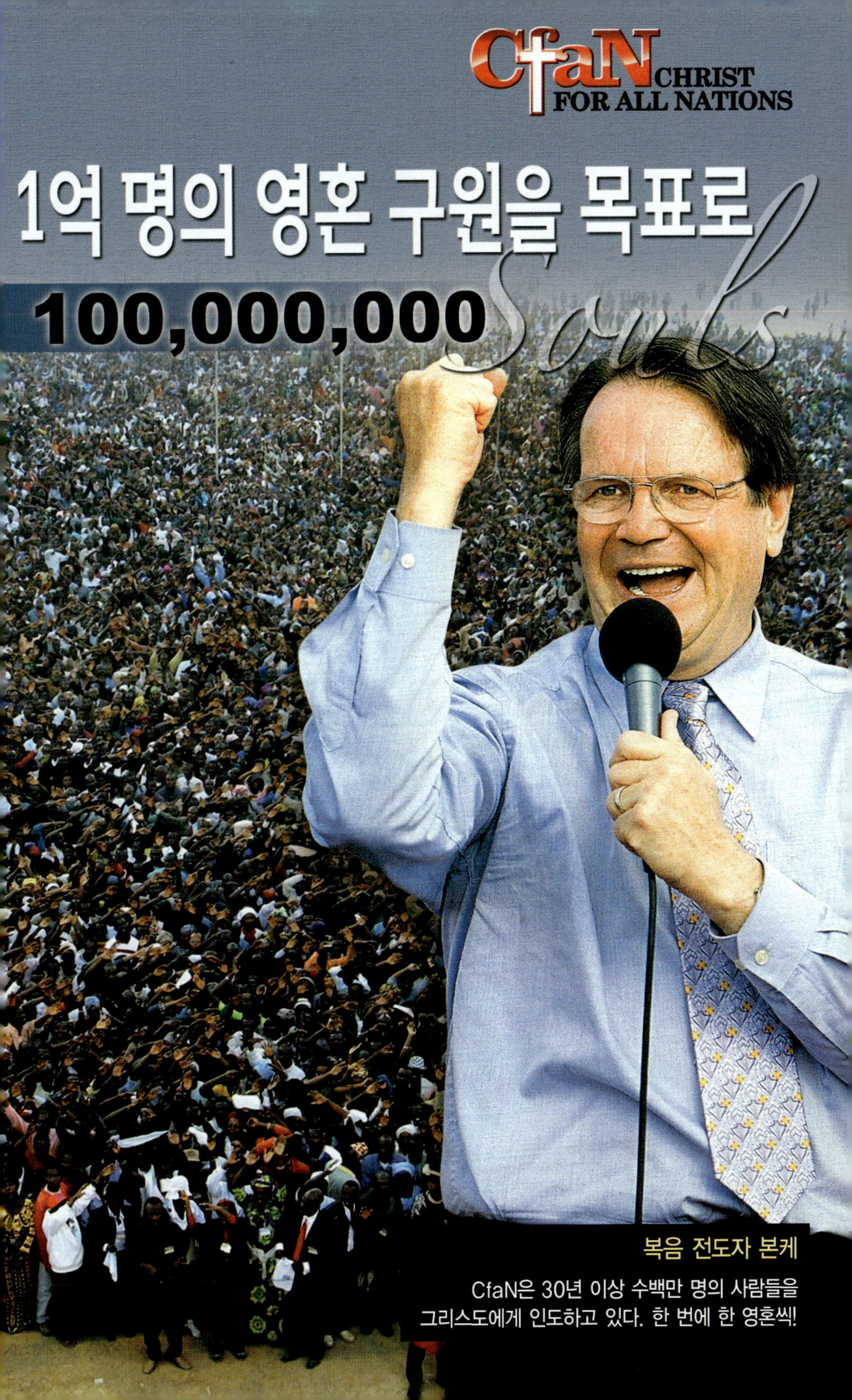

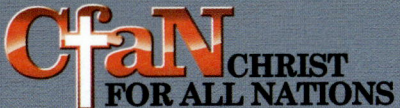

CfaN CHRIST FOR ALL NATIONS
1억 명의 영혼 구원을 목표로
100,000,000 Souls
복음 전도자 본케
CfaN은 30년 이상 수백만 명의 사람들을
그리스도에게 인도하고 있다. 한 번에 한 영혼씩!

나이지리아 죠스

5일간의 집회 동안 1,276,840명의 사람들이 예수 그리스도를 영접했으며, 이를 위해 결신 카드에 서명했다.

집회 동안 기적적으로 치유를 받은 자들이
간증을 하자 참석한 모든 자들이 듣고 기뻐하고 있다!

한 집회에서 650,000명이
복음 전도대회에 참여했으며, 복음을 듣고 영접했다!

8,000명의 불의 집회 참석자들이 성령 전도에 대해 감동을 받았다.

수많은 무리들이 복음을 듣기 위해 모여들었다. 210,000명 이상이 6일 동안의 집회에 참석했다.

예상했던 청중보다 두 배 이상의 인파가 하르툼의 초록 광장에서 열린 부활절 축제에 모여들었다.

하르툼
수단

전례 없는 숫자의 무리들이 수단의
수도에서 복음의 메시지를 듣고 있다.

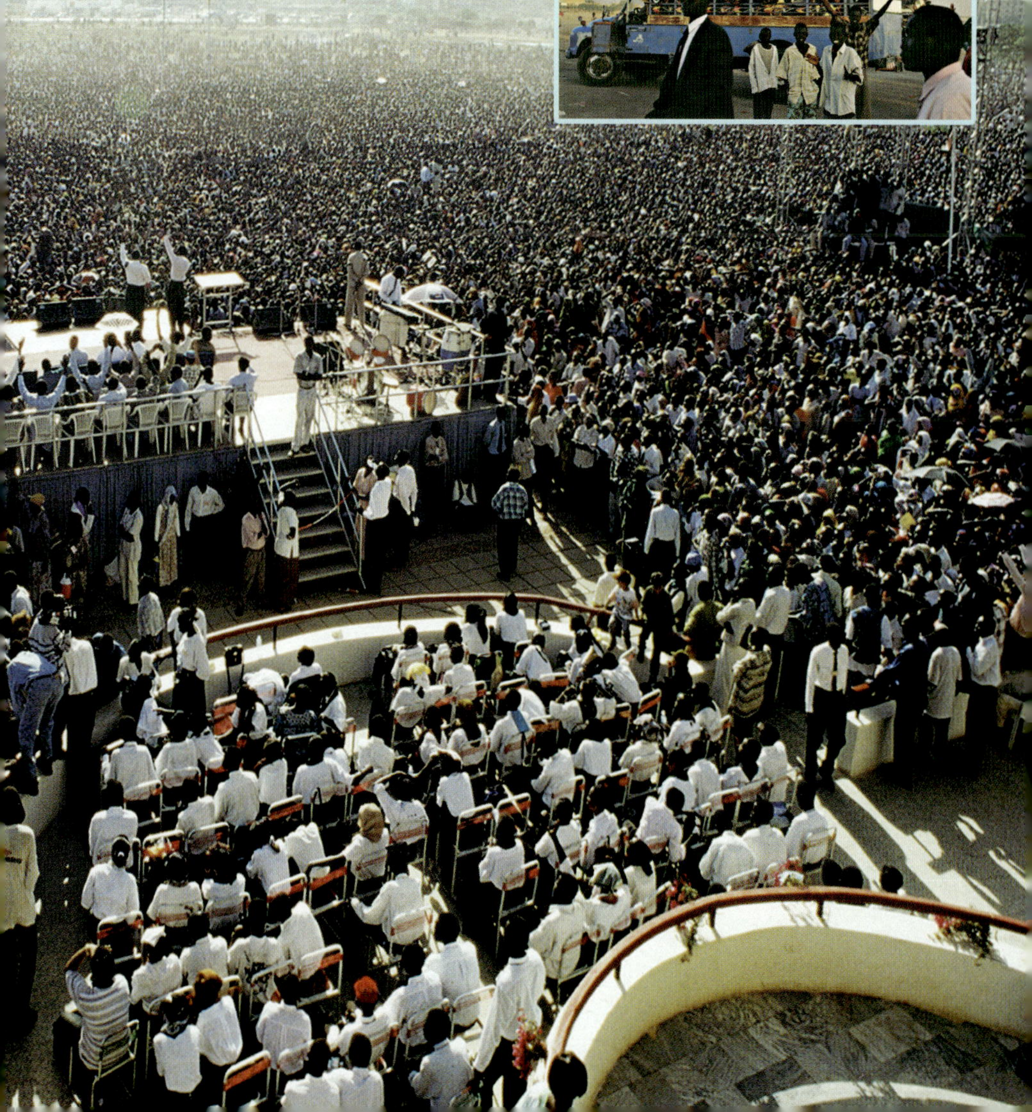

참석한 모든 이들이 기도하기 위해 전 세계에서 우리 사역 팀에게 보낸 기도 제목들을 집회 현장에 가져왔다.

마법 도구들과 숭배의 대상이 되었던 물건들을 태울 때에 사단의 요새가 무너졌다.

야바

전도대회 마지막 밤에 600,000명이 넘는 사람들이 복음 설교를 들으려고 몰려들었다. 삶들이 변화되었고 표적과 기사가 따랐다.

CfaN은 복음 전도대회 때마다 낮 동안에 목회자, 교회 지도자, 사역자를 위해 불의 집회를 여는데, 이는 그들 나라에 있는 잃어버린 영혼들에게 다가가기 위해 이들을 훈련하고 무장시키기 위한 것이다.

같은 주간에 1,475,000명이 넘는 사람들이 도시 근교에 있는 '교황의 땅'(Papal Crusade)에서 복음 대집회에 참석했다.

불의 집회가 유명한 이글 스퀘어(Eagle Square)에서 열렸다. 이 광장은 많은 정부 부처와 국제적 회사들로 둘러싸여 있다.

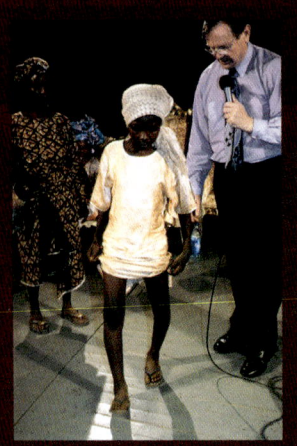

기적의 구원과 치유 그리고 축사를 통해
수많은 사람들의 삶이 영원히 변화되었다.

나이지리아 라고스

6일의 집회 기간 동안 3,461,171명의 사람들이 그리스도를 위해 결신했다! 이 집회의 마지막 밤에 1,600,000명 이상이 참석했다.

600,000명이 넘는 사람들이 복음 대집회 중 한 예배에 참석했다. 이 주간에 총 1,600,000명이 저녁 집회를 위해 칼라바르 대학의 교정에 모여들었다.

복음의 그물이 칼라바르 어촌에 던져졌을 때 많은 영혼들이 주님께로 돌아오게 되었다!

칼라바르
나이지리아

아프리카의 수많은 도시에서 라인하르트 본케는 왕궁에서 명예 손님으로 환영을 받는다. 칼라바르의 왕은 복음 전도자 본케에게 다음과 같이 말했다. "하나님의 뜻을 행하기 위해 이제 당신에게 칼라바르 왕국을 드립니다."

그리스도를 위해 결신한 모든 자들은 상담을 받고 지역 교회에 연결된다.

포트하커트 복음 집회에서 말 그대로 수백 명의 사람들이 기적적인 치료에 대해 간증하기 위해 단상 곁으로 밀려들었다. 소경이 눈을 뜨고, 귀머거리가 들었으며, 앉은뱅이가 일어났다.

'샌드필 지역'(Sandfill Area)에서 열린 집회에 5일간 2,100,000명이 넘는 사람들이 참석했다.

포트하커트
나이지리아

문서 씨뿌리기
Literature Seeding

소책자 「이제 네가 구원받았으니」(Now that You are Saved)를 20피트 컨테이너에 실어 집회 장소에 보냈으며, 모든 새신자들은 이 책을 받았다. 이 작은 소책자는 사후조치 프로그램으로 회심자와 지역 교회를 연결해 주는 중요한 역할을 한다.

제자 훈련 프로그램의 일부로 1억 7천8백만 권 이상의 CfaN 책들과 소책자들이 142개국 언어로 출판되었으며, 53개 나라에서 인쇄되었다. 수백만 권의 책이 전 세계적으로 무료로 '뿌려졌다'.

CfaN
CHRIST FOR ALL NATION

영원한 성령과 연결된다. 오래된 찬송가 가사처럼 "우리는 세월이 갈수록 영원한 생명의 약동을 점점 더 강하게" 느낀다.

인생의 핸드북

우리는 복음의 영원한 생명을 보여 줘야만 한다. 거듭났다면 우리는 그 생명을 보여 줘야만 한다. 왜냐하면 우리는 "하나님의 자녀가 되는 권세"를 가졌기 때문이다(요 1:12). 우리는 "새 사람을" 입었다(엡 4:24). "두렵고 떨림으로 너희 구원을 이루라"(빌 2:12). 그리스도의 생명을 몸으로 보여 주라. 우리가 앉은뱅이였을 때 예수께서는 "걸으라"고 말씀하셨고, 우리는 걸을 수 있게 되었다. 그러므로 우리는 걷는 편이 좋을 것이다! 새는 하늘을 날고 물고기는 헤엄을 친다. 그들은 그렇게 만들어졌기 때문에 그런 일을 할 수 있다. 신자들은 하나님의 자녀이다. 왜냐하면 그들은 '그렇게 만들어졌기' 때문이다.

> 새는 하늘을 날고 물고기는 헤엄을 친다. 그들은 그렇게 만들어졌기 때문에 그런 일을 할 수 있다. 신자들은 하나님의 자녀이다. 왜냐하면 그들은 '그렇게 만들어졌기' 때문이다.

많은 종류의 사역이 있다. 현재 '예언 사역'이 유행인데, 일반적으로 교회 예배에 출석한 사람들에 대한 예언들이다. 실제로 구약성경의 예언 사역은 단지 3퍼센트만이 미래에 대한 예견이고 나머지는 의의 길에 관한 것이다. 예수께서도 "가난한 자에게 복음이 전파된다 하라"고 말씀하셨다(마 11:5). 가난한 자들은 자신의 운명에 대한 말을 듣지 못했다.

예수의 사역은 종교적이지 않은 평범한 사람들의 마음을 사로잡았다. 주님의 산상수훈(마태복음 5~7장)이 그 이유를 보여 준다. 그분은 율법, 살인, 간음, 이혼, 맹세, 근심, 복수, 원수, 사랑, 가난, 구제, 음식, 의복과 같은 실제적인 문제들을 다루셨다. NIV 성경의 표제(headings)도 이 모든 것들과 일치한다.

성경은 인생의 핸드북이며, 죽을 수밖에 없는 인생에 있어서 상상할 수 있는 모든 면들을 다룬다. 성경은 전사와 과부, 약자와 부자에게 유용한 길잡이이다. 성경에는 지혜의 말과 권할 만한 행동과 위로가 담겨 있다. 시편은 우울함에서 환희에 이르기까지 인간의 모든 감정들을 표현한다. 시편은 마치 하나님의 각도에서 조명한 내용을 스크린에 비친 것처럼 새로운 초점과 관점을 우리에게 제공해 준다. 시편의 많은 기자들은 심히 곤고했지만 놀라울 정도로 하나님을 신뢰하면서 그들의 슬픔을 쏟아 낸다.

말씀은 모든 것을 하나님과 연관 짓는다. 하나님이 없으면 이 땅에서의 우리의 세월은 바람에 흔들리는 넝마조각과 같으며, 세상에서 가장 위대한 사건들도 연못의 수면에 찰랑거리는 잔물결에 지나지 않고, 그 소음과 다투는 소리는 사라지는 메아리가 되고 만다. 그러나 하나님이 함께하시면 무의미한 것이라도 중요하며, 한 잔의 냉수도 영원한 의미를 지닌다. 우리는 그분에게 중요하며 그분의 명령을 따를 때에 우리는 무슨 일을 하든지 심오한 의미를 느낀다: "또 무엇을 하든지 말에나 일에나 다 주 예수의 이름으로 하고 … 무슨 일을 하든지 마음을 다하여 주께 하듯하고 사람에게 하듯하지 말라"(골 3:17, 23). 모든 의무와 관심사는 주님의 우주적 계획 안에서 그 자리가 있다.

복음은 인간의 이야기에 새로운 해석을 낳는다. 현대 소설은 현대적인 삶을 잘 반영하지만 하나님에 대해서는 무지하다. 현대 소설은 이야기의 매듭을 짓지 않고 갑자기 아무런 의미나 목적도 없이 끝난다. 이는 오늘날의 삶과 흡사하다. 그러나 하나님의 책에는 저자(the Author)이시며 완성자(Finisher)이신 그분이 모든 사건들을 모아 섭리를 이루신다. 그분은 스트레스와 곤란을 빚어 완벽한 플롯을 만드시며, 그분이 원하는 것을 성취하신다. "우리는 그의 만드신바라"(엡 2:10).

최근에 한 친구가 나에게 멋진 수조를 보여 주면서 열대어에게 어떤 특별한 음식과 조건이 필요한지를 설명해 주었다. 하지만 가장 필요한 것은 물이었다! 우리의 존재도 많은 조건에 달려 있지만 무엇보다도 우리에게는 하나님이 필요하다. 그분이 없으면 우리는 물 밖으로 나온 물고기처럼 버둥댄다. 우리의 호흡이 그러하듯이 하나님도 대안이 없으시다. 하나님은 임시 방편이나 차선책을 두지 않으신다. "믿고 세례를 받는 사람은 구원을 얻을 것이요 믿지 않는 사람은 정죄를 받으리라"(막 16:16).

모든 사람은 삶을 살아간다. 하지만 어떤 종류의 생명을 가지고 있는가? 이는 복음 전도에 있어서 큰 관심사가 아닐 수 없다. 유다는 "죽고 또 죽어 뿌리까지 뽑힌" 영혼들에 대하여 말했다(유 1:12). 바울은 어떤 이들은 "살았으나 죽었느니라"고 썼다(딤전 5:6). 그들은 숨 쉬고 걷지만, 그들의 눈에는 생명의 불꽃이 없다.

그리스도가 없는 생명은 인위적이다. 술과 마약과 다른 종류의 '생명'은 절름발이 삶의 목발에 지나지 않으며 술이 주는 풍취(zest)일 뿐이다. 요한계시록 3장 1절은 "네가 살았다 하는 이름은 가졌으나 죽은 자로다"라고 말한다. 반대로 바울은 자신이 "죽은 자 같으나 보라 우리가 살고"라고 증언했다(고후 6:9). 신자들에게는 생명이 있으며, 좋은 시간을 보내기 위해 소란한 파티를 할 필요가 없다.

하나님이 없는 우리는 결점투성이다. 우리는 그분 없이 살도록 만들어지지 않았다. 이는 복음의 메시지이다. 복음 전도를 통해 잃어버린 것이 본래의 상태로 돌아간다. 에스겔의 환상의 골짜기의 마른 뼈들은 주의 말씀으로 "살아 일어나서" 섰다(겔 37:10). 현실에서도 복음의 말씀으로 이런 기적이 반복되며, 타락하고 도덕적으로 앉은뱅이 된 자들이 제 발로 일어난다. 마음속에 계시는 그리스도는 지나가는 감정이 아니라 실제이시다. 우리가 느끼지 못하지만 우리의 핏줄 속에 피가 있듯이, 우리 안에는 그분의 생명이 있다. 복음 전도는 우리에게 생명을 준다. 그 생명은 부활의 생명이다. "너희의 허물과 죄로 죽었던 너희를 살리셨도다"(엡 2:1).

진정한 '삶에 대한 설교'는 영생에 대한 설교이다. 그리스도가 없으면 다른 모든 종류의 삶, 즉 성공적인 삶, 바쁜 삶, 혹은 그 무엇이라 해도 낭비적인 삶일 뿐이다. 진정한 삶은 영생이며, 이는 창조 이래로 가장 큰 변화이다. "아들을 믿는 자는 영생이 있고 아들을 순종치 아니하는 자는 영생을 보지 못하고"(요 3:36). 우리는 이보다 더 높은 차원의 삶을 생각할 수 없다.

'영생'은 단지 영원히 사는 삶 이상을 의미한다. 그것은 새 것에 대한 암호이다. 그리스도가 오시기 전에 어느 누구도 그것이 무엇인지 그 개념을 알지 못했다. 사람들은 '영생'이란 표현을 설명해야만 했다. 영생은 너무나 부요해서 나빠질 수 없는 삶의 질을 의미한다. 잠시 후에 이에 대하여 더 자세히 설명하겠지만, 그것은 주님께서 우리를 그분의 망토로 감싸시는 것과 같다. 그 어느 것도 이를 흉내 내거나 만들어 내지 못한다. 이는 이에 부착된 가격표―그것은 그리스도 자신의 생명이며 십자가의 참혹함이다―외에 그 어떤 기준으로도 가격을 매길 수 없다.

영원한 하나님의 생명

하나님의 선물은 일반적으로 거저 주어진다. 그렇게 하실 의무가 없으시지만 그분은 의인과 악인에게 비를 내리신다: "손을 펴사 모든 생물의 소원을 만족케 하시나이다"(시 145:16). 그러나 그리스도 안에 있는 새 생명의 선물은 구해야만 온다. 우리는 원해서 태어나지 않았다. 그러나 우리는 구할 때에 거듭난다. 이는 하나님의 방법이다. 하나님은 우리가 영생을 구하길 원하시며, 이를 구하는 자들을 원하신다. 누구든지 믿는 자는 영생을 얻는다.

> 우리는 원해서 태어나지 않았다. 그러나 우리는 구할 때에 거듭난다. 이는 하나님의 방법이다. 하나님은 우리가 영생을 원하길 원하시며, 이를 원하는 자들을 원하신다. 누구든지 믿는 자는 영생을 얻는다.

영생은 우리의 자연적인 경험을 증대시키기 위해 팔뚝에 맞는 주사가 아니다. 그것은 '잠재의식에서 분출되는' 마음의 능력이 아니라 하나님으로부터 내려오는 것이다. 종교적 의식이나 마음의 능력으로 자연적 힘이 자극을 받을 수 있을지 모르지만 영생은 완전히 새로운 자원(resource)이다. "우리 구주 그리스도 예수 … 저는 사망을 폐하시고 복음으로써 생명과 썩지 아니할 것을 드러내신지라"(딤후 1:10).

박물관에는 거장의 작품을 청소하고 복구하기 위한 작업장이 있다. 하지만 거장들은 결코 자신의 그림을 수정하려 하지 않을 것이다. 그들은 단지 새로운 그림을 그린다. 성경은 "우리는 그의 만드신바"라고 말한다(엡 2:10). 그리고 하나님은 우리를 수리하지 않으신다: "할례나 무할례가 아무 것도 아니로되 오직 새로 지으심을 받은 자 뿐이니라"(갈 6:15).

종교는 언제나 그렇듯이 서로 경쟁적으로 로드맵을 그리거나 종교적

위안을 제시한다. 복음은 로드맵이 아니라 인생의 구원점(delivery point)이다. 생명은 성경의 두 가지 중요한 단어, 즉 헬라어로 조에(zoe)와 비오스(bios)로 표현되었다. 비오스는 자연적인 생명으로, 그리고 조에는 하나님으로부터 온 초자연적인 생명으로 볼 수 있으며, 조에는 신약성경의 중요한 주제이다. 신약성경에서 비오스는 단지 열 번 언급된 반면에 조에는 135번이나 등장한다. 하나님은 아담을 위해, 모든 동식물을 위해, 그리고 심지어 천사들을 위해 생명을 창조하셨다. 그러나 성경이 "그 안에 생명이 있었으니"(요일 1:4)라고 말할 때에 이는 언제나 그 생명이 존재했으며, 결코 창조된 적이 없음을 의미한다. 그것은 하나님 자신의 영원한 생명이었다. 사도 요한은 땅에 계셨던 그리스도에 관해 말하면서 자신이 생명의 말씀을 만졌다고 말했다. 예수는 생명의 말씀이셨으며, 성육신하신 하나님이 물리적 형태로 드러나신 최초(original)의 '조에' 셨다. "이 생명이 나타내신바 된지라 이 영원한 생명을 우리가 보았고 증거하여"(요일 1:2).

이는 구원의 후사들에게 주시는 생명이다. 그들은 "신의 성품에 참예"한다(벧후 1:4). 우리는 영원하신 하나님의 생명인 영생을 받는다. 그 성품이 순전하시고 무한한 기쁨이신 하나님의 영광스럽고 말할 수 없는 부요함을 하나님께서는 자신을 믿는 자들에게 주신다.

예수께서는 영생을 얻는 것이 무슨 의미인지를 사람들에게 말씀하셨다: "내가 온 것은 양으로 생명을 얻게 하고 더 풍성히 얻게 하려는 것이라"(요 10:10). '더 풍성히' (to the full)란 단어는 다른 곳에서 '더 충만하게' (more abundantly, KJV)로 번역되었다. 이 '더 충만하게' 란 말은 신약성경에서 100번 이상 사용되었으며, '넘치는', '초과하는', '더' (more), '남아 있는', '증가하는', '너무 풍성한' 의 의미를 지닌다. 이는 하나님이 행하시는 모든 일의 특성이다. 그분은 자신이 주시는 선물을 측정할 저울을 가지고 계시지 않다. 그분은 단지 자기의 손에 뭔가를 가득 채워서 우리에게 주실 뿐이다.

숨을 쉬며 생각할 줄 아는 우리 인간보다 동물, 나무, 심지어 물고기가 더 오래 사는 것을 생각하면 심란하다. 이는 앞뒤가 바뀐 것처럼 보이며 실제로 그렇다. 이에 대하여 균형을 잡아 주는 것이 어디엔가 분명히 있음직한데 '영생'이 바로 그것이다. 우리는 영생이라는 선물로 인해 다른 생명체보다 더 오래 살도록 지음을 받았다. 참된 생명은 땅과 하늘 두 단계로 되어 있으며, 이는 잠자리가 물에서 살다가 나중에 공중을 나는 것과 같다. 하나님께서는 많은 대가를 치르시고 우리를 위하여 이 영생의 과정을 시작하셨다. 죽음은 단지 물리적 단계에서 끝난다. 그런 뒤에 우리의 인격(personality)은 보다 광대한 의식을 지닌 보다 광대한 차원에서 계속된다.

하나님은 "신의 성품에 참예하는"(벧후 1:4) 구원의 후사들을 위해 마스터 플랜을 가지고 계시다. 그분은 우리의 연약함과 유한함 가운데서도 숨막히는 목적을 가지고 계시다. 우리는 모든 면에서 노출될 것이며 테스트를 받을 것이다. 우리는 육신과 마귀가 지배하는 세상에 압도되어 망할 수도 있다. 하지만 하나님의 은혜로 우리는 이들을 이긴다. "그러나 하나님께서 세상의 미련한 것들을 택하사 지혜 있는 자들을 부끄럽게 하려 하시고"(고전 1:27). 우리는 삶의 어두운 골짜기를 통과하고 큰 환란을 겪지만 그분의 영광을 위해 지음을 받았다. 피조물 중에 가장 연약한 우리는 '정복자 이상'의 존재가 되도록 의도되었다(롬 8:37). 하나님의 생명은 우리를 뚫고 들어오신다.

하나님의 전략은 그분께서 친히 우리의 연약함을 나누시고 어머니의 팔에 아기를 안듯이 우리에게 다가오시는 것이다. 그분은 가장 공격적인 형태로, 즉 힘이나 능력이나 잔혹한 파괴력이 아니라 사랑과 빛과 생명으로, 죄인을 향한 온유함으로 악을 이기셨다. 본 장에서 나는 하나님의 피조물의 미래와 영원히 존재할 모든 세계에 대한 하나님의 궁극적인 목적에 관해 다뤘다. 하나님의 자녀들은 피조 세계의 새로운 질서이며, 그들은 구속을 받고 거듭나 영원한 생명을 가진 자들이다.

활짝 열린 우리의 운명

우리는 우리의 첫 번째 출생에 대해 할 말이 없다. 하지만 우리의 두 번째 출생을 위해 우리는 그리스도를 부른다. 우리가 그분을 영접할 때 그분도 우리를 영접하신다. "영접하는 자 곧 그 이름을 믿는 자들에게는 하나님의 자녀가 되는 권세를 주셨으니 이는 혈통으로나 육정으로나 사람의 뜻으로 나지 아니하고 오직 하나님께로서 난 자들이니라"(요 1:12~13). 우리는 우리의 선택에 따라 자녀가 될 수도, 되지 않을 수도 있다. 이는 이 땅의 하늘에 떠 있는 태양과도 같다. "바리새인 중에 니고데모라 하는 사람이 있으니 유대인의 관원이라 그가 밤에 예수께 와서 가로되 랍비여 우리가 당신은 하나님께로서 오신 선생인줄 아나이다 하나님이 함께 하시지 아니하시면 당신의 행하시는 이 표적을 아무라도 할 수 없음이니이다"(요 3:1~2).

'종교에 속한' 자들은 특정한 관습을 지키고 특정한 옷을 입는다. 그들은 "제 종교는 이렇습니다"라고 말한다. 그리스도인은 이처럼 보여 줄 것이 없다. 그들은 영생을 가졌으며, 그것이야말로 그분이 보여 줄 수 있는 유일한 것이다. "하나님의 나라는 먹는 것과 마시는 것이 아니요 오직 성령 안에서 의와 평강과 희락이라"(롬 14:17). 그리스도인의 표적은 물리적인 것이 아니며 보이지 않는다. 그것은 사랑이다. 예수께서는 사랑하라는 오직 한 계명만을 남기셨다. 우리는 사랑한 만큼 그리스도인다워진다. 사랑이 없으면 우리는 하나님께 속하지 않은 것이다. 하지만 복음은 사랑을 가능케 해 준다. "우리가 형제를 사랑함으로 사망에서 옮겨 생명으로 들어간 줄을 알거니와 사랑치 아니하는 자는 사망에 거하느니라"(요일 3:14). 우리의 사랑이 아니라 그분의 사랑이 우리를 구원한다. "우리에게 주신 성령으로 말미암아 하나님의 사랑이 우리 마음에 부은 바 됨이니"(롬 5:5).

> 그리스도인의 표적은 물리적인 것이 아니며 보이지 않는다. 그것은 사랑이다.

하나님을 위하여 일하고 심지어 기적을 행한다 할지라도 구원받지 못한다. 우리가 하나님을 변호하거나 교회를 구원하려고 노력한다 할지라도 구원받지 못한다. 우리는 그분이 필요하다. 영생은 선물이지 성취가 아니다. 예수께서는 "무릇 살아서 나를 믿는 자는 영원히 죽지 아니하리니"라고 선언하셨다(요 11:26). "그러므로 형제들아 너희가 알 것은 이 사람을 힘입어 죄 사함을 너희에게 전하는 이것이며"(행 13:38). 우리의 죄악은 완전히 뿌리 뽑혔고, "골짜기마다 돋우어지며 산마다, 작은 산마다 낮아지며"(사 40:4) 모든 죄악은 하나님의 거룩한 망각 속에 묻혔다.

예수께서는 내가 본 장에서 기록한 내용을 하나의 이야기로 말씀하셨다(누가복음 15장). 한 아버지에게 망나니 같은 아들이 있었다. 그럼에도 불구하고 그 아들이 집으로 돌아오자 아버지는 미친 사람처럼 기뻐한다. 무가치한 아들은 넝마 옷을 입고, 먼지를 피우고, 씻지 않아 돼지우리에 나는 것과 같은 냄새를 피우며 집을 서성거렸다. 그러나 아버지는 그를 만나러 뛰어 나갔으며, 아들에게 입맞추고 포옹하며 그를 집으로 데려와 잔치를 배설하고 풍악을 울리며 춤을 추었다. 아버지는 형에게 "네 동생이 돌아왔다"고 말하면서 자신이 두 아들을 얼마나 사랑하는지를 보여 주었다. 그러나 큰형에게 있어서 집으로 돌아온 동생은 조소의 대상이었다. 그는 그를 "당신의 이 아들"(우리말 성경에는 "이 아들"로 번역되었다-역주)이라고 불렀다. 나는 늙은 아버지가 자기 아들을 만나기 위해 어떻게 뛰어 나갔는지 알았다. 이것이 바로 기독교이다.

성경의 근간을 이루는 이야기 중 하나는 이스라엘이 애굽을 탈출한 출애굽기이다. 모세는 이스라엘을 인도하였으며 다음과 같이 말했다: "이스라엘이여 너는 행복자로다 여호와의 구원을 너 같이 얻은 백성이 누구뇨"(신 33:29). 그러나 이스라엘보다 더 특별한 존재는 보혈로 씻김을 받고 거듭난 신자들이며, 이들은 '주께 구원을 받은 자들'이다. 예수께서는 친히 우리를 구원하신다: "나 곧 나는 여호와라 나 외에 구원자가 없느니라"(사 43:11). 그리스도인은 공장의 컨베이어 벨트에서 같은 성분으로 대량 생산되는 복제품이 아니다. 각 사람은 창조주 하나님이 만드신 새로운 피조물이다.

우리의 운명은 활짝 열렸다. 우리는 새 하늘과 새 땅을 만드는 하나님의 도구이다. 우리는 그 이하가 아니다. 우리는 그리스도 안에서 영생을 가지고 있다. 우리는 미래의 사람들이다.

— 질문 —

1. 산상수훈에서 예수께서 다루신 실제적인 문제들은 무엇이었는가?
2. 본 장은 '영생'의 본질에 관해 우리에게 무엇을 말해 주는가?

23 초인적인 선한 사람 되기

"신령한 너희는"(갈 6:1).

미끄러운 곳

"신령한 자"란 문구는 고린도서에서 발견된다(고전 2:15). 그렇다면 "신령한 자"란 무엇인가? 초기 헬라 신비 종교에 입교한 사람들은 자신들을 신령한 자라고 불렀다. 그들은 자신들이 가지고 있던 '신령한' 지식을 자랑했다. 바울은 그들의 표현법을 취하여 완전히 다른 맥락에서 성령을 받고 성령 안에서 행하는 자들을 설명하기 위해 이 단어를 사용하고 있다.

교회 안에서 가장 중요한 사람은 하나님을 가장 잘 아는 자, 곧 신령한 자이다. 갈라디아서에서 사도는 지도자들이나 목회자들에게 잘못된 사람들을 바로잡으라고 명하지 않았다. 그는 신령한 자들에게 그렇게 하라고 명했다(갈 6:1). 그런 뒤에 놀랍게도 바울은 신령한 자에게 조심하라고 경고한다. 왜냐하면 그도 넘어질 수 있기 때문이다(갈 6:1). 시편 35편, 73편, 예레미야 23장 12절은 '미끄러운 곳'을 말한다. 이는 당시에 이스라엘에 흔했던 석회암을 가리킨다. 이 바위는 젖으면 끈적끈적하고 미끄러웠다.

우리도 모두 넘어질 수 있다. 100퍼센트 안전하여 넘어지지 않는 곳은 없다. 구원은 예수께서 우리를 용서하시고 그곳에 그냥 놔두시는 것을 의미하지 않는다. 구원에는 세 가지 시제가 있다. 주님께서는 우리를 구원하셨고, 지금도 우리를 구원하시며, 앞으로도 구원하실 것이다. 그분은 우리가 심연의 가장자리를 걸을 때에 우리의 손을 잡으심으로 우리를 구원하신다. 만일 그렇지 않으면 우리는 낭떠러지로 넘어지고 말 것이다.

잠시 여정에 숨어 있는 함정에 관해 나의 오랜 경험에서 나온 이야기를 하고 싶다. 시편은 조심성이 없는 사람들을 잡으려고 놓은 올무와 함정을 자주 언급한다.

지도자들이 빠지는 미끄러운 곳 중 하나는 무조건적인 칭찬이다. 사람들은 종종 자신의 영적 지도자를 우상화한다. 칭찬은 조금만 마셔도 취하는 술과 같다. 일단 들이키면 술에 취해 우리의 이성을 잃고 곧 넘어지려 한다. 동요에 나오는 험프티 덤프티(Humpty Dumpty, 영어권 아이들이 유치원에서 많이 듣는 동요에 나오는 인물이다. 동요에는 달걀로 나오지 않지만 많은 이들이 그를 달걀로 생각했다-역주)는 담장 위에 앉아 있다가 떨어진다. 벽은 튼튼했지만 그는 그렇지 못했다. 그래서 '모든 왕의 말들(horses)과 모든 왕의 신하들도 험프티 덤프티를 다시 붙일 수가 없었다'! 다윗은 사울 왕과 그의 훌륭한 아들 요나단의 죽음을 슬퍼하였다. 사울 왕은 "내가 어리석은 일을 하였으니 대단히 잘못 되었도다"고 말했다(삼상 26:21). 다윗은 "오호라 두 용사가 엎드러졌도다"라고 말하면서 울었다(삼하 1:19).

유다서 24절은 하나님께서 '우리가 넘어지지 않도록 능히 보호하실 수 있다'고 말한다. 하나님은 능히 우리를 세우실 수 있기에 용사들이 넘어지는 것을 볼 때에 두 배로 슬프다. 복음 전도에 있어서 바울의 동역자였던 데마(Demas)는 험프티 덤프티였다. 그가 가장 위대한 사도였던 바울과 그렇게 가까이 동역했을 때에는 안전해 보였다. 그러나 바울은 데마가 "세상을 사랑" 했기 때문에 그를 버렸다고 말한다(딤후 4:10). 그리스도의 열두 제자로 택함을 입은 자들 가운데 가룟 유다도 역사적으로 엄청난 파국을 맞고 말았다. 수많은 용사들을 넘어뜨린 오래된 시험― 돈, 권력, 명성, 섹스―은 아직도 부주의한 자들을 공격하고 있다. 이 세상의 자력에 이끌리어 그들은 가치 있는 모든 것을 잃고 말았다.

그리스도의 시험

예수께서 시험을 받으셨다는 것은 상상하기 어렵지만 성경은 주님께서 "모든 일에 우리와 한결 같이 시험을 받은 자로되 죄는 없으시니라"고 말한다(히 4:15). 한 성공회 감독이 감히 제안한 것처럼 사람들은 이 말씀을 마치 그리스도께서 인간에게 알려진 모든 유혹, 심지어 동성애까지도 경험하신 것처럼 잘못 해석한다. 그러나 "모든 일에" 다음에 추가로 나오는 "우리와 한결 같이"란 수식어가 있다. 우리 가운데 어느 누구도 모든 죄에 시험을 받은 자는 없다. 모든 사람이 폭력으로 반응하거나, 도둑질을 하고, 거짓말을 하며, 사람에게 사기를 치거나 간음을 행하고 싶은 유혹에 빠지지는 않는다. 오히려 우리 각 사람은 자신에게 약한 시험거리가 있다. 마귀는 이것을 노린다. 그리스도의 시험은 그분의 고유한 삶과 구원의 목적과 관련이 있었다. 이는 너무나 실제적인 시험이어서 오직 그분만이 경험할 수 있는 것이었으며, 이 땅의 모든 자들이 경험할 수 있는 시험이 아니었다. 그러나 그 압력은 너무나 날카로웠다. 예수께서는 동일한 딜레마들에 직면하셨고, 수천 가지의 선택과 불확실로 가득한 세상에서 우리 모두와 같이 결정을 내리셔야만 했다. 주님의 완벽한 사랑의 태도는 그분의 지혜였고 의였다. 주님께서는 돌짝밭과 같은 믿을 수 없는 세상을 통과하셨기 때문에 우리를 인도하실 수 있다.

사단은 그리스도께 자신이 누구인지를 증명해 보이라고 말함으로써 주님을 시험했다. 자신의 신성을 주장하는 것은 타당하고 너무나 당연해 보였다. 주님은 능력도 있었는데 왜 이를 사용하지 않으셨을까? 만일 그 능력을 사용했다면 모든 입과 모든 비판자들은 잠잠했을 것이고, 모든 나라들은 그분을 인정했을 것이다. 돌로 떡을 만들라는 말에 따라 주님은 그렇게 하실 수 있었다. 성전 꼭대기에서 떨어져도 다치지 않을 것이라 했을 때에 주님은 그렇게 하실 수 있었다. 전능하심을 드러내라고 했을 때에도 얼마든지 그러실 수 있었다. 그러나 예수께서는 이 중 그 어느 것도 하시지 않기로 작정하셨다.

실제로 사탄이 구한 것은 오늘날 모든 이들이 원하는 것이다. 즉 하나님에게 자신이 하나님인 것을 입증하라는 것이다. 한 번만 움직이시면 하나님께서는 영원히 자신을 입증하실 수 있는데 왜 사람들의 의심을 그대로 놔두시는가? 그러나 이미 주님은 한 번 이상 움직이셨다! 우리를 위한 창조만으로도 충분하다! 만일 그것으로 충분치 않다면 그리스도께서 죽은 자 가운데 부활하셨다! 주님께서는 때가 되자 올바른 동기를 가지고 떡을 만드셨다. 때가 되자 주님은 십자가의 죽음의 공포를 겪으신 후에 자신의 신성을 드러내셨다.

그러나 주님께서 말씀하신 것처럼 기적 중의 기적인 죽은 자의 부활을 사람들은 믿지 않았다. 주님은 죽은 자 가운데서 부활하셨고 지금도 살아 계시지만, 세상 사람으로 억지로 믿게 하지는 않으셨다. 인간의 마음은 너무나 악하다. 만일 사람들이 하나님 믿기를 거부하면 하나님의 '확실한 증거'도 어떤 영향을 미칠 수 있는 가능성이 없다. 예수께서는 "너는 나를 본 고로 믿느냐 보지못하고 믿는 자들은 복되도다"고 말씀하셨다(요 20:29). 신자들은 주님께서 하신 말씀의 의도를 안다. 이 축복은 심히 크다.

히브리서 4장 15절은 그리스도께서 우리의 연약함을 체휼하실 수 있다고 말한다. 이는 놀라운 말씀이다. 그리스도께도 극복해야 할 연약함이 있으셨는가? 주님께서는 "성령으로는 원이로되 육신이 약하도다"(우리말 성경에는 "마음에는 원이로되"라고 되어 있다-역주)고 말씀하셨다(마 26:41). 주님은 이를 극복하셨다. 주님은 자신 앞에 놓여 있는 무서운 고통을 아시고 이로 인해 육신적으로 두려워하셨다. 주님의 시험은 연극이 아니라 실제였다. 우리 모두는 죽음을 두려워한다. 이는 보편적인 연약함이다. 주님께서는 겟세마네 동산에서 죽음에 직면하시면서 "내 원대로 마옵시고 아버지의 원대로 되기를 원하나이다"라고 기도하셨다(눅 22:42). 그리스도께서는 "모든 사람을 위하여 죽음을 맛보려" 하셨다(히 2:9). 그러나 주님께서는 우리를 위하여 죽음을 정복하셨고, 두려움의 독아를 빼셨다. 이는 우리에게 엄청난 증거이다. 이것은 우리가 전파해야 할 복음이다! "우리가 종일 주를 위하여 죽임을 당케 되며 … 그러나 이 모든 일에 우리를 사랑하시는 이로 말미암아 우리가 넉넉히 이기느니라"(롬 8:36~37). 시험과 마귀를 이기는 것은 신자들에게 있어서 가끔씩 일어나는 기적이 아니라 삶 전체이다. 그리스도인이 된다는 것은 처음부터 이기는 자가 된다는 것을 의미한다.

유혹을 받을 때 우리는 마치 유혹을 받았다는 느낌을 잘못된 것처럼 여기며 우리 자신을 부끄러워한다. 만일 우리가 유혹과 시간을 보내며 희롱하지 않는다면 유혹받는 느낌 자체는 잘못된 것이 아니다. 우리는 "모든 생각을 사로잡아 그리스도에게 복종케" 한다(고후 10:5). 머리에 구원의 투구를 써야 할 때가 바로 이 경우이다(엡 6:17). 우리는 강한 것을 자랑해서는 안 된다. 왜냐하면 우리 모두는 연약하기 때문이다. 강한 사람들도 '강한 약점'을 가지고 있음이 드러났다. 예를 들어, 그들은 짜증이 난 어린아이처럼 화를 낸다.

하나님은 마귀가 공격할 수 없을 만큼 우리를 강하게 만들지 않으셨다. 우리가 연약한 존재인 것은 하나님의 계획이다. 우리는 정복당할 수 있지만 주님이 우리와 함께하시면 결코 정복당하지 않는다. "세상의 약한 것들을 택하사 강한 것들을 부끄럽게 하려 하시며"(고전 1:27). 하나님께서는 우리를 그런 식으로 지으셨으며, 우리의 연약함은 부끄러워할 대상이 아니다. 왜냐하면 이는 하나님께서 자신의 강함을 입증하실 수 있는 요소이기 때문이다. 마귀는 화살을 가지고 우리를 목표로 삼지만 하나님은 우리로 그분의 거룩한 능력을 발견할 수 있는 기회로 삼으신다. 우리가 내재적으로 강하고, 무적이며, 쉽게 유혹자 마귀를 물리칠 수 있다면 승리의 영광이 어디에 있는가? "이는 내 능력이 약한데서 온전하여짐이라"(고후 12:9). 자신이 너무나 강하기 때문에 마귀에 대해 걱정할 필요가 없다고 생각하는 사람은 씁쓸한 환멸의 아침을 맞아야만 할 것이다. 육신의 팔은 실패한다. 우

> 하나님은 마귀가 공격할 수 없을 만큼 우리를 강하게 만들지 않으셨다. 우리가 연약한 존재인 것은 하나님의 계획이다. 우리는 정복당할 수 있지만 주님이 우리와 함께하시면 결코 정복당하지 않는다.

리는 전능하신 주님의 팔을 의지해야만 한다. 우리가 주님께로 돌아가는 것이 바로 그분이 원하시는 그것이다.

보혜사 성령은 우리에게 위로를 주시기 위해 오시지 않는다. 하나님은 위로 이상의 다른 목적들을 가지고 계시다. 이런 목적들을 위해 우리들은 그분께 중요하다. 하나님은 우리를 통해 자신의 영광을 드러내실 수 있다. 그분은 모든 유혹과 세상과 육신과 마귀를 이용하여 우리의 연약함에 영광스러운 힘을 주심으로 마귀의 면전에서 기병처럼 달려가게 하신다.

원수는 그리스도의 증인들을 위험한 존재로 여긴다. 마귀는 증인들이 넘어지도록 계략을 꾸미려 할 것이다. 그는 삼킬 자들을 찾아 돌아다니며, 특히 가장 왕성하고 능력 있는 증인을 찾아다닌다. 그러나 하나님은 곤란한 때에 도우시는 은혜를 베푸신다. 그분은 다니엘을 너무나도 강하게 하시어 사자도 감당할 수 없었다.

교만

교만은 교묘하여 새는 배에 물이 들어오듯이 우리의 태도에 스며든다. 섬에서 로빈슨 크루소는 결코 교만하지 않았다. 왜냐하면 그곳에는 아무도 없었기에 그는 다른 사람을 이길 필요가 없었다! 교만은 모두가 우리 자신에 관한 것이다. 왜냐하면 우리는 다른 사람이 못하는 것을 하려 하고, 다른 사람이 가지지 못한 것을 가지려 하기 때문이다.

반대로 사람들을 너무나 겸손하게 만들어서 모든 자신감을 잃게 하는 그런 종류의 경건한 감성주의는 기독교와 전혀 상관이 없다. 우리는 우리 자신이 죄인임을 인정하지만 그리스도께서는 우리의 머리를 드신다. 그분은 거름더미에서 우리를 끌어올리셔서 왕자들 가운데 앉히신다.

교만은 당신이 미처 알기도 전에 문 안으로 들어오는 고양이와 같다. 우리는 자기만족 가운데 교만을 고백하지만 겸손한 것을 자랑스럽게 생각할 수 있다. 어떤 이가 말하길 자신은 자기 친구가 매우 겸손한 사람인 줄 알았다고 했다. 그 이유는 그가 모든 사람에게 자신이 겸손하다고 말했기 때문이었다. 우리는 우리가 대단한 존재라고 생각할 때에만 겸손하려고 한다. 진정으로 겸손한 자는 겸손하려고 노력할 필요가 없

> 교만은 모두가 우리 자신에 관한 것이다. 왜냐하면 우리는 다른 사람이 못하는 것을 하려 하고 다른 사람이 가지지 못한 것을 가지려 하기 때문이다. 교만은 당신이 미처 알기도 전에 문 안으로 들어오는 고양이와 같다.

다. 그들은 예수처럼 그저 겸손하다. 예수께서는 겸손하려고 노력하신 적이 없으셨다. 주님은 겸손을 보이시기 위해 제자들의 발을 씻기지 않으셨다. 교황들은 자신들이 겸손하다는 것을 보이기 위해 거지의 발을 씻겼다. 그들이 보여 준 것은 그저 자신들이 얼마나 내려갈 수 있는지였다. 예수께서는 미소 지으며, 자신의 제2의 천성처럼 그들의 발을 씻기셨다.

다른 사람의 교만을 분별하기 위해 투시력을 갖출 필요는 없다. 그러나 제스처를 가지고 교만하다고 오해할 수 있다. 자기 주머니에 백만 달러가 있는 사람은 100달러를 가지고 자랑하지 않는다. 자존감(self-respect)은 자만심이 아니다. 올바른 자존감과 자신을 더 나은 자로 여기는 것과의 차이는 매우 미세하다. 우리는 공상을 한다. 바울은 "오직 겸손한 마음으로 각각 자기보다 남을 낫게 여기고"라고 말한다(빌 2:3). 그는 이것

이 그리스도 예수의 태도였으며, 겉치레가 아니라 그리스도의 본성이었다고 말한다. 겸양을 키워 주는 마음의 태도를 나타내는 헬라어에서 유래한 한 단어가 있다. 이는 후브리스(hubris)인데, 이 단어는 '과도한 긍지(pride) 혹은 자신감'을 말한다. 일전에 한 설교자는 이 단어가 "피조물이라는 인간 상태의 본질을 망각한 오만"이라고 말했다. 주님께서는 목사와 사도와 교사와 복음 전도자를 지명하신 것은 이들을 특별한 계층으로 높이려 하심이 아니라 사역을 하도록 하시기 위함이었다.

그리스도는 일부러 거짓 겸손을 보이지 않으셨다. 그분은 자신이 누구인지 아셨다. 왜냐하면 "그는 근본 하나님의 본체시나 하나님과 동등됨을 취할 것으로 여기지 아니하"셨기 때문이다(빌 2:6). 우리가 잘난 척이나 우아한 척을 하지 않는다면 우리는 자신의 가치와 기술과 부, 그리고 심지어 천재성을 알 수 있다. 바울은 자신을 입증해야만 했다. 이럴 경우에도 그것은 '허세'가 아니었다. 그는 거짓 사도들이 자랑했기 때문에 자신도 혐오스럽지만 어쩔 수 없이 그렇게 했다고 말했다. 하지만 그는 진정한 사도의 표로서 자신의 고난을 설명했다(고후 11장). 우리에게 열 달란트가 있는데 마치 한 달란트만 있는 것처럼 행동하는 것은 잘못이다. 그러나 열 달란트에 대해 자만하는 것도 잘못된 것이다. 왜냐하면 이것은 하나님이 주신 것이지 우리 자신이 이를 만든 것이 아니기 때문이다. 우리는 우리에게 있는 것을 개발할 수는 있지만 우리에게 없는 것을 개발할 수는 없다. 새는 자신이 날 수 있는 것을 자랑하지 않는다. 우리는 우리가 할 수 있는 것을 하는 것에 대해 자랑할 수 없다. 왜냐하면 하나님께서 우리를 그런 식으로 창조하셨기 때문이다. 우리가 숨 쉰다고 해서 이를 자랑할 수 있겠는가?

만일 누군가가 우리에 대하여 한마디 한다면, 우리는 화를 내거나 방어적이며 신경을 곤두세운다. 우리는 그들이 하는 말을 들을 필요가 있다. 비판의 말 속에 어느 정도의 진실이 들어 있을 수 있으며, 우리가 충분히 겸손하다면 그 비판을 우리의 유익으로 바꿀 수 있다.

비판자의 문제는 자신의 우월함을 드러내는 데 있다. 우리는 다른 이들보다 더 많이 더 잘 알고 있을지 모른다. 하지만 그것을 말로 표현할 때는 겸손한 마음이 필요하다. 편견이 작동하면 비판자는 사실을 왜곡하고 과장하고 자신의 희생자의 말을 맥락에 맞지 않게 인용하며, 하나님의 이름으로, 혹은 '진리'라는 이름으로 상대방을 조소하고, 한 번도 만난 적이 없는 사람을 헐뜯는다. 그것은 독사의 날카로운 이빨과 같다. 나는 형제를 참소하는 자, 마귀와 함께할까 두렵다. 어떤 이들은 자신들을 우리의 원수로 선포한다. 하지만 나는 그들이 나를 보는 것처럼 그들을 보지 않는다. 그들은 구원이 필요한 잃어버린 영혼이며, 나를 통해 그리스도 예수 안에 있는 사랑의 말씀을 들어야 할 사람들이다. 우리가 다른 이들을 멸한다면 우리는 결국 우리 자신을 멸하고 말 것이다.

성령께서는 우리의 허영심을 채우시기 위해 우리의 사역을 축복하시거나 혹은 사람들의 박수를 받기 위해 기름을 붓지 않으신다. 우리는 사람의 주목을 받기 위해 하나님을 섬기는가? 다른 사람보다 더 많은 인기를 얻기 위해 애쓰는 것은 형편없는 크리스천 쇼에 지나지 않는다. 사람들의 칭송이 하나님을 섬기는 것에 대한 보상이 되어서는 안 되며, 우리의 동기가 되어서도 안 된다. 그럼에도 불구하고 우리 모두는 용기와 감사와 확신이 필요하다. 만일 그렇지 않으면 우리의 영이 시들고 만다. 사람들은 혹시 아첨하거나 다른 사람의 호의

> 성령께서는 우리의 허영심을 채우시기 위해 우리의 사역을 축복하시거나 혹은 사람들의 박수를 받기 위해 기름을 붓지 않으신다.

를 얻기 위해 아부한다고 오해를 받지 않을까 하여 다른 이들을 칭찬하길 주저한다.

세상은 질투와 냉소로 가득하다. 하지만 그리스도인들은 마음을 열어야만 한다. "즐거워하는 자들로 함께 즐거워하고"(롬 12:15). 성공에 대해 서로 기뻐하라. 복음 안에서 한 사람의 승리는 모든 사람의 승리이다. 복음 전도자가 다른 전도자와 경쟁하는 것은 마귀에게 재미있는 볼거리를 제공해 주는 것이다.

신약성경에서 '교만'(pride)에 해당하는 단어는 알라존(alazon)이다. 이 단어는 본래 그리스의 연극에서 우스꽝스러운 역할을 맡은 허풍선이를 부르는 말이었다. 자신의 위대함으로 다른 사람에게 감명을 주려고 하는 그리스도인은 자신을 웃음거리로 만든다. 사도 바울은 "나의 나 된 것은 하나님의 은혜로 된 것"이라고 말했다(고전 15:10). 그러나 그는 여전히 자신의 사도직을 주장했고 그가 행한 일에 관해 말했으며, 그의 서신서에 나오는 감동적인 구절처럼 고난을 당했다. 고린도전서 13장에서 그는 사랑을 설명한다. 바울이 어떠한 사람인가 하는 것은 위대한 고린도전서 13장에서 드러난다. 그는 자기 자신에 대하여 자랑한 적이 없었으며, 항상 그리스도를 자랑했다. 그리스도의 위대함과 자신을 비교했을 때 그는 자신을 작은 자로 묘사했다. "나를 사랑하사 나를 위하여 자기 몸을 버리신…"(갈 2:20).

바울은 자신이 로마 시민인 것과 히브리인 중에 히브리인이요 "소읍이 아닌" 도시의 시민인 것을 자랑했다. 이는 다소(Tarsus) 성을 말하는데, 이 도시는 약 50만의 인구를 가지고 있었고 로마 제국에 속했다(빌 3:5, 행 21:39). 비록 디모데에게 한 권면이었지만 그의 인생의 종국에 그는 자신이 선한 싸움을 싸웠다고 제대로 '자랑'할 수 있었다(딤후 4:7). 바울은 자기 비하를 하지 않았다. "나는 매우 겸손한 사람입니다"라고 말하는 자는 비열한 인물이다. 우리는 하나님을 위해 일하는 사역자로서 하늘과 땅에서 가장 명예로운 봉사를 하는 자이며, 우리의 작업복은 겸손이다: "하나님이 교만한 자를 대적하시되 겸손한 자들에게는 은혜를 주시느니라"(벧전 5:5).

두려움

모든 사람은 두려움으로 주춤한다. 그리고 그리스도의 증인 모두에게 가장 큰 장애물은 사람에 대한 두려움이다. 한두 번씩 두려움의 떨림을 경험하지 않은 사람은 없을 것이다. 두려움으로 인해 우리 모두는 겁쟁이가 될 수 있다. 당신이 두렵다면 다른 이들도 마찬가지이다. 하지만 그들은 여전히 증거하고 사람들을 그리스도에게 인도한다. 내가 인도하는 집회에서 나도 큰 두려움을 느낄 수 있다. 왜냐하면 나를 죽이겠다고 위협하는 자들이 많기 때문이다. 암살자들은 나와 단지 몇 야드(yard) 떨어진 곳에 앉아 있었으며, 그들이 체포되었을 때 그들의 손에는 권총이 들려 있었다. 그러나 나는 두려워하길 두려워한다. 왜냐하면 그것은 하나님에 대한 신뢰가 부족하다는 것을 보여 주기 때문이다.

다윗은 골리앗을 공격할 때 두려움이 없어 보였다. 하지만 다윗의 시편은 그가 모든 사람과 동일한 감정을 지녔음을 보여 준다. "경건치 않은 자들이 나를 두렵게 합니다"(시 18:4, KJV). 다윗이 싸움에 뛰어들어 3미터의 거인과 직면하였을 때에 그의 아드레날린은 그의 심장 박동을 더 빠르게 만들었다. 하지만 그가 주님의 원수로 여기는 자를 대적하고자 하는 열정이 모든 두려움을 이겼다. 하나님을 위해 감히 무엇이든 시도하라!

바울이 고린도전서 2장 3절에서 한 말을 우리는 온전히 이해하지 못할 수 있다: "내가 너희 가운데 거할 때에 약하며 두려워하며 심히 떨었노라." 복음을 들고 미지의 이방 세계로 담대히 쳐들어간 용감한 사도가 두려워하며 떠는 모습은 잘 그려지지 않는다. 용기는 두려움이 없는 것이 아니다. 그것은 두려움을 정복하는 것이다. 시편 기자는 "내가 두려워하는 날에는 주를 의지하리이다"라고 말했다(시 56:3). 이것이야말로 두려움을 없애는 해독제이다.

> 용기는 두려움이 없는 것이 아니다. 그것은 두려움을 정복하는 것이다. 시편 기자는 "내가 두려워하는 날에는 주를 의지하리이다"라고 말했다. 이것이야말로 두려움을 없애는 해독제이다.

극장의 배우들은 긴장할 때에 연기에 생명력이 더해진다고 말한다. 증거할 때에 긴장한다 할지라도, 그리고 그것이 드러난다 할지라도 문제 되지 않는다. 사람들은 당신이 그들에게 다가가는 것을 어렵게 여기는 것을 볼 때에 더 인상을 받는다. 그것은 고린도 교인들이 바울을 처음 보았을 때와 같다. 그들은 바울이 두려워 떨고 있었으며 병들었다는 것을 알았다(어떤 사람들이 말하듯이 그것은 아마도 당시에 매우 흔한 질병이었던 말라리아였을 것이며, 치료약이 없었다). 아마도 그들은 바울의 겁 없는 태도에 감탄했을지 모르며, 어떤 이들은 그를 따뜻하게 맞이했다. "너는 창졸간(倉卒間)의 두려움이나 악인의 멸망이 임할 때나 두려워하지 말라 대저 여호와는 너의 의지할 자이시라"(잠 3:25~26).

다윗에게는 요나단이라는 친구가 있었다. 그는 다윗의 원수인 사울왕의 아들이었다. 요나단은 다윗을 위해 자기 아버지가 화를 내는 위험을 무릅써야만 하는 상황에 부딪혔다. 다윗은 사울이 요나단의 말에 어떻게 반응할지 걱정했다: "네 부친이 혹 엄하게 네게 대답하면 누가 그것을 내게 고하겠느냐"(삼상 20:10). 현대어로 바꾼다면 그는 다음과 같이 말했을지 모른다: "네 아버지가 너에게 화를 내시면 그 다음엔 어떡하지?" 사울 왕은 분명히 요나단에게 '엄하게' 대답했으며, 요나단은 아버지의 창을 피해야만 했다. 진정한 우정은 '엄하게 대답하는' 상황을 겪을 수 있다. 우리 주님을 섬길 때에도 우리는 다른 사람에게서 엄한 대답을 들을 수 있다. 그렇다고 대수인가? 에스더 왕비는 개인적으로 황제를 배알하려고 왕의 존전으로 들어갔다. 그녀는 "죽으면 죽으리이다"라고 말했다(에 4:16). 만일 신앙을 고백하고 순교자가 되었던 초대 교인들이 자기 심장 소리와 그것이 얼마나 빨리 뛰는지를 듣고 몸을 사렸다면 오늘날 우리는 복음을 듣지 못했을 것이다.

영성

예수께서는 "나를 떠나서는 너희가 아무것도 할 수 없음이라"고 말씀하셨다(요 15:5). 실제로 우리는 주님이 없이도 일을 할 수 있지만 그분이 의도하신 대로 하지 못한다. 주님은 가지가 달린 포도나무의 이미지를 사용하여 그 이유를 설명해 주신다: "가지가 포도나무에 붙어 있지 아니하면 절로 과실을 맺을 수 없음 같이 너희도 내 안에 있지 아니하면 그러하리라"(요 15:4). 예수께서 보신 잎이 무성한 무화과나무처럼 우리도 멋지고 유능해 보일 수 있다. 그 무화과나무는 정말 멋져 보였지만 열매가 없었다. 불행하게도 교회도 열매 없는 가지들을 가지고 있다. 우리가 주님 안에 거하고 성령의 생명의 진액이 우리를 통해 흘러가지 않는다면 우리도 열매가 없을 것이다. 왜냐하면 어떤 지식도, 고상함도, 웅변도 성령을 대신할 수는 없기 때문이다.

갈멜산에서 바알의 제사장들은 굉장한 제사를 올렸으며, 불꽃을 일으키기 위해 상당히 많은 수고를 했다. 엘리야도 제단을 쌓았으며 올바른 제물을 올려놓았고, 불이 떨어졌다. 탁월한 조직과 놀라울 정도로 기교가 넘치는 설교와 박식함이 있고 비난할 만한 것이 하나도 없다 할지라도 '불은 어디에 있는가?' 하는 질문이 여전히 남아 있다. 불이 내리는 과정의 일부로서 우리는 하나님을 섬겨야만 한다. 성령께서는 새 생명의 불꽃을 붙여 주신다.

교회 일에 너무 바빠서 예수를 위해 시간을 낼 수 없다면 이는 예수를 섬겼지만 주님과 교제하기까지 주님을 홀로 남겨둔 마르다와 같다. 아합 왕은 전쟁에서 자기의 의무를 소홀히 한 것에 대하여 한 선지자의 도전을 받았다. 그 선지자는 보초를 서서 지켰어야만 했던 죄수를 잃어버린 한 병사에 관해 이야기했다. "종이 이리 저리 일 볼 동안에 저가 없어졌나이다"(왕상 20:40). 이는 아합이 왕으로서 실패한 것을 선지자가 비유로 든 것이었다. 실제적인 일을 이루지도 못하면서 교회 사역은 계속해서 우리를 바쁘게 만든다. 증거자나 복음 전도자는 단지 바쁜 사람이 아니라 하나님의 사람이어야 한다. 심지어 예수 자신도 아버지 하나님과 대화하기 위해 시간을 내셨다.

한 조사에 따르면 많은 사역자들이 기도에 단지 몇 분만을 사용하고 단지 설교거리를 찾기 위해 성경을 읽는다고 한다. 그래도 그리스도 안에서 '거할 수' 있는가? 하나님의 사람은 하나님에 관해 말하는 자가 아니라 하나님과 동행하는 자이다. 우리가 사역으로 우리 자신을 돌돌 말면 하나님은 우리에게 다가오실 수 없어 특별한 도움을 구하기 위해 다른 사람을 찾으신다.

반대로 하나님께서 당신에게 원하시는 것은 확실하다. 매일 아침 하나님께서 당신에게 일일이 지시하실 필요가 없으시다. 멍한 마음으로 하나님의 음성을 들으려 한다면 당신은 온갖 종류의 음성을 들을 것이다. 하나님은 말씀하시기 위해 우리가 '큐티'를 할 때까지 기다리지 않으신다. 그분은 아무 때라도 벨을 울리실 수 있고, 또한 울리실 것이다. 우리는 하늘의 음성을 듣기 위해 지나치게 민감할 필요가 없다. 하나님께서 특별히 하실 말씀이 있으시고, 그분이 하셔야만 하는 말씀을 우리가 들으려고만 한다면 우리가 들은 내용을 확실히 하시는 것은 그분의 책임이다.

성실

이 단어는 시금석이다. 성실은 아무도 보는 이가 없어도 당신이 마땅히 되어야 할 모습을 보여 주는 것이며, 자기 자신의 있는 모습과 일치하며, 마음에 정직한 것이다. 왜냐하면 "대저 그 마음의 생각이 어떠하면 그 위인도 그러" 하기 때문이다(잠 23:7). 어떤 이들은 하늘의 천사들이 우리 생각을 듣는다고 믿는다. 만일 그렇다면 우리의 느낌은 어떨까? 우리에게 비밀스러운 죄가 있는가?

> 성실은 아무도 보는 이가 없어도 당신이 마땅히 되어야 할 모습을 보여 주는 것이며, 자기 자신의 있는 모습과 일치하며, 마음에 정직한 것이다. 왜냐하면 "대저 그 마음의 생각이 어떠하면 그 위인도 그러" 하기 때문이다.

"무엇에든지 사랑할만하며 … 이것들을 생각하라"(빌 4:8). 마음의 성실함이 없으면 우리는 우리 자신을 비루한 자로 멸시할 것이다. "중심에 진실함을 주께서 원하시오니 내 속에 지혜를 알게 하시리이다"(시 51:6). 우리가 옳은 것을 전하고 그르게 행한다면 우리는 단지 무대 배우에 지나지 않는다. 수치는 새벽처럼 분명히 오고야 말 것이다.

큰 유혹은 언제나 동일한 영역에 존재해 왔으며, '세상과 육신과 마귀'로 요약된다. 맘몬(Mammon)은 돈의 신이거나 아니면 돈에 의해 지배를 받는 세상에 대한 이름이다. 우리의 삶은 세상과 돈에 대한 사랑이 아니라 하나님의 사랑에 지배를 받아야만 한다. 육신은 현세적인 욕망을 일으킨다. 야고보서는 우리가 우리의 정욕으로 인해 시험을 받는다고 말한다(약 4:1). 마귀는 세상과 우리 자신의 육신적인 갈망이 스스로 일하도록 놔둔다.

사단의 중요한 전략은 교만, 증오, 질투, 권력애와 같은 영적인 죄들과 관련이 있다. 예수께서는 육신의 죄보다 영적인 죄를 더 정죄하셨다. 오늘날 우리는 반대로 행한다. 교회 지도자들은 성도들이 몇 년 동안 서로 말을 하지 않고 지내고, 원한을 품으며, 마음에 잘못된 태도를 지녀도 그냥 놔둔다. 하지만 육신의 죄에 대해서는 매우 심하게 야단을 친다.

세상은 우리로 하여금 부요를 좇아 경쟁하고 우리의 집과 소유를 자랑하도록 권하며, 유행과 도덕적 해이와 편견, 소비주의를 가지고 우리를 타락시킬 수 있다. 잘못된 동기와 이기주의는 몰래 들어올 수 있으며, 이들은 포도원을 망치는 작은 여우들이다(아 2:15). 제자들은 예수를 따랐지만 여전히 성공하길 원했다. 주님께서 자신이 받아야 할 다가오는 고난에 대하여 말씀하실 때에도 그들은 지위를 놓고 경쟁했다. 야고보와 요한은 특권을 얻고 싶어 예수와 함께 가장 좋은 보좌에 앉길 원했다(마

20:21). 교회의 생활은 언제나 그리스도인이 인정을 구하는 투기장이었으며, 작은 직분에 대해서도 질투했다.

교회 지도자들은 명예욕에 취약했다. 사람들은 신뢰의 눈으로 지도자들을 바라보고, 목회자들은 과도한 권세를 사용코자 하는 유혹을 받고 이단 종파의 지도자처럼 '자신들에게 맡겨진 자들 위에 군림할' 수 있다(벧전 5:3). 오직 예수만이 주님이시다. 그분은 작은 군주들을 만들지 않으신다. 주님이 말씀하신 대로 오직 한 주인밖에 안 계시다(마 23:8). 어떤 이들은 다른 사람을 좌지우지하여 성도의 개인적, 가정적 문제에 간섭하고 전체주의자처럼 그들을 대신해 결정을 내린다. 예수께서는 주님이시지만 이런 문제에 있어서 제자들을 좌지우지하지 않으셨다. 목자(shepherds)는 목견(sheepdogs)이 아니며, 성도는 멍청한 짐승이 아니다. 시편 32편 9절은 "너희는 무지한 말이나 노새 같이 되지 말찌어다 그것들은 자갈과 굴레로 단속하지 아니하면 너희에게 가까이 오지 아니하리로다"라고 말한다. 하나님은 우리 모두에게 지혜를 주신다. 하늘에 계신 주님은 우리에게 목자를 주셨지, 우리에게 명령을 내리는 상관(上官)을 주시지 않았다.

이들은 세상과 육신과 마귀에게서 오는 위험성일 수 있다. 앞의 장들에서 나는 진정한 그리스도인의 섬김에 있어야 할 다른 성품들과 성령과 믿음과 열심을 강조했다. 주님은 예비군을 가지고 계시지 않다. 우리 모두는 비상 안전 장치(fail-safe) 없이 전선(戰線)에 나와 있다. 비상 안전 장치 대신에 우리

> 우리는 모든 것이 우리 손에 달린 것처럼 일해야 하며, 모든 것이 하나님의 손에 달린 것처럼 기도해야 한다. 우리는 대중을 볼 때에 예수께서 눈물 어린 긍휼의 눈으로 보신 것처럼 그들을 봐야 하며, 겸손함으로 그들을 기꺼이 섬겨야 한다. 이것이 우리 모두를 향한 하나님의 뜻이다.

만이 있을 뿐이다. 우리는 모든 것이 우리 손에 달린 것처럼 일해야 하며, 모든 것이 하나님의 손에 달린 것처럼 기도해야 한다. 우리는 대중을 볼 때에 예수께서 눈물 어린 긍휼의 눈으로 보신 것처럼 그들을 봐야만 하며, 겸손함으로 그들을 기꺼이 섬겨야 한다. 이것이 우리 모두를 향한 하나님의 뜻이다.

— 질문 —

- 이 장에 나오는 함정 가운데 어느 것이 가장 위험하다고 생각하는가?

❋

"그리스도께서 우리를 위하여 저주를 받은바 되사 율법의 저주에서 우리를 속량하셨으니 … 이는 그리스도 예수 안에서 아브라함의 복이 이방인에게 미치게 하고"(갈 3:13~14).

❋

24 저주받은 모압

"백성이 즐겁게 듣더라"(막 12:37).

프랑스 혁명 전에 프랑스의 한 귀족이 말했다: "내가 천국에 못 간다고? 말도 안 돼! 나는 경(a lord)이거든!" 당시에 그의 말에 놀란 사람은 없었다. 로마 시대부터 유명하고 부자인 사람들은 언제나 하나님의 택함을 입은 자로 여겨졌다. 그리고 사람들은 왕을 초인적인 굉장한 인간으로 보았으며, 그들이 만지기만 해도 그들의 병이 낫는다고 생각했다. 평민들은 실제로 거리의 쓰레기와 같았다. 1세기 전까지만 해도 영국에서 가난한 자들은 하층민(the great unwashed, 씻지 않아 더러운 무리라는 뜻-역주)으로 여겨졌다. 상류층 사람들은 멋진 예배당에서 그들을 보고 싶어 하지 않았기 때문에 교회는 이들을 위한 예배당을 따로 지었다.

오늘날 급격히 변화하긴 했지만 사회적 편견은 언제나 존재했다. 12세기 초 영국의 '노동자'들은 '자신의 위치'를 알았다. 그곳에는 종들 사이에도 높은 직위와 낮은 직위가 있었다. 대저택에 '고용된' 하녀들과 그 밖의 사람들은 한 번도 가족으로 여겨지지 않았다. 왜냐하면 그들은 하층 구조였기 때문이었다. 두 번의 세계대전을 거치면서 계층 간의 구분이 잠식되기 시작했으며, 많은 요소들이 전통적인 불평등의 벽을 부수기 시작했다.

반면 예수는 오늘날 우리가 이해하기 어려운 엄격한 계층 구분이 있는 세상에 태어나셨다. 당시 세계의 절반은 아무런 권리가 없는 노예들이었고, 그들은 가게의 물건처럼 살 수 있었으며, 소모품과 같았다. 이스라엘의 종교 공동체 내에서도 계층 간 구분이 있었다. 관복을 입은 고위층이 하층민의 옷깃만 스쳐도 그는 자신을 부정하게 여겼다.

혁명적인 믿음

제자들은 그런 세상을 변화시키기 시작했다. 예를 들어, 그들은 예수께서 농부들과 노동자들에게 말씀하신 것을 기억했다. 주님은 이런 군중을 "목자 없는 양과 같이" 유리하는 자들로 보셨고, 제자들은 주님께서 이들을 긍휼히 여기시는 것을 보았다(마 9:36). 예수는 하나님을 그들의 아버지로 부르셨다. 그들은 모든 인종과 계층의 신자라도 똑같이 하나님의 자녀로서 소중한 자라는 것을 배웠다.

그리스도인들은 종종 혁명적인 태도 때문에 비난과 핍박을 받기도 했다. 기독교는 혁명적인 믿음이었기 때문에 압제받는 자들을 옹호했고, 모든 사람은 자유와 존중을 받아야 한다고 주장했다. 우리는 모든 이를 소중하게 보며, 각 사람은 '그리스도께서 위하여 죽은' 자들이고, 하나님의 눈에 특별한 존재이다. 그들은 하나님의 백성이며, 그분의 아들이 피를 흘리는 무서운 대가를 치르고 얻는 자들이다. 기독교 안에서 어떤 지도자들은 "맡기운 자들에게 주장하는 자세를" 취했지만 그들에게는 그렇게 할 권리가 주어지지 않았다(베드로전서 5장 3절을 보라). 예수께서는 한 번도 제자들의 일상에서 그들에게 이래라 저래라 지시하지 않으셨으며, 사람들을 주장할 어떠한 권세 또한 어느 누구에게도 위임하지 않으셨다.

예수의 마음은 모든 자를 포용하셨고, 잊혀진 자들에게 소망을 주셨다. "백성이 즐겁게 듣더라"(막 12:37). 예수는 그들을 인정하셨지만 당국자들은 그들을 '무리'로 보았다. 그들은 주님과 함께하기 위해 그들의 작은 집에서 쏟아져 나왔다. 예수는 그들의 사람이었으며, 친구이셨고, 선한 목자이셨다. 주님은 잃어버린 자를 찾기 위해 그들에게 오셨으며, 돌볼 친구가 없는 자들의 친구가 되셨다. 예루살렘 당국자들은 겁이 났다. 주님은 하나님의 자녀로서의 자존감과 존엄성이라는 새로운 정신을 나눠 주셨다. 그분은 평범한 어부를 '중요한 인물'로, 사람을 낚는 어부로, 지도자로 만들 것을 계획하셨다.

이스라엘에서 '무리'는 전문적인 종교인들이 하는 일이나 의식, 식탁의 소금의 십일조를 드리는 것과 같은 율법적 종교 규례에 참여할 수 없었다. 이들은 이처럼 사소한 일에는 야단법석이었지만 평민들의 영적 상태에 대해서는 냉정한 무관심을 보였다.

자신들의 종교적 우월성을 자랑스럽게 여긴 이들은 나머지 사람들을 무시했다. 그래서 그들은 "율법을 알지 못하는 이 무리는 저주를 받은 자로다"라고 선언했다(요 7:49). 불행하게도 무리는 자신들이 정말로 저주받았다고 믿었다. 반면에 종교 지도자들은 자신들이 택함을 입은 자라고 믿었다. 그들도 죄인이라는 사실을 그들은 깨닫지 못했다.

천대받는 하층민들은 "그 땅 백성"이었으며(렘 1:18), 그들은 모세의 율법에서 훈련을 받지 못했다. 그들은 500년 전에 바벨론 포로에서 돌아오는 유대인들과 합류했으며, 제사장 에스라는 순수 혈통의 유대인이 아니라는 이유로 그들을 제외시켰다(스 10:11). 그들은 예루살렘 재건을 돕겠다고 제안했으나 거절되었다(스 4:1~4). 그래서 사마리아인들은 사마리아의 그리심(Gerizim)산에 그들 자신의 장소를 세웠다. 그들의 아픈 거절감으로 인해 영원한 적대감이 생겼지만, 예수는 이들을 사랑하셨다. 주님께서는 사마리아로 가셨으며, 가장 가능성이 없어 보이는 자를 찾으셨다. 그녀는 여러 번 결혼하고 '죄 가운데' 사는 여자였지만 그녀의 마음을 하나님께로 돌렸다. 그녀는 하나님의 자유로운 자녀가 누리는 새로운 질서를 보여 주는 모범이었다. 후에 주님은 '선한 사마리아인' 이라는 문구가 생긴 불멸의 이야기를 해 주셨다. 심지어 주님께서는 그분의 마지막 유언인 지상 명령에서도 사마리아를 언급하셨으며, 사마리아인들이 비유대인으로서 복음을 제일 먼저 들어야만 한다고 명령하셨다.

저주를 거두심

그리스도는 세례 요한에게 "가난한 자에게 복음이 전파된다 하라" 고 말씀하셨다. 이들은 외인이요, 최하층민이었다. "무리들이 그 가르치심에 놀래니 이는 그 가르치시는 것이 권세 있는 자와 같고 저희 서기관들과 같지 아니함일러라" (마 7:28~29). 주님은 자신에게 아무것도 줄 수 없는 소외된 자들에게 가셨으며, 이는 오늘날에도 유익한 교훈이다. 우리 CfaN의 아프리카 집회는 세계에서 가장 가난한 자들을 얻고 있으며, 기록된 그리스도의 첫 가르침을 기억한다: "심령이 가난한 자는 복이 있나니 천국이 저희 것임이요" (마 5:3). 회당에서의 첫 번째 설교에서도 예수께서는 이사야 61장 1절을 인용하셨다: "이는 여호와께서 내게 기름을 부으사 가난한 자에게 아름다운 소식을 전하게 하려 하심이라."

우리가 감사하다는 말을 듣든 안 듣든 간에, 우리가 복음을 전파할 때에 듣는 사람이 누구이든 간에 세상은 우리에게 은혜를 입는다. 복음이 없으면 모든 이들은 가난하다. 부와 재물은 단지 죄로 죽은 자들에게는 운구자에 불과하다. 그리스도가 없으면 종국에 무엇이 남는가? 아무것도 없다. 오직 대용물(substitutes)만 있을 뿐이다. 이 땅에서 행하고 말하고 기록된 그 어느 것도 십자가에 못 박히신 구속자에 대한 우리의 메시지를 대신하지 못한다.

바울은 자신이 하나님의 복음(헬라어로는 유앙겔리온)을 위해 따로 세움을 받았다고 선언했다. 이 단어는 앙겔리아(메시지)란 말과 '좋은'을 의미하는 접두어 유(eu)로 되어 있다. 이 메시지를 바꾸면 그것은 좋은 것도 아니고, 메시지도 아니다. 학개서 1장 13절은 다음과 같이 말한다: "백성이 그 하나님 여호와의 목소리와 선지자 학개의 말을 청종하였으니 이는 그들의 하나님 여호와께서 그를 보내셨음을 인함이라 … 여호와의 사자 학개가 … 백성에게 고하여 가로되"(학 1:12~13).

그리스도는 성경의 예언대로 저주를 거두셨다. 가인이 처음부터 저주를 받은 것처럼 홍수 후에 노아는 가나안의 죄로 인해 그를 저주했다. 반대로 하나님은 아브라함을 축복하셨다. 그 축복의 일부는 이스라엘 땅에 대한 약속이었다. 하지만 가나안의 저주받은 자손들이 그 땅을 차지했으며, 이스라엘이 그 땅에 들어가기 전에 그 땅은 가나안으로 알려졌다. 아브라함은 가나안 땅에서 베두인들처럼 이리저리 옮겨 다녔으며, 그가 구입한 땅 이외에 아무것도 소유하지 않았다. 그는 자기보다 훨씬 경건치 않은 조카 롯과 함께했다. 롯은 '그 땅에 거하던 가나안 사람과 브리스 사람' 과 함께 살기로 한다(창 13:7). 그러나 아브라함은 하나님의 계획에 따라 모든 가나안 사람들의 영향에서 벗어났다.

여호수아가 가나안을 침공했을 때 가나안의 저주는 실체화 되었다. 그러나 하나님은 아브라함에게 "땅의 모든 족속이 너와 네 자손을 인하여 복을 얻으리라" 고 약속하셨다(창 28:14). 이로 인해 아주 독특한 상황이 발생했다. 저주받은 자들이 축복을 받으려면 그들의 저주가 취소되어야만 했다.

하나님의 축복은 단지 번지르르한 말이 아니었다. 만물이 회복될 것이며, 죽을 인생에게 새로운 질서가 도입될 것이었다. 무엇보다도 아브라함의 아들인 그리스도 안에서 지금까지 말한 모든 저주와 악담을 취소하는 구원이 있을 예정이었다. "그리스도께서 우리를 위하여 저주를 받은바 되사 율법의 저주에서 우리를 속량하셨으니 … 이는 그리스도 예수 안에서 아브라함의 복이 이방인에게 미치게 하고 또 우리로 하여금 믿음으로 말미암아 성령의 약속을 받게 하려 함이니라" (갈 3:13~14).

저주와 축복의 실제는 그리스도의 사역 가운데 이상한 에피소드에서 설명된다(마 15:21~28). 예수께서는 놀랍게도 갈릴리 북쪽 지역인 두로를 방문하셨다. 그곳은 걸어서 2~3일 걸리는 곳이었다. 도착하시자마자 한 가나안 여인이 이목을 집중시켰다. 그녀는 그리스도께 귀신에게 고통받는 자신의 딸을 도와달라고 청했다. 제자들은 그 어머니를 멀리 보내려고 했고 그녀에게 가라고 말하라고 예수께 졸랐다. 그러나 그녀는 주님이 가시던 길에 몸을 던져 자기 딸을 구해 달라고 간청했다. 그녀의 놀라운 믿음을 보시고 예수께서는 귀신의 저주에서 그녀를 자유케 해 주셨다. 그러나 주님은 그녀의 말을 들어주기 전에 수수께끼 같은 말씀을 하시며 망설이셨다. 주님께서는 자신이 이스라엘의 잃어버린 자들에게

만 보내심을 받았다고 말씀하셨다. 왜 예수께서는 이와 같이 반응하셨을까? 이 이야기는 마치 무대 장치와 같다.

먼저, 예수께서는 가나안 사람들의 저주를 인식하시고 행동하셨다. 그래서 주님은 자신을 그 여인의 소망으로 제시하셨다. 주님은 아브라함의 축복의 상속자인 이스라엘에게 보내심을 받으셨다. 가나안 여인은 가나안의 오래된 저주를 대표했다. 그녀 자신도 해묵은 인종 간의 긴장을 잘 알고 있었으며, 역설적으로 그녀는 자신의 백성을 '개'라고 말했다. 당시에 유대인들은 그들에 대해 그렇게 말했을지 모른다. 저주받은 가나안의 오랜 상황이 고개를 쳐들었다. 그러나 예수께서 두로에 가신 것은 바로 이 때문이었다. 주님의 방문이 모든 이야기의 열쇠이다. 하나님의 목적은 아브라함을 통해 주님 안에서 만민이 복을 받도록 하는 것이었다. 이곳에서 역사가 풀리기 시작했다. 예수께서는 먼저 가나안의 저주를 인식하셨으며, 그러고 나서 악한 영을 쫓아내셨고, 악한 영과 함께 저주도 쫓아내셨다. 그 귀신은 저주를 대표했고, 예수께서는 오래된 저주를 깨셨으며, 그 대신에 하나님의 축복으로 대체할 수 있는 권세를 보여 주셨다. 예수께서는 모든 족쇄를 부수셨다. 가나안 사람의 경우에 예수께서는 열두 제자 중에 한 사람을 포함시키셨다. 그가 바로 시몬이었다(막 3:18, 마 10:4).

건너라

이스라엘이 가나안 땅으로 여정을 떠났을 때에 하나님은 왕벌을 보내어 가나안의 우상 숭배자들을 쫓아내겠다고 약속하셨다(출 23:28). 모세의 인생 여정이 끝날 무렵에 그는 이스라엘의 긴 여정을 회상했다. 신명기에서 그는 그들이 적군의 땅을 어떻게 통과했는지 자세히 설명했다. (2장에서) 그는 히브리어로 아바르(abar)란 단어를 열두 번이나 사용했으며, 이 단어는 '건너다' 란 말로 번역되었다. '건너다' 란 말은 성경에서 구원을 말하는 암호이다. 하나님께서 아브라함을 우르에서 부르셨을 때 그는 유프라테스강을 '건넜다'. 예수께서는 죽음을 맞이하는 최후 여정에서 얍복강을 건너셨다. 그리스도인이 되기 위해 우리는 '흑암의 나라' 에서 하나님의 나라로 '건너갔다'. 세속적인 말로 표현하면 우리는 '루비콘강을 건넌' 것이다. 우리는 "사단의 권세에서 하나님께로" 건너갔다(행 26:18). 거기에는 타협도, 양다리 걸치는 것도 없다. 우리는 두 발을 온전히 주님의 나라인 하나님의 나라에 둬야 한다.

롯의 비극은 그가 아브라함과 함께 갈대아 우르를 떠났지만 가나안 사람들과 함께 정착했다는 것이다. 시간이 지나면서 그는 점점 그들의 저주를 나누게 되었다. 오직 아브라함의 기도와 천사의 방문으로 그는 소돔과 고모라, 그리고 평야의 다른 도시들의 멸망에서 구원을 받았다. 그는 자기 아내를 포함해 모든 것을 잃었으며, 오직 근친상간을 범한 두 딸만 남았다.

이 그림은 우리에게 많은 것을 시사해 준다. 회심은 이 세상을 등지고 하나님의 나라로, 즉 새로운 상태의 삶으로 들어가는 것을 의미한다. 우리는 새로운 세상과 하나님의 도성을 위해 준비된 새로운 피조물이다. 그리스도가 없으면 세상은 미래도 없다.

신자들은 세상을 건너 하나님의 나라로 들어갔다. 그들은 하나님 나라의 성품을 지닌다. 다른 문화와 인종은 그들의 액센트와 그들의 행동 방식을 통해 알 수 있다. 마찬가지로 하나님 나라의 백성들도 하나님 나라의 문화의 증거를 지니고 있다. 세상은 너무나 다르고 이상하고 새로운 것에 대해 의심을 눈초리를 보낸다. 새로운 사람들에게는 조소가 따르기 마련이다. 만일 그리스도인이 핍박을 받는다면 그것은 영광스럽게도 그들이 하늘의 시민이라는 것을 인정하는 것이다. 그것은 그들이 자랑할 수 있는 특권이다.

이사야는 하나님의 백성에 대하여 "독수리의 날개치며 올라감 같을 것이요"라고 말했다(사 40:31). 독수리는 하늘의 왕이다. 그들은 땅 위에 있는 자들이 살 수 없는 곳에서 살고 그곳에서 움직이는 법을 안다. 그곳은 땅의 프뉴마인 상승기류가 있는 곳이다. 하나님의 사람은 하나님의 프뉴마인 성령 안에서 살고 움직인다. 성령의 사람들은 성령 안에서 사는 법을 안다. 그들은 성령의 성품을 들이마시며, 그 성품은 그들을 통해 나타난다. 이는 복음 전도자가 갖춰야 할 필수 항목이다. 하나님 나라의 백성은 다르다.

이스라엘 내전 중에 입다는 에브라임과 싸웠다. 그는 에브라임 사람들을 요단강 나루터에서 잡았다. 에브라임 사람들은 나루를 '건너야' 했지만 입다는 나루를 건너는 자들에게 '쉽볼렛'(Shibboleth)을 말해 보라고 했다. 에브라임 사람들은 이 단어를 발음하지 못했다. 그들은 '씹볼렛'(Sibboleth)이라고 말했다. 이는 작은 차이였지만, 모든 것이 드러났다. 그들의 원수는 그들을 즉각 알아차리고 그들로 나루를 건너지 못하게 했다(사사기 12장 1~6절을 보라).

마지막 날에도 그리스도인들은 숨을 수 없다. 프랑스의 무신론자 철학자 볼테르는 신자들이 구속받은 것처럼 보이지 않기 때문에 구속받은(redeemed) 자들을 믿을 수 없다고 말했다. 이 얼마나 어리석은 말인가! 그는 구속받은 자들이 어떻게 생겼다고 생각했는가? 그들이 후광(haloes)이라도 두르고 다닌단 말인가? 구속받은 증거로 초자연적인 불이 보여야만 하는 것은 아니다. "우리가 이 보배를 질그릇에 가졌으니"(고후 4:7). 수많은 신자들은 겸손하고 눈에 띄지 않으며, 아마도 늙고 재능도 없어 신문의 헤드라인을 장식하지 않을 것 같다. 우리는 계속해서 평범한 인간으로 남아 있는다. 차이가 있다면 우리는 하나님을 알고, 그분이 우리 안에서 변화를 일으키신다는 것이다. 그리고 그 차이를 불신자들은 보지 못하고 알지 못한다.

우리는 예수의 이름으로 하나님과 연결되어 있다. 모세가 죽은 후에 여호수아는 백성을 약속의 땅으로 인도했으며, 이는 '구원의 대장' 이신 그리스도의 모형이었다. 여호수아의 이름은 오세아 혹은 호세아였으며, 이는 '구원' 을 의미했다. 모세는 하나님의 이름(여호와, Jehovah)의 일부인 접두어 예(Je)를 덧붙여 그의 이름을 '하나님은 구원이시다', 즉 예호수아(Jehoshua)라 했다. 우리는 이를 영어로 여호수아(Joshua)로 부른다. 이 이름은 아람어로는 예수(Jesu 혹은 Yesu)라 했으며, 헬라어로는 이에수스(Iesous), 영어로는 지저스(Jesus)이다. 이 이름은 자유를 의미하며, 제약적인 법에서 자유롭게 됨을 말한다. 그리스도는 구원이시다. 우리는 마치 바위 틈에 있는 것처럼 '그분 안에서' 구원을 받는다.

이스라엘에서 많은 사람들은 단지 의복과 자랑스러운 의무를 통해 종교성을 나타냈다. 종교적 허식이 아니라 실제를 원했던 예수는 그들의 옆구리의 가시였다. 주님은 그들의 종교적 쇼맨십(showmanship)을 폭로하셨고, 그들은 주님을 체포하기 위해 그들의 경찰을 보냈다. 하지만 그분의 말씀이 그들을 체포했고, 경찰은 주님을 잡지 못하고 돌아와 말했다: "그 사람의 말하는 것처럼 말한 사람은 이때까지 없었나이다"(요 7:46). 여기서 '사람' 이란 단어는 안쓰로포스(anthropos)이다. 이 문장은

'일반 사람으로서 이 사람과 같이 말한 자는 없었다'는 것을 의미한다.

성전 당국자들은 종교를 취급했지만, 이는 단지 관심 있는 자들만을 위한 것이었다. 복음은 단지 종교적 전문가들이나 우연히 이런 종류의 것을 좋아하게 된 자들을 위한 것이 아니다. 복음은 '먼 데 사람'과 무가치한 사람들과 자신의 무가치함을 아는 자들을 위한 것이다. "심령이 가난한 자는 복이 있나니"라고 예수께서 말씀하셨다(마 5:3). 이들은 자신을 아무것도 아니라고 생각하는 자들이다. 사람들에게 물과 빛이 필요하듯이 모든 사람은 복음이 필요하다.

물은 온갖 종류의 그릇에 담아 줄 수 있다. 어떤 이는 컵에 담아 줄 수 있고 어떤 이는 물병에 담아 줄 수 있다. 하지만 사람들이 마시지 않는 용기에 담아 줄 수도 있다. 설교자들은 서로가 매우 다른 인물일 수 있다. 우리는 사람을 불쾌하게 만들 수도 있다. 우리에겐 지혜가 필요하다. 하나님은 서로 다른 사람에게 다가갈 수 있도록 우리를 다르게 만드셨다. 우리는 하나님을 위한 그릇이다. 거룩하신 토기장이는 그분의 마음에 특별한 목적을 가지고 토기 틀에서 우리를 만드신다. 하지만 우리가 어떤 모습이든 간에 우리는 생명수를 이 세상의 목마른 자들에게 날라다 주도록 의도되었다.

당시의 상황을 조사해 보면 바울은 부르심을 입은 자 중에 능한 자나 귀족이 많지 않다고 했다. 사도 중에 몇 사람은 어부였다. 겸손하게도 바울은 자신에 대하여 언급하지 않았다. 하나님은 탁월함과 명성을 지닌 바울을 그들 가운데 두셨다. 예수의 매력은 무명의 사람들에게만 있는 것이 아니었다. 산헤드린의 회원이었던 아리마데 요셉과 니고데모와 같은 명사들도 예수께 나아왔다. 예수께서는 니고데모를 "이스라엘의 선생"이라 불렀고, 니고데모는 예수를 "하나님께로서 오신 선생"으로 불렸다(요 3:10, 2). 요한은 우리에게 "관원 중에도 저를 믿는 자가 많되"라고 말한다(요 12:42).

왕자나 거지나 인간적으로는 동일한 필요를 가지고 있다. 공기, 음식, 빛… 그리고 복음이 그것들이다. 그러나 그들은 서로 다른 사람이기에 서로 다른 부르심에 반응한다. 한 젊은 의사가 D. L. 무디가 인도하는 예배에 참석했다. 기도 순서를 맡은 남자의 기도가 끝나질 않자 그는 자리를 떠나려 했다. 그때에 복음 전도자가 말했다: "우리 형제가 아직도 기도를 끝내지 않고 있는데 이제 함께 찬양을 부릅시다." 그 젊은 의사는 이러한 솔직함이 마음에 들었다. 그래서 그 자리에 머물렀고 그는 그의 삶을 그리스도에게 드렸으며, 래브라도(Labrador)의 의료 선교사가 되었다. 그가 바로 윌프레드 그랜펠 경(Sir Wilfred Grenfell)이다. 그는 병원들과 의료용 선박, 양로원, 고아원, 협동조합을 갖춘 종합 센터를 만들었고, 스물네 권의 책을 썼다. 그의 방대한 사역으로 인해 그는 조지 5세 왕으로부터 기사 작위를 받았다. 하나님은 때가 되어 그를 무디의 집회에 두셨으며, 그의 성품과 일치하는 사건을 경험케 하셨다.

어떤 이는 '톱밥 길을 걷지만' (19세기 미국의 전도 집회는 천막에서 많이 이뤄졌으며, 바닥에는 톱밥이 깔려 있었다. 그리고 사람들은 예수를 믿기로 결신하면 그 톱밥 길을 밟으면서 단상 앞으로 나가 전도자와 악수를 하였다. 여기에서 'hit the sawdust trail' 이란 말이 나왔다-역주) 어떤 이는 결코 천막 집회 근처에도 가지 않는다. 우리는 우리가 할 수 있는 모든 방식으로 일을 해야만 한다. 하나님께서는 하나님의 방식으로 일을 명하시며, 보잘것없는 사람이

> 우리는 우리가 할 수 있는 모든 방식으로 일을 해야만 한다. 하나님께서는 하나님의 방식으로 일을 명하시며, 보잘것없는 사람이건 위대한 사람이건 모든 부류의 사람들을 부르신다.

건 위대한 사람이건 모든 부류의 사람들을 부르신다.

바울은 고린도의 유명한 헬라 사상가들을 잘 알고 있었다. 그는 "이 세대에 변사가 어디 있느뇨 하나님께서 이 세상의 지혜를 미련케 하신 것이 아니뇨"라고 물었다(고전 1:20). 아테네의 지성인들은 자신들이 하나님을 잘 모른다고 고백했다. 그들의 말이 맞다. 왜냐하면 사상가들은 결코 서로의 의견이 일치하는 법이 없고, 결코 최종 의견에 도달하지 못하며, 결코 구원의 개념 근처에도 가 본 적이 없으며, 결코 예수와 같은 사람을 상상해 본 적이 없기 때문이다.

바울이 이러한 지성인들과 부딪혔을 때 그는 그들의 사상에 대하여 논쟁하지 않았다. 대신에 그는 죽은 자 가운데서 부활하신 그리스도와 철학이 아닌 한 가지 긍정적인 메시지를 가리켰다. 그리스도는 논쟁거리가 아니라 사실이다. 진리가 이방인의 중심에 도달했다. 바울도 이방인인 그들에게 왔으며, '육체의 가시'로 고통스러워하면서 갈라디아인들에게 왔다. 그들은 바울의 외모나 화술에 인상을 받지 않았다. 그러나 그의 핸디캡에도 불구하고 복음의 능력이 그들을 관통하였다. 그들은 자신들에게 온 사람을 사랑했다. 그는 두려움으로 떨었고 약했지만 온전히 불 같은 믿음을 지녔다. 중인들은 인격을 지닌 사람들을 얻기 위해 인격을 사용할 필요가 없다. 약한 자라 할지라도 강한 자를 얻을 수 있으며, 작은 자도 위대한 자를 얻을 수 있다. 어린 소녀도 하나님이 하실 수 있는 것을 말할 수 있다. 그녀는 종이었으며, 자기 주인을 걱정했다. 이로 인해 나아만의 문둥병이 낫는, 구약성경에서 가장 두드러진 치유가 일어났다.

하나님은 자신의 명석함과 위대함으로 다른 사람에게 감명을 주려는, 잘난 체하는 사람들을 사용하지 않으신다. 이러한 사람이 쓰임 받는 것을 볼 때, 그 사람이 당신이 아닌 이상 그 사람은 당신에게 불쾌감을 주며 당신을 심란하게 할 것이다. 만일 우리가 진지하고 자랑하지 않는다면 우리의 얼굴에 그것이 나타날 것이다. '시늉을 하는 것'은 당신의 목적에 치명적이다.

하나님의 말씀을 선포하기 위해 맹목적이고 최면적인 임재가 필요한 것은 아니다. 당신은 인위적인 몸짓이나 특별한 설교용 음성 없이 당신 자신이 되어야만 한다. 하나님께서 본래 당신이 되도록 의도하신 사람, 곧 하나님의 정직한 종이 되라. 하나님은 양들을 먹이기 위해 이와 같은 사람들이 위로와 권면을 가져다주길 원하신다. "네가 진리의 말씀을 옳게 분변하며 부끄러울 것이 없는 일군으로 인정된 자로 자신을 하나님 앞에 드리기를 힘쓰라"(딤후 2:15).

— 질문 —

1. 주님께서 가난한 자들에게 복음을 전하셨을 때 왜 그렇게 기뻐하신 것처럼 보였는가? 우리 모두도 그렇게 하는가?
2. 사도 바울은 헬라의 지성인들을 어떻게 다뤘는가?

25 축복받은 베두인

"복 주시려고 너희에게 먼저 보내사" (행 3:25~26).

최초로 복음을 전한 자는 누구인가? 그 해답을 갈라디아서 3장 8절에서 찾을 수 있다: "하나님이 … 미리 알고 먼저 아브라함에게 복음을 전하되 모든 이방이 너를 인하여 복을 받으리라 하였으니." 이는 4,000년 전의 사건이다.

하나님은 자기 아들을 보내어 우리를 구원하시는 것을 너무 기뻐하셨으며, 마치 이를 비밀로 지킬 수 없어서 이에 대하여 사람들에게 말씀하시고 싶어 참지 못하시는 것처럼 보인다. 예수께서 세상에 오신 것은 아버지 하나님에게 있어 그 의미가 너무나 컸다. 성경 중에 가장 오래된 책에서 하나님은 계속해서 그분에 대하여 암시하고 계시지만 그의 이름은 비밀로 지키신다. 그분의 섭리에 따라 하나님은 예수의 이야기를 이스라엘의 이야기와 함께 얽어 놓으셨다. 구약성경은 예수에 대하여 이야기한다.

하나님의 검색 시스템

하나님은 아브라함에게 복음을 전하실 때 복음이 어떤 것인지 분명히 선포하셨다. 복음은 모든 민족에게 복을 주시려는 하나님의 결단이다. 하나님은 그런 분이시다. 그분은 처음부터 모든 사람을 그렇게 대하셨다. 그것은 아무도 구하지 않은 하늘의 침공이었으며, 그분의 자발적인 호의를 보여 주는 표식이었다. 어느 누구도 하나님께 자신들을 축복해 달라고 기도하지 않았다. 사실 어느 누구도 누군가가 자기들을 축복해 주도록 기도하지 않았으며, 그런 생각도 하지 않았다. 그들의 미신과 그들이 믿는 신은 요행 이상의 것을 바랄 수 없었다. 세상은 그저 우연과 예측 불가능한 상황들로 이뤄진 곳이었으며, 그들은 이를 통제할 수 없었다. 그리고 그들은 주변의 강력한 자연의 힘이 자신들을 아무렇게나 취급하는 그런 아무 의미 없는 존재처럼 느꼈다.

사람들의 이런 생각에도 불구하고 하나님이 사람을 지으셨을 때 그분의 의도는 사람을 축복하는 것이었다. 처음부터 우리는 "하나님이 … 사람을 창조하시되 남자와 여자를 창조하시고 하나님이 그들에게 복을 주시며"라는 말씀을 읽는다(창 1:27~28). 하나님은 세상을 사랑하셨다. 사람을 축복하는 것은 하나님 자신의 아이디어였다. 그분이 축복하시겠다고 말씀하셨기 때문에 우리는 하나님께 우리를 축복해 달라고 구할 뿐이다. 우리 스스로는 이런 생각을 하지 못했을 것이다. 언제고 하나님을 찾는 아브라함의 모습에 대해서는 아무런 언급이 없으며, 갈대아 우르에 있기 전에는 더 그랬다. 갈대아 우르 지역에서 그들은 단지 하나님이 다른 신들보다 더 뛰어난 신이라는 것만 알았다. 아브라함은 그분을 '엘 엘리온' (El Elyon), 곧 "지극히 높으신 하나님"으로 불렀다.

아브라함에게 다가가시면서 하나님은 세상을 변화시키기 위해 세상 역사에 개입하기 시작하셨다. 시인 윌리엄 카우퍼(William Cowper)는 "하나님은 이적을 행하시기 위해 신비하게 움직이신다"라고 썼다. 이 경우에 하나님께서는 세상에서 광야의 한 장막으로 한 사람, 즉 아브라함을 데려가심으로 세상을 바꾸기 시작하셨다.

400년 후에 하나님은 애굽의 왕자였던 모세에게 우정의 손을 내밀며 새로운 일을 시작하셨다. 시편 103편 7절은 우리에게 "그 행위를 모세에게 … 알리셨도다"라고 말한다. 이처럼 하나님께서 자발적으로 사람들에게 오시는 것은 참된 종교가 무엇인지를 놀랍게 보여 주는 명확한 증거이다. 우리는 "주께서 모세에게 말씀하시니라"는 말을 여러 번 듣는다. 여기서 '말씀하시다'라는 히브리 단어는 낯선 자에게 말하는 것이 아니라 개인적으로 친밀하게 말하는 것을 의미한다.

> 정의상 종교는 하나님을 찾는 것이다. 종교란 하나님을 찾는 검색 혹은 접근 시스템이지만 하나님은 잘 잡히지 않는다. 성경에서는 하나님이 우리를 찾으신다. 그리스도께서는 하나님께로 가는 검색 시스템과 로드맵을 세우셨다.

정의상 종교는 하나님을 찾는 것이다. 종교란 하나님을 찾는 검색 혹은 접근 시스템이지만 하나님은 잘 잡히지 않는다. 성경에서는 하나님이 우리를 찾으신다. 그리스도께서는 하나님께로 가는 검색 시스템과 로드맵을 세우셨다. 성경은 우리의 성향이나 사고를 초월한다. 하나님은 땅 위의 최초의 인간이었던 아담에게 다가가셨으며, 아담이 에덴 동산에서 수치감 속에 도망했을 때에 오셔서 "네가 어디 있느냐"라고 부르셨다(창 3:9). 예수는 언제나 아버지께서 하시는 일을 하셨으며, 그분은 "잃어버린 자를 찾아 구원"하러 오셨다고 말씀하셨다(눅 19:10). 이 중요한 구절은 성경의 모든 페이지와 연결된다. 즉 하나님은 인간에게 자신의 호의를 부으시고, 사랑의 팔을 활짝 펴시며, 쓸 것과 인생의 성공을 책임지신다.

오늘날 복음은 2,000년 전과 동일하게 기쁜 소식이다. 예수를 좇았던 소수의 몇몇 사람들은 지금까지의 사업 중에서 가장 위대한 사업을 감행했다. 그들은 명예를 얻었으며, 만일 그들이 한 일을 우리가 한다면 우리도 명예를 얻는다. 그 특권은 우리 모두에게 열려 있다.

하나님의 축복의 장(場)

하나님은 아브라함과 언약을 맺으셨다. 그것은 계약이 아니라 무조건적으로 책임을 지는 것이었다. 이 언약의 조건은 단지 하나님이 말씀하신 것을 그분이 행하실 것이라고 아브라함이 믿는 것이었다. "아브라함이 하나님을 믿으매 이것이 저에게 의로 여기신바 되었느니라"(롬 4:3). 이는 하나님의 은총을 받을 자격을 갖게 되었다는 뜻이다. 살면서 관계가 어려워질 수 있지만, 아브라함의 축복의 언약은 아브라함이 아니라 하나님의 호의에 근거한다. 아브라함은 큰 실수를 범했다. 그의 자손들은 천 배나 더 나쁜 죄를 범했지만 하나님은 한 번도 언약을 깨지 않으셨다. 이스라엘은 하나님의 축복의 장을 벗어나 심지어 우상으로부터 축복과 도움을 청했을 때가 많았지만, 하나님은 자신의 책임을 신실하게 지키셨다.

하나님의 축복은 이 땅에 태어난 모든 사람의 유산이지만 세상은 이를 '받아들이지' 않았다. 실제로 우리 모두는 죄로 인해 그분이 손에 사랑의 선물을 들고 오셔서 우리를 찾으시기 전까지 우리는 그분의 축복의 장에서 벗어나 있다. 우리는 우리 자신을 기만하지만, 하나님은 결코 그분의 언약을 취소하지 않으신다. 하나님이 아브라함과 언약을 맺으신 지 500년 정도 후에 '하나님은 아브라함과의 언약을 기억' 하셨다(출 2:24). 하나님께서는 그분의 약속을 성취하시기 위해 의심스러운 또 다른 인물인 모세를 대면하셨다.

하나님이 이스라엘과 맺으신 영원한 언약은 이 땅에서의 물질적인 축복도 약속하고 있다. 하나님은 아브라함을 부하게 하셨으며, 아브라함의 아들과 손자인 이삭과 야곱에게도 그렇게 하셨고 그들의 길을 보전하셨다. 그들의 삶과 가족과 건강은 하나님의 축복으로 덮였다. 하나님은 결코 자신의 말을 어기지 않으시며, 아브라함이 하나님의 축복으로 알고 시도한 것을 그분은 결코 어기지 않으셨다: "하나님의 약속은 얼마든지 그리스도 안에서 예가 되니 그런즉 그로 말미암아 우리가 아멘 하여 하나님께 영광을 돌리게 되느니라"(고후 1:20). 주님께서는 이렇게 말씀하셨다: "진실로 너희에게 이르노니 천지가 없어지기 전에는 율법의 일점 일획이라도 반드시 없어지지 아니하고 다 이루리라"(마 5:18).

그럼에도 불구하고 그리스도 예수는 물질적 안락함보다 더 높은 차원의 것을 주시려 오셨다. 이 땅에서의 축복은 여러 가지 요소들로 인해 분명히 영향을 받지만, 그분의 뜻과 언약은 변치 않는다. 그는 우리에게 "뜻이 … 땅에서도 이루어지이다"라고 기도하라고 가르치셨다(마 6:10). 왜냐하면 이런 일이 일어나는 경우가 많지 않기 때문이다. 그리스도의 지상 과제는 모든 축복 중에 가장 위대한 축복인 영원한 구원을 가져오시는 것이었다. 그것은 모든 것이 포함되어 있는 '일괄 거래'(package deal)이다.

축복의 복음

　수백 년 동안 교회는 기적에 관하여 분명히 가르치지 않았다. 기적은 단지 정상적인 종교 밖에서 일어나는 특별한 사건이었다. 오직 교회가 '성인'(聖人)으로 여기는 자들만이 기적을 행하였다. 성인이라 함은 극도의 금욕행위를 행한 자였다. 오늘날 가톨릭 교회가 누군가를 '성인'으로 책봉하려면 그가 기적을 행했다는 증거가 필요하다. 그들이 누군가의 질병을 고쳤다면 이로 인해 그들은 성인으로 받아들여졌다. 그들의 엄격한 라이프스타일로 인해 그들이 쌓은 은혜는 넘쳐났으며, 사람들은 오직 극도로 선한 자가 되어야만 병을 고칠 수 있다고 생각했다.

　이런 사상의 후유증이 아직도 그리스도인들 가운데 남아 있다. 신체적 표적은 종종 특별한 영성을 지닌 자만이 행할 수 있는 것으로 간주되었으며, 많은 기도와 금식의 표식이었다. 신체적 현상은 하나님의 임재의 정점으로 여겨졌다. 그러나 성경은 이렇게 가르치지 않는다. 기적은 믿음으로 말미암아 주시는 하나님의 선물이다: "너희에게 성령을 주시고 너희 가운데서 능력을 행하시는 이의 일이 율법의 행위에서냐 듣고 믿음에서냐"(갈 3:5).

　기적은 그리스도인이 정상적으로 경험하는 것이며 그들 경험의 일부이다. 복음을 통해 하나님이 주시는 유익은 어떤 이들이 우리가 믿기를 원하는 것처럼 순전히 영적인 것만은 아니다. 성경은 육신에 대한 수백 가지의 약속을 복음이 대체했다고 말하지 않는다. "우리 주 예수 그리스도의 아버지께서 그리스도 안에서 하늘에 속한 모든 신령한 복으로 우리에게 복" 주시는 것은 사실이다(엡 1:3). 이 축복은 그리스도께서 그의 역사를 이루시기 전에는 알지 못했던 것이다. 그렇다고 해서 모든 다른 약속들이 취소되었다는 암시는 조금도 없다. 하나님은 자신의 선하심을 영적인 것으로 축소시키지 않으셨으며, 이전의 것들을 취소하지도 않으셨다.

인간은 혈육으로 되어 있으며, 하나님은 우리를 순전히 영으로만 취급하지 않으신다. 그분은 우리의 체질을 아시며, 우리가 진토임을 아신다. 그분은 땅의 필요를 가진 땅의 인간인 우리의 필요를 채우신다. 우리는 물리적인 것에 대하여 하나님을 신뢰한다. 하나님께서 오래전에 하신 약속은 언제나 치유가 수반된 용서와 관련이 있다. 그분의 모든 약속은 "그리스도 안에서 '예'가 되고"(고후 1:20), 신체적 치유와 물질적 풍요를 포함하며, 실제로 이런 약속들을 구체적으로 언급하고 있다.

복음은 근본적으로 천하 만민에게 복을 주시겠다는 하나님의 아브라함에 대한 약속의 성취이다. 이는 아브라함의 기도를 통해 온 인류가 치유를 받는 그런 축복과 같다. 하나님께서 처음부터 행하셨던 이러한 일들을 반영하지 않는 어떤 '복음'은 성경이 말하고 있는 진리를 온전히 대표한다고 볼 수 없다. 그리스도의 복음은 하나님이 아브라함에게 전파하신 복음과 동일하지만 영적인 차원이 첨가되었다. 베드로가 유대인들에게 복음을 전할 때에 그는 다음과 같이 말했다: "너희는 … 하나님이 너희 조상으로 더불어 세우신 언약의 자손이라 아브라함에게 이르시기를 땅 위의 모든 족속이 너의 씨를 인하여 복을 받으리라 하셨으니 하나님이 그 종을 세워 복 주시려고 너희에게 먼저 보내사"(행 3:25~26). 여러 영어 성경 번역본은 이와 같이 번역했지만 헬라어 성경이 훨씬 더 낫다. 문자적으로 직역하면 '너희를 축복하는' 그분을 보내신 분은 하나

> 기적은 그리스도인이 정상적으로 경험하는 것이며 그들 경험의 일부이다.

님이시다. 주님은 오셔서 하나님의 축복을 널리 흩으셨다.

예수께서는 이 땅 위에 사시는 동안 언제나 사람들을 축복하셨다. 예수께서 마지막으로 보이셨을 때에 "예수께서 저희를 데리고 베다니 앞까지 나가사 손을 들어 저희에게 축복하시더니 축복하실 때에 저희를 떠나 하늘로 올리우"셨다(눅 24:50-51). 구름이 주님의 임재를 가리울 때까지 주님은 손을 들고 계속 축복하셨다. 그러자 하늘의 천사들이 하늘을 바라보는 제자들에게 말했다: "너희 가운데서 하늘로 올리우신 이 예수는 하늘로 가심을 본 그대로 오시리라 하였느니라"(행 1:11). "본 그대로"라는 말씀은 손을 들고 축복하신다는 것을 의미한다. 그 손은 지금도 축복하시면서 들려 있다. 그분은 분명히 동일하신 예수이시다: "예수 그리스도는 어제나 오늘이나 영원토록 동일하시니라"(히 13:8).

이제 이상한 일이 벌어진다. 그리스도께서 죽은 자 가운데 부활하셨을 때 제자들은 기뻐하기보다는 근심에 싸였다. 주님이 그들에게 나타나셨을 때 그들은 주님이 필요하다는 것을 알았다. 그래서 그분을 잃는다는 것은 상상할 수 없었으며, 있을 수도 없었다. 그러나 40일 후에 그들은 주님이 그들의 시야에서 사라지는 것을 보았다. 그때 그들의 가슴이 가장 많이 무너져 내렸을 수 있다. 그러나 누가는 다음과 같이 기록한다: "저희가 큰 기쁨으로 예루살렘에 돌아가 늘 성전에 있어 하나님을 찬송하니라"(눅 24:52-53). 어떻게 그럴 수 있는가? 왜냐하면 그리스도께서 그들을 떠나실 때에 그들을 축복하셨고, 그것은 형식적인 것이 아니라 실제였기 때문이었다.

이것이 복음이다. 이는 먼저 아브라함에게, 그 다음에는 모세에게 계시된 축복의 복음이다: "그 행위를 모세에게 … 알리셨도다"(시 103:7). 사람들은 이 메시지를 언제나 잘못 해석했다. 이는 원수의 최우선 과제였고 속임수였으며, 고대 이스라엘부터 계속되어 왔다. 하나님은 이스라엘에게 형벌 조항을 달지 않고 십계명을 주셨으며, 최소한 한 계명에는 분명히 축복의 약속을 다셨다. 이스라엘과 우리 대부분은 십계명의 인도를 멀리했다. 모세가 이스라엘이 우상 주변에서 춤추는 것을 보았을 때 그는 돌판에 새긴 이 계명을 상징적으로 깨뜨렸다.

모세는 하나님이 진노와 심판의 하나님보다 더 좋으신 분임을 알았다. 그래서 그는 하나님께 "주의 영광을 내게 보이소서"라고 구했다(출 33:18). 이는 모세가 하나님의 영광이 어떤 것인지 몰랐기 때문이었다. 하나님은 그에게 영광을 보여 주셨다: "여호와로라 여호와로라 자비롭고 은혜롭고 노하기를 더디하고 인자와 진실이 많은 하나님이로라 인자를 천대까지 베풀며 악과 과실과 죄를 용서하나"(출 34:6~7).

주님의 영광은 영광을 보는 것 이상이었다. 그분의 영광은 그분의 은혜와 자비였다. 그분의 '부드러운 자비'(his tender mercy)란 표현은 신약성경에서는 단지 두 번밖에 사용되지 않았지만 구약성경에서는 수십 번 보게 된다. 이스라엘은 하나님이 자비의 큰 마음을 가지고 계시다는 것을 너무나 잘 알고 있지 않았는가? 그들이 하나님의 인내를 악용하지는 않았는가? 우리는 예수께서 오시기 전에 이스라엘이 지옥에 관하여 들어 본 적이 없다는 사실을 인지해야 할 것이다. 주님은 거룩한 하나님 사랑의 최고 표현이었다. 하지만 심판과 지옥을 가장 분명하게 언급하신 분은 주님이셨다. 하나님의 심판의 형벌은 실제이기에 이로 인해 주님은 구속의 복음을 말씀하셨다.

복음의 메시지 자체는 심판의 메시지가 아니다. 바울과 베드로의 설교와 다른 사도들의 서신서를 보면 그들이 지옥의 불을 선포하는 설교자로 부름 받지 않았음을 알 수 있다. 대부분의 사람들은 죽음 너머의 것을 두려워한다. 복음은 죄가 용서되었고, 지옥은 사라졌으며, 천국과 평화를 이뤘다는 기쁜 소식이기에 복음이다. 사도들은 소망이 전혀 없던 세대에 소망을 전했다. 그들은 아우성으로 가득한 지옥의 고통의 방을 그린 단테와 같이 말하지 않았다. "하나님이 그 아들을 세상에 보내신 것은 세상을 심판하려 하심이 아니요 저로 말미암아 세상이 구원을 받게 하려 하심이라"(요 3:17). 세상은 스스로 정죄를 받고 그 죄의 쓰디 쓴 대가를 치르고 있다: "유대인이나 헬라인이나 다 죄 아래 있다"(롬 3:9). 그들은 "벌써 심판을 받은 것이"다(요 3:18). 심판은 현재적이며 또한 그들을 기다리고 있다.

예수께서는 이를 너무나 잘 아셨다. 주님은 우리를 심판에서 구원하시기 위해 엄청난 노력을 기울이셨으며, 이는 하나님과 단절된 채 우리 죄를 위해 죽으셔야 했던 현실이 얼마나 무서운지를 보여 준다. 우리의 본질은 하나님께 달려 있다. 만일 그분이 없으면 우리의 본질 자체는 사라진다. 잃어버린 영혼은 땅에서 뿌리가 뽑혀 쓰러져 썩어 가는 나무와 같다. 죄인들의 이러한 운명 때문에 주님은 극단적인 조치를 취해야만 하셨고, 영원한 영광의 자리를 떠나 2,000년 전에 더러운 마을로 내려오셔서 십자가를 지셔야만 했다. 거기서 주님은 우리가 받아야 할 지옥의 형벌을 대신 받으셨다. 그분은 자신의 몸을 던져 하나님의 칼로부터 우리를 보호하셨다. 그분의 복음은 소망과 구원과 축복이었고 지금도 그렇다.

이제 아브라함에게로 돌아가서 창세기 24장 1절을 읽어 보자: "아브라함이 나이 많아 늙었고 여호와께서 그의 범사에 복을 주셨더라." 이는 유용한 말씀이다. 하나님의 축복은 단지 기분만 좋게 하는 것이 아니다. 그 축복은 '범사에' 해당하며, 인생의 회랑은 하나님의 보호하심으로 가득하다. 시간이 지나면서 하나님의 축복은 그분과의 개인적인 관계를 깊게 해 준다. 이는 모든 상상 가능한 물질적 축복보다 더 큰 것이다.

하나님의 축복은 구원과 함께 온다. 구원은 백화점 할인 매장의 헐값이 아니다. 구원은 나무를 만들듯이 하나님께서 말씀만 하시면 그대로 이뤄진 것이 아니었다. 하나님은 이를 위하여 피를 흘리셨다. 쉽게 취하기엔 너무나 큰 희생을 치렀기에 우리는 간구해야만 한다. 거기에는 그저 간단하게 '믿음'에 관한 문구를 되뇌기만 하면 얻을 수 있는 것보다 더 큰 것이 있었다. 하나님의 축복은 광대하며, 생명과 영원을 가져온다. 그저 "감사해요. 주신다니 제가 받죠"라고 단순하게 말하는 자들에게 주님이 고난을 통해 얻으신 선(goodness)을 그냥 부어 주실 것 같지는 않다.

> 구원은 백화점 할인 매장의 헐값이 아니다. 구원은 나무를 만들듯이 하나님께서 말씀만 하시면 그대로 이뤄진 것이 아니었다. 하나님은 이를 위하여 피를 흘리셨다.

별도의 축복 패키지는 없다. 축복은 예수께서 우리를 위해 행하신 모든 것과 같이 주어진다. 축복은 우리의 잃어버린 상태를 회복하기 위해 행하신 그분의 행위 속에 들어 있다. 하나님의 축복은 복음의 말씀과 회개와 성령의 역사에서 시작된다. 그리스도의 고난과 부활 이외에 다른 것은 없으며, 그분의 고난은 우리의 구원의 경험으로 바뀐다. 우리는 용서를 받았거나 아니면 아무것도 받지 못했거나 둘 중 하나이다. "자기 아들을 아끼지 아니하시고 우리 모든 사람을 위하여 내어주신 이가 어찌 그 아들과 함께 모든 것을 우리에게 은사로 주지 아니하시겠느뇨"(롬 8:32). 하나님의 축복은 오직 그리스도라는 선물과 함께 온다.

하나님이 우리를 도우시기 전에, 우리는 먼저 죄와 영혼을 멸하는 죄의 결과를 제거해야만 했다. 우리는 나무 위에서 우리의 저주를 담당하신 그리스도에 관하여 다른 곳에서 이미 갈라디아서의 말씀을 인용한 바 있다(갈 3:13). 이 말씀을 보면 신명기 21장 23절이 생각난다: "나무에 달린 자는 하나님께 저주를 받았음이니라." 이 말씀은 너무 이상해 보인다. 왜 나무에 달린 자가 저주를 받아야 하는지 아무도 알지 못했다. 이는 영감의 말씀이다. 오직 한 사람, 즉 손과 발에 못 박혀 나무에 달리신 그리스도 자신을 위해 기록되었다. "하나님이 죄를 알지도 못하신 자로 우리를 대신하여 죄를 삼으신 것은"(고후 5:21).

축복은 하나님의 패키지 속에 들어 있기 때문에 마땅히 거쳐야 할 과정을 거치지 않으면 얻을 수 없다. 우리는 옛 생활을 버리고 그리스도와 그분의 피 값으로 얻으신 구원을 영생의 선물과 함께 받아들여야만 한다. 이런 역사가 없으면 하나님께 무엇을 구하든지 안전치 못하다. 하나님의 축복은 그리스도라는 말할 수 없는 선물에서 시작된다. 그것이 축복이며, 모든 축복 중에 가장 큰 축복이다. 그분과 함께 우리는 모든 것을 거저 받는다.

하나님께 구하지 않아도 모든 이에게 거저 주시는 축복이 있다. 하나님은 의인이든 죄인이든, 선인이든 악인이든 그들에게 햇빛을 주시며 비를 내리신다. 세상은 감사할 줄 모르지만 하나님은 신실하시다. 그러나 그분은 쉬운 분이 아니시다. 그분의 위대한 선물은 오직 구하는 자만이 얻을 수 있다. 그것은 '그리스도 안에' 있는 자들을 위한 것이다. 하나님 나라의 유익은 그 나라에 있는 자들을 위한 것이다. 하나님의 축복은 너무 포괄적이고 그분은 너무 관대하시기에 세상은 감사하지도 않고 이를 물질적으로 악용한다. 하나님은 주는 것을 좋아하신다. 이로 인해 온 세상을 얻을지 몰라도 우리는 영혼을 잃을 수 있다. 하나님의 선하심을 악용해 자신의 욕심을 채운 믿음이 없는 자들에게 있어 천국의 축복은 저주가 된다.

광야의 이스라엘 이야기는 하나의 비유와 같다. 그들은 하나님의 돌보심을 믿지 않았다. 그들은 하나님이 주신 음식을 불평하며 고기를 먹게 해 달라고 했다. 하나님은 그들에게 고기를 주셨고, 그들은 게걸스럽게 먹었지만 병들었다. 시편 105편 15절은 다음과 같이 말한다: "여호와께서 저희의 요구한 것을 주셨을찌라도 그 영혼을 파리하게 하셨도다." 이를 좀 더 쉽게 해석하면 다음과 같다: "여호와께서 저희의 요구한 것을 주셨을지라도 그들에게 병을 보내셨도다."

하나님의 축복으로 들어가는 문은 갈보리이다. 많은 이들이 이 세상의 일시적인 것을 얻기 위해 이 거룩한 곳을 우회하여 담장을 넘었지만 영생을 잃었다. 구원이 없으면 온 세상에 있는 어떤 것도 참된 축복이 될 수 없다. 그러나 그리스도인은 다음과 같이 노래한다.

그리스도는 나의 고기요, 나의 음료로다
그분은 나의 약이요, 나의 건강이며
나의 분깃이요, 나의 유산이라
그렇다 그분은 나의 모든 무한한 부(富)이시로다
나는 가장 값비싼 진주를 발견했으며
나의 마음은 기쁨으로 노래하노라
이제 내가 그리스도를 소유했으니 난 노래해야 하리
내가 소유한 그리스도, 그분은 얼마나 놀라운가!

― 질문 ―

1. 하나님은 불신자를 축복하시는가? 만일 그렇다면 그들을 위해 어떤 일을 행하시는가?
2. 하나님은 무엇을 기초로 기적을 행하시는가?

26 새로운 성육신?

"예수의 이름으로" (행 9:27).

"예수의 이름으로"는 요술이 아니다. 만일 무언가를 하지 않았다면 아무리 성경 말씀을 인용한다 할지라도 공허한 형식에 지나지 않는다. 본 장에서 우리는 '그 무언가'에 관하여 생각해 볼 것이다.

주님의 이름을 처음 언급한 곳은 창세기 4장 26절이다: "그 때에 사람들이 비로소 여호와의 이름을 불렀더라." 이 말씀은 단지 기도와 경배가 일상생활에서 관례가 되기 시작했음을 뜻한다. 후에 유대의 랍비들이 이스라엘을 가르쳤을 때 그들은 하나님의 이름인 YHWH(야훼 혹은 여호와)를 너무나 거룩하게 여겨 오직 한 사람만 그 이름을 말할 수 있었다. 그는 이스라엘의 대제사장으로, 1년에 한 번, 대속죄일에만 하나님의 이름을 부를 수 있었다. 그는 향연으로 가려진 불을 들고 지성소에 들어가 대제사장이 치르는 의식의 일부로 증거궤와 속죄소 앞에 피를 일곱 번 뿌렸다. 가장 거룩한 순간에 그는 그 거룩한 이름을 말했고, 수많은 무리들은 얼굴을 땅에 대고 엎드렸다. 그 이름은 너무나 위대해서 유대인은 그 이름이 적힌 종이도 밟으려 하지 않았다.

그리스도 당시의 유대교 종파였던 에센 파는 태양이 작열하는 사해 지역의 쿰란에서 작은 공동체를 이뤘으며, 바리새인들보다 더 엄격하였다. 얼마 전 사해 사본에서 그들의 규율이 발견되었다. 그들은 언제 어디서나 하나님의 이름을 사용하면 공동체에서 쫓겨나는 규칙을 만들었다.

현대 성경은 야훼를 대문자 "the LORD"로 번역했다. 오늘날 사람들은 이 이름을 모독하며, 전례 없이 수많은 욕설로 대기 중에 악취를 발하고 있다.

'주의 이름의 오용'이나 '망령되이 그분의 이름을 부르는 행위'는 옛 성경 번역본들이 말하고 있는 것처럼 심각한 문제이다. 이로 인해 질병과 약함이 늘고 있다. 누구든지 예수께로 돌아가 그분의 이름을 모독하길 멈추면 하나님이 웃으시는 것을 본다. 하나님은 자기 아들을 사랑하시기에 그분의 이름을 너무나 자유롭게 말하는 사람을 죄 없다 하지 않으실 것이다(이는 영어에서 'Jesus' 혹은 'Jesus Christ'를 욕으로 사용하는 것을 말함-역주).

하나님께서 이스라엘과 언약을 맺으셨을 때 사람들은 '주의 이름으로' 모든 일을 행하기 시작했다. 선지자들도 "내가 주의 이름으로 왔노라"고 말했으며, 현상이 나타났다. 거짓 선지자들은 스스로 곤경에 빠졌다. 하나님께서 함께하신다면 '주의 이름으로'라는 표현을 실제로 사용해도 문제 없다. 그분의 이름을 부를 때 우리 말에 능력이 생긴다.

다윗은 주의 이름으로 골리앗과 대면했다. 그 거인은 자기 신들의 이름으로 다윗을 저주했지만 다윗은 다음과 같이 대답했다: "나는 만군의 여호와의 이름 … 이스라엘 군대의 하나님(엘 샤다이, El Shaddai)의 이름으로 네게 가노라 오늘 여호와께서 너를 내 손에 붙이시리니 … 또 여호와의 구원하심이 칼과 창에 있지 아니함을 이 무리로 알게 하리라 전쟁은 여호와께 속한 것인즉 그가 너희를 우리 손에 붙이시리라"(삼상 17:45~47). 다윗에게는 기름부음이 있었고 하나님의 거룩한 권세가 있었다. 이 기름부음으로 인해 다윗의 돌은 총알처럼 과녁을 찾아갔다.

열왕기상 3장 2절을 보면 백성들은 사당과 기둥, 제단, 산당, 신성한 나무 밑 어느 곳에서든 경배하였다. 이는 "여호와의 이름을 위하여 전을 아직 건축하지 아니"하였기 때문이다. 모든 나라들은 '바알의 백성', '아스다롯의 백성' 처럼 그들의 신들의 이름을 따라 명명되었다. 그러나 하나님은 이스라엘을 '내 백성' 이라 부르셨다. 하룻밤 동안 언약궤가 블레셋의 신인 다곤(Dagon)과 함께 있을 때에 그 우상은 언약궤 앞에서 엎어졌다.

우상 숭배자들은 자신의 신들이 움직이지 못하기에 그들을 찾아가야 했다. 우상 숭배자 중에 누군가가 그들의 신의 임재 가운데 산다는 것을 한 번도 들어 본 적이 없다. 그 신들은 움직이지 못했기에 사람들은 우상에게 제물을 가져가 그곳 사당에 그것을 놔두고 돌아가야만 했다. 나아만은 고침을 받자 하나님이 흙에 붙어 계시다고 생각했기 때문에 이스라엘의 흙을 가지고 돌아갔다. 그러나 이스라엘의 하나님은 한 곳에 머물러 계시지 않는다. 그분은 사당도 없고, 사당에 남아 계시지도 않으셨다. 그분은 "내가 과연 너희를 버리지 아니하고 과연 너희를 떠나지 아니하리라 하셨느니라"고 말씀하셨다(히 13:5). 우리는 살아 계신 하나님을 한 곳에 붙들어 놓을 수 없다.

> 이스라엘의 하나님은 한 곳에 머물러 계시지 않는다. 그분은 사당도 없고, 사당에 남아 계시지도 않으셨다. 그분은 "내가 과연 너희를 버리지 아니하고 과연 너희를 떠나지 아니하리라 하셨느니라"고 말씀하셨다. 우리는 살아 계신 하나님을 한 곳에 붙들어 놓을 수 없다.

에베소 사람들은 아데미(Artemis)라고도 하는 다이애나 성전을 만들었다. 사도행전 19장 24절에 나오는 '감실' (shrine)이란 단어는 실제로 '성전'을 말한다. 아데미는 못 움직이는 여신이기에 거처가 필요했다. 전설에 따르면 그녀는 하늘에서 떨어진 돌덩이였으며 그 돌은 상당히 못생겼다고 한다. 하나님은 이 땅에 거처가 필요 없으시다. 솔로몬이 예루살렘 성전을 건축하기 전에 백성들은 산당이나 숲 속 아무 곳에서 희생을 드렸다. 솔로몬의 성전이 건축되자 그들은 다른 곳에서 하나님을 경배할 수 없었다. 하지만 어떤 예배자도 성전 중앙에 들어갈 수 없었다. 대제사장만이 1년 한 번씩 안쪽에 있는 비밀한 방으로 들어갔다. 거기에는 아무것도 없었고 하나님은 보이지 않았다. 로마 장군 티투스(Titus)가 예루살렘 성전 안으로 들어갔을 때 그는 가구 외에 아무것도 찾지 못해 당황하였다.

솔로몬은 자기가 지은 성전을 봉헌하면서 "내가 참으로 주를 위하여 계실 전을 건축하였사오니 주께서 영원히 거하실 처소로소이다"라고 기도했다(왕상 8:13). 그러나 하나님은 그곳에 거하지 않으셨으며 솔로몬도 이를 알았다. 그러나 그는 계속해서 기도했다: "하나님이 참으로 땅에 거하시리이까 하늘과 하늘들의 하늘이라도 주를 용납지 못하겠거든 하물며 내가 건축한 이 전이오리이까 … 이 전을 향하여 주의 눈이 주야로 보옵시며"(왕상 8:27~29). 솔로몬은 반복해서 주님께서 '주의 계신 곳 하늘에서' 들으시길 간구하였다: "여호와께서 이같이 말씀하시되 하늘은 나의 보좌요 땅은 나의 발등상이니 너희가 나를 위하여 무슨 집을 지을꼬 나의 안식할 처소가 어디랴"(사 66:1).

오늘날 하나님의 편재에 대한 진리를 간과하는 경향이 있다. '부흥주의' (revivalism)의 어떤 가르침은 하나님께서 특정 지역에서 더 역사하시고 더 강하게 임재하시거나 아니면 더 놀라운 부흥의 능력을 행하신다고 말한다. 그러나 아무리 이 말이 논리적이라 할지라도 신약성경의 가르침은 아니다. 분명히 지금까지 어떤 특정 지역에서 위대하고 흥분되는 부흥의 소식이 많이 들려왔다. 신자들은 자연스럽게 이런 곳에 끌린다. 그런데 뭐가 잘못되었단 말인가? 그러나 색다른 현상이 나타난다고 해서 하나님이 다른 곳보다 그곳에 더 많이 계신 것은 아니다. 그분은 결코 절반은 여기에, 어느 정도는 저기에 계시지 않는다. 그분은 언제나 충만하게 편재하시며 나뉠 수 없다.

하나님은 언제나 동일하시고 변함이 없으시다. 하지만 상황은 변하며, 이에 따라 하나님의 역사도 달라진다. 어떤 때에 그분은 구멍을 찾는 활화산처럼 터져 나오실 수 있다. 우리는 이러한 일을 일으키는 요소들을 모두 다 알지 못한다. 하지만 기도는 하나님의 능력의 통로를 연다. 솔로몬의 새 성전은 완공 후 봉헌하기까지 사용하지 않은 채 11개월을 기다렸다. 그 후에 하나님의 영광이 구름처럼 임했고, 사람들은 하나님의 임재 앞에 엎드렸다.

성전의 용도를 이해하는 것은 무척 중요하다. 솔로몬은 반복해서 성전이 주의 이름을 위해 존재한다고 선언했다(왕상 8:18~20). 성전의 핵심은 율법을 새긴 두 개의 돌판을 담은 언약궤였다. 성전은 율법을 위해 지어졌다. 솔로몬은 "내가 … 여호와의 언약 넣은 궤를 위하여 한 처소를 설치하였노라"고 말했다(왕상 8:21). 이는 우리가 아는 대로 결코 교회가 아니었다. 그것은 하나님의 이름을 구체적으로 나타낸 건물이었으며, 주의 이름을 위한 기도의 집이었다. 기도는 성전을 향하여(toward) 드려졌고, 정해진 시간마다 기도했던 성전 뜰을 빼고는 성전 안에서 기도하지 않았다.

성전은 하나님의 이름을 선포했다(왕상 8:29, 44, 48). 성전과 같은 건물은 또 없었다. 그것은 그분의 이름을 가시적으로 드러낸 문장(emblem)과도 같았다. 솔로몬은 "주께서 전에 말씀하시기를 내 이름이 거기 있으리라" 하셨다고 기도했다(왕상 8:29). 성전의 위엄과 금과 수와 공교한 물건들은 하나님의 이름의 영광을 반영했다.

이방 신들은 성전을 통해 영광을 받았지만, 반대로 하나님은 예루살렘 성전에 영광을 주셨다. 이방 신들의 영광은 그들의 집이나 사당이었지만, 하나님의 영광은 성전이 필요 없었다. 하나님은 자신의 영광이 솔로몬 성전에 임하도록 허락하셨다. 솔로몬은 하나님을 높이기 위해 성전을 지었지만, 성전과 연결된 하나님은 성전을 높이셨다.

솔로몬 성전이 파괴되고 포로들이 바벨론에서 귀환한 후 스룹바벨 성전을 봉헌했을 때 사람들은 그 성전을 볼품없다고 생각했다. 그러나 학개 선지자는 말했다: "또한 만국을 진동시킬 것이며 만국의 보배가 이르리니 내가 영광으로 이 전에 충만케 하리라 … 이 전의 나중 영광이 이 전 영광보다 크리라"(학 2:7~9). '만국의 보배'는 그리스도이시며 그분이 성전에 오셨다. 예수께서 모친 동정녀 마리아의 팔에 안겨 헤롯 성전(이 성전은 보통 제2성전으로 불렸다)에 들어갔을 때 그 성전은 이미 몇 십 년 동안 그 자리에 있었다.

이스라엘은 성전이 있으면 안전하다고 믿었다. 성전은 그들을 지켜줄 주의 이름을 모신 곳이었다. 성전에 서 있을 때에 그들은 주님의 이름 안에 있다고 생각했으며 "여호와의 이름은 견고한 망대라 의인은 그리로 달려가서 안전함을" 얻는다고 느꼈다(잠 18:10). 그러나 성전은 단지 실상의 그림자였으며 다가올 좋은 것의 맛보기였다. 그것은 그저 주의 날개의 그림자였을 뿐이었다. 포도나무 조각부터 지성소의 황금 언약궤에 이르기까지 성전 안의 모든 것은 그리스도를 말했다. 성전은 주의 이름을 대표했으나, 그리스도는 우리의 성전이 되시며 우리는 '그리스도 안에' 있다. 그의 이름은 우리의 피난처이며, 그 이름이 나타내는 모든 것이다.

예수께서는 헤롯 성전을 둘러보셨다. 성전은 사람이 만든 구조물이었으며, 그분의 이름을 선포하기 위한 것이었다. 그러나 예수께서는 자신이 성전보다 크다고 친히 말씀하셨다(마 12:6). 실제로 하나님의 아들이신 예수는 성전이 높여드린 바로 그 이름의 소유자였다. 그분의 이름은 헤롯이 하나님에 대해 알고 있던 그 이름보다 더 위대했다. 왜냐하면 하나님은 그리스도에게 모든 이름 위에 뛰어난 이름을 주셨기 때문이다.

예수께서 "너희가 이 성전을 헐라 내가 사흘 동안에 일으키리라"고 말씀하셨을 때(요 2:19), 사람들은 주님이 당연히 성전 건물에 대하여 말하는 것이라 생각했다. 실제로 주님은 성전인 자기 몸을 말씀하셨다(요 2:21). 성전 건물 또한 파괴될 운명이었다. 40년 후에 로마 장군 티투스의 군대가 성전을 밀어 버리고 그 자리를 쟁기로 갈아 버렸다. 예수께서 십자가에서 돌아가실 때에 당국자들은 성전인 예수의 몸을 파괴했다고 생각했다. 그러나 끝이 아니었다! 예수께서는 그 성전이 사흘 후에 회복되리라고 말씀하셨다. 그리고 그렇게 되었다! 예수께서 무서운 죽음을 맞이하신 지 사흘 후에 참된 성전은 다시 살아났다. 요한이 환상 중에 새 예루살렘을 보았을 때 그는 이렇게 말했다: "성안에 성전을 내가 보지 못하였으니 이는 주 하나님 곧 전능하신 이와 및 어린 양이 그 성전이심이라"(계 21:22).

우리에게는 성전이 있다! 그리스도께서 죽은 자 가운데서 부활하셨을 때에 헤롯 성전은 더 이상 필요 없었다. 예수는 성전의 모든 것이셨으며, 그 이상이셨다. 더 이상 희생 제사도 필요 없었다. 왜냐하면 주께서 하나님의 어린 양이셨기 때문이다. 더 이상 진설병도 필요 없었다. 왜냐하면 그분이 생명의 떡이셨기 때문이다. 더 이상 분향단도 필요 없었다. 왜냐하면 그분의 이름이 향이었기 때문이다. 더 이상 율법이 적힌 돌판을 간직할 언약궤도 필요 없었다. 왜냐하면 그 율법이 그분의 마음과 우리의 마음에 새겨졌기 때문이다(시 40:8). 성전의 포도나무 조각은 포도나무 되신 주님을 말했다(요한복음 15장을 보라). 피난처인 성전은 우리의 피난처가 되신 그리스도에게 자리를 양보한다. 이는 찰스 웨슬리가 우리에게 가르쳐 준 찬송과도 같다.

> 나의 영혼 피할 데 예수밖에 없으니
> 혼자 있게 마시고 위로하여 주소서
> 구주 의지하옵고 도와주심 비오니
> 할 수 없는 죄인을 주여 보호하소서

구약성경의 언약을 통해 사람들은 주님의 이름을 알고 그 이름 안에 있었지만 성전 그 자체에는 들어가지 못했다. 제사장이 아닌 사람은 그 어느 누구도 성전 지붕 아래 서지 못했다. 헤롯 성전의 지붕은 금으로 되어 있고, 새가 성전을 더럽히지 못하도록 금으로 된 첨탑을 세웠지만, 그것은 단지 소수의 제사장들만을 위한 것이었다. 벽으로 인해 유대인과 이방인이 구분되었고, 남자와 여자, 절름발이와 건강한 자가 구분되었다. 그러나 그리스도께서 우리의 성전이 되

> 그리스도께서 우리의 성전이 되셨을 때에 모든 벽들은 사라졌다. 우리는 망설이지 않고 성전이신 그리스도 예수 안으로 들어간다.

셨을 때에 모든 벽들은 사라졌다. 우리는 망설이지 않고 성전이신 그리스도 예수 안으로 들어간다. 옛 언약은 이스라엘에게 하나님의 이름을 깃발로 주었지만, 새 언약은 우리에게 예수의 이름을 준다. 그분의 이름은 깃발에 새긴 문장이 아니다. 그것은 우리의 이마에 새겨졌으며, 우리가 그분의 깃발이다. 예수께서는 우리가 성전의 일부가 될 것을 약속하셨다: "이기는 자는 내 하나님 성전에 기둥이 되게 하리니 … 나의 새 이름을 그이 위에 기록하리라"(계 3:12).

하나님의 약속은 시적인 수사법이 아니라 우리가 이 세상을 지날 때에 살아갈 힘이다. 우리는 예수 이름 안에 있다. 예수께서는 "내게 오는 자는 내가 결코 내어 쫓지 아니하리라"고 말씀하셨다(요 6:37). 만일 주께서 우리를 쫓아내지 않으시면 우리가 그분 안에 있다는 뜻이다! 그래서 우리는 "제가 주의 이름으로 왔습니다"라고 말할 수 있으며, '예수의 이름으로' 기도할 수 있다. 왜냐하면 우리는 그분의 이름 안에 있고, 그분 안에 있기 때문이다. 성전이 하나님을 대표하듯이 우리는 그분의 모든 것을 대표하는 그분의 이름을 선포한다. 우리는 하나님의 성전이다. 우리가 무엇을 하든지 간에 우리는 그분의 이름 안에 산다.

우리는 그분의 이름 안에 있기 때문에, 그분의 이름을 상술(詳述)하든 안 하든 '예수의 이름으로' 말하길 좋아한다. 예수의 이름은 반복하면 할수록 효력이 증가되는 부적이나 요술 열쇠가 아니다. 하지만 우리는 여전히 그 이름을 반복해서 말하길 좋아한다. 이 얼마나 좋은지! 그 이름을 말하는 것은 그릇된 악의 세력을 대적하는 권능의 물줄기로 진리를 투사하는 것과 같다.

우리는 선포를 할 때에 '주의 이름으로' 말할 수 있지만, 우리가 그렇게 말할 때 우리는 그분의 이름 안에 있는 것이 좋다. 예수께서는 우리에게 다음과 같이 경고하셨다: "그 날에 많은 사람이 나더러 이르되 주여 주여 우리가 주의 이름으로 선지자 노릇하며 주의 이름으로 귀신을 쫓아 내며 주의 이름으로 많은 권능을 행치 아니하였나이까 하리니 그때에 내가 저희에게 밝히 말하되 내가 너희를 도무지 알지 못하니 불법을 행하는 자들아 내게서 떠나가라 하리라"(마 7:22~23). 그 당시 무당들은 언제나 더욱 강력한 주문을 찾고 있었다. 그들은 귀신을 쫓아내기 위해 예수의 이름을 사용하는 신자들의 능력을 지켜보았고, 일단의 무당들은 동일한 '기술'을 사용하려 했다. 그러나 그들은 '그리스도 안에' 있지 않았다. 귀신들은 그들을 알지 못했기에 귀신 들린 자가 그들에게 덤벼들어 그들을 심하게 두들겨 팼다(행 19:13~16).

하나님의 이름이 많지만 하나님은 자신의 이름을 여호와라고 말씀하셨다. 구약성경은 여호와에 수식어를 덧붙였다. 한 예로, "여호와는 나의 목자시니"(시 23:1)에서는 하나님의 이름이 야훼 로히(Yahweh Rohi)라고 불렸다. 하나님은 자신이 어떤 분인지를 보여 주시기 위해 그분의 이름을 우리에게 주셨으며, 그분은 최초로 알려진 것처럼 '엘 샤다이'(El Shaddai), 곧 전능한 하나님이셨다. 주의 이름은 하나님의 무적 군대의 깃발이다. 그분은 만군의 주이시며, 전능한 주이시고, 그분의 이름으로 우리는 승리한다.

하나님께서 아들을 세상에 보내셨을 때 그분은 그의 이름이 무엇이 될 것인지를 지시하셨다. 그 이름은 예수였다. "이러므로 하나님이 그를 지극히 높여 모든 이름 위에 뛰어난 이름을 주사 하늘에 있는 자들과 땅에 있는 자들과 땅 아래 있는 자들로 모든 무릎을 예수의 이름에 꿇게 하시고 모든 입으로 예수 그리스도를 주라 시인하여 하나님 아버지께 영광을 돌리게 하셨느니라"(빌 2:9~11). 이는 참으로 놀라운 선언이다. 우리는 하나님의 비밀한 이름을 받았으며, 그 이름은 하나님의 다른 모든 이름들과 하나님의 모든 것을 다 포함한다. 주의 이름들이 우리에게 의미하는 모든 것이 예수라는 이름에 녹아 있다. "하늘과 땅의 모든 권세를 내게 주셨으니"(마 28:18). 우리가 그분의 이름 안에 있을 때 우리는 전능자의 대리인이 된다.

본 장에서 우리는 능력 전도의 비밀을 다뤘다. 그리스도 안에서 우리는 무한한 도움과 연결된다. 우리는 그분을 대표한다. 예수의 이름으로 온다는 것은 우리가 예수께서 하시고자 하는 말씀을 하고, 행하시고자 하는 것을 행하는 것이다. 우리는 주님을 대신해서뿐만 아니라 그분의 이름으로 이를 행한다. 우리가 얼마나 깊이 이를 경험할 것인지는 우리가 얼마나 그분을 알고, 그분의 사랑을 알며, 그분의 긍휼함을 지니고, 그분의 사랑을 위해 얼마나 고난 받을 준비가 되어 있는지, 그리고 하나님의 영광에 대하여 얼마나 열정적인지에 달려 있다. 이는 거울에 비친 우리 자신의 모습을 보며 그분의 형상을 인식하는 것을 의미한다.

— 질문 —

- 우리가 '예수의 이름으로' 올 때에 어떤 권리를 갖고 있는가?

27 누룩과 진주와 물고기

"마치 밭에 감추인 보화"(마 13:44).

복음은 심판에서 우리를 구원하고 천국에 이르는 다리를 만들어 준다. 그러나 이는 단지 시작에 불과하다. 복음은 우리를 천국으로 인도한다.

예수께서는 무리에게 모든 선지자와 율법의 예언이 끝났으며 세례 요한은 마지막 선지자라고 말씀하셨다(마 11:11~13). 그런 후에 주님은 놀랍게도 천국에서 가장 작은 자도 세례 요한보다는 크다고 말씀하셨다. 이는 인격이나 지성의 위대함이 아니라 영적 경험과 시민권의 위대함을 말하는 것이었다. 하나님 나라의 백성은 보다 더 높은 차원의 새로운 질서에 속하며, 이는 거듭난 자들의 것이다. "진실로 진실로 네게 이르노니 사람이 거듭나지 아니하면 하나님 나라를 볼 수 없느니라"(요 3:3).

성취된 하나님의 나라

하나님 나라는 복음을 통해 성취되었다. 마태복음 13장에서 예수께서는 하나님 나라에 대하여 여러 그림을 그리시면서 이를 다른 각도에서 보신다. 복음을 전할 때 우리는 성난 바다에서 잃어버린 자들을 구조하여 안전한 해변으로 옮긴다. 그들은 우리와 함께 하나님 나라의 대리인이 되며, 개인적인 왕의 사신이 된다. 이에 대하여 오해하지 말라. 피값으로 사신바 된 하나님의 자녀들은 아버지 하나님의 목적에 있어서 엄청나게 소중하며, 그분이 지으신 그 어떤 피조물보다 더 특별하다.

그리스도는 천국이 '가까웠다'는 복음을 전하셨다. 그분의 모든 가르침은 거의가 하나님 나라에 관한 것이었다. 첫 번에 나오는 세 복음서 이후에는 하나님 나라에 대한 언급이 별로 없다. 사람들은 이를 문제 삼지만 문제없다. 복음을 선포했을 때 거듭난 신자들은 천국에 들어갔다. 천국이 이미 도래했고, 사람들이 그 안에 있을 때 그들은 그 나라의 도래를 선포하지 않는다. 대신 그들은 그 나라를 탐사한다. 그리스도의 강림은 그 나라를 통해 그분이 이 땅을 침공하셨음을 말하며, 이는 지상에서 마귀의 왕국을 종식하는 전쟁이 시작되었음을 알리는 디데이(D-day)였다. 예수께서 당시에 하신 말씀을 오늘날 우리는 보다 더 깊이 이해해야만 한다.

하나님 나라의 의미가 정말 무엇인지를 성경적 언어로 이해하면 많은 질문들이 풀린다. '나라'란 단어[헬라어로는 바실레이아(basileia)]는 '통치' 혹은 '왕권'을 나타내는 추상적인 단어이다. 그것은 장소, 즉 국가나 영토가 아니다. 예수께서 "내 나라는 이 세상에 속한 것이 아니라"고 하셨을 때 이는 분명 지리적 왕국을 말씀하신 것이 아니었다. 하나님 나라는 하나님의 통치이다. 예수께서는 하나님의 통치인 그 나라가 그분과 함께 도래했다고 말씀하셨다: "그러나 내가 만일 하나님의 손을 힘입어 귀신을 쫓아내는 것이면 하나님의 나라가 이미 너희에게 임하였느니라"(눅 11:20). 예수께서는 하나님 나라의 능력 이상의 것을 행하셨다. 즉 그분 자체가 하나님의 나라였다. 그의 임재 앞에 악한 영들은 도망쳤고, 병자가 나았으며, 죄는 용서되었다. 하나님 나라는 성령을 통해 아들이 행하시는 아버지 하나님의 뜻이다.

예수께서는 하나님의 나라가 '권능으로' 임하실 것을 말씀하셨고, 오순절에 실제로 이 일이 일어났다. 우리는 더 이상 그 나라가 '가까이 왔다'고 말하지 않는다. 왜냐하면 우리는 지금 그 나라 안에 있으며, 우리가 거듭났을 때 그 나라에 들어갔기 때문이다(요 3:5). 그리스도께서는 '그 나라를 우리에게 주셨다'(눅 12:32). 우리는 그 나라의 자녀이다. 우리는 그 나라를 만들거나 세우지 않는다. 성경은 이와 같이 말하지 않는다. 그 나라는 요동치 않으며, 완전하다. 왜냐하면 그 나라는 모든 만물 뒤에 있는 궁극적인 힘이며, 천지 만물 가운데 영원히 이를 것이기 때문이다.

> 하나님 나라는 성령을 통해 아들이 행하시는 아버지 하나님의 뜻이다. 예수께서는 하나님의 나라가 '권능으로' 임하실 것을 말씀하셨고, 오순절에 실제로 이 일이 일어났다. 우리는 더 이상 그 나라가 '가까이 왔다'고 말하지 않는다. 왜냐하면 우리는 지금 그 나라 안에 있으며, 우리가 거듭났을 때 그 나라에 들어갔기 때문이다.

하나님 나라의 그림

마태복음 13장은 하나님 나라에 대한 일곱 개의 비유, 즉 그림으로 되어 있다. 특별히 이 비유들은 하나님의 말씀을 씨앗으로 언급하고 있으며, 또한 씨 뿌림에 관한 그리스도의 가르침을 여러 측면에서 언급하고 있다. 주님께서 강론을 마치신 후에 제자들에게 이 비유를 이해했는지 물으셨다. 주님이 이와 같이 점검을 하신 것은 이번이 유일하다. 하지만 주님은 특별히 그들이 주님의 의도를 이해했는지 궁금해 하셨다. 이것은 분명 우리에게도 중요하다. 예수께서는 그분의 전형적인 그림 언어로 그 나라를 설명하셨으며 가르침을 펼치셨다. 그 가르침은 너무나 지혜로 가득하여 이해하기가 쉬웠다.

이 비유들 중에 첫 번째 비유는 유명한 비유로서 씨 뿌리는 자에 관한 것이다. 예수께서는 이를 완전하게 설명하셨기 때문에 다른 여섯 개의 비유에도 빛을 비춰 준다. 우리가 배우는 첫 번째 교훈은 씨를 뿌려야 한다는 것이다. 씨를 뿌리지 않으면 추수할 것이 없다. 자연에서 다른 방법으로 수확을 거둘 수 있는 방법은 없다. 수확의 법칙은 씨 뿌림을 요구한다. 하나님의 법도 우리가 씨를 뿌리면 그분께서 자라게 하신다. 언제나 추수기에 앞서 파종기가 있어야 한다. 우리가 전하지 않으면 아무도 구원받을 수 없다(롬 10:14~15).

주님은 결코 모든 일을 혼자서 하시지 않는다. 우리가 뒤로 물러나 관전만 하면 하나님이 하늘에서 내려와 모든 일을 떠맡지 않으신다. 하나님의 말씀에 그런 개념은 없다. 종종 '부흥'이라 불리는 사건들과 비교할 때도 복음 전도는 '육체의 일'로 불렸다. 육체가 없으면, 즉 물리적인 노력이 없으면 복음 전도는 불가능하다. 기도는 해야 하지만 기도만으로는 전도가 안 된다. 모든 것을 영적으로, 즉 하나님의 행위로 설명하는 이상적인 차원의 그림은 잘못된 것이다. 성경은 이 땅에서 우리가 해야 할 일에 관해 수천 가지 방법을 동원해 분명히 말한다. 우리가 나가서 문제와 적대감과 부딪히면서 복음을 전할 때에 부흥이 온다. 단지 편안히 집에 앉아 하나님께 부흥을 보내 달라고 간구만 한다면 아무 일도 하지 못한다.

낙심한 자를 안으시는 예수의 팔

예수께서는 우리가 정확한 결과를 기대할 수 없다는 것을 보여 주신다. 말씀을 뿌리면 여러 가지 다양한 결과가 생길 수도 있고, 아무 일도 생기지 않을 수 있으며, 혹은 '백 배의 결실'을 할 수도 있다(마 13:8). 좋은 씨앗 모두가 열매를 맺는 것은 아니다. 하지만 우리는 그 씨를 뿌려야만 한다. 우리의 사역의 열매가 적어 보일 때 우리를 격려하기 위해 주님께서는 우리에게 이 말씀을 하셨다. 씨를 뿌릴 때에 수확이 형편없더라도 우리는 자신이나 다른 신자에게 책임을 전가해서는 안 된다. 걱정도 하고, 우리가 뭔가 잘못되지 않았는지, 우리가 제대로 가고 있는 건지, 하나님이 우리와 함께하고 계시는 건지, 우리의 동기가 선한 건지, 하나님의 뜻을 놓치지는 않은 건지 등에 대하여 의아해 하는 것은 당연하다. 그 해답은 교회의 실패에 있지 않고 예수의 말씀에 있다. 즉 주님은 수확이 땅에 달려 있다고 말씀하셨다. 예수께서는 나사렛에서 굳은 땅을 발견하셨으며, 어떤 나라들은 전체가 나사렛과 같다. 복음이 성공을 거뒀다면 다른 곳과 마찬가지로 사람들이 좋았기 때문이다.

좋은 씨앗이라도 풍성한 수확을 거두지 못할 수 있다. 예수께서는 잃어버린 상태가 불러온 결과를 말씀하셨다. 어떤 씨는 새가 와서 먹어 버렸고, 어떤 씨는 방해 때문에 죽어 버렸다. 다른 씨앗은 얕은 땅, 즉 마음이 얄팍한 자들에게 떨어진다. 또 어떤 씨는 자라기 시작했지만 '이생의 걱정' 때문에 잡초에 묻힌 새순처럼 숨이 막힌다. 이런 실패는 씨와는 아무런 상관이 없으며 오히려 상황과 관련이 있다. 그럼에도 불구하고 상황과 상관없이 계속해서 씨를 뿌려야만 한다.

말씀의 씨는 언제나 좋다. 우리에게는 새로운 복음이 필요 없고, 복음에 뭔가를 더할 필요도 없으며, 유전자 곡물처럼 현대적인 것으로 변형해 가르칠 필요도 없다. "너희가 거듭난 것이 썩어질 씨로 된 것이 아니요 썩지 아니할 씨로 된 것이니"(벧전 1:23). 순수한 말씀에는 성령의 생명력이 있다. 말씀을 변형시키거나 우리 자신의 생각과 이성과 복음을 섞으면 복음은 싹트지 못한다.

수확은 씨 뿌리는 자와 상관이 없다. 왜냐하면 누구나 씨를 뿌릴 수 있기 때문이다. 가치 있는 자나 무가치한 자 모두가 씨를 뿌릴 수 있다. 씨 뿌리는 자는 영적으로 슈퍼맨이 될 필요가 없으며, 교회 지도자들은 누구든 이 일을 못하도록 기를 꺾거나 금해서는 안 된다. 전도 사역에 적합하지 않다고 생각하는 사람들이 큰 승리를 거두는 것을 보고 교회 지도자들은 놀란다. 성경의 인물 중 최소한 절반 정도가 그런 사람들이었다. 우리는 스스로 그리 좋지 않은 사람이라고 생각할지 모른다. 우리는 자신을 나쁘게 생각할지 모르지만 주님은 "일꾼이 적다"고 말씀하신다. 그리고 이 사역은 촌각을 다툰다. 필요한 자격은 단지 씨를 다룰 줄만 알면 된다. 그 양이 아주 적을지라도 말이다.

말씀의 씨는 우리 안에서 인격화되어야만 한다. 마가복음의 비유는 이 비유에 새로운 시각을 더해 준다: "좋은 땅에 뿌리웠다는 것은 곧 말씀을 듣고 받아 삼십배와 육십배와 백배의 결실을 하는 자니라"(막 4:20). 말씀이 뿌려지면 그 말씀은 우리 안에서 씨가 되고 우리는 그 씨의 열매를 맺는다. 그리스도는 다른 이들을 구원하기 위해 우리를 구원하셨다. 뭔가 뿌릴 게 있어야 씨를 뿌릴 수 있다. 성경에 무지한 자는 뿌릴 것이 없다. 말씀이 우리 안에 거해야 하며, '우리 안에 심겨야 하고'(약 1:21), 우리는 말씀을 나르는 자가 되어야 한다. 복음 증거자는 복음을 알아야만 한다.

주님은 우리가 사역에 대하여 낙망할 때 우리를 안아 주신다. 그분은 바위처럼 단단한 땅과 새순이 못 자라도록 경쟁하는 가시덤불과 잡초를 가리키신다. 어떤 씨들은 길가에 떨어진다. 그리고 그 길가는 그 씨를 뿌린 자가 만들기도 한다. 우리는 인간이다. 추수기가 도래하면 어떤 일이 일어나더라도 뭔가 열매가 있게 마련이다.

예수께서 제시하신 파종과 추수의 기본 진리는 다음과 같다. 이 진리는 매우 중요하다.

1. 씨를 뿌리지 않으면 추수는 없다.
2. 말씀은 언제나 좋은 씨이다.
3. 계속해서 무차별적으로 모든 곳에 씨를 뿌려라.
4. 언제나 추수가 있을 것이다.
5. 우리의 불완전한 세계에서 결과는 불완전하다.
6. 씨가 떨어지는 땅과 조건에 따라 수확의 양이 달라질 것이다.

이 기본 진리는 변하지 않는다. 무엇을 해야 할지 그리고 어떻게 해야 할지에 관해 지금까지 많은 이론들이 제시되었다. 하지만 우리는 예수께서 하신 말씀에 특별히 주목해야만 한다. 우리 자신의 사역 결과를 보면서 우리가 경험한 것을 비교하면 기쁨이 없다. "울며 씨를 뿌리러 나가는 자는 정녕 기쁨으로 그 단을 가지고 돌아오리로다"(시 126:6). 그렇다. 우리의 곳간을 채우기 위하여 이웃의 곳간에서 볏단을 훔쳐 오지 말라.

어떤 곳에서는 그리스도를 위하여 사람들을 구원하는 것이 쉽지 않다. 예수께서는 자신의 고향인 나사렛에서 배척을 당하셨으며, 그곳에서는 기적을 행하실 수가 없으셨다. 이를 무시하는 설교자들은 회중을 향하여 더 애쓰라고, 더 기도하라고, 더 거룩해지라고, 더 많이 희생하라고 다그치며, 이것저것 더 많은 것들을 회중에게 요구한다. '부흥이 지연'되면 이것저것에 책임을 전가하며, 회중은 책망을 받고 모든 그리스도인 세대가 야단을 맞는다. 하지만 예수께서 요구하시는 것은 씨를 뿌렸는가 하는 것이지, 씨를 뿌리는 자가 성자인가 아닌가 하는 것이 아니다.

"너는 네 식물을 물 위에 던지라 여러 날 후에 도로 찾으리라 … 풍세를 살펴보는 자는 파종하지 아니할 것이요 구름을 바라보는 자는 거두지 아니하리라"(전 11:1, 4). 상황이 쉬워질 때까지 기다리고, 문화와 패션과 태도와 전통이 변화될 때까지 기다려야 한다면 결코 시작할 수 없다. 초대 교회의 제자들은 예수의 명령―"너희는 온 천하에 다니며 만민에게 복음을 전파하라"(막 16:15)―대로 모든 곳으로 갔다. 로마 제국은 험악하고 잔인했다. 하지만 첫 추수지는 바로 그곳이었다. 예수께서는 결과가 아닌 일에 대한 삯을 받을 것이라고 말씀하셨다.

> 로마 제국은 험악하고 잔인했다. 하지만 첫 추수지는 바로 그곳이었다. 예수께서는 결과가 아닌 일에 대한 삯을 받을 것이라고 말씀하셨다.

엄청난 이익

마가복음 4장 26~29절에 씨에 관한 또 다른 비유가 있다. 이 비유는 씨의 성장에 대한 더 많은 통찰력을 제공해 준다. "또 가라사대 하나님의 나라는 사람이 씨를 땅에 뿌림과 같으니 저가 밤낮 자고 깨고 하는 중에 씨가 나서 자라되 그 어떻게 된 것을 알지 못하느니라 땅이 스스로 열매를 맺되 처음에는 싹이요 다음에는 이삭이요 그 다음에는 이삭에 충실한 곡식이라." 우리는 추수를 만들어 낼 필요가 없다. '스스로' 라고 하는 헬라어 단어는 아우토마토스(automatos)이다. 영어에서는 '자동으로'(automatically)라는 단어에서 이를 쉽게 알 수 있다. 그런 뒤에 다음 단계가 나온다: "열매가 익으면 곧 낫을 대나니 이는 추수 때가 이르렀음이니라." 이것이 복음의 신기함이다. 우리의 설득의 능력으로는 한 사람도 회개시키거나 의에 이르게 할 수 없다. 그리스도가 오시기 전에 이스라엘이 그랬다. 선지자들의 설득과 경고를 들었지만 아무도 죄에서 돌이키지 않았다. 우리가 아무리 애써도 하나님 나라의 결과를 만들어 낼 수는 없다. 우리는 중생을 창조할 수 없다. 그것은 성령의 역사이다.

이제 두 개의 비유를 더 살펴보도록 하자. 하나는 진주에 관한 것이고, 또 하나는 밭에 숨겨진 보화에 관한 것이다. 이 두 비유는 우리에게 동일한 것을 말해 준다. 즉 보화를 소유하기 위해서는 자신의 모든 소유를 투자해야 한다. 하나님의 나라는 이차적인 것이 아니다. 우리는 큐티용 단상들을 제공하지 않는다. 우리는 근본적인 것들과 구원, 잃어버린 세상을 구속하는 것, 삶과 죽음, 불행과 기쁨, 억압과 자유를 생각한다. 궁극적으로 이 땅의 모든 거민들은 이런 문제들을 직면해야만 한다. 이 정도 크기의 문제들을 다루려면 전적으로 모든 것을 투자해야만 한다.

그리스도의 희생은 전적인 것이었다. 이는 그분이 구하신 것이 얼마나 중요했는지를 의미한다.

사람들을 천국으로 데려간다는 우리의 목표는 하나님에게 중요하며 영원한 관점을 지닌다. 이는 그리스도께서 위해서 사시고 죽으신 모든 것이다: "그가 자기 영혼의 수고한 것을 보고 만족히 여길 것이라"(사 53:11). 그 희생—이를 위해 시간과 노력과 기도가 투자되었다—은 전혀 희생이 아니었다. 그것은 엄청난 이익이었다.

나는 언제나 누룩을 사용하여 떡을 만드는 여인의 비유를 보고 흥분한다. 누룩은 부풀어 반죽의 모든 부분에 스며든다. 성경에서 이는 무엇을 의미하는가? 성경에서 누룩을 위선과 합리주의, 악의와 부도덕의 상징으로 말한 곳이 있다(마 16:6, 11, 고전 5:8). 그러나 주님의 비유에서 이런 의미를 암시하는 곳은 한 군데도 없다. 예수께서는 "천국은 마치 … 누룩과 같으니라"고 말씀하셨다(마 13:33). 다른 경우에 주님은 복음이 지닌 누룩의 효과에 대하여 말씀하셨다. 주님은 소수의 따르는 자들에게 "너희는 세상의 소금 … 너희는 세상의 빛이라" 말씀하셨다(마 5:13~14).

참으로 복음이 들려지는 곳마다 복음은 삶에 스며들어 이를 변화시킨다. 증오, 복수, '눈에는 눈으로' 하는 보복, 분노, 이기심, 무관심과 대조적으로 기독교가 전파되는 곳마다 정직, 성실, 법 준수, 친절, 관심과 같은 것들이 삶의 규범으로 인식된다. 제자들은 온 떡덩이를 부풀렸고, 어둠을 밝혔으며, 세상이 부패하는 것을 막았다. 이런 결과들을 간과해서는 안 된다. 어둠이 가장 깊을 때에 작은 촛불은 빛을 발한다. 미량의 소금만으로도 대량의 음식을 보존한다. 누룩을 조금만 넣어도 반죽이 맛있는 빵으로 변한다. 한 사람의 회심이 사회에 미치는 영향을 사람들은 언제나 과소평가하며, 세상은 이를 결코 인정하지 않는다. 그러나 그리스도가 선포되는 세상은 언제나 더 나은 세상이 된다. 그리스도의 법을 무시했을 때에 정부는 질서를 유지하기 위해 수천 가지의 법이 필요하다. 교회가 비면 감옥이 넘쳐난다. "여호와로 자기 하나님을 삼은 나라 … 복이 있도다"(시 33:12). 그리스도의 모든 증인들은 세상의 행복을 위한 비밀 자산이다.

> 그리스도의 법을 무시했을 때에 정부는 질서를 유지하기 위해 수천 가지의 법이 필요하다. 교회가 비면 감옥이 넘쳐난다.

마태복음 13장에 나오는 겨자씨 비유는 또 따른 놀라운 비유이다. 이 비유는 씨 중에 가장 작은 씨가 상당한 크기의 나무로 자란다고 말한다. 예수께서 이 말씀을 하신 것이 놀랍다. 왜냐하면 보통 겨자 나무는 상당히 작기 때문이다. 겨자씨가 나무가 되는 경우가 알려지긴 했어도 자연스러운 것은 아니었다. 그러나 복음의 씨는 이와 같다. 그것은 놀랍고도 자연스럽지 않은 성장을 가져온다. 세상의 아이디어는 어떤 영향을 미치려면 광고, 홍보, 과장을 통해 압력을 가해야만 한다. 반대로 불안하고 하찮아 보이는 그리스도인의 노력이라 할지라도 이는 상당히 강력한 씨와 같다. 비록 낮고 작은 후미진 곳에서 시작되었더라도 이런 씨는 결과를 가져온다. 회심은 배가된다. 그리스도에게로 돌아온 한 사람이 성장하여 많은 열매를 맺는다.

나는 한 사람의 회심자—심지어 어린아이나 청소년이라 할지라도—가 장차 수십 년 동안 경건의 출발점이 될 수 있다는 것을 생각할 때가 많다. 젊은이들은 부모가 되고 그 가족은 여러 세대 동안 자손을 증식해서 경건한 왕조를 세운다. 비극은 이와 같은 가능성을 지닌 자들이 타락으로 길을 잃을 수 있다는 것이다. 세월이 지나갈수록 불신자들이 연쇄적으로 생겨난다. 우리는 그 결과의 영향력이 얼마나 클지 알지 못한다.

주님을 섬긴다는 것은 긍정적인 특권이며, 어려움에 봉착한 이 세상에서 그들의 미래의 선을 위해 뭔가를 기여할 수 있는 기회이기도 하다!

일곱 번째 비유인 그물 비유는 종말에 관한 것이다. 이 불완전한 세상에서 우리의 수고의 결과는 혼탁해질 수 있다. 교회는 모든 사람이 같은 생각을 갖는 이단 단체가 아니다. 교회는 병자와 부상자들을 위한 병원이다. 예수께서는 좋은 물고기들 가운데 나쁜 물고기가 있을 것을 아셨다. 또 다른 비유에서 예수께서는 알곡 가운데 가라지를 말씀하셨다. 우리는 모든 이들이 영적으로 성숙한 그런 교회를 결코 찾지 못할 것이다. 그리고 모든 그리스도인의 믿음이 훌륭하고, 지도자들은 실패하지 않으며, 한 사람도 떨어져 나가는 그리스도인이 없는 그런 교회도 없다. 오늘날 우리 주변에는 수많은 가룟 유다들과 데마들이 있다. 만민의 심판장께서 심판 날에 모든 문제들을 해결해 주실 것이다. 교회에 잠입한 악한 남녀들은 피할 수 없다. 우리는 가치 있는 자와 그렇지 않은 자, 진짜와 가짜를 심판하여 구분할 수 없다. 우리의 일은 가라지를 제거하는 것이 아니라 씨를 뿌리는 것이며, 이단을 쫓아내는 것이 아니라 귀신을 쫓아내는 것이다. 우리의 사역은 단지 복음을 성실하게 전하고 진리를 위해 일어나 예수를 증거하는 것이다. 그 끝은 분명하다. 그로 인해 하나님 나라가 도래한다.

— 질문 —

1. 씨 뿌리는 자의 비유에서 성공을 위한 필수 조건들은 무엇인가?
2. 누룩의 비유는 무엇을 의미한다고 생각하는가?

✳

"하나님의 나라는 말에 있지 아니하고 오직 능력에 있음이라"(고전 4:20).

✳

28 신분

> "적은 무리여 무서워 말라 너희 아버지께서
> 그 나라를 너희에게 주시기를 기뻐하시느니라"(눅 12:32).

원시림에 사는 원주민이 비행기를 타고 현대 도시로 갔다. 그는 한 번도 거리, 빌딩, 자동차, 통조림, 불어서 끌 수 없는 전등, 자동문, 텔레비전, 혹은 그림이나 사진을 본 적이 없었다. 우리는 하나님의 나라를 단지 종교적 수사법으로 무시할지 모른다. 하지만 하나님의 나라는 원시림의 삶과 대도시의 삶이 다르듯이 세상 나라와 다르다.

믿음으로 붙들라

예수께서는 "내 아버지께서 나라를 내게 맡기신것 같이 나도 너희에게 맡겨"라고 말씀하셨다(눅 22:29). 제자들이 하나님 나라를 '소유한다'는 계시는 새로운 개념이었다. 이는 믿음으로만 이해해야 했다. 지금 상태에서 하나님이 무슨 뜻으로 이런 말씀을 하셨는지 다 알 수는 없지만 그분께서 그의 사랑하시는 성자에게 그리고 우리에게 별 볼일 없는 것을 주시지는 않았을 것이다.

복음을 세상에 가져갈 때에 우리는 우리가 하나님 나라에 있다는 것과 또한 우리가 하나님 나라의 대표자일 뿐만 아니라 우리가 하나님 나라를 이미 받았음을 주장할 수 있다. 천국 시민이 된다는 것은 넝마와 같은 이 세상의 풍속을 버리고 그리스도로 옷 입는 것을 뜻한다. 우리 자신도 새로운 생각과 새로운 외모, 새로운 태도, 특히 새로운 능력을 지닌 새로운 존재이다. 우리는 천국의 시민이다.

> 천국 시민이 된다는 것은 넝마와 같은 이 세상의 풍속을 버리고 그리스도로 옷 입는 것을 뜻한다.

우리는 귀화했고, 신의 성품을 가졌으며(벧후 1:4), 이로 인해 온전한 시민권과 하나님 나라의 모든 권리를 얻는다(빌 3:20). 그리스도 안에서 우리가 누구이며 어떤 존재인지, 그리고 하나님 나라의 일이 무엇인지를 우리는 기본적으로 깊이 이해해야 한다.

'나라'(kingdom)라는 단어는 마태복음에서 52회, 누가복음에서 43회, 마가복음에서 20회 등장하며, 요한복음에서는 단지 5회, 사도행전에서는 8회 등장하고, 나머지 서신서에서는 전혀 등장하지 않는다. 그 이유는 무엇인가? 이제 그 놀라운 이유를 곧 알게 될 것이다.

예수의 메시지는 하나님 나라였다. 복음 전도의 목표는 사람들을 그 나라로 데려가는 것이다. 그러므로 무엇이 하나님의 나라이고 무엇이 하나님의 나라가 아닌지 살펴보자.

새로운 종류의 하나님 나라

첫째, 하나님 나라는 물리적 국경을 지닌 장소가 아니다. 또한 그곳은 우리가 죽을 때에 가는 곳도 아니다. 그것은 그리스도인들이 도시를 점령하는 것도 아니다. 예수께서 본디오 빌라도에게 말씀하신 것처럼 하나님의 나라는 "이 세상에 속한 것이 아니"다(요 18:36). 하나님 나라에 계신 그리스도는 군대도 없으시다. 예수께서는 왕이시지만 왕위에 앉기 위해 피의 강물을 건너지 않으셨다. 그분이 흘린 피는 오직 그분의 구속의 피였다. 그분의 나라는 전투기가 아니라 기도로 임한다. "그러므로 너희는 이렇게 기도하라 … 나라이 임하옵시며 뜻이 하늘에서 이룬 것 같이 땅에서도 이루어지이다"(마 6:9~10).

어떤 이들은 이 나라를 일종의 루리타니아(Ruritania, 안토니 호프의 소설에 나오는 중앙유럽의 공상의 나라-역주)처럼 가공의 나라로서 '영적'으로만 생각할지 모른다. 하나님의 나라는 실재한다. 그 능력은 하나님의 전능하심이다. 그것은 지구상의 그 어떤 능력보다 더 많은 사람들에게 영향을 미친다. 그 나라는 어떤 정부도 시도하지 못하고 어떤 형법도 하지 못한 것을 해낸다. 그 나라는 쓰레기 같은 인생을 구원하고, 잃어버린 것을 찾아내며, 치유하고, 구속하고, 소망과 사랑을 창조하며, 깨어진 가정을 고치고 경건한 가정을 세우며, 새 날의 새벽빛으로 우리의 얼굴을 밝힌다. 그 나라의 경제 기반은 돈이 아니라 믿음에 있다. 하나님 나라의 화폐는 믿음이다. 현대 국가 중 어느 나라도 존재의 목적을 가지고 있지 않다. 그러나 그 나라는 하나님의 영광을 위해 존재한다.

그리스도께서 그분의 나라는 "이 세상에 속한 것이 아니다"라고 말씀하셨을 때 그분은 로마 제국의 대표자였던 본디오 빌라도에게 중심 진리를 전하고 계셨다. 그 나라는 실존하는 나라이지만 새로운 종류의 나라이다. 이 세상의 나라들은 군대와 경찰 그리고 법을 가지고 국경을 유지하지만, 하나님 나라는 이와 같은 방식으로 보호하고 방어하기 위해 어떤 사람도 고용하지 않는다.

이 땅에 신정정치나 크리스천 통치와 같은 나라를 창조하려는 시도가 지금까지 있어 왔다. 하지만 그런 나라도 다른 나라와 마찬가지로 이 세상 나라로 입증되었다. 예수께서는 그 나라가 이미 임했다고 선포하셨다. 즉 지금 임했지만 궁극적인 형태로 임하지 않았다. 우리는 그 나라를 강요할 수 없다. 그래서 우리는 이에 대한 우리의 생각을 분명히 해야만 한다. 이런 나라를 세우려는 모든 시도는 비극으로 끝났다. 그 나라는 영토를 주장하지 않으며, 정치나 통치자가 없다. 지상에는 하나님의 도성이 없기에 우리는 여전히 "나라이 임하옵시며"라고 기도해야만 한다. 우리는 그 나라의 미래에 대하여 잘 모른다. 하지만 그리스도가 왕의 왕이 되실 때 영광과 계시의 상상할 수 없는 새로운 질서가 생길 것이다.

그 나라를 '소유한다'는 개념에 대한 이해는 먼저 다니엘서 7장 22절에서 시작된다: "옛적부터 항상 계신 자가 와서 지극히 높으신 자의 성도를 위하여 신원하셨고 때가 이르매 성도가 나라를 얻었더라." 이 성경에 대한 논란이 많다. 즉 지극히 높으신 자의 성도는 누구이며 그 나라는 무엇인지, 특히 그들이 그 나라를 어떻게 소유하는지 등이 그것이다. 예수께서 제자들에게 "적은 무리여 무서워 말라 너희 아버지께서 그 나라를 너희에게 주시기를 기뻐하시느니라"고 말씀하셨을 때에 이 문제에 대한 조명이 시작되었다(눅 12:32). 다니엘서에서 '성도'는 예수께서 말씀하신 "적은 무리", 곧 그분의 제자들이었다. 그들이 '하나님의 나라를 소유할' 것이었다. 예수께서는 성부 하나님이 이미 그들에게 그 나라를 주셨다고 말씀하셨다.

하나님 나라에서는 하찮은 자(nobody)가 하찮은 자가 아니다. 우리 모두는 특별하다. 우리는 우리가 누구인지 깨달아야만 하며, 이에 대하여 흔들리지 말아야 한다. 우리는 '적은 무리'에 속하지만 영원한 나라의 시민으로서 머리를 들어야만 한다. 그 나라의 남녀들은 손에 손을 잡고 악과 마귀를 대적한다. 세상은 타락한 문화이다. 그리스도는 그분과 함께 하기 위하여 우리를 부르셨고, 우리는 죽어가는 세상을 떠나 이민을 갔다: "그가 우리를 흑암의 권세에서 건져내사 그의 사랑의 아들의 나라로 옮기셨으니"(골 1:13). 우리는 그 나라의 이민자이며, 시민권을 받고 성령의 전신갑주로 무장한다.

비록 '하나님 나라를 소유하는 것'이 영토를 얻거나 이 땅 위에서 어떤 물리적 장소를 얻는 것은 아니지만, 우리는 소유권과 특권을 지닌 하나님의 '관료들'(officials)이다. 이를 수용하기가 어렵지만 성령께서는 우리 마음에 한 줄기 빛을 보내실 수 있다. 성경에서 믿음이 아닌 다른 것으로 이해된 진리는 없다. 믿음을 사용하면 하나님의 나라는 매우 실제적으로 보인다. 그리고 그 나라에 대한 우리의 책임은 다른 그 어느 것보다 크다. 그 나라는 진리의 나라이다. 우리는 이 진리 위에 살고 행한다.

지금 하나님의 나라는 사람을 다스릴 권세는 주지 않지만 원수의 모든 능력을 제어할 권세는 준다. 우리는 지위를 이용하여 다른 사람을 누를 수 없다. 우리 모두는 주인이 아니라 그리스도의 종이다. 우리는 "오직 즐거운 뜻으로 하며 … 맡기운 자들에게 주장하는 자세를 하지 말고

… 다 서로 겸손으로 허리를" 동여야만 한다(벧전 5:2~5). 그리스도의 나라에서는 '선생은 하나'이며 우리는 다 '형제'이다. 또한 '우리 아버지는 하나'이시고, '우리 지도자도 하나'이시며, 그분이 곧 그리스도이시다. 그리스도의 나라에서 '우리 중에 큰 자는 우리를 섬기는 자가 되어야만 한다'(마 23:8~11). 우리가 수행원을 대동하면 다른 이에게 감명을 줄지 모른다. 하지만 하나님은 안내 데스크나 사무실 입구에 멈추지 않으신다. 그분은 우리의 심장소리를 듣기 위해 영적인 청진기를 들고 우리 앞에 나타나신다.

하나님 나라의 자녀들

산상수훈에서 예수께서는 하나님 나라 백성의 성품을 설명하셨다. 그분의 첫 마디는 "심령이 가난한 자는 복이 있나니 천국이 저희 것임이요"였다(마 5:3). '저희 것임이요'[헬라어로는 아우툰 에스틴(autoon estin)]란 말은 긍정적이다. 즉 '심령이 가난한 자'가 천국을 소유한다. 그리스도는 계속해서 말씀하셨다: "온유한 자는 복이 있나니 저희가 땅을 기업으로 받을 것임이요." 이는 미래의 약속이다. 큰 차이가 있다면 주님께서는 "심령이 가난한 자가 천국을 유업으로 받을 것임이요"라고 말씀하지 않으셨다. 그들은 이미 그 나라를 가지고 있다.

'심령이 가난한 자'는 누구인가? 그들은 단지 가난한 자가 아니라 영적으로 가난한 자이다. 예를 들어, 시편과 잠언에서 가난한 자는 불행한 자와 함께 75번이나 언급되었다. 가난한 자와 부자는 자연스러운 질서로 여겨졌으며, 부자는 적었고 가난한 자는 많았다. 너무나 많은 자들이 의지할 데가 없었고, 돈도, 친구도, 소망도 없었다. 그들은 하나님께로 돌아가 그분을 자기의 소망으로 둔 가난한 자들이었다. 그들은 그들의 미래와 고통을 그분께 맡겼다. 가난으로 인해 그들의 영은 겸손했고, 그들은 모든 교만과 자급자족을 자신에게서 구하지 않았다. 이로 인해 그들에게는 한 가지 선택, 즉 하나님을 의뢰하는 것밖에 없었다. 심령이 가난한 자들은 겸손한 자들이며, 교만치 않고, 자신을 의뢰하지 않는 자들이다. 그들은 하나님을 신뢰함으로 행하기로 작정하였다. 그들은 그 나라를 소유하였으며, 그 나라를 가장 소중하게 여겼다.

우리는 마태복음 5장에서 7장까지의 산상수훈을 오해할 때가 많다. 어떤 이들은 이를 그리스도인의 시내산, 즉 그리스도의 새로운 율법이라고 부른다. 그러나 그렇지 않다. 예수께서는 우리에게 오직 한 가지 율법, 즉 사랑의 율법을 주셨다. 산상수훈은 그리스도께서 이 사랑의 율법을 강해하신 것이다. 그분의 설교는 하나님 나라의 백성이 무엇인지를 설명했다. 아마도 이 말이 이상적으로 들릴지 모르지만, 그럼에도 불구하고 그 나라 백성들의 근본적인 성향과 목적을 설명했다.

예수의 형제인 야고보는 자신의 말로 이를 다음과 같이 표현했다: "하나님이 세상에 대하여는 가난한 자를 택하사 믿음에 부요하게 하시고 또 자기를 사랑하는 자들에게 약속하신 나라를 유업으로 받게 아니하셨느냐"(약 2:5). 하나님은 부자건 가난한 자건, 믿음의 사람들을 사랑하신다. 가난한 자들은 믿음을 발휘할 때가 많다. 왜냐하면 그들은 의지할 다른 것이 없기 때문이다. 가난 때문에 사람들의 마음은 낙담되고 무너진다. 우리는 비통함의 늪에 빠질 필요가 없다. 가난으로 인해 우리는 하나님을 향해 나아갈 수 있다. 극심한 가난으로 인해 자존심은 낮아지고, 사람들은 하류 계층처럼 느끼며, 세상에서 말발이 서지 않는 보잘것

없는 사람이 된다. 하나님의 은혜로 우리의 무거운 불행은 하나님을 아는 황금과 같은 경험으로 바뀐다. 가난 때문에 우리는 하나님을 의지하게 된다. 우리의 인생은 돈으로 성취할 수 없는 방식으로 부요하게 된다. 하나님을 신뢰하는 것이 자신을 신뢰하는 것보다 훨씬 낫다.

사도 바울은 가난했지만 복음으로 많은 사람들을 부요케 했다고 말했다(고후 6:10). 교회는 재정적 유익을 위해 세워진 기관이 아니다. 이와 반대로 교회는 베드로가 성전 문에 앉아 있던 거지에게 한 말처럼 되어야 한다: "은과 금은 내게 없거니와 내게 있는 것으로 네게 주노니 곧 나사렛 예수 그리스도의 이름으로 걸으라"(행 3:6). 오늘날 부유한 세상에서 얼마나 많은 사람들과 교회들이 "은과 금은 내게 없거니와"라고 말할 수 있는가? 반대로 얼마나 많은 사람들이 "예수 그리스도의 이름으로 걸으라"고 말할 수 있는가? 이 책은 이에 관한 것이다. 즉 우리가 소유를 드리고, 사람들에게 복음을 소개하고, 하나님 사랑의 경험을 나누고, 사람들을 영적으로 건강하고 부요하게 만들고, 하나님을 신뢰하며, 하나님 나라의 자녀가 되는 것이다.

예수께서 "약대가 바늘귀로 들어가는 것이 부자가 하나님의 나라에 들어가는 것보다 쉬우니라"(마 19:24)고 말씀하긴 하셨지만, 하나님은 부자의 자리도 마련하신다. 부자가 되는 것은 죄가 아니다. 하지만 부를 사랑하는 것은 마귀가 수확하기 좋은 옥토이다. 바울은 디모데에게 다음과 같이 말했다: "네가 이 세대에 부한 자들을 명하여 마음을 높이지 말고 정함이 없는 재물에 소망을 두지 말고 오직 우리에게 모든 것을 후히 주사 누리게 하시는 하나님께 두며"(딤전 6:17). 돈은 우리를 태우는 말과 같다. 하지만 우리는 종종 말을 메고 간다. 이는 돈의 함정이다.

예수께서 갈릴리 지역과 예루살렘을 방문하셨을 때 갈릴리와 심지어 예루살렘에도 부자들이 많지 않았다. 지금 세계에는 부와 부자들이 생겨난다. 만일 부자들이 천국에 들어가는 것이 어렵다면, 그리스도 시대의 대부분의 사람들과 비교했을 때 제3의 밀레니엄을 살고 있는 우리 모두는 아마도 상대적으로 저들보다 부요하며 로마 황제도 알지 못했던 삶의 수준을 누리고 있음을 명심해야 할 것이다. 부자가 심령이 가난해지는 것이 힘들진 몰라도 불가능하진 않다. 천국 문은 그들의 부 때문에 부자들에게 닫히지 않는다. 만일 그렇다면 우리 중 추운데 밖에서 떨고 있을 자들이 많을 것이다.

사실 가난은 하나님의 계획이 아니다. 그분은 이 지구와 그 광대한 자원과 기름, 금, 숲을 만드셨고, 청지기인 우리의 손에 이를 맡기셨다. 그분은 경건치 않은 자들만을 위해 부를 만들지 않으셨으며, 경건한 자들을 시험하거나 유혹하기 위해 이를 만들지도 않으셨다. 시여자(the Giver)이신 하나님과 같이 우리도 줄 것이 있어야만 한다. 그분은 영원한 태양처럼 선하심을 쏟아 부으신다. 복음 전도의 목적은 물질의 번영이 아니라 복음을 통한 열방의 번영이다.

이론 이상의 것

또한 예수는 우리가 하나님 나라를 볼 수 있는 창문과 같은 것을 말씀하셨다. 주님은 "하나님의 나라를 전파하며 앓는 자를 고치게 하려고" 제자들을 보내셨다(눅 9:2). 이는 두 가지처럼 보이지만 하나이다. 천국 전파를 통해 제자들은 병자를 고쳤다. 의사가 의술을 베풀듯이 하나님 나라의 백성들은 하나님의 치유를 전달한다. 아니면 하나님 나라의 능력은 이론에 불과하다.

하나님 나라에는 표적이 있으며 예수께서는 이를 지적하셨다: "그러나 내가 만일 하나님의 손을 힘입어 귀신을 쫓아내는 것이면 하나님의 나라가 이미 너희에게 임하였느니라"(눅 11:20). 제자들을 전도 현장으로 보내시면서 주님은 말씀하셨다: "어느 동네에 들어가든지 너희를 영접하거든 너희 앞에 차려놓는 것을 먹고 거기 있는 병자들을 고치고 또 말하기를 하나님의 나라가 너희에게 가까이 왔다 하라"(눅 10:8-9). 몸이 젖으면 물이 있음을 증거하는 것처럼 치유는 하나님 나라가 있음을 증거한다.

> 몸이 젖으면 물이 있음을 증거하는 것처럼 치유는 하나님 나라가 있음을 증거한다.

하나님 나라는 신학적 개념 이상의 것이다: "하나님의 나라는 말에 있지 아니하고 오직 능력에 있음이라"(고전 4:20). 세례 요한은 천국이 가까이 왔다고 선포했다. 그리고 예수께서는 요한의 메시지를 반복하기 시작하셨다. 그러나 예수께서는 천국이 가까이 왔음을 선포하기 위해 제자를 보내지 않으셨다.

헬라어 바실레이아(basileia)는 '통치'를 의미한다. 하나님 나라는 하나님의 통치이다. 그분의 나라에서 하나님은 명목상의 왕이 아니시다. 그분은 실제로 권세를 행하시고 악과 마귀와 어둠과 질병의 세력에 도전하신다. "내가 너희에게 … 원수의 모든 능력을 제어할 권세를 주었으니"(눅 10:19).

이제 하나님의 나라는 이렇게 나타난다. 예수가 행하신 능력도 하나님의 나라였다. 귀신들은 주님께 항복하였으며, 모든 사람들이 놀랐다. 사람들은 "오늘날 우리가 기이한 일을 보았다"고 말했다(눅 5:26). 이제 오직 한 가지 능력만이 존재했다. 그것은 성령이셨다. 하나님 나라의 능력은 성령의 능력이다. 그리스도는 자신이 하나님의 손을 힘입어 귀신을 쫓아낸다고 말씀하셨으며, 그 손은 성령이시다. "하나님의 손"이란 말은 성경에서 오직 한 군데 다른 곳에 나온다. 하나님께서 자기 백성을 해방시키기 위해 애굽의 권세를 부수실 때에 바로의 신하들은 "이는 하나님의 손(우리말 성경에는 "권능"으로 되어 있다-역주)이니이다"라고 말했다(출 8:19). 바로 이 '손'이 예수께서 하나님의 나라―운행하시는 하나님―라고 부르신 바로 그것이다. 얼마나 놀라운 운행인가! 주님은 애굽을 이기신 바로 그 능력으로 귀신을 쫓아내셨다.

복음이 전파되기 전에 사람들은 성령에 대하여 잘 몰랐다. 하나님은 구약 시대에 아주 가끔씩 기적을 행하셨다. 사람들은 하나님의 통치가 무엇을 의미하는지 알았지만, 예수께서 가르치기 시작하실 때까지 거기에 성령의 초자연적인 역사가 관여되었다는 것을 몰랐다.

그래서 처음 세 복음서는 모든 능력의 역사를 하나님의 나라, 즉 하나님의 통치로 돌린다. 그런 뒤에 하나님의 성령을 오순절에 부어 주셨다. 사도들은 이제 이를 하나님의 나라로 부를 필요가 없었다. 그들은 그것이 정말 어떤 것인지를 알았다. 그것은 성령이셨다. 우리는 처음 세 복음서 후에 하나님의 나라에 대하여 별로 읽지 못한다. 왜냐하면 성령이 아직 주어지지 않았다가 주어지자 하나님 나라의 언어는 오순절의 언어로 바뀌었기 때문이다.

부활하신 예수께서 마지막으로 제자들에게 말씀하신 40일 동안, 주님은 "하나님 나라의 일"에 대하여 말씀하셨다(행 1:3). 그런 뒤에 주님은 용어를 바꾸셔서 제자들에게 성령으로 세례를 받을 것이라고 말씀하셨다. 예수께 성령이 계셨을 때에 하나님의 나라가 드러났다. 이제 제자들도 성령을 받을 예정이었으며, 그것은 하나님 나라의 능력이었다. 오순절이 이르기 전에 제자들은 그리스도께서 위임하신 능력으로 하나님의 나라를 전파하고 병든 자를 고쳤다. 하지만 오순절 이후에 제자들은 성령의 능력으로 그리스도를 전하고 병자를 고쳤다. 오늘날 성령의 나타나심 가운데 사역하는 모든 신자들처럼 그들도 '하나님의 나라를 소유' 했다.

예수께서는 '아무도 일할 수 없는 밤' 을 말씀하셨다(요 9:4). 이는 아무도 기적을 행할 수 없는 때를 말한다. 그 밤에 주님은 체포되셨다. 그리스도께서 죽은 자 가운데서 부활하시고 하나님 우편에 오르시기까지 아무런 기적도 일어나지 않았다. 그러나 예수께서는 제자들에게 하나님의 나라가 능력으로 임하는 것을 보게 될 것이라고 약속하셨고, 성령을 부어 주셨을 때에 이 일이 성취되었다. 초대 교회의 제자들은 이를 목도하였고, 오늘날 우리도 여전히 이를 목도하고 있다.

너무 흥분된다! 복음 증거를 위한 성령의 은사들은 하나님 나라의 권세와 자원을 대표한다. 이 모든 것은 성령 안에 있다. 예수께서 제자들과 함께하시는 동안 그들은 주님에게서 그들의 권세를 얻어 병자를 고쳤다. 주님은 제자들에게 원수의 모든 권세를 제어할 능력을 위임하셨다. 오늘날 예수께서는 성령을 보내시며, 성부 하나님을 부르는 모든 자에게 그분을 주신다. '심령이 가난한 자' 는 하나님 안에서 능력을 얻고, 하나님 나라를 소유한다.

고대 이스라엘에서 하나님의 사람들이 회개와 하나님을 신뢰하라고 전했을 때 그곳에서는 아무런 반응도 없었다. 에스겔은 그들이 자기 예언을 마치 즐거운 음악처럼 듣길 좋아했지만 들은 후에는 아무런 변화도 없이 그냥 돌아갔다고 말했다(겔 33:32). 왜 그랬을까? 왜냐하면 죄에 대하여, 의에 대하여, 심판에 대하여 세상을 책망하시는 성령을 주시지 않았기 때문이었다. 그러나 오늘날 우리 중 가장 하찮은 자라도 복음을 증거할 수 있으며, 복음이 삶을 변화시키는 것을 볼 수 있다. 왜냐하면 성령이 오셨기 때문이다.

그래서 우리는 "성령의 충만을 받으라"는 명령을 듣는다(엡 5:18). 이것이 바로 예수께서 병자를 고치시고 귀신을 내쫓으시던 하나님 나라의 권세이다. 우리는 혼자 일하지 않는다. "자녀들아 너희는 하나님께 속하였고 또 저희를 이기었나니 이는 너희 안에 계신 이가 세상에 있는 이보다 크심이라"(요일 4:4). 우리에게는 동맹군이 있다. 하나님 나라의 모든 능력이 우리를 지원한다. 하나님 나라는 어둠의 나라와 전쟁 중이다. 하지만 우리는 게릴라가 아니며, 각 사람은 어둠의 세력과 고독하게 혼자 싸우지 않는다. 우리는 우리 대장 되신 예수의 세계 전략의 일부이다. 주님은 전선에서 참전하고 있는 우리와 계속해서 연락하신다. 그곳은 우리를 필요로 하는 곳이며, 주님께서는 그곳에 우리를 배치하셨다.

우리가 낙심하고 지쳤을 때 우리는 우리를 챙겨 주는 이가 하나도 없다고 생각할지도 모른다. 우리는 우리 자신에 대하여 선지자 엘리야처럼 느낄지 모른다. 그는 "저만 남았나이다"라고 말했다. 그러나 주님께서는 엘리야에게 그가 모르는 7,000명이 남아 있다고 말씀하셨다(왕상 19:15~18). 선지자 엘리사는 더 잘 알았다. 그의 종이 적군에 포위되었다는 소식을 듣고 사시나무 떨듯 떨자 선지자는 말했다: "두려워하지 말라 우리와 함께한 자가 저와 함께한 자보다 많으니라"(왕하 6:16). 하나님 나라의 자원이 우리를 지원하고 있다.

이 얼마나 큰 힘인가! 이 얼마나 큰 확신인가! 이 얼마나 큰 특권인가!

── **질문** ──

1. 예수 당시의 사람들은 하나님 나라에 대하여 어떤 실수를 범했는가?
2. 하나님 나라에서 우리의 지위는 무엇인가?

29 건강!

"병든 자를 고치며 … 문둥이를 깨끗하게 하며" (마 10:8).

오늘날 5억의 그리스도인들은 몸과 영혼의 구원을 경험하고 있다. 성령께서는 주님이 만물의 하나님이시며 하늘과 땅의 모든 권세를 가지고 계심을 온 세계에 증거하고 계시다. 치유, 이적, 축사가 모든 곳에서 일어남으로써 하나님께서 모든 곳에 편재하심이 분명해졌다. 이런 일들을 아직도 하나님께서 행하시는지에 대한 논쟁은 이제 과거의 일이 되고 말았다.

그럼에도 불구하고 우리의 믿음은 하나님의 말씀에 있어야만 한다. 경험은 두 번째 성경이 아니다. 말씀은 하나님에 대한 것이기에 말씀이 말하면 그대로 믿어야 한다. 말씀이 없는데 우리에게 소망이 있을지 모르겠다. 말씀이 있으면 우리에게 믿음이 생긴다.

> 우리의 믿음은 하나님의 말씀에 있어야만 한다. 경험은 두 번째 성경이 아니다. 말씀은 하나님에 대한 것이기에 말씀이 말하면 그대로 믿어야 한다. 말씀이 없는데 우리에게 소망이 있을지 모르겠다. 말씀이 있으면 우리에게 믿음이 생긴다.

우리는 치유에 대하여 증거하지 말라는 말을 들어 왔다. 왜냐하면 이로 인해 거짓 소망이 생기고 환멸을 느낄지 모르기 때문이다. 만일 그렇다면 우리는 우리의 성경을 영원히 덮는 것이 차라리 낫다. 말씀은 모든 기대의 근원이며, 소망을 키워 주는 가장 큰 격려자이다. 사실 사람들이 기도를 받기 위해 앞으로 나올 정도의 믿음을 보이는 경우는 거의 드물며, 오히려 믿음이 너무 약해서 하나님의 손을 묶어 버릴 때가 많다. 예수께서도 나사렛에서 같은 경험을 하셨다. 그곳에서 주님은 거의 일하실 수가 없었으며, 사람들은 주님을 죽이고 싶어 했다. 이것이 왜곡된 인간의 본성이다.

많은 사람들이 자신의 주장이 성경에 근거한 것이라고 주장하지만, 그들의 주장이 우리의 생각과 서로 달라 충돌하는 것을 보고는 놀란다. 특별히 어떤 주제들은 더욱 그렇다. 이는 그들이 성경의 사소한 한 부분에서만 맴돌기 때문이다. 반대로 신유의 진리는 신·구약성경 전체에 걸쳐 나타나는데, 이는 하나님의 성품이며, 그분의 습관적인 행동이시다. 말씀은 치유를 풍성하게 뒷받침한다.

말씀 전파에는 하나님의 치유의 자비가 포함되어 있으며, 이는 '만민'에게 전하는 우리 복음의 일부이다(막 16:15). 하나님께서는 인간의 복지와 안전, 건강, 자유 그리고 의의 땅을 축복하시는 데 관심이 많으시다. "저는 … 복음으로써 복음으로써 생명과 썩지 아니할 것을 드러내신지라"(딤후 1:18).

예수께서는 하나님의 광채이셨다: "이는 하나님의 영광의 광채시요 그 본체의 형상이시라"(히 1:3). 그분은 육체가 되신 하나님이셨으며, 이따금씩 있다 없다 하는 분이 아니라 언제나 육체로 계셨다. 주님은 천국을 말씀하시기보다는 병자를 고치는 데 더 많은 시간을 할애하셨으며,

이를 통해 그분은 하나님이 어떤 분이신지를 드러내셨다. 행동이 웅변보다 더 크게 말한다는 말이 있다. 하나님 안에서 우리는 이 두 가지 모두를 가지고 있다. 하나님은 주님의 행동을 통해 자신이 어떤 분인지를 선포하시며, 그 행동은 그분의 말씀과 일치한다. 치유를 통해 주님은 자신이 치유의 주님이심을 선포하신다. 예수께서 병자를 치유하신 것은 하나님께서 그런 분이시기 때문이다.

수 세기 동안 세상의 많은 교회들은 하나님은 오직 경건한 것, 영적인 것 그리고 하늘에 속한 것에만 관심이 있으시다고 생각했다. 그러나 하나님의 약속은 살아 있는 사람들을 위한 것이지 영혼들과 죽은 자들을 위한 것이 아니다. 우리는 유령이 아니라 땅의 흙으로 만들어졌다. 우리의 운명은 하늘에 있는 순수한 영들이 아니라 부활하신 예수와 같이 되는 것이다.

하나님은 이곳 지구에 관심이 있으셨기에 자기 아들을 우리처럼 이 땅의 흙으로 만들어 보내셨다. 하나님은 볼 수 있고 만질 수 있는 이 세상에 속한 존재로 주님을 보내셨다. 우리는 하나님의 피조물이다. 그러므로 우리가 하나님의 보살핌을 당연한 것으로 여겨도 문제가 없다. 일이 꼬일 때 우리는 자연스럽게 "하나님께서 왜 이 일을 허락하셨지?"라는 질문을 하게 된다. 그러나 그렇다고 해서 성경의 분명히 말하는 바가 감소되진 않는다.

어떤 이들은(deist, 이들은 이신론자라 불린다) 하나님이 이 세상을 지으시고 떠나가신 후에 세상이 스스로 알아서 돌아가도록 만드셨다고 말한다. 범신론자들은 신적인 차원을 인식할 수 없지만 하나님을 이 세상의 일부라고 말한다. 이 모든 이론들은 조악하다. 우리 창조주께서 피조물인 인간을 구하시기 위하여 이 피조 세계에서 피조물이 되셨다는 것은 영광스러울 정도로 놀랍다. 그리스도께서 다루신 모든 것은 우리의 물리 세계와 신체적 필요였다. 치유는 하나님 나라를 들여다볼 수 있는 창문이다.

사상가들은 교만하게도 자신들의 생각이 하나님의 계시보다 더 훌륭하다고 생각하고 기적 없는 그리스도의 삶을 저술하려고 300년의 세월을 낭비하였다. 그러나 그럴 수 없다. 우리가 아는 예수께서는 너무나도 많은 기적을 행하셨다. 기적을 빼 보라. 그러면 예수는 전설과 그림자로 변하며, 그분의 영향권 안에 있던 세상에서 결코 영향력이 없는 인물로 전락하고 만다. 더 이상 병을 고치지 않은 예수는 결코 "어제나 오늘이나 영원토록 동일"하신 분이 될 수 없을 것이다(히 13:8).

치유는 하나님의 전지, 전능, 편재, 그분의 사랑, 자비, 용서, 선하심, 무궁함, 신실함에 의미와 실체를 부여한다. 동산지기인 인간이 자기 동산에 식물을 심고는 한 번도 이를 돌보지 않는 것처럼, 창조주께서 자기 피조 세계에서 아무 일도 하지 않으신다면 결코 행복하실 수 없을 것이다. 치유는 우리로 하여금 신학 교과서의 교리를 탈피하여 온화하고 보편적인 경험의 세계로 들어가게 한다.

오늘날 사람들은 진리를 사고의 대상으로 취급한다. 하지만 성경에서 진리는 경험해야 할 그 무엇이다. 하나님은 학자들의 주제 토론을 위해 '진리'를 제공하지 않으셨다. 자신이 지적으로 너무 교만해서 살아 계신 구세주에 대한 그들의 필요를 인정하지 않는 자들이 많다. 예수는 공식도 선언도 아니시다. 그분은 깨지고 병들어 거리로 내어 쫓긴 자들에게 손을 내미시며, 평민을 사랑하시고 고치시는 인격이시다.

치유 사역에서 우리는 인간의 사악함을 고려해야만 한다. 하나님은 시험에 굴복하지 않으신다. 우리가 믿지 않는다면 우리 손해이지 하나님 손해가 아니다. 헤롯 왕은 예수에게 자기 궁전에 들어오라고 하면 한두 가지 기적을 통해 자신을 입증할 것이라 생각했다. 하지만 예수께서는 그런 자를 위해 시간을 내지 않으셨으며, 주님은 그를 '여우'라고 부르셨다(눅 13:32).

세상은 예수로 하여금 본래 그분의 모습을 보이시고 그분이 하고 싶어 하시는 일을 하도록 허락할까? 사람들은 증거를 원치 않을 때가 너무 많다. 그들은 변명을 위해, 그리고 자신의 불신앙을 가리기 위해 증거를 구한다. 한번은 예수께서 회당에 계셨는데 거기에 손 마른 사람이 있었다(막 3:1~6). 우리는 다음과 같은 말씀을 읽는다: "사람들이 예수를 송사하려 하여 안식일에 그 사람을 고치시는가 엿보거늘." 그들은 그리스도의 선의를 악용했다. 주님의 신적 능력으로 인해 그들은 주님의 원수가 되었다. 또한 그들은 예수께서 그 남자를 고치실 것이라고 확신했다. 당시에 그리스도의 원수들은 현대의 어떤 그리스도인들보다 더 큰 믿음을 가지고 있었다. 회당의 악한 자들도 치유가 예수의 전형적인 모습이었음을 알았다. 하지만 오늘날 너무나 많은 교인들이 이를 알지 못한다.

인간의 본성

요한복음 5장은 인간의 본성에 대하여 또 다른 계시를 담고 있다. 사람들은 베데스다 연못에 치유의 능력이 있다고 생각했다. 물이 동하면 제일 먼저 그 물에 들어가는 자는 병이 낫는다고 믿었다. 가여운 한 사람이 언제나 기회를 놓쳤다. 그가 연못에 들어가기 전에 누군가가 먼저 들어갔던 것이다. 예수께서 오셔서 그에게 그 상황에서 매우 이상해 보이는 질문을 하셨다. "네가 낫고자 하느냐?"(6절). 그가 낫기를 원치 않았다면 베데스다 연못에 있었겠는가? 예수는 모든 병자가 진정으로 병 낫길 원치 않는다는 인간의 본성을 아셨다. 오늘날 의사들은 병이 계속되는 데에는 많은 동기들이 숨어 있다는 것을 알고 있다. 치유 시간에 정말 낫고 싶어서 치유를 위해 앞으로 나오는 사람들도 속으로는 치유를 받으면 삶이 완전히 변화되어야 한다는 불안감에 싸여 있는 것을 보게 된다. 어떤 사람들은 치유를 받으면 그것이 하나님의 증거가 되기 때문에 경건한 삶을 살아야 한다는 압력을 받는다.

베데스다에서 그 남자는 예수께 "그렇습니다. 낫기를 원합니다"라고 대답하지 않았다. 대신에 여전히 병이 낫지 않은 이유에 대하여 변명하기 시작했다. 예수께서는 그의 대화를 끊으시고 "일어나 네 자리를 들고 걸어가라"고 말씀하셨다(8절). 그는 그렇게 했다.

인간이 하나님을 대하는 모든 경우에 있어서 인간의 본성은 불확실한 요소임이 입증되었다. 치유가 일어나지 않을 때가 가끔 있는데, 이는 사람들이 정신적으로 이에 적응하지 못하거나 영적으로 준비되지 않은 경우가 많기 때문이다. 동일한 원리가 구원에도 적용된다. 그리스도는 모든 자에게 그들이 온전케 되고 구원받기를 원하는지를 물으신다. 하지만 봄날의 민들레처럼 변명들이 무성하다. 사람들은 인생에 있어서 그리스도가 가지고 계신 도움과 평화와 안내가 필요하지만 이를 종교 논쟁의 구실로 삼는다. 그들은 심지어 베데스다의 병자처럼 엉뚱한 곳을 쳐다보며, "글쎄요. 저도 찾아보았거든요!"라고 말하면서 변명한다. 그렇다. 하지만 그들은 계속 병들었고 구원받지 못했다. 사람들은 찾을 수 있음에도 불구하고 잃어버린 상태에서 자기 자신의 방식을 찾으려고 한다. 그러나 그들은 너무 자부심이 강해 자기 스스로 이를 해결할 수 없다는 것과 예수가 필요하다는 것을 인정하지 않는다.

베데스다의 병자는 예수께서 말씀하신 대로 순종함으로 고침을 받았다. 그는 안식일에 자신의 접이식 침대를 메고 갔지만 예루살렘에서 사람들의 눈에 띄었다. 이 장면은 종교적으로 엄격한 자들에게 충격이었다. 사람들은 이 남자에게 이를 명한 예수께 강하게 반발했다. 그들은 이런 종류의 예수를 인정하지 않았다. 진짜 예수는 지금도 충격이다! 역사적인 그리스도를 찾는 학자들은 주님의 치유 기적 이야기를 믿지 않는다. 그들은 이런 종류의 예수를 원하지 않는다. 이는 그들의 학자적 태도와 맞지 않는다.

예수께서 이 땅에 오시기 전에는 한두 번의 치유 사건만이 기록되어 있다. 하지만 사람들은 병들었다가 고침을 받으면 하나님을 찬양했다: "내 영혼아 여호와를 송축하라 내 속에 있는 것들아 다 그 성호를 송축하라 … 저가 네 모든 죄악을 사하시며 네 모든 병을 고치시며"(시 103:1~3). 이스라엘에서 그들은 하나님만이 병을 고치신다고 믿었다. 병들었다는 것은 하나님께서 그들을 슬퍼하셨다는 것을 의미했고, 병이 치유되는 것은 하나님의 용서를 의미했다. 이것이 영적인 기초이다. 죄는 세상에 병을 가져왔다. 하나님께서 병을 고치실 때에 인간 실패의 결과는 걷힌다.

"그가 채찍에 맞음으로 우리가 나음을 입었도다"(사 53:5). 그리스도의 역사가 없었다면 치유는 불가능했을 것이다. 마태는 이사야를 인용한다(마 8:17): "이는 선지자 이사야로 하신 말씀에 우리 연약한 것을 친히 담당하시고 병을 짊어지셨도다 함을 이루려 하심이더라." 그리스도가 죄를 다루시는 실체는 치유가 일어난다는 것이다. 십자가는 확실한 근거이다. 만일 예수께서 우리를 위해 죽으셨다면 그분이 우리를 위해 하지 않으실 것이 무엇인가? "자기 아들을 아끼지 아니하시고 우리 모든 사람을 위하여 내어주신 이가 어찌 그 아들과 함께 모든 것을 우리에게 은사로 주지 아니하시겠느뇨"(롬 8:32).

치유는 하나님의 마음에서 나온다

치유는 이미 오래전에 그리스도 안에서 하나님의 전능하신 행위로 인해 역사(work)가 이뤄졌음을 입증한다. 우리에게 자신의 아들을 주신 것은 별을 만드신 것보다 더 위대하다. 그것은 불가능한 일을 행하시는 하나님의 가장 위대한 행위였다. 하나님께서 병자를 고치시지 못하며 고치지 않을 것이라는 주장은 우스꽝스럽다. 산이 진통한다 할지라도 쥐를 낳지 못한다. 마찬가지로 갈보리산도 아무런 효과를 낳지 못했다. 하나님의 진통은 교과서의 교리나 말(words) 이상의 것을 낳았다. 그것은 능력과 소망과 용서와 치유를 낳는다.

누구든지 성경에서 치유를 연구하길 원한다면 모든 구절을 연구해야만 할 것이다. 그들은 하나님의 성품과 기질과 본성을 찾아야만 한다. 치유는 하나님이 세우신 계획에서 나오는 것이 아니라 그분의 가슴에서 나온다. 그분이 병을 고치시는 것은 그것이 그분의 본성이기 때문이다.

지금까지 쓸데없는 이론을 성경에 도입했기 때문에 문제가 발생했다: "하나님께서 나에게 가르쳐 주고 싶어 하시는 교훈이 있을지 몰라", "그건 하나님의 뜻이 아닐지도 모르지", "아직 하나님의 때가 아닐지도 몰라", "기적은 사도 시대에만 있었지", "나는 믿음의 사람이 아니야". 우리는 불신앙에 대한 변명을 계속해서 늘어놓을 수 있다. 병 고침과 다르 물리적 축복을 받으려면 사람들은 아주 드물게 강력한 믿음이 있어야만 한다고 생각한다. 우리에게 필요한 믿음은 단지 말씀을 알고 이를 받아들이며 그 말씀에 착념하는 것이다.

치유가 지연될 때 믿음이 잘못되었기 때문이라고 생각해서는 안 된다. 우리는 이 문제를 하나님께 맡긴다. 치유는 그분의 역사이며, 그분의 영광을 위한 것이다. 그리고 그분은 자신을 잘 돌보실 뿐만 아니라 우리도 잘 돌보실 수 있다.

우리는 긍휼함 때문에 사역한다. 어떤 이들은 치유의 능력을 구하는데, 이는 그들이 능력을 원하고 유명해지길 원하기 때문이다. 안수는 사랑과 온유와 관심의 표시이다. 만일 배후에 원하는 것이 사람들에게 감명을 주거나 능력의 사람으로 존경을 받는 것이라면 이는 공허한 몸짓에 불과하다. 모든 영광이 영원히 하나님께 있을지어다!

> 우리는 긍휼함 때문에 사역한다. 어떤 이들은 치유의 능력을 구하는데, 이는 그들이 능력을 원하고 유명해지길 원하기 때문이다. 안수는 사랑과 온유와 관심의 표시이다. 만일 배후에 원하는 것이 사람들에게 감명을 주거나 능력의 사람으로 존경을 받는 것이라면 이는 공허한 몸짓에 불과하다. 모든 영광이 영원히 하나님께 있을지어다!

— 질문 —

- 복음을 전하는 데 있어 치유는 어떤 역할을 하는가?

❋

"은사는 여러 가지나 성령은 같고 직임은 여러 가지나 주는 같으며 또 역사는 여러 가지나 모든 것을 모든 사람 가운데서 역사하시는 하나님은 같으니 각 사람에게 성령의 나타남을 주심은 유익하게 하려 하심이라"(고전 12:4~7).

❋

30 은사 받은 자

"각 사람에게 성령의 나타남을 주심은 유익하게 하려 하심이라"(고전 12:7).

성경의 위대한 사람들은 모두가 성령의 사람들이었다(charismatic). 지도자들 가운데 성령의 위임을 받지 않은 남녀들은 없었다. 구약성경 전체에 걸쳐 모세로 시작해서 여호수아, 모든 사사들, 다윗, 그리고 선지자들에 이르기까지 이 사람들은 '성령의 감동하심을 입어 하나님께 받아 말' 했다(벧후 1:21). 이스라엘의 초대 왕이었던 사울은 그의 지위에 걸맞는 자격을 얻기 위해 기름부음을 받았다. 선지자 말라기 이후에 그리스도께서 오셔서 위로부터 권능을 받기 전에는 증거하지 말라고 제자들에게 말씀하셨다. 기름부음은 하나님을 위해 일하기로 되어 있는 사람들이 거쳐야 할 유일한 방법이었다. 예수께서도 요단강에서 성령이 그분에게 임하실 때까지 사역하시지 않았다. 세례 요한이 예수에 관하여 한 첫 번째 약속은 그분이 자기 제자들에게 성령으로 세례를 줄 것이라는 것이었다.

그것은 하나님이 인류에게 침입하시는 시나리오였다. 하나님은 하늘을 나시면서 우리로 혼자 애쓰도록 내버려두지 않으신다. 이는 하나님의 모든 말씀과 완전히 위배되며 완전히 잘못된 개념이다. 성령은 우리가 집중하여 기도할 때에 우리에게 주시는 보너스가 아니다. 그분은 기독교의 모든 것이다. 성령을 통하여 인간은 하나님과 하나가 된다. 예수께서는 친히 초자연적인 역할 모델을 보여 주셨다. 주님께서는 "구하라 그리하면 받으리니"라고 말씀하셨으며 이는 성령을 의미하였다.

이 중요한 주제는 성경 전체에 걸쳐 반복해서 계속 울려 퍼진다. 오순절이 이르기 전에 사람들은 성령의 '은사'에 대하여 아무것도 알지 못했다. 방언을 말하거나 병을 고치는 것과 같은 나타나심은 너무 자주 나타나 이제 하나의 전형(norm)으로 인정되었다. 사람들은 새로운 회심자들에게도 성령이 주어진다는 것을 알았다. "이는 (그들이) 방언을 말하며 하나님 높임을" 들었기 때문이었다(행 10:46). 그것은 표적의 은사였다. 다른 은사는 언급된 적이 없으며, 언급을 하지 않았을 때에는 방언의 은사로 이해되었다.

재능이 없는 자들을 위한 은사

바울은 이러한 성령의 나타나심을 분석하여 이들을 목록으로 분류하였다. 바울은 신약성경 기자 중에서 유일하게 이런 형태로 우리의 경험을 분류한 사람이다. 현대의 오순절주의와 은사주의 운동은 고린도전서에 나오는 바울의 가르침에 근거한 성령의 활동에 대한 이해를 통해 발전했다. 그럼에도 불구하고 성령은 우리의 정의를 뛰어넘으신다. 왜냐하면 하나님께서는 언제나 우리의 신학보다 크시기 때문이다.

바울은 우리가 성령의 은사들에 대해 무지해서는 안 된다고 썼다. 그러나 지난 수백 년 동안 무지가 팽배했었다. 신학과 성경 주해서들은 이 주제를 신비한 것으로 취급했으며, 한때는 있었던 일이지만 지금은 이해할 수 없는 것으로 치부했다. 우리는 이를 이해해야만 하고, 특히 그동안의 실수들과 또한 주신 은사들을 오용하고 악용하는 것을 피해야만 한다.

이제 고린도전서 12장에 나오는 이 중요한 말씀을 좀 더 자세히 살펴보자.

> "은사는 여러 가지나 성령은 같고 직임은 여러 가지나 주는 같으며 또 역사는 여러 가지나 모든 것을 모든 사람 가운데서 역사하시는 하나님은 같으니 각 사람에게 성령의 나타남을 주심은 유익하게 하려 하심이라"(고전 12:4~7).

> 성령은 누구든지 택하실 수 있다. 그분은 우리가 택하는 대로 택하지 않으신다. 그분은 그렇게 할 필요가 없으시다. 그분은 원하시는 대로 누구든 위대한 자로 만드실 수 있다. 그분의 은사는 재능이 없는 자들을 위한 것이며, 모든 믿는 자들을 위한 것이다.

성령은 누구든지 택하실 수 있다. 그분은 우리가 택하는 대로 택하지 않으신다. 그분은 그렇게 할 필요가 없으시다. 그분은 원하시는 대로 누구든 위대한 자로 만드실 수 있다. 방언은 단지 언어 학자만을 위한 것이 아님이 분명하다. 어느 누구에게든지 이를 주시는 분은 하나님이시다. 나도 열한 살 때 사도행전 2장이 개인적으로 내 삶에서 재현되었다. 지혜의 말씀이나 지식의 말씀도 지혜로운 자와 지식이 많은 자들만을 위한 것이 아니다. 그분의 은사는 재능이 없는 자들을 위한 것이며, 모든 믿는 자들을 위한 것이다.

하나님이 사람을 택하신 선택의 역사는 놀랍다. 루터는 무명의 수도사였으며, 웨슬리는 실패한 선교사였고, 찰스 피니―그는 그리스도를 위해 백만 명의 미국 인디언들을 얻었다―는 조그마한 마을의 변호사였으며, D. L. 무디―그는 런던을 흔들었다―는 구두 수선공이었다. 영국에서 웨슬리 이후로 가장 위대한 전도자였던 조지 제프리스는 식품점의 점원이었고, 빌리 그레이엄은 복음을 전파하기 시작했을 때 '유스 퍼 크라이스트'(Youth for Christ)의 스태프였다. 나 자신도 전혀 내세울 것이 없는 그저 그런 전도자였었다.

세속적이고 블레셋과 같은 세상은 자신의 위대함과 연극, 스포츠, 정치 스타에 초점을 맞춘다. 그들은 자신들의 높은 코 앞에서 실제로 무슨 일이 일어나고 있는지 모른다. 성령과 구원, 치유와 축복, 그리고 의에 대한 소식을 들어도 그들은 이해하지 못한다. 미디어가 우연히 이를 보도한다 할지라도 그들은 어리벙벙해 하며, 일반적으로 기독교 세계가 존재한다는 자체를 무시한다. 살인 사건에 대해서는 대서특필하지만, CfaN의 집회처럼 백만 명이 그리스도에게로 돌아온 사건에 대해서는 차가운 바위처럼 침묵으로 일관한다. 대중은 진리에 대해 속고, 잘못된 정보를 들으며, 심지어 세뇌를 당한다.

바울은 자신에 대하여 "무명한 자 같으나 유명한 자요"라고 말한다 (고후 6:9). 경건치 않은 자들은 여리고 성벽에 있던 자들과 같다. 그들은 전혀 군인처럼 보이지 않는 이스라엘 족속이 일주일 동안 매일 성 주변을 돌았을 때에 황당해하며 내려다보았다. 마지막 날에 그들은 하나님과 함께 흰 옷을 입은 제사장들이 땅을 흔드는 것을 발견했다. 이는 예수의 경우에도 마찬가지였다. 그들은 예수를 십자가에 못 박고서 차를 마시러 집으로 갔다. 오늘날 전 세계에서 가장 위대한 동시대의 인물이신 주님은 대륙을 누비신다. 더 많은 사람들이 그분께로 돌아오고 있으며, 날마다 태어난 자들보다 '거듭난 자들'이 더 많지만, 그분의 이름은 기독교계 밖에서는 거의 언급되지 않는다.

하나님과 상관이 있는 것은 우리와도 상관이 있다

성령께서 무엇을 하시든 간에 그것은 단순히 지적 흥미나 대중적 흥미를 위한 것이 아니며, 심지어 우리에게 즐거운 경험을 주기 위함도 아니다. 거기에는 실제적인 결과가 있다. 성령은 유용한 목적을 위해 은사를 주시며, 은사를 소유함으로 자랑하거나 혹은 모든 사람에게 감명을 주기 위해 주시지 않는다. 얼마나 많은 사람들이 자신의 탁월함의 표시로 '신유의 은사'를 원하는가? 하나님은 자신을 주님께 드리는 자들에게 은사를 주신다. 그들은 주님을 위한 주님의 것이며, 주님의 목적을 이루는 수단이며, 이는 '많은 사람을 유익하게 하려' 함이다.

은사는 하나님의 선물이며, 그분께서 친히 이를 다루신다: "각 사람에게 성령의 나타남을 주심은." 하나님께서 완전히 독립적인 용도로 사용하시기 위하여 어떤 것을 주시는 경우는 드물다. 일반적으로 그분은 일에 간섭하신다. 영생은 계속적으로 유입되며, 성령의 은사도 마찬가지다. 각 은사의 사용은 그분의 뜻의 나타나심으로써 그분의 통제 하에 있으며, 우리는 "성령이 행하사 그 뜻대로 각 사람에게 나눠 주시느니라"는 말씀을 읽는다(고전 12:11).

예를 들어, "어떤이에게는 성령으로 말미암아 지혜의 말씀을" 주신다(고전 12:8). 이 은사는 항상 우리 안에 머물러 있는 능력이 아니라 성령이 하나의 나타나심으로 주시는 특정한 말씀이라는 점에 주의하라. 우리 안에 머묾으로 우리를 독립적으로 만들고 우리가 원하는 대로 작동하는 은사는 없다. 오직 성령이 결정하시는 대로, 그분이 우리를 통해 흘러나오시는 대로 역사하신다.

각 사람은 그분의 기관(organ)이며 통로이다. 그분은 임의대로 일하지 않으시며, 분명한 목적 없이 이리저리 사람들에게 지분지분하지 않으신다. 그분은 은사를 주실 뿐만 아니라 동일한 성령은 사역, '역사' 또는 부르심을 행하신다. 방언의 은사도 사역이다. 모든 사람이 말을 하지만 몇몇 사람들만이 설교자로 부름을 받는 것처럼, 성령으로 말미암아 우리 모두는 방언을 말하지만 하나님은 교회 안에서 특별한 목적을 위해 몇몇 사람들을 택하신다. 그리고 그것은 그들의 사역이 된다.

모든 사람이 병자에게 안수할 수 있지만 어떤 이들의 경우에 그것은 특별한 '역사', 즉 사역이 된다. 우리는 우리의 은사를 사용하라는 명령을 받았다(롬 12:6-8). 즉 은사를 인정하고 은사를 따라 섬길 준비를 하고 살라는 명령을 받았다. 하나님은 특별한 은사를 위해 그분의 평범한 도구로서 이런저런 사람을 택하신다.

섬김의 은사는 하나 됨(unity)을 낳는다. 고린도전서 12장의 첫 열한 절은 '은사' 목록이다. 전체 문장은 전체 서신서와 마찬가지로 하나 됨에 집중되어 있다. 바울은 교회 안에서 하나 되지 못함에 대한 소식을 듣고 이 서신서를 썼다. 바울은 하나 됨을 낳은 은사들을 묘사하고 있다. 이는 다양함과 많은 은사들, 역사, 섬김 가운데 하나 됨을 말하며, 한 성령의 감동으로 이뤄진다. 이 하나 됨은 우리를 동일한 분자들로 구성된 고체 덩어리로 만들려 함이 아니다. 각 사람은 몸의 여러 지체―머리,

발, 눈 등—처럼 고유하다. 우리는 이제 몸에 대하여 더 많은 것을 알고 있으며, DNA 세포가 엄청나게 다르다는 것을 알고 있다. 피조 세계에서 가장 큰 차이는 인간과 다른 피조물 간의 차이이다. 우리는 다른 피조물에서 찾아볼 수 없는 모든 차원의 다양한 개성들을 지니고 있으며, 이 모든 다양함으로 교회를 이룬다. 교회는 하나님의 모든 피조물 가운데 가장 위대하며, 하늘과 땅에서 가장 위대하고, 무한하신 지혜와 그리스도의 고난을 통해 만들어졌다. 아담의 옆구리에서 하와를 취했듯이, 교회도 두 번째 아담이신 예수의 상한 옆구리에서 형성되었다. 성령의 은사가 전부는 아니지만 이는 놀라운 새 피조물인 교회의 일부를 구성한다. 어떤 작가도 이처럼 영광스러운 실체(entity), 즉 하나님과 하나 되고 영생의 힘을 나눔으로써 서로 하나로 묶인 실체를 상상한 적이 없다.

오직 성령만이 이처럼 독특한 하나 됨을 만들어 내신다. 이는 선한 단체의 산물이 아니다. 이는 상호 합의와 회합 이상을 의미한다. 이는 하나님이 영원 전부터 영원한 미래를 위해 계획하신 놀라운 복합체이다. 교회는 모든 경이 중에 가장 위대하며, 종국에는 유일하게 가장 중요한 것으로 남을 것이다. 세상이 교회와 관련을 맺든 안 맺든 상관없다: "이 세상도, 그 정욕도 지나가되 오직 하나님의 뜻을 행하는 이는 영원히 거하느니라"(요일 2:17).

하나님의 질서는 인간 단체에 장애물이 되지 않는다. 하나님은 질서의 하나님이시지 무질서의 하나님이 아니시다. 그분은 이 땅에서 쓰러져 가며 마음대로 행하는 교회를 원치 않으신다. 그러나 우리가 "평안의 매는 줄로 성령의 하나 되게 하신 것을 힘써" 지키기만 하면 주님은 특정한 형태의 질서나 단체의 형태를 구체적으로 명시하지 않으신다(엡 4:3). 주님의 하나 됨은 획일이 아니다. 그러나 태도에 따라 바위의 틈처럼 성령의 하나 되게 하심이 깨질 수 있다. 한 단체가 다른 단체와 다툰다면 이로 인해 성령의 하나 되게 하심이 파괴된다. 어떻게 성령께서 다른 교회와 싸우는 교회에 머무시며 그 교회를 축복할 수 있겠는가? 하나 됨을 만드는 것은 우리의 책임이 아니다. 오직 하나님만이 그런 능력을 가지고 계신다. 하지만 우리가 만들 수 없는 것을 우리는 지킬 수 있으며, 모두가 동일한 목적을 가지고 동일한 믿음으로 역사한다. '지키다'(keep)라는 말은 신약성경에서 75회 사용되었다. 하나님께서는 에덴 동산을 만드시고 그곳을 지키기 위해 그곳에 아담을 두셨다. 지금도 하나님은 그렇게 행하시고, 우리는 이를 지켜야만 한다. 오늘날의 교회들은 교단에 속하거나 그 자체가 교단이다. 한 교단의 신자들이 다른 교단의 신자들과 반목한다면 이는 하나님과 그분이 이 땅에서 만드신 것, 즉 교회의 얼굴에 먹칠을 하는 것이다.

이는 성령의 은사의 참된 기초이다. 은사를 받은 모든 자들은 서로 의지한다. 어느 누구도 모든 은사를 다 가지고 있지 않으며, 모두가 동일한 은사를 받지도 않는다. 각각 다른 종류의 역사와 은사와 사역을 통해 성령으로 말미암아 그리스도의 몸인 교회는 온전해진다. 이는 하나님께서 만물 가운데 모든 것 되시기 위함이다. 우리가 이를 인식하든 안 하든 간에 발은 머리를 필요로 하고 손은 눈이 필요하듯이, 우리 모두는 서로가 필요하다. 이는 보이지 않는 몸의 하나 됨이다. 방언을 말하는 자들로만 된 교회도 없고, 귀신을 쫓아내는 자만 있는 교회도 없다. 은사는 교회 전체를 위해 사용되며, 특히 우리가 속한 교회를 위해 사용된다.

만일 내가 병자에게 안수한다면 그 손은 그리스도의 몸의 손이며, 어떤 의미에서는 모든 자들의 손이다. 나는 몸이 없이 움직이는 두 손만 있는 존재가 아니다. 나의 손이나 음성은 모든 신자들과 하나이다. 그러므로 은사는 지역 교회로 하나가 되게 해 준다. 왜냐하면 이는 모두가 한 성령으로 말미암은 것이며, 하나 되게 하시는 성령의 역사이기 때문이다.

모든 은사는 은혜로 주신다. 바울은 은사에 대한 단어를 만들면서 '선물' 이란 개념을 넣지 않고 이 단어를 만들었다. 하나님이 주시는 것은 능력이나 권능이라기보다는 나타나심이다. 일반적으로 바울은 은사란 개념을 피한다. 헬라어 원본의 단어는 프뉴마티콘(pneumatikon)이다. 이에 가장 근접한 번역은 '영적인 것' (spiritualities)이다.

모든 은사들은 은혜로 주신 선물이지만, 은혜로 주신 모든 은사가 기적의 은사는 아니다. 기적의 은사가 아닌 은혜의 은사인 것도 많다. 고린도 교인들은 권능이 나타나는 은사들을 사랑했지만, 바울은 다른 은사들을 강조했다. 바울은 로마 교회에게 그가 "무슨 신령한 은사를 … 나눠 주어 너희를 견고케" 하기 위해 그곳에 가려 했다고 말했다(롬 1:11). 은사는 교회 전체를 위한 것이지 개인을 위한 것이 아니다. 바울 자신도 기적의 은사는 사람이 아니라 하나님의 택하심에 따라 주어진다고 말했다. 그럼에도 불구하고 로마에서의 사역을 통해 그는 몸인 전체 교회에게 은혜의 은사를 더하려 했다.

은사는 '여러 사람의 유익을 위해' 나타난다. 즉 그리스도인들이 교제하기 위해 모일 때에 그렇다. 기적을 베푸시는 성령께서는 교제하지 않을 때에도 나타나신다. 하지만 고린도전서에서 바울은 교회 안에서 나타나는 은사에 관해 말하고 있다. '방언의 은사'는 신자들의 모임 가운데 드러나는 성령의 나타나심이다. '병 고치는 은사' (고전 12:28)는 특별히 모임 안에 있는 신자들을 위한 것이었지만 하나님은 교회 밖 세상에서도 아픈 자들에게 동일하게 역사하셨다. 예수께서는 사람들의 종교와 신앙을 묻지 않으시고 모든 종류의 사람과 여러 지역의 사람들을 만

지시고 고쳐 주셨다(마 4:23-25). 주님은 우리의 모범이시며 멘토이시다. 사도도 동일한 원칙에 따라 일했다. 요한과 베드로는 앉은뱅이를 고치면서 "내게 있는 것으로 네게 주노니"라고 말했다(행 3:6). 그것은 주님의 신유의 은사였다. 성경은 하나님께서 모든 자에게 선하시다고 말한다.

증인의 본질

예수는 제자들에게 성령을 기다리라고 말씀하셨으며, 성령이 그들을 증인, 즉 그분의 개인적인 대리인으로 삼으실 것이라고 말씀하셨다. 제자들은 교리의 '증인'이 될 수 없었다. 그들이 주님에게서 성령과 그분의 권능을 받으면 그들은 주님을 대표할 것이다. 주님의 사역을 함으로써 제자들과 주님은 하나가 될 것이다. 이는 단지 설득의 능력이 아니라 모든 능력의 근원인 그리스도의 능력이었다. 주님은 "능력으로 하나님의 아들로 인정" 되셨으며(롬 1:4), 주님의 교회도 동일한 증거와 표적으로 그분의 교회로 선포되어져야만 한다.

복음 전도와 그리스도의 증인은 따로따로 애쓰도록 되어 있지 않다. 그리스도의 증인의 본질은 성령이시다. 요엘서 2장 28절에 약속한 대로 하나님의 말씀을 통하여 그리고 그 말씀으로 인해 세상을 뚫고 들어가는 것은 성령의 권능이다. 성령이 없으면 기독교는 존재하지 않으며, 말씀이 없으면 성령도 존재하지 않는다. 단지 교리만 있을 수 없고, 단지 능력만 있을 수도 없다. 말씀과 성령은 언제나 우리를 통해 일하신다. 마가복음 16장은 복음을 확증해 주는 따르는 표적들에 대하여 분명히 말한다. 귀신을 쫓아내고, 방언을 말하며, 병자를 고치고, 뱀과 독에서 지켜 주시는 하나님의 보호하심이 바로 표적들이다.

그리스도인의 '증거'(evidences)와 논쟁, 주장, 과학은 교회가 하는 일의 일부가 될 수 있다. 하지만 진짜 증거는 우리가 그리스도에 관해 전파하는 내용이 오늘날에도 반복된다는 것이다. 우리는 과거에 일어난 일을 증거하기보다는 오히려 지금도 그것이 일어나고 있음을 실제로 보여 주고 있다. 예수는 과거에 하셨던 일을 오늘날에도 행하신다. 성경 시대는 결코 끝나지 않았다. 교회 안의 성령을 통해 주님은 지금도 그분이 결정하시는 대로 일하신다.

성령의 은사는 우리의 증거를 위해 존재한다. 하지만 위에서 설명한 것처럼 모든 은사가 기적의 은사는 아니다. 가장 위대한 은사, 즉 가장 위대한 '역사'(working)는 불신자의 마음을 감동하여 그들로 하여금 회개와 믿음에 이르도록 하는 이상한 복음 전도의 은사이다. 무엇보다도 하나님의 역사는 구원을 위한 것이며, 그분의 능력은 구원이라는 이 위대한 목적을 이루기 위한 것이다. 많은 사람들을 그리스도에게 인도한 자들은 위대한 지성을 통해서가 아니라 성령 충만함과 열정적인 관심으로 가득한 삶을 통해 이를 이루었다.

성령이 뜻하시는 대로

고린도전서 12장에서 바울은 아홉 가지 기적의 은사를 말했다. 바울서신서에는 많은 목록들이 나오지만 그 목록들은 모든 것을 다 기록한 것이 아니라 일반적인 것이었다. 성령은 바울이 명시한 아홉 가지 은사 이외에 다른 방식으로 역사하실 수 있다. 모든 기적의 은사들은 증인이나 설교자의 뜻이 아니라 성령이 뜻하시는 대로 나타난다. 그럼에도 불구하고 하나님은 자기 종들이 갈멜산의 엘리야처럼 믿음 가운데 나아올 때에 그들의 담대함을 존중하신다. 경고의 말씀에 주의하라. 왜냐하면 교만은 성령의 은사인 순전한 믿음과 다르다. 누군가에게 "당신은 나았습니다"라고 담대하게 말할 때 그것은 믿음이 아니라 주제넘은 행동일 수 있다. 그 환자로 먼저 간증하도록 하라.

바울은 지식의 말씀과 지혜의 말씀을 말한다. 그는 일반적인 의미에서의 지식과 지혜를 말하지 않으며, 대신에 구체적 상황에 맞는 구체적인 '말씀'을 말한다. 성령께서는 '뜻하시는 대로' 이런 것을 주신다. 그럼에도 불구하고 중인으로서 우리는 성령께서 하시고자 하는 것에 마음을 열고 있어야만 하며, 그분이 우리에게 말씀하실 때 두려움으로 인해 뒤로 물러서서는 안 된다. 그분은 결코 우리에게 실패를 허락하지 않으신다. 우리가 불신자를 만날 때, 우리가 하나님의 말씀에 겸손히 순종한다면 이는 능력의 요소가 된다.

치유의 능력과 귀신을 쫓아내는 능력은 복음 선포에 내재되어 있다. 치유의 능력은 교회 안에 머물러 있다. "믿는 자들에게는 이런 표적이 따르리니 곧 저희가 내 이름으로 귀신을 쫓아내며 새 방언을 말하며 뱀을 집으며 무슨 독을 마실찌라도 해를 받지 아니하며 병든 사람에게 손을 얹은즉 나으리라"(막 16:17~18). 누구든지 병 낫기를 위해 병자에게 안수할 수 있다. 그리고 이는 개인적인 증거의 일부이며, 지혜로운 것이다.

나는 복음 전도에 관한 이 책에 짧지만 본 장을 삽입해야만 했다. 그 이유는 성령의 은사가 없으면 우리가 마땅히 갖춰야 할 무기를 소유하지 않고 전쟁터로 나가는 것과 같기 때문이다. 보다 자세한 설명을 원한다면 나의 저서 「강력한 성령의 나타나심」을 읽어 보라. 집회할 때에 우리는 온전히 성령의 역사를 의지했으며, 언제라도 그분이 주시는 말씀이나 은사를 받을 준비를 해 왔다.

간절하게 하나님의 은사를 구하라.

— **질문** —

- 성령의 은사들은 무엇을 근거로 나타나야만 하는가?

"이에 경에 이른바 아브라함이 하나님을 믿으니 이것을 의로 여기셨다는 말씀이 응하였고 그는 하나님의 벗이라 칭함을 받았나니"(약 2:23).

31 엘 올람(El Olam)

"주는 … 자기를 부인하실 수 없으시리라"(딤후 2:13).

우리는 우리가 하나님과 함께 어디에 있는지를 안다. 하나님은 우리가 능력과 섭리의 키보드에서 그분의 거룩한 지식을 이해하길 바라지 않으신다. 오히려 하나님께서는 실수가 없으시며 실험을 하지 않으신다는 것을 우리는 안다. 한 친구가 자신이 얼마 전에 '하나님이 하실 수 없는 것'이라는 주제에 관해 설교한 적이 있다고 내게 말했다. 어떤 이는 하나님에게는 불가능한 것이 없다고 반박했지만 내 친구는 "주는 … 자기를 부인하실 수 없으시리라"는 말씀을 인용했다(딤후 2:13). 그분은 자신의 성품에 반하여 행동하실 수 없고, 그분이 우리에게 계시하신 인격과 다르게 일을 행하실 수 없으시다.

하나님의 변치 않는 성품

창세기 21장 22~34절은 하나님의 변치 않는 성품에 관한 영감 있는 말씀임에도 불구하고 우리는 이를 자주 간과한다. 모든 믿는 자의 아버인 아브라함은 블레셋의 족장인 아비멜렉과 생생한 만남을 갖는다. 아비멜렉은 아마도 구레네 사람으로서 이 지역에 정착하려 했던 것 같다. 아비멜렉이 사병들을 데려왔다는 것에는 의심의 여지가 없으며, 아브라함에게도 사병들이 있었다. 그래서 초장과 물은 중요한 문제가 되었다. 창세기에 자세히 나오듯이 아비멜렉은 자신의 무죄에 대한 변명을 장황하게 늘어놓았다. 그 변명은 너무 장황해서 설득력이 없었으며, 아브라함은 그를 너무 믿지 않았다. 그러나 그와 아브라함은 합의에 도달했으며, 상호 신뢰를 맹세함으로써 서로의 공간을 허용하기로 했다. 특히 그들은 아브라함에게 속한 중요한 우물의 소유를 인정하기로 했다. 정부나 공식적인 토지 등기나 문서가 없던 시대에 오직 사람의 말만이 구속력이 있었고, 오직 그런 종류의 맹세만이 보증의 효력을 지녔다.

그 순간을 기념하고 이를 신용과 보증의 표식으로 삼기 위해 아브라함은 아비멜렉에게 자신의 양 떼와 소 떼에서 선물을 주었다. 아비멜렉은 아브라함에게 아무것도 주지 않은 것 같다. 언약을 보다 더 확실하게 하기 위해 그들은 그 우물을 브엘세바, 곧 '맹세의 우물'이라 불렀다.

아비멜렉에 대한 확신이 없던 아브라함은 자신의 권리를 강화하기 위해 아비멜렉에게 일곱 마리의 암양을 추가로 주었다. 블레셋의 족장이 떠나자 아브라함은 우물의 소유권에 대한 언약의 표식으로 에셀나무를 심었다. 에셀나무는 건조한 광야 조건에 잘 맞는 튼튼한 나무였으며, 영속적인 신뢰의 상징으로 적합했다.

아브라함은 아비멜렉에 대한 확신은 없었지만 하나님을 확신했다. 그는 그 우물에서 "하나님 여호와의 이름을" 불렀다(창 21:33). 아브라함은 모세에게 계시하신 야훼라는 하나님의 이름을 알지 못했다(출 6:3). 그러나 그는 하나님을 알았으며 그분을 영원한 하나님, 엘 올람이라 불렀다. 하나님은 이미 아브라함에게 자신을 그의 친구로 계시하기 시작하셨다(약 2:23). 족장 아브라함은 지극히 높으신 하나님이 변덕스럽고 믿을 수 없는 이방 신들과 다르다는 것을 알았다. 지극히 높으신 하나님은 신실하셨다. 우리가 다른 이들을 하나님께로 돌이킬 때에 이 성경 말씀이 힘이 된다. 우리는 하나님의 약속과 신실하심을 의뢰하여야만 한다.

아브라함에게 하나님은 지극히 높으신 하나님, 엘 엘리온(El Elyon)이었지만, 그는 하나님께서 또한 영원한 하나님, 곧 엘 올람이라는 것을 깨달았다. 아브라함의 손자인 야곱의 놀라운 이야기 중에 더 깊은 계시가 드러났다. 야곱은 서서히 하나님과의 관계를 실험했다. 그분은 아브라함의 하나님과 자기 아버지 이삭의 하나님이셨지만 야곱은 그분을 자기 하나님으로 삼지 않았다. 그러다가 야곱은 한 '남자'를 만나 밤새도록 그와 씨름했다. 동이 터 오자 그 '남자'는 야곱에게 이스라엘이라는 새로운 이름을 주었다. 그 이름에는 하나님을 뜻하는 엘(El)이라는 말이 들어가 있었다. 이스라엘은 엘 엘로헤 이스라엘(El Elohe Israel) 하나님께 단을 쌓았다. 이는 '하나님은 이스라엘의 하나님이시다'란 의미이며, 이 구절에는 하나님의 이름(El을 말함-역주)이 세 번이나 들어 있다. 마침내 세상은 이스라엘의 하나님이 아니라 아브라함과 이삭과 야곱의 하나님에 관하여 듣게 될 것이다. 왜냐하면 하나님은 이사야가 말한 대로 "범죄자 중 하나로 헤아림을 입었기" 때문이다(사 53:12).

야곱은 20년 동안 하나님이 자기 아버지와 할아버지의 하나님이라는 사실을 악용했다. 그는 하나님과 거래를 했으며, 만일 하나님이 이것저것을 해 주시면 그분을 자기 하나님으로 받아들이겠다고 약속했다(창 28:20). 선심을 쓰는 척하고 생색내는 듯한 야곱의 교만함을 하나님은 인내심을 가지고 간과하셨다. 그분의 무한한 은혜가 야곱에게 이르자 그는 하나님과 교제하게 되었다. 하나님께서 자신을 악한 자의 이름인 야곱의 하나님으로 알리신 것은 놀랍다. 세상은 살아 계신 하나님에 대하여 전혀 아는 바가 없었지만, 수백 년이 지난 지금 하나님은 오직 야곱의 하나님, 죄인의 하나님이 되려 하셨다. 야곱과 하나가 되는 것은 하나님께는 전혀 명예로운 것이 아니었다. 하지만 하나님은 그러한 분이셨다. 그분은 죄인들의 친구시며 너무 은혜로우시고 이해심이 많으셨다. 우리는 감히 우리 자신을 그리스도(Christ)의 이름을 따라 그리스도인(크리스천, Christian)이라 부른다. 주님은 우리를 용납하시고, 우리를 믿으시고, 우리를 그분의 대표로 삼으신다. 그리스도에 대한 세상의 생각은 오직 그리스도인과 그들의 삶의 모습에 따라 결정된다.

창세기는 하나님의 이야기로 시작되며, 그분이 어떤 분이신지를 보여 준다. 창세기는 그분의 영원한 자비와 성품 그리고 목적에 대하여 우리에게 확신을 준다. 우리의 신실함은 하나님의 신실함에 대한 신뢰로 이뤄진다. 신실한 증인은 확신으로 불타며 믿음으로 충만해야만 한다. 우리가 "주 예수를 믿으라"고 전한다면 우리 자신이 먼저 '믿는 척하는 신자'가 아니라 힘찬 신자가 되어야만 한다.

하나님은 '정직한 회의'(懷疑)에 기름 붓지 않으신다

하나님의 가장 두드러진 특징은 그분이 신실하신 하나님이라는 것이다. 어떤 다른 신도 신실한 적이 없었다. 이방인 신화에 등장하는 신들은 언제나 예측 불가했고 땅 위의 인생들처럼 모두가 실패했다. 그리스 신화에서 창조는 신들 간의 전쟁과 살인의 결과였다.

천지 창조를 말하는 창세기 도입부는 광대한 대지 위에 떠오르는 태양처럼 영광스러운 실체로 도약한다. 계속해서 창세기는 살아 계신 하나님으로서 하나님 자신만이 속한 차원의 모습을 보여 주며, 이는 인간이 만들어 낸 모든 신들을 훨씬 초월한다. 어떤 신도 그분과 대적할 수 없다. 성경의 하나님은 은혜롭고 자비하시며, 오래 참으시고, 온 세상을 축복하길 간절히 원하신다. 이것이 그분의 본성이시다.

과거에 하나님의 모습과 행동이 오늘날의 그분의 모습과 행동과 같지 않다고 주장하는 것은 불신앙이다. 그런 하나님은 도대체 어떤 종류의 하나님인가? 불행하게도 성경 교사 중에 그렇게 하나님을 믿는 자들이 많다. 그들은 바위와 충돌한다. 그 바위는 우리를 다루실 때에 모든 면에서 결코 변함이 없으신 하나님의 성품을 말한다. 성경 속 인물들의 하나님은 오늘날 우리의 하나님이 되신다. 만일 그렇지 않다면 성경을 덮는 편이 낫다. 물론 사람들이 성경을 펴 읽지 않은 것이 또 다른 큰 실수이긴 하지만 말이다.

어쨌든 증인들은 사람들이 반응을 보이고 구원을 받는 쪽으로 끌린다. 하나님은 이에 주목하신다. 그것은 믿음의 법칙이다. 우리가 손에 낫을 들었다면 하나님은 우리를 추수할 밭으로 인도하실 것이다. 하나님은 추수할 밭이 없는 사람들에게 낫을 주시지 않는다.

믿음이 없으면 하나님을 기쁘시게 할 수 없다. 하나님은 '정직한 회의'(doubts)에 기름을 붓지 않으신다. 거기에 기름을 부을 만한 무엇이 있는가? 의심 가운데 하는 증거는 전혀 증거가 아니다. 믿음은 논리의 흐름이 아니다. 하나님은 우리의 삼단논법과 맞지 않으신다.

믿음은 드러나게 마련이다. 의심도 마찬가지다. 신체 언어는 설교만큼 웅변적이다. 믿음이 없는 자는 콘크리트로 굳게 세운 불 꺼진 가로등처럼 빛도 운동력도 없다. 모세는 평범해 보였지만 불타고 있는 나무를 보려고 돌아섰다. 평범한 나무에 불이 붙지 않으면 어떤 흥미도 유발하지 못하는 것처럼 평범한 설교도 그렇다.

> 평범한 나무에 불이 붙지 않으면 어떤 흥미도 유발하지 못하는 것처럼 평범한 설교도 그렇다.

믿음은 긍정적인 삶으로 들어가는 문이다. 여기 생생한 예가 있다. 할 수 있다면 다음의 장면을 상상해 보라. 한 남편이 기쁨으로 충만해서 집으로 돌아와 자기 아내와 자녀들을 안으면서 흥분한 목소리로 말한다: "놀라운 일이야. 나는 오늘 불신자가 됐어! 이 때문에 난 너무 기분이 좋아. 생명으로 충만하거든. 지금 모든 사람을 사랑하고 싶어. 난 더 좋은 남편과 아버지가 될 것이고, 술도 마시지 않고, 노름도 하지 않으며, 화도 내지 않을 거야! 나는 무신론자이기 때문에 오늘 고침을 받았어."

물론 이건 말이 안 된다. 이 남편의 아내가 와서 "내 남편이 이제 하나님을 안 믿기로 했어요. 그래서 지금 그는 너무나 사랑스러워요. 완전히 새 사람이 됐어요"라고는 결코 말하지 않을 것이다. 이런 종류의 변화는 일어나지 않는다. 남편들이 행복이 충만하고 변화되어 사랑스러운 자가 되어 집으로 온다면 이는 오직 하나님을 믿었기 때문이다. 이런 기적은 자주 일어난다. 이는 베드로가 말한 대로 "말할 수 없는 영광스러운 즐거움"이다(벧전 1:8). 우리의 증거를 통해 이런 기쁨을 만들 수 있다면 이는 비할 바 없는 특권이다.

만약 하나님께 문제가 있다고 한다면 그것은 그분이 우리를 믿음으로 인도하신다는 것이다. 처음부터 이런저런 방법으로 하나님은 우리에게 그분의 신실하심에 대한 확신을 심어 주시기 위해 우리와 눈높이를 맞추셨다. 예를 들어, 사람들은 언제나 언약을 맺었다. 고대에 이런 언약들을 맺을 때 사람들은 맹세할 사람의 사타구니에 손을 넣고 맹세하거나 피로써 맹세를 했다. 오늘날 언약은 법적인 계약서나 보증 진술서의 형태를 취한다. 오늘날 집을 양도할 때에 법적 문서에는 붉은 인이 찍힌다. 이는 피로써 보증하던 시대를 상기시킨다. 하나님께서는 우리에게 확신을 주시기 위해 우리와 눈높이를 맞춰 같은 종류의 보증서에 '서명' 하셨다. 성경은 그분을 언약의 하나님으로 묘사한다.

창세기 9장 12~17절에서 하나님은 피조물과 언약을 맺으셨다. 이 언약은 일방적이고 무조건적인 선언이었으며, 짐승, 새, 물고기, 모든 인간을 향한 영원한 약속이었다. 하나님은 심지어 오리와 고래에게도 신실하시겠다고 약속하셨다. 세 장을 더 읽으면(창세기 12장) 하나님은 처음으로 아브라함에게 개인적인 약속을 하시며, 얼마 안 가서 피로 세운 언약을 통해 이 약속을 확증하신다. 이는 하나님께서 스스로에게 의무를 상기시키기 위해 한 것이 아니었다. 왜냐하면 하나님이 망각하신다는 것은 불가능하기 때문이다. 오히려 그것은 아브라함을 위한 것이었으며, 그에게 확신을 주시기 위함이었다. 결국 당시에 아브라함은 '지극히 높으신 하나님', 즉 신들 중에 가장 위대한 신이라는 개념 말고는 하나님에 대해 거의 몰랐다. 창세기 15장 8~21절에서 아브라함은 하나님께서 그에게 지시하신 대로 행했다. 그는 자신이 죽인 짐승들을 드렸고, 그들을 둘로 쪼개어 땅에 벌려 놓았다. 그런 뒤에 아브라함은 하나님이 불타는 횃불처럼 땅에 놓인 고기 사이로 지나시며 아브라함에게 약속하신 내용을 다시 언급하시는 것을 보았다. 하나님은 자신의 말을 지키셨으며, 400년 후에 아브라함의 자손들이 한 나라를 형성했을 때에도 그들과 언약을 맺으셨다. 모세는 백성에게 피를 뿌리면서 말했다: "이는 여호와께서 이 모든 말씀에 대하여 너희와 세우신 언약의 피니라"(출 24:8).

그러나 피의 언약은 단지 실체의 그림자에 불과하다. 그날이 이르자 예수께서는 "이 잔은 내 피로 세우는 새 언약이니 곧 너희를 위하여 붓는 것이라"고 말씀하셨다(눅 22:20). 그분의 말씀은 절대적으로 신실하다. 우리 영혼의 운명은 이 말씀에 달려 있다. 우리는 두려워할 필요가 없다. 주님의 보혈이 우리를 영원히 인치신다.

> 왕의 왕 되신 주 하늘에 계시니
> 이 세상 죄악 이기신 구주 예수
> 저 천군 천사들 주 옹위하고서
> 뭇 성도 함께 영원히 늘 섬기네
>
> (토머스 올리버스, ca. 1770)

우주 전체의 기초는 하나님의 불변하심에 있다. 자연 자체와 자연의 변화에는 혼돈이 없다. 질서의 하나님에 대한 믿음으로 서구 사상이 형성되었으며, 사람들은 창조 자체가 질서정연하며 변치 않는 법칙에 따라 움직인다고 가정했다. 이로 인해 과학이 가능해졌다. 만일 질서의 하나님과 신실하신 하나님에 대한 믿음이 없었다면 이런 사상은 그 어느 곳에서도 생길 수 없었을 것이다. 21세기는 불신앙에 오염되었으며 신실하신 하나님에 대한 지식을 잃어버렸다. 이로 인해 심지어 물리학에 대한 신뢰도 손상되었다.

아브라함의 하나님은 신실하시다. 이는 4,000년에 걸쳐 입증되었다. 우리가 잘 모르는 누군가를 신뢰한다면 이는 믿음이 아니라 경신(輕信)이며 미신이다. 그러나 우리의 믿음은 확실하다. 왜냐하면 요한이 기록한 것처럼 "우리가 참된 자"를 알기 때문이다(요일 5:20). 믿음은 미래를 위한 필수 요소이다. 어떤 이가 과거에 아무리 훌륭했다 할지라도 미래를 위해서 우리는 그를 신뢰해야만 한다. 심지어 하나님의 경우에도 마찬가지이다. 하나님은 과거에 위대한 일을 행하셨다. 이 모든 것은 그분이 지금 어떤 분이시며 또한 그분이 미래에 어떻게 행하실 것인지를 보여 주는 표식이며, 앞으로의 일을 미리 말해 준다. 장차 어떤 일이 일어난다 할지라도 믿음이 있으면 우리는 그분의 성품을 의지하여 우리의 삶을 드릴 수 있다.

나는 하나님께서 능력 가운데 운행하시며 성령 세례를 주시는 것을 보아 왔다. 이런 것들은 과거에 일어났던 것이지만 나는 그분이 "충신과 진실"이라는 이름을 가지신 하나님임을 알고 있다(계 19:11). 나는 하나님께서 변치 않으신다는 것을 안다. 오늘도 내일도 그분은 동일하게 우리를 축복하실 것이다.

복음을 전하고 복음을 증거하는 일은 누군가를 위해 우리가 할 수 있는 최고의 일이다. 사람들은 복음을 믿어야 하고, 우리의 사명은 이를 전함으로 사람들로 하여금 복음을 믿도록 하는 것이다. 진정한 믿음은 결코 낙심하지 않는다. 이제 이 문제에 관해 몇 가지 긍정적인 가르침을 살펴보도록 하자.

믿음에 대한 설명

모든 성경은 우리의 믿음에 불을 붙이기 위해 기록되었다. 성경은 믿음에 관한 핸드북이다. 우리는 우리가 아는 자만을 믿을 수 있다. 성경은 하나님이 자신에 관해 보여 주신 영감에 찬 계시이며, 또한 그분을 신뢰하도록 하기 위해 모든 종류의 권면을 담고 있다. 우리에게 필요한 하나님에 관한 모든 지식은 우리를 위해 성경에 기록되어 있다. 경험은 성경이 아니다. 하지만 성경은 경험되어야만 한다. 경험은 신뢰를 의미하고, 신뢰는 헌신과 실천을 의미하기 때문이다.

믿음은 참되지 않은 것을 믿는 것이 아니다. 믿음(faith)은 참되신 하나님을 믿는(believing) 것이다. 그것은 우정과 신뢰의 관계이다. 특별히 요한복음은 믿음에 대한 책이다. 요한복음 20장은 다음과 같이 끝난다: "오직 이것을 기록함은 너희로 예수께서 하나님의 아들 그리스도이심을 믿게 하려 함이요 또 너희로 믿고 그 이름을 힘입어 생명을 얻게 하려 함이니라."

요한복음을 헬라어 원어로 보면 명사 형태로 된 '믿음'이란 단어가 한 번도 쓰이지 않았다는 점은 놀랍다. 이 복음서가 두드러지게 믿음을 강조한 복음서인데도 말이다. 이 복음서에 사용된 단어는 언제나 '믿는다'(believe)와 '믿고 있는'(believing)이다. 그 이유는 요한에게 있어서 기독교는 교리나 이론 혹은 과거 사건의 기록이 아니라 현재 계속 진행되고 있는 경험이기 때문이다. 그는 한 번도 믿음을 부속물이나 정적(static)인 액세서리로 취급하지 않았으며, 오히려 살아 있고 적극적인 영혼의 태도로 여겼다. 요한은 언제나 역동적이면서도 계속적인 것을 좋아한다. 그는 '받고 있는'(receiving), '보고 있는'(seeing), '오고 있는'(coming)과 같은 분사를 선호한다. 영생은 우리에게 주어진 부속물이나 우리가 지니고 있는 담보가 아니라 계속해서 영원히 하나님에게서 오는 생명이며, 우리 안에 저장된 그 어떤 것이 아니다. 휘슬(Whittle)의 탁월한 찬송가도 "언제나 주는 날 사랑하사 언제나 새 생명 주시나니"라고 노래한다.

'믿는다는 것'(believing)은 어떤 신조나 교리에 동의하거나 찬성하는 것이 아니다. 초대 교회의 신조는 "예수는 주님이시다"라고 말하지만, 오늘날 우리는 "예수가 구원하신다"라고 말한다. 소량의 진리라 할지라도 구원할 수 있으며, 복잡한 교리는 필요 없다. 성경의 진리는 언제나 하나님을 향하고 있으며, "주를 믿으라"는 말씀에 귀착된다. 모든 것의 핵심은 하나님, 그리고 예수이시다. 교회는 그리스도인이 되려면 교리문답을 배워야만 한다고 자주 가르쳤다. 하지만 회개와 믿음이 있는 곳에 구원이 있으며, 교리문답은 구원 이후에 배울 수 있다.

불신자에게 하나님의 말씀은 죽은 것처럼 보이지만 믿는 자에게는 살아 움직인다. 왜냐하면 믿는 자의 경험이 말씀과 일치하기 때문이다. 성경이 말하는 믿음은 그리스도 예수를 바라보고 "그렇습니다, 주님"이라고 말하는 것이다. 찰스 웨슬리의 위대한 찬송도 "구주 의지하옵고"라고 말한다. 강력한 믿음은 수동적인 것이 아니라 능동적인 것이다.

> 불신자에게 하나님의 말씀은 죽은 것처럼 보이지만 믿는 자에게는 살아 움직인다. 강력한 믿음은 수동적인 것이 아니라 능동적인 것이다.

우리는 말씀을 전파하라는 명령을 받았다. 왜냐하면 이를 통해 그리스도가 계시되기 때문이다. 말씀이 전파된 후에 청중은 주님을 신뢰할 수 있다. 간증(testimony)만으로도 어떤 특정 인물에 대해 그가 어떤 사람인지, 피아노를 치는지, 정원을 가꾸고 교회에 가는지 등의 관심을 고조시킬 수 있다. 이는 어떤 사람이 무엇을 하는지에 대한 증거이지만, 반면에 복음은 하나님이 무엇을 하시는지를 증거한다. 그러나 증거를 통해 그리스도의 주장을 선포하면 그것은 어떤 이에 대한 흥미로운 사실 이상의 것이 된다. 그것은 도전이 되며, 다른 사람에게 영향을 미친다. "그러므로 믿음은 들음에서 나며 들음은 그리스도의 말씀으로 말미암았느니라"(롬 10:17). 우리는 하나님의 말씀으로 거듭났다. 왜냐하면 말씀은 하나님을 계시하기 때문이다.

이것이 성경의 천재성이다. 성경은 우리에게 하나님의 구원 활동을 소개해 준다. 많은 경전이 존재하지만 오직 성경만이 믿음과 신뢰를 통한 구원을 말하며, 삶과 영원을 하나님께 둔다. 이방 종교와 신비 종교도 헌신을 요구하지만 아무것도 약속하지 않는다. 주피터, 아폴로, 아르테미스, 올림피아산의 신들에게도 신자들이 있지만 '믿음을 가진 자들'은 아니다. 그 어느 누구도 그 신들을 믿지 않는다. 그 신들은 구원하지 못하며, 보살피지도 못하고, 용서도 인도도 못하며, 현세와 내세를 통해 사람들을 보지도 못한다. 아시아의 수많은 신들도 그들의 신자들에게 아무것도 해 주지 못한다. 지구상에 있는 기독교 이외의 어떤 종교가 "전 용서받았어요. 나의 죄가 도말되었답니다"라고 말할 수 있는가?

그리스도인은 하나님과 동행한다. 하나님은 성전 건물에 갇혀 있지 않으신다. 살아 계신 하나님은 말씀하시고 행동하신다. 그분은 우리가 알 수 있는 인격이시다. 하나님은 친구로서 아브라함에게 오셨고, 아브라함은 하나님의 친구가 되었다. 이는 아브라함이 하나님과 연결되지 않고서는 불가능한 개념이다. 주님은 우리를 심판하시거나 무가치한 존재로 취급하기 위해 오시지 않았다. 그분은 그분의 마음을 여시고 우리를 '내 백성'이라고 부르기 위해 오신다.

사단의 주요 계책은 우리를 유혹해 죄를 범하게 하는 것이 아니라 믿지 못하게 하는 것이다. 사단은 하나님을 대적하며 하나님에 대한 신뢰를 파괴하려 한다. 그는 에덴 동산에서 이 일을 시작했고, "하나님이 참으로 … 말라 하시더냐"라는 말로 하와의 마음에 불신앙의 씨를 심었다.

그가 아브라함과 모세에게 자신을 드러낼 때까지 그는 옛날 사람들을 오도하고 헷갈리게 만들었다. 지금도 동일하게 사단의 역사는 "불순종의 아들들"에게 계속된다(엡 2:2).

하나님을 신뢰하면 확실히 유익을 얻을 수 있지만 많은 이들이 스스로 이런 유익을 버린다. 이는 경구(警句)가 아니라 도덕적 비극이 아닐 수 없다. 사람들은 마치 주님이 재앙의 불길한 전조인 것처럼 예수의 이름을 멀리한다. 이런 현상은 거의 피해망상처럼 보이지만 이는 마귀의 속임수이다. 불신자들은 믿음이 어떤 것인지도 모르면서 신자들을 조롱한다. 그리스도인의 삶은 정상적인 삶을 초월한다. 복음 전도는 논쟁이 아니다. 설교는 강의나 논쟁이 아니다. 그것은 마음의 상태를 고양시켜 하나님을 신뢰토록 만드는 것이다. 하나님의 말씀은 귀머거리와 죽은 자를 위한 말씀이다. 에스겔은 환상 가운데 마른 뼈로 가득한 골짜기를 보았다. 하나님은 "대언하라"고 말씀하셨고, 에스겔이 말하고 마른 뼈들이 '듣자' 생기가 그들에게 들어갔다. 그러자 그들이 군대가 되어 일어났다. 예수께서도 죽은 자가 무덤 속에서 자기 음성을 듣고 살아날 것이라고 말씀하셨다(요 5:25). 우리는 귀머거리와 모든 영적 감각이 죽은 채 불신앙의 영적 무덤에 누워 있는 자들과 납처럼 무거운 의심에 갇혀 있는 자들에게 복음을 전한다. 말씀은 부활을 가져온다. 죽은 자들은 말씀을 듣고 살아서 하나님의 빛나는 미소 가운데 걷는다. 이런 일은 언제나 일어난다.

믿음은 인간의 보편적인 능력이다. 인생은 정체되어 있지 않다. 매 순간 우리는 불확실 속으로 걸어 들어간다. 가정과 직장의 관계에서 우리는 믿음이 필요하며, 또한 기계, 건물, 약, 의사, 사업, 그리고 조직에 대해서도 믿음이 필요하다. 우리는 거의 본능적으로 누구를 믿어야 할지,

무엇을 믿어야 할지 그리고 어느 정도 믿어야 할지를 안다. 이런 능력이 믿음이며, 이는 시력과 청력과 같이 하나님의 선물이다.

정신 질환에 걸리면 이런 능력이 손상될 수 있다. 이런 질환은 누구나 걸릴 수 있는 병이다. 사람들은 우울해 하기도 하고, 무언가를 극도로 두려워하며, 모든 것을 불신한다. 하나님을 믿지 않는 것도 동일하게 정상적이지 않은 어떤 원인 때문에 그럴지도 모른다. 왜냐하면 일반적으로 사람들은 언제나 어떤 형태로든 신을 믿었기 때문이다.

어린아이의 믿음은 완전하다. 어린아이들은 믿음에 관해 아무것도 모르지만 그들은 부모와 다른 이들을 신뢰한다. 이것이 진정한 믿음이다. 믿음은 고민하지 않고 안식을 누린다. 사람들은 내향적이 되어 자신에게 믿음이 있는지 살펴본다. 믿음은 살펴보는 것이 아니라 행하는 것이다. 우리는 하나님께서 우리와 함께하신다는 사실을 의지하며 전진한다. 예수는 사람들에게 믿음이 있는지 여부를 묻지 않으셨다. 대신에 사람들이 두려워하거나 걱정할 때 매우 근심하셨다.

믿음은 손이다. 우리는 악수를 청하는 친구를 신뢰한다. 예수께서도 손 마른 자에게 "손을 내밀라"고 말씀하셨다(마 12:13). 만일 우리의 믿음이 '말랐다면' 우리도 주님의 명령을 따라 똑같이 할 수 있다. 우리가 다른 사람을 신뢰하기로 결정한 것처럼 하나님을 신뢰하기로 결정한다. 하지만 그 결정의 배후에는 성령께서 계신다. 성령은 오셔서 우리의 믿음을 북돋우신다. 우리가 믿음을 사용할 때에 그것은 성령으로 말미암은 것이다. 오순절이 이르자 그런 변화가 생겨났다. 우리는 믿는 자이기 때문에 중인이다.

예수께서는 가르침을 베푸셨다. 무엇을 가르치셨는가? 주님은 "내게 배우라"고 말씀하셨다(마 11:29). 그분은 진리이시다. 진리는 자유케 한다. 말씀은 "너는 말씀을 전파하라"고 말한다(딤후 4:2). 그러므로 예수께서 말씀이심을 기억하고 그렇게 하라.

— 질문 —

- 우리는 믿음 안에서 어떻게 성장하는가?

"너희는 도를 행하는 자가 되고 듣기만 하여 자신을 속이는 자가 되지말라"(약 1:22).

에필로그

당신이 이 책에서 읽은 내용은 대학교의 회랑에서 나온 이론이 아니다. 이는 그리스도를 대신해 일대일로 증거하면서 여러 해 동안 성령의 불로 녹이고 주조해서 만든 것이다.

우리는 10년 전부터 영화 대본을 쓰기 시작했고, 영화 제작을 계획했으며, 이 아이디어는 동일한 거푸집에서 시작되었다. 본래 계획한 대로 본서와 영화 '충만한 불꽃'(Full Flame)이 함께 발표되었다. 방대한 양의 생각들을 이 책에 담았으며 방대한 양의 생각과 돈을 '충만한 불꽃' 프로젝트에 쏟아 부었다. 왜? 처음부터 우리의 의도는 세계 전도 촉진을 위해 가장 큰 시도를 해 보려 했기 때문이었다.

세계에는 수천 개의 복음 선교 단체가 있다. 우리의 바람은 이 영화와 책을 통해 그들 모두에게 새로운 도움을 주는 것이다. 우리는 이를 통해 교회가 오른팔에 주사를 맞은 뒤에 그리스도 예수의 구원의 메시지를 들고 세상 모든 사람에게 다가가고자 하는 진지한 결단을 강화하고 촉진시키고 싶다. 우리가 아는 한 지금까지 이렇게 크게 일을 벌인 적은 없었다.

복음 전도의 문제에 있어서 연구는 연구 자체로 충분하다. 피아노를 치는 기술에 관해 아무리 많은 강의를 듣는다 할지라도 피아노를 잘 칠 수는 없다. 당신은 피아노를 가지고 손가락을 움직여 연습해야만 한다. 복음 전도는 앉아서 배울 수 있는 주제가 아니다. 그것은 '실습'이 필요한 활동이고 요구이며, 도전이고 위임인 동시에 불타는 열정이다. 옛 속담에 시작이 반이라는 말이 있다. 이는 마귀가 싫어하는 시작이며, 할 수만 있다면 그는 그가 가장 좋아하는 수단인 두려움을 사용해 방해할 것이다. 완전한 사랑은 두려움을 내어 쫓으며, 우리가 영혼을 사랑할 때에 두려움은 도망간다.

성부와 성자와 성령 모두는 우리를 의존하신다. 구원은 삼위 하나님의 가장 큰 일이다. 성부는 성자를 보내시고, 성자는 죽으셨으며, 성령은 죽을 인생들로 하여금 불멸의 사역을 할 수 있도록 능력을 주신다. 하나님은 셀 수 없이 많은 별들보다도 한 사람의 복음 전도와 겸손한 한 사람의 일에 더 관심을 가지신다.

정부는 외계의 생명체를 찾으려고 엄청난 돈을 쓰고 있다. 만일 과학자들이 정말로 다른 세계에서 다른 지성적 존재를 만난다 할지라도 하나님께서 죄와 죽음과 치열한 전쟁을 하시려고 이 땅에 자기 아들을 보내셨다는 사실은 변치 않는다. 이 세상은 온 우주의 전쟁터이다. 이곳에서 하나님의 전능하신 팔은 활시위를 당기시어 우주를 침공한 악에 대항하신다. "하나님의 아들이 나타나신 것은 마귀의 일을 멸하려 하심이니라" (요일 3:8). 하나님은 마음을 바꾸지 않으셨으며, 열정도 식지 않으셨다. 그분의 영원한 목적을 위해 그분은 이 땅의 사람들에게 초점을 두신다. 하나님은 이처럼 세상을 사랑하셨으며, 실제로 만물은 한 가지 목적, 즉 구원을 향하고 있다. 우리는 이에 대하여 실수하지 말아야 한다. 하나님이 우리에게 원하시는 것은 죽을 인생들과 함께 이곳에서 우리가 전능하신 그분의 대리인이 되는 것이다. 이 모든 것은 우리에게 달려 있다.

또한 이것은 하나님께 달려 있으며 그분은 결코 실패하지 않으신다. 하나님은 그리스도의 말씀을 알리셔야만 하는 숙원 사업을 이루시기 위해 우리를 이곳에 남겨 두셨다. 전도는 그분의 일이 아니라 우리의 일이다. 이 말은 거의 공포스럽게 들린다. 하지만 그것은 우리의 책임이다.

하나님께 초자연적으로 오셔서 우리가 이곳에서 해야 할 일을 해 달라고 요청하는 것은 시간 낭비이다. 우리는 영혼들을 구원해야만 한다. 우리는 하나님께서 부흥과 구원의 능력으로 역사하시도록 오랜 세월 동안 기도했다. 하지만 하나님은 그렇게 역사하지 않으신다. 하나님께서는 "전도의 미련한 것으로 믿는 자들을 구원하시기를 기뻐"하셨다(고전 1:21). 하나님은 우리가 움직이기 전에는 움직이실 수 없다. 우리가 갈 때에 하나님도 가신다.

사람들은 하나님을 움직이는 강력한 기도의 능력에 관해 말한다. 하나님은 우리에게 주어진 강력한 능력에 관하여 말씀하신다. 그 능력은 예수를 죽은 자 가운데서 살리신 바로 그 능력이다(엡 1:19~20). 정말로 우리는 하나님께서 구원하시도록 그분을 설득해야만 하는가? 그것은 그분의 일이다! 따라서 우리가 그분에게 압력을 가하거나 독촉하지 않아도 그분은 분명히 그 일을 하실 것이다. 그분이 기다리시는 것은 우리의 협조이며, 그분이 우리를 이곳에 두신 일을 하고자 하는 우리의 의지이다. 구원은 그분 자신의 일이다. 그분은 구세주이시다. 우리는 의사에게 우리의 의사가 되어 달라고 부탁하지 않으며, 축구 선수에게 공을 차 달라고 부탁하지 않는다. 그들은 자신의 일을 한다. 왜냐하면 그것이 그들이 하는 일이기 때문이다.

하나님께서 한 도시를 침공하셔서 그 도시를 뒤엎고 수많은 자들을 자신에게로 이끄시는 것처럼 보일 때가 있다. 우리는 이를 '부흥'이라 불렀다. 그러나 어느 관점에서 보든, 아니면 어느 신학적 입장을 취하든, 하나님은 기분과 행동과 능력에 있어서 결코 변함이 없으시다. 그리고 하나님은 도시마다, 그리고 나라마다 다르지 않으시다. 내가 어딜 가든지 나는 나인 것처럼, 하나님도 세상 어디에서나 하나님이시다. 하나님은 모든 곳에서 자기 자신의 성품과 일치하여 그분이 하시는 일을 하신다. 즉 그분은 그분의 충만한 임재와 능력으로 모든 복음 증거를 지원하신다.

하나님께서는 경계도 없고, 다른 곳보다 어떤 곳에서 더 능력을 나타내지도 않으신다. 이와 다른 주장은 말씀의 판단을 받아야만 한다. 야곱은 하나님이 계신 곳에 있었고, 다음 날 그가 이를 깨닫지 못했음을 인정했다(창 28:16). 예수께서 한 집에 계셨을 때에 "병을 고치는 주의 능력이 예수와 함께" 하였다(눅 5:17). 하지만 그곳에 있는 어느 누구도 고침을 받지 못했다. 주님께서는 예루살렘을 구원하고 싶다는 말씀을 자주 하셨지만 그렇게 하지 않으셨다. 하나님의 임재는 감소되지 않지만 성령의 불은 꺼질 수 있다.

우리는 인간의 반응에 따라 하나님의 임재와 능력을 판단하지 않는다. 스데반이 예루살렘에서 자기를 죽이려는 자들의 행위를 비판했을 때처럼 많은 이들이 성령을 거스른다. 복음 전도는 단지 우리의 의무를 행하고 우리가 할 수 없는 것은 하나님께 맡기는 것을 의미한다. 우리는 집회를 통해 결신자를 얻을 뿐만 아니라 이런 결신자를 상담해 주고 책을 선물함으로써 말씀의 젖을 먹인다(이 글을 쓸 때에 이런 책을 7,000만 권이나 출판했다). 우리는 이와 같이 새롭게 예수를 믿은 자들을 돌보기 위해 교회들과 접촉한다.

사람들은 여러 '부흥들'에 대한 감동적인 이야기들을 읽으며, 마음속으로 '주님, 이런 부흥을 다시 허락하소서'라고 외친다. 그러나 하나님은 다른 계획을 가지고 계실지 모른다. 우리가 누구이기에 주님께 행동을 지시할 수 있단 말인가? 100년, 200년 전에 하나님이 역사하셨던 방법이 오늘날에도 마치 약속처럼 그대로 나타나지 않는다. 과거는 우리의 성경이 아니다. 참되고 유일한 성경에서 우리는 우리가 지금 기대할 수 있는 것을 읽는다.

사역 초기에 예수는 개인들을 택하시고 그들을 구원하셨다. 이는 주님의 방법이다. 그런 뒤에 주님은 제자들과 모든 곳을 함께 다니면서 따르는 표적으로 말씀(the Word)을 확증하셨다. 이는 복음 전도의 공식이지만 여러 다양한 반응들을 낳았다. 사마리아에서는 큰 기쁨이 있었고, 아덴에서는 깊은 사상이 있었으며, 베뢰아에서는 깊은 성경 상고가 있었고, 고린도에서는 사도에 대한 큰 사랑이 있었다. 하나님은 복음 전파를 존중하셨고, 수많은 자들이 이방의 어둠에서 그리스도에게로 돌아왔다. 사도들이 인도한 회심자 가운데 그 어디에서도 엎드리거나, 진동을 경험하거나, 신음소리를 내거나 죄책감을 느끼거나 하는 일은 없었다. 하나님은 휘트필드, 웨슬리, 말을 타고 복음을 전파했던 서부의 감리교 순회 목사들, 혹은 영국과 유럽의 순회 전도자들의 섬김을 통해 영혼들을 구원하길 기뻐하셨다. 그러나 하나님은 자신이 원하는 방식대로 영혼들을 구원하신다. 구원은 그분이 행하시는 사랑과 지혜의 역사이다. 우리가 기도할 때에 혹은 사역할 때에 우리의 목적이 그분의 목적인 구원과 일치한다면 주님은 우리 중 그 어느 누구에게라도 철저하게 협조하실 것이다.

아프리카에서 우리는 한 집회에서 100만 명이 그리스도에게로 돌아오는 것을 보았다. 나는 다섯 명도 채 되지 않는 집회에서 복음을 전한 적도 있다. 하나님의 상급은 위대한 일을 했기 때문이 아니라 그분을 위해 일했기 때문에 주어진다. 우리는 그분을 위해 일한다. 여자가 난 중에 가장 위대한 자라고 예수가 말씀하셨던 세례 요한은 자신이 그리스도의 신들메도 풀 자격이 없다고 말했다.

하나님을 위해 아무 일도 하지 않는다면 우리는 아무 일도 하지 않으며 아무런 목적도 없이 사는 것이다. 주님을 위해 일하는 자와 그렇지 않은 자 사이에는 엄청난 차이가 있으며, 이는 인간을 가르는 주요한 기준이다. 우리는 우리가 원하는 자들과 함께할 수 있다. "너희는 도를 행하는 자가 되고 듣기만 하여 자신을 속이는 자가 되지말라"(약 1:22).

"그러므로 형제들아 내가 하나님의 모든 자비하심으로 너희를 권하노니 너희 몸을 하나님이 기뻐하시는 거룩한 산 제사로 드리라 이는 너희의 드릴 영적 예배니라"(롬 12:1).